Dirck Süß

Privatisierung und öffentliche Finanzen:
Zur Politischen Ökonomie der Transformation

Schriften
zu Ordnungsfragen der Wirtschaft

Herausgegeben von

Prof. Dr. Gernot Gutmann, Köln
Dr. Hannelore Hamel, Marburg
Prof. Dr. Helmut Leipold, Marburg
Prof. Dr. Alfred Schüller, Marburg
Prof. Dr. H. Jörg Thieme, Düsseldorf

Unter Mitwirkung von

Prof. Dr. Dieter Cassel, Duisburg
Prof. Dr. Karl-Hans Hartwig, Münster
Prof. Dr. Hans-Günter Krüsselberg, Marburg
Prof. Dr. Ulrich Wagner, Pforzheim

Redaktion: Dr. Hannelore Hamel

Band 66: Privatisierung und öffentliche Finanzen:
Zur Politischen Ökonomie der Transformation

 Lucius & Lucius · Stuttgart · 2001

Privatisierung und öffentliche Finanzen

Zur Politischen Ökonomie der Transformation

Dirck Süß

 Lucius & Lucius · Stuttgart · 2001

Anschrift des Autors:

Dr. Dirck Süß
Tongrubenweg 14
22045 Hamburg

Die Deutsche Bibliothek - CIP-Einheitsaufnahme

Süß, Dirck:
Privatisierung und öffentliche Finanzen: zur Politischen Ökonomie der Transformation / von Dirck Süß. - Stuttgart : Lucius und Lucius, 2001

    (Schriften zu Ordnungsfragen der Wirtschaft; Bd. Nr. 66)
    Zugl.: Frankfurt (Oder), Univ., Diss.
    ISBN   3-8282-0193-8

0292 deutsche bibliothek

© Lucius & Lucius Verlags-GmbH • Stuttgart • 2001
Gerokstraße 51 • D-70184 Stuttgart

Druck und Einband: ROSCH-BUCH Druckerei GmbH, 96110 Scheßlitz
Printed in Germany

ISBN 3-8282-0193-8
ISSN 1432-9220

Vorwort des Verfassers

Die vorliegende Schrift entstand in der Zeit von 1996 bis 1999, in der ich als Wissenschaftlicher Mitarbeiter am Frankfurter Institut für Transformationsstudien (FIT) der Europa-Universität Viadrina in Frankfurt (Oder) tätig war. Bereits von 1989/90 an hatte ich die Transformationsprozesse in Mittel- und Osteuropa und deren Erforschung mit Spannung verfolgt. Zum weiteren Interessenschwerpunkt hatte sich während meines Studiums in Marburg die Finanzwissenschaft entwickelt. Die Möglichkeit, das Thema „Privatisierung und öffentliche Finanzen" im Rahmen des DFG-Innovationskollegs „Die Transformation von Wirtschaftssystemen und die Neuordnung der Gesellschaften in Mittel- und Osteuropa", das 1996 an der Viadrina eingerichtet wurde, zu bearbeiten, war eine willkommene Gelegenheit für mich, diesen Interessen weiter nachzugehen. Besonders reizvoll für die Auseinandersetzung mit diesem Thema war die Lage der Forschungsstätte in Frankfurt an der Oder, direkt an der deutsch-polnischen Grenze. Der Transformationsprozeß blieb dadurch nicht abstrakt, sondern er fand praktisch vor der eigenen Haustür statt!

Bei der Erstellung dieser Arbeit wurde ich von vielen Seiten unterstützt, wofür ich mich an dieser Stelle sehr herzlich bedanken möchte. Mein Dank gilt Herrn Professor Dr. Hans-Jürgen Wagener für die wissenschaftliche Betreuung meiner Dissertation und dafür, daß er mir einerseits große Freiräume bei der Arbeit gelassen hat, andererseits aber stets für Diskussionen bereitstand und meiner Dissertation dabei entscheidende Impulse gegeben hat. Herrn Professor Dr. Hermann Ribhegge danke ich für die zügige Erstellung des Zweitgutachtens. Zu großem Dank bin ich Herrn Dr. Frank Bönker verpflichtet. Die ungezählten Diskussionen, Tips und Literaturhinweise haben meine Arbeit wesentlich - natürlich zum Besseren - beeinflußt. Herr Professor Dr. László Csaba hat mir während meines Forschungsaufenthalts in Budapest im Oktober 1997 viele wertvolle Kontakte vermittelt. Hierfür danke ich ihm ebenso wie meinen vielen Gesprächspartnern in Budapest, Prag und Warschau für die Zeit, die sie sich für meine Fragen genommen haben, und die wertvollen Informationen, die ich während dieser Gespräche erhielt. Die Diskussionen und der Austausch mit meinen Kollegen am FIT haben dazu geführt, daß ich viele Aspekte meiner Arbeit auch aus anderen Blickwinkeln betrachten konnte. Für diese Anregungen bin ich ebenfalls dankbar. Dank gebührt auch der DFG, die durch Einrichtung des Innovationskollegs die finanziellen Rahmenbedingungen für mein Forschungsvorhaben geschaffen hat.

Neben der fachlichen Unterstützung hat es mir bei der Erstellung meiner Dissertation sehr geholfen zu wissen, daß bestimmte Menschen auch persönlich immer hinter mir standen. Dies gilt besonders für meine Frau und für meine Eltern. Kathrin und meinen Eltern ist dieses Buch daher gewidmet.

Dirck Süß   Hamburg, im Juli 2001

Inhalt

Verzeichnis der Tabellen

Verzeichnis der Abbildungen

Verzeichnis der verwendeten Abkürzungen

AWS .... Akcja Wyborcza Solidarność (Wahlbündnis der Solidarność)

ČSSD ... Česká Strana Sociálne Demokraticka (Sozialdemokratische Partei Tschechiens)

EBRD ....European Bank for Reconstruction and Development

FIDESz .... Partei der Jungen Demokraten (Ungarn)

FNM.. Fond národního majetku České republiky,
    (Nationaler (Vermögens-) Privatisierungsfond der Tschechischen Republik)

HSHC.. Hungarian State Holding Company

IMF ....Internatinal Monetary Fund

IPO.. Initial Public Offering

k. A. ....keine Angaben

Kč .... Tschechische Kronen

Kčs.. Tschechoslowakische Kronen

MEU ....Ministerium für Eigentumsumwandlungen (Polen)

MDF..Ungarisches Demokratisches Forum

NIF.. Nationaler Investment Fond (Polen)

ODA .... Občanska Demokraticka Aliance (Bürgerlich Demokratische Allianz)

OF... Občanské Forum (Bürgerforum)

ODS...................... Občanska Demokraticka Strana (Bürgerlich Demokratische Partei)

OEC....................Organisation for Economic Co-Operation and Development

PrivG.. Privatisierungsgesetz

PSL.............................. Polskie Stronnictwo Ludowe (Polnische Bauernpartei)

PZBR..Polnische Sozialistische Arbeiterpartei

RGW..Rat für gegenseitige Wirtschaftshilfe

SLD...................Sojusz Lewicy Demokratycznej (Links Demokratische Allianz) (Polen)

SOE ....State Owned Enterprise

SPA... State Property Agency

SPHC .... State Privatization and Holding Company

SUG...Staatsunternehmensgesetz

SzDSz..Partei der Freien Demokraten (Ungarn)

UNECE...............................United Nations Economic Comission for Europe

UNCTAD .... United Nations Conference on Trade and Development

UW .... Unia Wolności (Freiheitsunion)

VPN............................. Verejnost' proti nasiliu (Öffentlichkeit gegen Gewalt)

WOG................... Wielkie Organizacje Gospodarcze (Große Wirtschaftsorganisationen)

> „Die Finanzen sind einer der besten Angriffspunkte der
> Untersuchung des sozialen Getriebes, besonders, aber nicht
> ausschließlich, des politischen. Namentlich an jenen Wende-
> punkten - oder besser Wendeepochen -, in denen Vorhandenes
> abzusterben und in Neues überzugehen beginnt und die auch
> stets finanziell Krisen der jeweils alten Methoden sind, zeigt
> sich die ganze Fruchtbarkeit dieses Gesichtspunkts: Sowohl in
> der ursächlichen Bedeutung - insofern als staatsfinanzielle Vor-
> gänge ein wichtiges Element des Ursachenkomplexes jeder
> Veränderung sind - als auch in ihrer symptomatischen Bedeu-
> tung - insofern als alles was geschieht, sich in der Finanzwirt-
> schaft abdrückt" (*Schumpeter* 1918/1953).

1.   Einführung

1.1.   *Noch* eine Untersuchung der Privatisierung?

Es ist üblich, Arbeiten zur Privatisierung in den postkommunistischen Transformationsländern mit dem Hinweis zu beginnen, daß der Prozeß der Übertragung von
Eigentumsrechten vom Staat an private Akteure, also die Privatisierung, ein wichtiger,
wenn nicht *der wichtigste*, Bestandteil der Transformation von Wirtschaftssystemen ist,
da die Eigentumsrechte den Kern jeder Wirtschaftsordnung bilden. Daher ist wohl kaum
ein anderes Element der Reformen in den ehemals sozialistischen Staaten Mittel- und
Osteuropas intensiver, aber auch kontroverser, diskutiert und analysiert worden. Die
Diskussion zog sich bisher nicht nur in den jeweiligen Ländern durch alle Bereiche der
Gesellschaft, sondern wurde und wird auch auf internationaler Ebene in Wissenschaft
und Politik geführt. Die Zahl der Vorträge, Konferenzen und Veröffentlichungen zu
diesem Thema ist inzwischen kaum noch überschaubar. Auch wenn diese große Anzahl
kein Indikator für die Qualität der Beiträge sein kann, so ist doch die Frage, ob nicht der
Grenznutzen einer weiteren, nämlich der vorliegenden, Untersuchung zur Privatisierung
nahe bei null liegt, berechtigt.

Diese Frage wird hier natürlich verneint. Die Fragestellungen der Beiträge zur Privatisierung haben sich in den letzten zehn Jahren gewandelt. Zu Beginn der Transformation standen normative Aspekte im Vordergrund. Das Ziel war, zu klären, wie überhaupt
privatisiert werden sollte und konnte. Es ging darum, Konzepte zu entwerfen und diese,
wegen fehlender Erfahrungen überwiegend aufgrund theoretischer Erwägungen, auf ihre
möglichen ökonomischen und politischen Implikationen hin zu untersuchen.[1] Später
wurden die nun tatsächlich ablaufenden Prozesse beschrieben, kategorisiert und
miteinander verglichen.[2] Gleichzeitig begann man die beobachtbaren Ergebnisse der
Privatisierung in den einzelnen Ländern aufzuarbeiten, und dabei den Versuch zu unter-

---

[1] Hervorzuheben aus diesem Bereich sind zum Beispiel die Arbeiten von *Lipton/Sachs*
(1990a, 1990b), *Kornai* (1989/1990), *Bolton/Roland* (1992), oder *Blanchard/Layard* (1992).

[2] Grundlegend auf diesem Gebiet der Privatisierungsforschung sind die Arbeiten des *Central
European University Privatization Projects*: *Earle et al.* (1994), *Frydman et al.* (1993a,
1993b, 1994).

nehmen, die im sozialwissenschaftlichen Laboratorium Mittel- und Osteuropa gewonnenen Erkenntnisse zu verallgemeinern und theoretisch zu integrieren.[3] Dabei können verschiedene Richtungen unterschieden werden. Eine Gruppe von Arbeiten ist auf der Mikroebene angesiedelt. Hier steht die Frage nach dem Zusammenhang zwischen Privatisierung und Restrukturierung in einzelnen Unternehmen im Vordergrund. Andere Arbeiten untersuchen Privatisierung im Kontext der Institutionenbildung. Hier lautet die Frage: Wie wirkt sich Privatisierung auf die Entstehung von Märkten, Hierarchien und Netzwerken aus? Bei einer dritten Klasse von Untersuchungen steht das Verhältnis von Privatisierung und Politik im Vordergrund.[4]

Zur letzten Kategorie gehört diese Studie. Hier soll die Privatisierung allerdings aus einem Blickwinkel heraus betrachtet werden, der bisher fast vollkommen vernachlässigt wurde: Unter dem Aspekt der öffentlichen Finanzen. Ganz im Sinne obigen Zitats *Schumpeters* wird zwei zentralen Fragen nachgegangen. Zum einen wird untersucht, welche Rolle die öffentlichen Finanzen als Ursache und Auslöser der Privatisierung, die ja ein Prozeß, in dem „Vorhandenes abzusterben und in Neues überzugehen beginnt", ist, gespielt haben. Haben finanzielle Krisen des Staates die Privatisierungsprozesse in Mittel und Osteuropa beeinflußt? Und wenn ja, wie? Zum anderen geht es um die tatsächlichen Folgen der Privatisierung für die öffentlichen Finanzen. Wie hat sich die Privatisierung auf die öffentlichen Haushalte ausgewirkt, „sich in der Finanzwirtschaft abgedrückt"?

Da nicht nur die öffentlichen Finanzen, wie es *Schumpeter* zum Ausdruck bringt, sondern auch Privatisierungsprozesse in einem engen Verhältnis zur Politik stehen, ist die Einbeziehung einer politischen Dimension bei dieser Art der Fragestellung unbedingt notwendig. *Van Brabant* (1994, S. 62) hat Privatisierung als „Politische Ökonomie *par excellence*" bezeichnet. Eine Einschätzung, die von den meisten Ökonomen geteilt wird. Auf diesen Fokus der Arbeit, die enge Wechselbeziehung zwischen Politik, Privatisierung und öffentlichen Finanzen, weist bereits der Begriff „Politische Ökonomie" im Titel hin. Nun ist der Begriff der Politischen Ökonomie vielseitig verwendbar und bedarf einer Konkretisierung.[5] Was hier angestrebt wird, ist eine Positive Politische Ökonomie der Privatisierung im Sinne von *Alt* und *Shepsle* (1990) und *Alt* und *Alesina* (1996). Nach dieser Auffassung ist Positive Politische Ökonomie die Analyse von Entscheidungen im Kontext politischer und ökonomischer Institutionen. Dabei geht es im wesentlichen um zwei Fragen: Wie wirken sich Differenzen in Institutionen auf politische und ökonomische Prozesse in verschiedenen sozialen, ökonomischen und politischen Systemen aus, und wie werden gleichzeitig die Institutionen selbst durch

---

[3] Neuere Ansätze hierzu finden sich zum Beispiel in den Sammelbänden von *Rosenbaum, Bönker* und *Wagener* (2000) oder *Giersch* (1997).

[4] Siehe hierzu ebenfalls den Sammelband von *Rosenbaum, Bönker* und *Wagener* (2000), der Arbeiten aus allen drei Richtungen enthält.

[5] Zur Entstehung, Wandlung und Verwendung des Begriffes „Politische Ökonomie" beziehungsweise der englischen Entsprechung „Political Economy" siehe *Groenewegen* (1987).

Präferenzen, Ideen und Strategien beeinflußt (*Alt/Shepsle* 1990, S. 2)? Diese immer noch allgemein gehaltene Definition kann für diese Untersuchung in Form von zwei Hauptfragen konkretisiert werden: Wie und warum kommt es bei verschiedenen eigentumsrechtlichen Arrangements zu Beginn der Transformation unter unterschiedlichen ökonomischen (fiskalischen) und politischen Restriktionen zur Wahl einer bestimmten Privatisierungsstrategie? Und gleichzeitig: Wie werden der Verlauf und die Ergebnisse der Privatisierungsprozesse, hier insbesondere die fiskalischen, von den gewählten Verfahren und den jeweiligen institutionellen Rahmenbedingungen beeinflußt?

1.2. Stand der Forschung

Der Zusammenhang zwischen Privatisierung und öffentlichen Finanzen scheint auf den ersten Blick eindeutig. Dies kommt in vielen diesbezüglichen Veröffentlichungen in der Tagespresse zum Ausdruck, wenn der Erfolg von Privatisierungsmaßnahmen in erster Linie an den erzielten Erlösen gemessen wird. Je nach Sichtweise wird dann die Realisierung zusätzlicher Staatseinnahmen durch den Verkauf öffentlicher Unternehmen entweder als ordnungspolitisch wünschenswerter Schritt in Richtung Liberalisierung bei gleichzeitiger Senkung der Staatsverschuldung begrüßt oder als Preisgabe („Verscherbeln") des „Familiensilbers" und nachhaltige Beeinträchtigung der staatlichen Vermögensposition kritisiert. Im Gegensatz zu dieser regelmäßig anzutreffenden Berichterstattung ist die wirtschaftswissenschaftliche Auseinandersetzung mit dem Zusammenhang zwischen Privatisierung und öffentlichen Finanzen, insbesondere in Transformationsländern, eher ein Randgebiet der Forschung.[6]

Während bei der Analyse der Privatisierungen, die seit Beginn der 80er Jahre in vielen Industrie- und Entwicklungsländern stattfanden, meist den fiskalischen Motiven für die Privatisierungsentscheidung ein bedeutendes Gewicht beigemessen wird (s.u.), sind die erzielten Ergebnisse bisher wenig systematisch untersucht worden. Ausnahmen bilden das britische und das französische Privatisierungsprogramm, wobei insbesondere das Ausmaß und die Auswirkungen des *underpricing* bei Aktienemissionen ein Thema waren (*Mayer/Meadowcroft* 1985, *Mayer/Jenkinson* 1988, *Vickers/Yarrow* 1988, *Gibson/Watt* 1989). Darüber hinaus müssen die Arbeiten von *Bortolotti et al.* (1998) und *López-de-Silanes* (1997) erwähnt werden. Hier werden Privatisierungserlöse quantifiziert und der Einfluß verschiedener Faktoren auf deren Höhe empirisch untersucht. *López-de-Silanes* nimmt eine solche Analyse am Beispiel des mexikanischen Privatisierungsprogrammes vor, und kommt zu dem Ergebnis, daß die Erlöse im wesentlichen von mikroökonomischen Faktoren und der Art des Auktionsprozesses abhängen. Der Einfluß wechselnder politischer und makroökonomischer Einflüsse wird nicht untersucht. *Bortolotti et al.* kommen bei einer vergleichenden Untersuchung von 49 Ländern zu dem Schluß, daß Unterschiede bei den erzielten Erlösen durch Kapitalmarkt- und politische Faktoren bedingt werden. Je entwickelter der Kapitalmarkt und je stabiler das politische Umfeld, desto höher fallen die Privatisierungserlöse aus.

---

[6] Siehe hierzu auch *Nellis* (1999).

Transformationsländer wurden in diese Untersuchung allerdings explizit nicht mit einbezogen.

Einige eher theoretisch orientierte Studien befassen sich mit der Frage, inwieweit Privatisierungserlöse tatsächlich budgetwirksam sind. Hier sind die Arbeiten von *Borck* (1996), *Mansoor* (1993) und *Newbery* (1997) zu nennen. Diese Untersuchungen kommen zunächst zu dem Ergebnis, daß Privatisierung einen Aktivtausch in der Bilanz des Staates darstellt, und somit unter *ceteris paribus* Bedingungen ohne Relevanz für die öffentlichen Finanzen ist. In einem zweiten Schritt wird dann untersucht, welche positive oder negative Auswirkung die Variation von Annahmen, zum Beispiel die Berücksichtigung unvollkommener Kapitalmärkte und asymmetrischer Informationen oder die Einbeziehung weiterer monetärer Ströme, wie Investitionen und Steuern, auf die Beziehung zwischen Privatisierung und öffentlichen Finanzen hat.

In den vielen Arbeiten über die Privatisierung in Transformationsländern findet der Leser meist *en passant* den Hinweis auf die fiskalischen Ziele oder Auswirkungen der Privatisierung, auf die dann nicht weiter eingegangen wird. Die Beiträge, die sich mit theoretischen Aspekten des Zusammenhanges zwischen Privatisierung und öffentlichen Finanzen in Transformationsländern beschäftigen, gehen der Frage nach einer Optimierung der Privatisierungsstrategie nach. *Bolton* und *Roland* (1992) betonen dabei die Bedeutung möglichst hoher Privatisierungserlöse aus dem Verkauf von Staatsunternehmen im Transformationsprozeß zur Überwindung einer transitorischen fiskalischen Krise. Gleichzeitig werden Lösungsansätze für mögliche Zielkonflikte zwischen hohen Einnahmen, Geschwindigkeits- und Gerechtigkeitsaspekten der Privatisierung aufgezeigt. *Boycko*, *Shleifer* und *Vishny* (1996) arbeiten politische und indirekte fiskalische Aspekte der Privatisierung heraus. Sie zeigen auf, wie Privatisierung dazu beitragen kann, die öffentlichen Haushalte zu entlasten, indem politisch motivierte Subventionsvergabe erschwert und somit weniger attraktiv wird. *Schönfelder* (1991) analysiert die fiskalischen Auswirkungen des Verschenkens gegenüber dem Verkauf im Rahmen eines *optimal taxation* Ansatzes. Dabei werden die Ausgaben des Staates, die teilweise mit Hilfe von Privatisierungserlösen finanziert werden können, als gegeben angenommen. Beim Verschenken öffentlichen Eigentums muß der Einnahmeverlust durch Besteuerung, mit der eine Zusatzlast verbunden ist, kompensiert werden. Durch die freie Vergabe von Staatseigentum können Transferzahlungen ersetzt werden, die sonst ebenfalls durch Steuern finanziert werden müßten. Die optimale Kombination von Verschenken und Verkaufen ist nach *Schönfelder* daher diejenige, bei der die Zusatzlast der Besteuerung minimiert wird.

Empirisch sind die Auswirkungen verschiedener Privatisierungsmethoden auf die öffentlichen Haushalte der Transformationsländer bisher wenig untersucht worden. In vielen meist deskriptiv gehaltenen Studien finden sich lediglich Auflistungen der in verschiedenen Jahren erzielten Einnahmen aus dem Verkauf von Staatsunternehmen, oft mit dem Hinweis, daß diese hinter den Erwartungen zurückgeblieben sind. Eine nähere Analyse von Abweichungen zwischen erwarteten und tatsächlichen Ergebnissen, der Bedeutung unterschiedlicher ökonomischer, institutioneller und politischer Bedingungen für die Privatisierung oder den Unterschieden zwischen einzelnen Ländern hat bisher nicht stattgefunden. Erste Ansätze für eine vergleichende Untersuchung fiskalischer Aspekte der Privatisierung in Transformationsländern finden sich in sehr einfacher Form bei *Antczak* (1996) und darüber hinausgehend bei *Süß* (1997b, 1998, 2000).

Die Übersicht existierender Beiträge zeigt, daß es für die formulierten Fragen eine Reihe von Anknüpfungspunkten in der Literatur gibt, daß die Fragen selbst aber bisher nur ansatzweise bearbeitet wurden, so daß die Arbeit in eine kleine Forschungslücke vorzustoßen verspricht.

1.3. Der Gang der Untersuchung

1.3.1. Methode

Die gesamte Untersuchung ist komparativ angelegt. Es werden die beobachtbaren Privatisierungsansätze und deren Ergebnisse in Polen, Ungarn und der Tschechischen Republik miteinander verglichen. Ziel dieses Vergleiches ist es, Abweichungen bei den jeweils verfolgten Strategien und den erreichten Ergebnissen zu erklären. Die Wahl der vergleichenden Methode erfolgt aufgrund zweier Überlegungen.

Erstens theoretische Erwägungen: Die vergleichende Methode ist zwischen *case studies* und der Untersuchung großer Fallzahlen mit Hilfe ökonometrischer Verfahren angesiedelt. Während die genaue Untersuchung einzelner Fälle dazu dienen kann, Anhaltspunkte für die Theoriebildung zu suchen oder bestehende Theorien in Einzelfällen zu falsifizieren, eignen sich statistische Verfahren zur Überprüfung von Hypothesen, die aus bestehenden Theorien generiert werden. Eine vergleichende Untersuchung stellt einen Mittelweg zwischen quantitativ statistischem Vorgehen, wodurch sich unter Umständen Kausalitäten nachweisen lassen, und Einzelfallstudien, die zwar das Wissen über einzelne Länder vermehren, aber keine Verallgemeinerungen zulassen, dar (*Collier* 1993).

Bis heute existiert keine umfassende Theorie der Transformation und es bleibt weiterhin fraglich, ob es eine solche geben kann oder ob sie überhaupt benötigt wird. Dennoch ist diese Untersuchung theoriegeleitet, wobei bestehende ökonomische Theorien verwendet werden. Durch den Rückgriff auf die vergleichende Methode soll es ermöglicht werden, die so generierten Hypothesen zu überprüfen und gleichzeitig durch die nähere Untersuchung der einzelnen Fälle die Reichweite bestehender Ansätze im Kontext der Transformation auszuloten, um so möglicherweise Ansatzpunkte für die Weiterentwicklung aufzuzeigen.

Zweitens sprechen forschungspragmatische Überlegungen für die Wahl einer komparativen Studie mit kleiner Fallzahl. Es gibt zwar genügend Transformationsländer, die, etwa im Bereich der Analyse der Privatisierungserlöse, in die Untersuchung mit statistischen Verfahren einbezogen werden könnten.[7] Es muß aber davon ausgegan-

---

[7] Der Transition Report 1997 (*EBRD* 1997) führt 26 Staaten als Transformationsländer auf, der Weltentwicklungsbericht 1996 (*World Bank* 1996) 25 europäische Länder und zusätzlich die drei asiatischen Länder China, Mongolei und Vietnam.

gen werden, daß die benötigten Daten nicht verfügbar sind. Schon bei den hier untersuchten Ländern, die zu den Vorreitern im Transformationsprozeß zählen, ist die Datenbeschaffung mit Problemen verbunden. Manche Daten sind gar nicht, andere nur mit großer Verzögerung erhältlich. In vielen anderen Transformationsländern steckt die Privatisierung auch nach zehn Jahren noch in ihren Anfängen, so daß nur ein kurzer Zeitraum für Beobachtungen zur Verfügung steht. Zudem ist der Zugang zu den benötigten Daten beschränkt oder die Zahlen sind nur bedingt vergleichbar.

Die angewandte Vergleichsmethode folgt dem „most similar systems design". Die Unterschungsobjekte werden so gewählt, daß sie in vielen Bereichen, möglichst allen, mit Ausnahme der zu untersuchenden Phänomene, übereinstimmen. Es wird davon ausgegangen, daß übereinstimmende Variablen nicht für die Erklärung von Abweichungen herangezogen werden können und daher zu vernachlässigen sind (*Sartori* 1991, S. 250).

Hier wurden Polen, Ungarn und die Tschechische Republik ausgewählt. Auch wenn zwischen diesen Ländern eine Reihe von Unterschieden bestehen, so bilden sie innerhalb der Grundgesamtheit der Transformationsländer doch ein relativ homogenes Cluster. Wichtige Ähnlichkeiten sind zum Beispiel der Stand der wirschaftlichen Entwicklung und ein nahezu zeitgleicher Beginn der Transformation. Darüber hinaus zeichnen sich die Länder auch durch Gemeinsamkeiten bei Tempo und Fortschritt der Reformen aus. In allen relevanten Reformbereichen gehörten die Länder stets zu den am weitesten fortgeschrittenen und erzielten in verschiedenen Rankings ähnliche Noten (*EBRD* 1994, 1995, 1996, 1997, 1998, *World Bank* 1996).[8]

Eine weitere wichtige Gemeinsamkeit ist das in allen drei Ländern verfolgte Ziel, so bald wie möglich Mitglied der Europäischen Union zu werden. Hiermit verbunden sind weitgehende Mindestanforderungen an den Stand der institutionellen Umgestaltung und die wirtschaftliche Leistungsfähigkeit, die dafür sorgen, daß die Reformen in allen drei Ländern in die gleiche Richtung laufen. Für politische und wirtschaftspolitische Sonderwege bleibt angesichts der Beitrittspraxis der EU wenig Raum.[9] Eine zusätzliche Übereinstimmung ist die Eigenstaatlichkeit vor und während der sozialistischen Zeit. Hieraus ergibt sich die Möglichkeit, während des Transformationsverlaufs, wenigstens in begrenztem Maße, auf bestehende Institutionen zurückzugreifen oder an frühere politische und kulturelle Traditionen anzuknüpfen. Dies unterscheidet die Länder von den Nachfolgestaaten der UdSSR oder Jugoslawiens, bei denen der Beginn der Transformation oft mit einer Phase der Staatsgründung zusammenfällt, wodurch der Fortgang

---

[8] Als anekdotische Evidenz für den Grad der Übereinstimmung der Variable „Stand der Reformen", mag die Beobachtung dienen, daß jedes der drei Länder zu einem gewissen Punkt des Untersuchungszeitraums seit 1989 in der Wirtschaftspresse mindestens einmal als „Vorreiter" oder „Musterschüler" unter den Transformationsländern galt, und diese Spitzenposition jeweils an ein anderes Land aus der Gruppe abgegeben wurde.

[9] Zu einer Diskussion der Aufnahmekriterien in die EU und ihres Grades der Verwirklichung siehe *Csaba* (1998).

der wirtschaftlichen Reformen erheblich verzögert werden kann.[10] Schließlich ist noch die geographische Lage im Zentrum Europas an der Ostgrenze der EU zu nennen. Hiermit verbunden ist eine Reihe von ökonomischen, kulturellen und historischen Einflüssen auf den Verlauf der Reformen, welche die drei untersuchten Länder gemeinsam haben, sie aber von anderen Transformationsländern unterscheidet.

Auf die Unterschiede zwischen den Ländern wird weiter unten (Kapitel 3) genauer eingegangen. An dieser Stelle soll nur festgestellt werden, daß sich die drei Länder durch abweichende Ausprägungen der hier als relevant betrachteten Variablen unterscheiden. Dies sind die bestehende Auslandsverschuldung zu Beginn und die Entwicklung der öffentlichen Haushalte während der Transformation, die Verteilung der Verfügungsrechte und die politischen Rahmenbedingungen, unter denen die Transformation stattfindet.

Neben dieser parallelen Betrachtung im eigentlichen Hauptteil der Arbeit werden weitere Vergleiche angestellt. Die Privatisierung in Industrie- und Entwicklungsländern wird mit der in den Transformationsländern verglichen (Kapitel 2). Weiterhin werden die in den Ländern real existierenden sozialistischen Systeme mit dem idealtypischen klassischen System der Planwirtschaft verglichen (Kapitel 3). Diese Vergleiche im Vorfeld dienen vor allem der Formulierung der zur untersuchenden Hypothesen und der Ausfüllung der betrachteten Variablen mit empirischem Gehalt.

1.3.2. Vorgehensweise

Die Untersuchung gliedert sich in acht Kapitel. In Kapitel 2 und 3 wird der analytische Rahmen konstruiert. Dazu findet in Kapitel 2 eine theoretische Annäherung an den Fragenkomplex „Privatisierung und öffentliche Finanzen" statt. Nach einem Abriß der Behandlung des Privateigentums in der Wirtschaftstheorie werden Privatisierungsprozesse in Industrie- und Entwicklungsländern analysiert. Es zeigt sich, daß ökonomische und, als Bestätigung der These *Schumpeters*, fiskalische Krisen ein wichtiger Teil des Ursachenkomplexes für die Einführung von Privatisierungsprogrammen waren. Ohne Frage ist dieses Ergebnis nicht direkt auf die Transformationsländer übertragbar, da hier die Privatisierung qualitativ und quantitativ in andere Dimensionen vorstößt. Zudem ist der Auslöser der Privatisierung in den Mittel- und Osteuropäischen Reformstaaten ein intendierter Systemwechsel und nicht der Versuch, eine fiskalische Krise in einem marktwirtschaftlichen System zu beheben.

Mit der grundsätzlichen Privatisierungsentscheidung ist noch keine Aussage über die anzuwendende Privatisierungsmethode verbunden. Da diese durchaus unterschiedliche fiskalische Auswirkungen haben, ist damit zu rechnen, daß die Wahl der Methode von

---

[10] Die Tschechische Republik bildet hier eine Ausnahme, da während des Untersuchungszeitraums die Trennung von der Slowakischen Republik vollzogen wurde. Allerdings war dieser Prozeß in der Tschechischen Republik durch eine hohe personelle und institutionelle Kontinuität gekennzeichnet, so daß der tschechische Transformationsprozeß durch die Trennung von der Slowakischen Republik weitgehend unberührt blieb.

den jeweiligen fiskalischen Zwängen, denen die Entscheidungsträger unterliegen, beeinflußt wird. Darüber hinaus werden die Privatisierungsentscheidungen von weiteren Restriktionen beschränkt. In bisherigen Versuchen der Erklärung abweichender Privatisierungsverläufe in den Transformationsländern wurden vor allem zwei Ursachenkomplexe untersucht: Die Struktur existierender Verfügungsrechte am Anfang der Transformation und die politischen und gesellschaftlichen Rahmenbedingungen, die sich aus den jeweils spezifischen Umständen des Beginns der Transformationsphase ergeben haben. Diese Erklärungsansätze verhalten sich zu dem Ansatz, abweichende Privatisierungsstrategien mit Hilfe fiskalischer Faktoren zu erklären, komplementär. Sie werden als weitere Variablen in die Untersuchung einbezogen. Das Verhältnis dieser Variablen zueinander und ihre Bedeutung für die Wahl der Privatisierungsstrategien ist ein zentrales Thema der Arbeit.

In Kapitel 3 wird dieser theoretische Rahmen mit empirischem Gehalt verstärkt. Es wird dargestellt, wie sich die Verfügungsrechte in den drei untersuchten Ländern in der Zeit von der Einführung bis zum Untergang des Sozialismus verändert haben. Außerdem wird auf die von Marktwirtschaften abweichende Rolle der öffentlichen Haushalte im sozialistischen System und sich daraus ergebende Probleme für die Transformation eingegangen. Da im Falle von Ungarn und Polen die Auslandsverschuldung eine besondere Restriktion in der Transformationsphase dargestellt hat, wird deren Entstehung näher untersucht. Den Schluß des Kapitels bildet eine Analyse des Wandels im politischen System, da hier davon ausgegangen wird, daß der jeweils unterschiedliche Weg die spätere Wahl von Privatisierungsstrategien beeinflußt hat.

Die Kapitel 4, 5 und 6 sind Fallstudien, in denen die Privatisierung in den einzelnen Ländern näher untersucht wird. Diese Fallstudien erfüllen mehrere Funktionen. Zum ersten wird dargestellt, *wie* denn nun die Privatisierung in den jeweiligen Ländern verlaufen ist. Da es nicht das Ziel der Arbeit ist, eine detaillierte Dokumentation der Vorgänge zu liefern, sondern die Privatisierung aus dem Blickwinkel der öffentlichen Finanzen heraus zu analysieren, beschränkt sich die Fallstudien so weit wie möglich auf das Notwendigste. Privatisierung in den Transformationsländern ist aber ein so hochgradig komplexer ökonomischer, politischer und sozialer Vorgang, daß viele beobachtbare Entscheidungen und Phänomene nur in einem breiteren Kontext verständlich werden. Daher muß in diesen Kapiteln eine ständige Gratwanderung zwischen den Prinzipien „so wenig wie möglich" und „so viel wie nötig" vollzogen werden.

Zum Zweiten wird darüber hinaus in den Fallstudien bereits eine Erklärung dafür geliefert, *warum* die Privatisierung in den jeweiligen Ländern einen spezifischen Verlauf genommen hat. Dies geschieht nicht *ad hoc*, sondern auf Basis der in den Kapiteln 2 und 3 herausgearbeiteten Arbeitshypothese. Es wird also untersucht, inwieweit die Vorgänge mit Hilfe fiskalischer, politischer und institutioneller Faktoren erklärt werden können.

Zum Dritten liefern die Fallstudien das Material für die explizit vergleichenden Teile der Arbeit. Um diesen Vergleich zu erleichtern, wurden die Länderstudien möglichst ähnlich strukturiert.[11] In einem ersten Abschnitt werden dabei, vor dem Hintergrund der Ausgangslage, die Diskussion um die verschiedenen Privatisierungsoptionen und die Gründe für die erste Wahl einer bestimmten Privatisierungsstrategie untersucht. In den weiteren Teilen wird die Privatisierung in verschiedenen Phasen dargestellt, wobei die Übergänge zwischen den Phasen durch Änderungen in den verfolgten Strategien gekennzeichnet sind. Für jeden dieser Kurswechsel wird untersucht, ob und inwieweit er mit dem hier benützten Instrumentarium erklärt werden kann.

In den Kapiteln 7 und 8 werden die zuvor einzeln verfolgten Stränge wieder zusammengeführt, der Versuch einer Verallgemeinerung vorgenommen und die Ergebnisse zusammengefaßt. Kapitel 7 vergleicht die in Form von Privatisierungserlösen erzielten Ergebnisse. Dabei werden diejenigen institutionellen und politischen Faktoren herausgearbeitet, von denen die Höhe der erzielbaren Einnahmen abhängt. Es zeigt sich, daß politische Stabilität und eine wettbewerbliche Organisation der Privatisierung die Höhe der Privatisierungserlöse entscheidend beeinflussen. In Kapitel 8 wird anhand der gewonnenen Erkenntnisse die Frage beantwortet, welche Faktoren die Wahl und Änderung von Privatisierungsstrategien beeinflussen.

---

[11] Hierbei tritt deutlich ein von *Ludányi* (1996, S. 124) trefflich beschriebenes Problem zu Tage: „From the researchers point of view, the main difficulty about privatization is that an ill structured problem seeks the perfectly structured interpretation". Aufgrund des zusätzlichen Problems, unterschiedliche Fälle innerhalb einer ähnlichen Struktur zu analysieren, lassen sich bei den jeweiligen Fallstudien Verweise auf vorangegangene oder folgende Textstellen nicht immer vermeiden.

> „In jeder großen Monarchie in Europa würde der Verkauf
> von Kronland zu ganz beachtlichen Geldeinnahmen führen,
> die, zur Tilgung der Staatsschulden verwendet, ein weit
> höheres Einkommen von der Beleihung befreien würden, als
> Grund und Boden jemals der Krone eingebracht haben." (*Adam
> Smith*, Der Wohlstand der Nationen, 1776)

2. Theoretische Perspektiven

2.1. Privatisierung - Eine wirtschaftspolitische Innovation?

Die Überführung öffentlichen Eigentums in Privateigentum, die Privatisierung, ist ein wirtschaftspolitisches Betätigungsfeld, das erst eine relativ kurze Geschichte vorweisen kann. Auch wenn *Adam Smith* (1776/1789/1978, S. 702) bereits im „Wohlstand der Nationen" auf die Vorzüge einer Umwandlung von öffentlichem in privates Eigentum hingewiesen hatte, kamen dementsprechende Eigentumstransfers bis zum Beginn der 80er Jahre dieses Jahrhunderts nur sehr sporadisch vor (*Vernon/Aharoni* 1981, S. 3).[12] Dann allerdings setzte eine Phase ein, in der verstärkt Privatisierungen vorgenommen wurden. Dabei wurden innerhalb eines Jahrzehnts weltweit in so unterschiedlichen Ländern wie Großbritannien, Mexiko oder Malaysia mehr als 7000 Unternehmen privatisiert (*Kikeri et al.* 1992), so daß von einer Privatisierungswelle (*Clarke/Pitelis* 1993, S. 26) einem Privatisierungsboom (*Dunleavy* 1986, S. 13) oder von einem Privatisierungsvirus (*Abromeit* 1988, S. 85) gesprochen wird. Der schnellen Ausbreitung dieser wirtschaftspolitischen Innovation folgte die wissenschaftliche Analyse. Neben der Erforschung der ökonomischen Effekte wollte man auch die Frage „Why so many countries and why now?" (*Ikenberry* 1990, S. 88), also die Frage nach der politischen Ökonomie der Privatisierung, beantworten.

Im Zusammenhang mit der wissenschaftlichen Aufarbeitung der Transformationsprozesse in Mittel- und Osteuropa wird gelegentlich die Position bezogen, es handle sich um ein historisch einmaliges Phänomen, für dessen Analyse es bisher keine theoretische Grundlage gibt.[13] Zumindest für den Bereich der Privatisierung, die regelmäßig ein Kernelement der Transformation darstellt, ist dies so nicht richtig. Es stellt sich aber die Frage, inwieweit die theoretischen Einsichten aus „dem Westen" nach Mittel- und Osteuropa übertragen werden können. Ein Blick in die Dogmengeschichte der Ökonomie zeigt, daß zwar die Forschung über die eigentliche Privatisierung erst mit deren Aufkommen zu Beginn der 80er Jahre begann, die theoretische Analyse der Vor- und Nachteile von Privateigentum gegenüber Staatseigentum schon eine längere Geschichte hat. Aus dieser können die Argumente, die für Privatisierung sprechen, hergeleitet werden (*Siegmund* 1997).

---

[12] Vereinzelte Beispiele werden bei *Wright* (1994) aufgezählt. *Bortolotti et al.* (1998) erwähnen sporadische Privatisierungen in Westdeutschland in den 60ern, in Irland 1972 und in Chile 1973.

[13] Siehe hierzu kritisch *Hermann-Pillath* (1997, S. 203).

In diesem Kapitel werden die Zusammenhänge zwischen Privatisierung und öffentlichen Finanzen aus einer theoretischen Perspektive heraus analysiert. In 2.2. werden anhand eines dogmengeschichtlichen Überblicks die Eigenschaften des Privateigentums herausgearbeitet, die, aus einer normativen Sichtweise heraus, für Privatisierung sprechen. Anschließend wird kurz der Frage nachgegangen, warum es trotzdem Unternehmen in Staatseigentum gibt. 2.3. widmet sich der Frage, wie die erste große Privatisierungswelle in diesem Jahrhundert erklärt werden kann. Dabei wird deutlich, daß fiskalische Zwänge und Zielsetzungen eine wichtige Rolle gespielt haben. In 2.4. wird überprüft, inwieweit die Ergebnisse aus der Analyse von Privatisierungen in Industrie- und Entwicklungsländern auf die Transformationsländer übertragen werden können. Da es neben einer Reihe von Analogien auch gewichtige Unterschiede gibt, ist dies nur eingeschränkt möglich. Eine Folge dieser Unterschiede ist, daß die Methoden der Privatisierung für die Transformationsländer neu überdacht werden müssen. Dies geschieht in 2.5. Nach der Frage, inwieweit Privatisierung überhaupt budgetwirksam ist, werden mögliche fiskalische Auswirkungen unterschiedlicher Privatisierungsmethoden in den Transformationsländern aufgezeigt. Es wird klar, daß verschiedene Methoden unterschiedliche Auswirkungen auf die öffentlichen Haushalte haben. In 2.6. wird untersucht, ob fiskalische Motive der Entscheidungsträger bisher bei der Erklärung abweichender Privatisierungsmuster in den Transformationsländern berücksichtigt worden sind. Da dies nicht der Fall ist, stellt sich die Frage, ob die existierenden Erklärungen für die unterschiedlichen Verläufe der Privatisierung durch die Berücksichtigung fiskalischer Faktoren verbessert werden kann.

2.2. Die ökonomischen Argumente für Privatisierung

2.2.1. Die Wirtschaftsrechnungsdebatte und die Ordnungstheorie

Die ökonomische Begründung für Privatisierung geht davon aus, daß durch die Übertragung von Eigentum vom Staat an private Akteure Marktbeziehungen und Wettbewerb in einem Wirtschaftssystem gestärkt werden, und so eine bessere Nutzung knapper Ressourcen erreicht werden kann (*Wagener* 1996, S. 165). Wie schon bemerkt, lassen sich bereits bei *Smith* Argumente finden, welche die Vorzüge von privatem gegenüber öffentlichem Eigentum betonen.[14] Auch in der historischen Schule wurden Effizienzargumente bei der Untersuchung von Eigentumsfragen behandelt. So etwa im, vergleichsweise weniger bekannten, *Wagnerschen* Gesetz „von der Notwendigkeit des Hindrängens zum Privateigentum" (*Wagner* 1894, S. 413, 417). Hiernach wird sich Privateigentum dann entwickeln, wenn die damit verbundenen Vorteile, wie die Möglichkeiten der Spezialisierung und damit verbundene langfristige Planung von Investitionen, durch zunehmende Arbeitsteilung und Tauschmöglichkeiten wertvoller werden. Dieser Gedanke wurde später auch von *Demsetz* (1967) aufgegriffen (*Meyer* 1983, S. 4-7).

---

[14] „Das Kronland selbst dürfte, nachdem es in Privathand übergegangen ist, in wenigen Jahren in gutem Zustand sein" (*Smith* 1776/1789/1978, S. 702).

Diese früheren Analysen basierten jedoch eher auf Intuition und „gesundem Menschenverstand" (*Richter/Furubotn* 1996, S. 127) als auf einer ökonomischen Theorie. Die systematische Analyse der Vor- und Nachteile von Privateigentum gegenüber öffentlichem Eigentum wurde erst zu dem Zeitpunkt auf einer breiteren Front vorangetrieben, als mit dem Sozialismus und der damit verbundenen Abschaffung der Institution des Privateigentums eine neue Form von Wirtschaftssystem diskutiert wurde. Die Diskussion ist als Wirtschaftsrechnungsdebatte in die Dogmengeschichte der Ökonomie eingegangen. Die Protagonisten der Debatte waren die Österreicher *von Mises* und *von Hayek* einerseits und der Exilpole *Lange* andererseits.[15]

Ausgangspunkt der Auseinandersetzung war die bekannte Feststellung *von Mises*, daß in einer auf öffentlichem Eigentum beruhenden Volkswirtschaft keine Wirtschaftsrechnung möglich und somit jedes rationale Wirtschaften unmöglich sei (*Mises* 1920, S. 86-121, *Mises* 1981/1935/1922, S. 91-101). *Von Mises* begründete die Überlegung damit, daß bei Aufhebung des Privateigentums an Produktionsmitteln an zentraler Stelle über deren Verwendung entschieden werden müsse. Ein zentraler Planer sei jedoch nicht in der Lage, die dafür notwendigen Informationen zu generieren und zu verarbeiten. Rationale ökonomische Entscheidungen könnten nur auf Basis eines durch dezentrale Bewertungen und Entscheidungen zustande gekommenen Preissystems getroffen werden.

Die Gegenseite in der Debatte beschäftigte sich im Anschluß hauptsächlich damit, nachzuweisen, daß unter bestimmten institutionellen Bedingungen (Konkurrenzsozialismus) und bei Verwendung bestimmter Planungstechniken (mathematische Methoden, *trial and error* Prozesse) eine optimale Allokation der Ressourcen herbeigeführt werden kann. Die Einsicht *von Hayeks,* daß, auch wenn es theoretisch möglich ist, einen rationalen zentralen Plan zu erstellen, dieses aufgrund der Vielzahl benötigter Informationen praktisch unmöglich ist (*Hayek* 1935, S. 207-214), wurde oft als Rücknahme des *von Miseschen* Unmöglichkeitstheorems interpretiert (*Lavoie* 1985, S. 14-15, *Tomlinson* 1990, S. 108).

Sowohl diese Interpretation als auch der Versuch der Befürworter eines Marktsozialismus, Möglichkeiten aufzuzeigen, wie bei Abschaffung des Privateigentums eine optimale Ressourcenallokation mittels zentraler Planung herbeigeführt werden kann, treffen nach neuerer Lesart indes nicht den Kern der *von Mises/von Hayek*-Argumentation (*Lavoie* 1985, *Caldwell* 1997). Die Idee der Marktsozialisten, ein System relativer Preise mit Hilfe von *trial and error* Verfahren oder durch simultanes Lösen von Gleichungssystemen zu erschaffen und den Managern der Wirtschaft als Kalkulationsbasis vorzugeben, beruht auf dem *walrasianischen* statischen Konzept eines totalen Gleichgewichts (*Lavoie* 1985, S. 10-20, *Caldwell* 1997, S. 1865). In diesem Modell sind

---

[15] Eine ausführliche Diskussion der von den genannten und weiteren Teilnehmern der Kontroverse vertretenen Positionen findet sich bei *Caldwell* (1997) oder bei *Lavoie* (1985). Für eine kritische Auseinandersetzung sowohl mit dem Modell des Marktsozialismus und seiner neoklassischen Fundierung als auch mit der österreichischen Kritik an diesem Modell siehe *Stiglitz* (1994).

alle Knappheiten und Bedürfnisse bekannt und unveränderlich. Dem zentralen Planer kommt die Aufgabe zu, den Set an relativen Preisen zu ermitteln, der eine optimale Ressourcenallokation ermöglicht. Die Frage nach den Motivationen und Antriebskräften in solch einem System wird eliminiert (*Krüsselberg* 1983).

Die *von Mises/von Hayek*-Argumentation hingegen wählt ein System als Ausgangspunkt, das von ständigem Wandel geprägt ist. Die Akteure in diesem System nutzen Preise in Kombination mit ihrem persönlichen Wissen, um für sich vorteilhafte Entscheidungen zu treffen. Diese Entscheidungen können wiederum Rückwirkungen auf die relativen Preise haben, die andere Individuen zur Revision ihrer Pläne veranlassen. Die treibende Kraft in diesem System sind miteinander konkurrierende Unternehmer, die ihre produktiven Ressourcen mit der Absicht der Gewinnerzielung in die jeweils als beste vermutete Verwendungsmöglichkeit lenken und so die relativen Preise zu ihrer Information nutzen und zugleich durch ihre Entscheidungen verändern. Das Hauptaugenmerk der Beiträge *von Mises'* und *von Hayeks* lag darauf, die Leistungsfähigkeit eines aus dezentralen Entscheidungen entstandenen Preissystems bei der Nutzung von weit verstreutem Wissen hervorzuheben.

Dabei haben sie auch die Bedeutung des Privateigentums als Antriebskraft in einem dynamischen System herausgearbeitet: Das Privateigentum an Produktionsmitteln und die damit verbundene Möglichkeit des Unternehmers, durch sein Handeln Gewinne zu erzielen, liefert die notwendigen Anreize, private Informationen in das Preissystem einzuspeisen. Die Abwesenheit von Privateigentum hingegen schafft ein Anreizproblem für Entscheidungsträger: Diese werden dazu neigen, Entscheidungen zu verzögern und bei Investitionsentscheidungen Risiken zu meiden (*Hayek* 1935, S. 234-35). Es muß allerdings angemerkt werden, daß, auch wenn das dem kollektiven Eigentum anhaftende Anreizproblem in der Kalkulationsdebatte bereits erkannt worden war, es nicht systematisch weiter verfolgt wurde (*Caldwell* 1997, S. 1880). Der Schwerpunkt der Debatte aus Sicht der Österreicher lag darauf, zu betonen, daß in einer dynamischen Welt, in der sich Knappheiten ständig verändern, nur Privateigentum an Produktionsmitteln und die sich daraus ergebenden Handlungsmöglichkeiten eine rationale Wirtschaftsrechnung ermöglichen.

Diese Gedanken wurden wenig später auch in der maßgeblich von *Eucken* beeinflußten Ordnungstheorie verfolgt. *Euckens* Wettbewerbsverständnis beruhte auf dem statischen Modell der vollständigen Konkurrenz und kam damit eigentlich den Marktsozialisten näher. Dennoch betonte er, ebenso wie die Österreicher, die Bedeutung von Privateigentum wegen der damit verbundenen ökonomischen Anreize für Unternehmensleitungen (*Eucken* 1952/1990, S. 271) sowie die Leistungsfähigkeit eines durch so motivierte Entscheidungen entstandenen Preissystems als Koordinationsmechanismus (*Eucken* 1952/1990, S. 274). Gleichzeitig arbeitete *Eucken* heraus, daß Privateigentum zwar ein notwendiges, aber kein hinreichendes Kriterium für Wettbewerb und die damit verbundenen und erwünschten wirtschaftlichen und gesellschaftlichen Wirkungen ist. Da *Eucken* stets die mit Privateigentum verbundene Gefahr der Monopolbildung vor Augen hatte, wies er auf die Interdependenz der Eigentumsordnung mit anderen wirtschaftlichen Teilordnungen, vor allem der durch den Staat zu sichernden Wettbewerbsordnung, hin: „Nur die Wettbewerbsordnung macht im Rahmen der modernen industrialisierten Wirtschaft das Privateigentum auf die Dauer erträglich. Aber das Privateigentum ist wiederum eine Voraussetzung für eine freie Staats- und Gesellschaftsordnung" (*Eucken* 1952/1990, S. 275).

2.2.2. Neoklassik und *Property Rights*-Theorie

Im Gegensatz zum österreichischen und zum ordnungstheoretischen Forschungsprogramm spielte die Analyse der Eigentumsordnung in der Neoklassik keine Rolle. In dieser „sonderbaren Welt" (*Richter/Furubotn* 1996) werden Koordinationsprobleme durch Individuen, die, ausgestattet mit vollkommenen Informationen, kostenlos vollkommene Verträge miteinander abschließen, gelöst (*Richter/Furubotn* 1996, S. 9-10, 16, 80-81). Eine solche Auffassung impliziert, daß die Eigentumsordnung für Allokationsprobleme irrelevant ist. Mit Aufkommen des *Property Rights*[16]-Ansatzes in der Wirtschaftswissenschaft seit Mitte der 60er Jahre konnte diese theoretische Lücke teilweise geschlossen werden.[17]

In der *Property Rights*-Theorie wird das Eigentum als ein Bündel von Rechten interpretiert, die ein Individuum an einem ökonomischen Gut haben kann. Dieses Bündel beinhaltet das Recht zur Verwendung des Gutes, andere von der Nutzung auszuschließen, die Verantwortlichkeit für die aus der Verwendung entstehenden Folgen und das Recht, einzelne oder alle Rechte an dem Gut zu übertragen. Unterschiedliche Rechte an einer knappen Ressource können von verschiedenen Personen ausgeübt oder gemeinsam genutzt werden (*Alchian* 1977, S. 129-135, *Meyer* 1983, S. 19). Von der neoklassischen Theorie unterscheidet sich dieser Ansatz vor allem in folgenden Punkten:

- Ausweitung des methodologischen Individualismus auf die Analyse von Organisationen: Nicht mehr „das Unternehmen" oder „der Staat" sind die Untersuchungsobjekte, sondern Individuen, die innerhalb dieser Institutionen agieren und dabei bestrebt sind, ihren eigenen Nutzen und nicht den Gewinn der Unternehmung oder die gesamtwirtschaftliche Wohlfahrt zu maximieren. Opportunistisches Verhalten wird nicht ausgeschlossen (*Furubotn/Pejovich* 1972, S. 1137-8, *Richter/Furubotn* 1996, S. 3-5).

- Betrachtung alternativer Arrangements von Verfügungsrechten: Es gibt mehrere mögliche Zuordnungen von Verfügungsrechten. Von den jeweiligen Verteilungen gehen unterschiedliche Anreize für die Individuen aus, welche die Entscheidungen über die Verwendung von Ressourcen beeinflussen (*Furubotn/Pejovich* 1972, S. 1137, *Meyer* 1983, S. 23-6).

---

[16] Als deutsche Übersetzung von *Property Rights* werden die Begriffe Eigentumsrechte oder Verfügungsrechte synonym verwendet.

[17] Zur Einordnung der *Property Rights*-Theorie in die Dogmengeschichte der Ökonomie und zu deren Verhältnis zu älteren deutschen und amerikanischen institutionalistisch ausgerichteten Theorien siehe *Meyer* (1983).

- Positive Transaktionskosten: Der Tausch von Verfügungsrechten ist nicht kostenlos. Transaktionskosten fallen etwa bei der Beschaffung von Informationen, der Suche nach Tauschpartnern oder der Aushandlung und Kontrolle von Verträgen an (*Furubotn/Pejovich* 1972, S. 1137, *Richter/Furubotn* 1996, S. 9).

- Explizite Berücksichtigung der sozialen und politischen Dimension: Das wirtschaftliche Geschehen findet nicht in einem sozialen Vakuum, sondern in einer Gesellschaft, einem System von Personen und Regeln, durch das jedem Mitglied bestimmte Verfügungsrechte zugeordnet werden, statt. Die Zuordnung kann dabei aufgrund vielfältiger Mechanismen wie staatlicher Anordnung, persönlicher Verträge, Ausübung von Macht oder informeller Verhaltenskonventionen erfolgen und verändert werden (*Alchian/Demsetz* 1973, S. 16, *Alchian* 1977, S. 129-30, *Meyer* 1983, S. 19-21, *Richter/Furubotn* 1996, S. 5-6). Besondere Bedeutung kommt in diesem System dem Staat zu. Durch die Kompetenz, Gesetze zu erlassen und durchzusetzen, haben staatliche Instanzen besondere Möglichkeiten, die privaten Eigentumsrechte von Individuen zu beeinflussen, indem sie bestimmte Rechte schaffen und garantieren (zum Beispiel Menschenrechte, Vertragsfreiheit, Rechtsstaatlichkeit) oder verdünnen (zum Beispiel Besteuerung, Regulierung). Durch die vielfältigen Eingriffsmöglichkeiten ist die Abgrenzung zwischen öffentlichem und privatem Eigentum nicht immer eindeutig vorzunehmen, die Übergänge sind fließend (*Alchian/Demsetz* 1973, S. 19, *Richter/Furubotn* 1996, S. 13).[18]

Mit Hilfe der *Property Rights*-Theorie kann nun eine Eigentumsordnung als ein System ökonomischer und sozialer Beziehungen beschrieben werden. Anschließend kann das entwickelte Instrumentarium für eine ökonomische Analyse von Vor- und Nachteilen verschiedener Eigentumsordnungen verwendet werden. Die Ergebnisse sind zu denen der bisherigen, teilweise intuitiven Argumentation komplementär.

So können zum Beispiel die positiven Anreizeffekte von Privateigentum mit Hilfe der *Property Rights*-Theorie herausgearbeitet werden, indem man verschiedene Verteilungen des Rechts auf den Ertrag einer Ressource betrachtet. In einem Unternehmen in Privateigentum haben die Eigentümer das Recht auf den Gewinn, der nach der Entlohnung aller Produktionsfaktoren verbleibt. Sie werden also bemüht sein im Rahmen ihrer Möglichkeiten, für eine möglichst effiziente Verwendung der Ressourcen zu sorgen. Dies können die Eigentümer tun, indem sie ihre anderen Eigentumsrechte wahrnehmen. Ein Einzelunternehmer zum Beispiel, indem er versucht, die Nutzung des Kapitalstocks zu optimieren und über die Zusammensetzung der Belegschaft entscheidet, die Aktionäre, indem sie ihre Stimme bei der Hauptversammlung abgeben.[19] In

---

[18] Diesen Umstand beschrieb bereits *von Mises* (1922/1932/1981, S. 31): „Wenn ihm [dem Eigentümer, Anm. D.S.] die Verfügungsmöglichkeit stückweise genommen wird, indem der Staat sich immer mehr Einfluß auf die Bestimmung der Richtung und der Art der Produktion sichert, und von dem Ertrag der Produktion einen immer größeren Anteil heischt, so wird dem Eigentümer immer mehr und mehr entzogen, bis ihm schließlich nur der leere Name des Eigentums bleibt, das Eigentum selbst aber ganz in die Hände des Staates übergegangen ist."

[19] Zu Problemen die sich aus der Trennung von Eigentum und Kontrolle ergeben siehe 2.2.3.

einem Unternehmen in staatlichem Eigentum hingegen entscheidet eine staatliche Bürokratie über die Verwendung des Residualeinkommens. Die Bürokraten selbst ziehen nur indirekt Nutzen aus der Höhe des Gewinns, da sie ihn nicht für sich selbst nutzen können, sondern für Umverteilungszwecke verwenden. Sie haben in der Regel auch keine Möglichkeit, auf die Höhe der Gewinne Einfluß zu nehmen, wenn die Kontrolle und Regulierung staatlicher Unternehmen Aufgabe einer anderen Abteilung ist.[20] Diejenigen, die nach dieser Umverteilung am Ende die Nutznießer sind, haben ebenfalls keinen Einfluß auf die Verwendung der Ressourcen im Unternehmen. Das Residualeinkommen aus den staatlichen Unternehmen erhält so Charakteristika eines öffentlichen Gutes und verliert die Anreizwirkung für den effizienten Einsatz von Ressourcen.[21]

Neben dem Recht auf den Ertrag einer Ressource, fördert auch die Möglichkeit zum Transfer die Effizienz. So kann gezeigt werden, daß in Unternehmen mit Arbeiterselbstverwaltung, in denen die Arbeiter zwar Kontrollrechte und das Recht am Ertrag einer Unternehmung haben, diese aber nicht verkaufen können, suboptimale Investitionsentscheidungen getroffen werden. Da die Arbeiter die Erträge langfristiger Investitionen nicht internalisieren können, und ihr Vermögensportfolio nicht nach verschiedenen Risiken diversifizieren können, neigen sie dazu, kurzfristige und risikoaverse Investitionen zu bevorzugen (*Pejovich* 1998, S. 195-206). Die Übertragbarkeit von Verfügungsrechten ist natürlich auch essentiell dafür, daß Ressourcen in die möglichst beste Verwendung gelenkt werden können. Ein rational handelnder Eigentümer wird seine Rechte dann verkaufen, wenn ihm ein Käufer eine höhere Summe bietet, als er selbst in der Zukunft als Ertrag seines Eigentums erwartet. So bewirkt die Übertragbarkeit, daß die Verfügungsrechte tendenziell zu denjenigen wandern, die sie am höchsten bewerten. Die Tendenz ist um so stärker, je geringer die Transaktionskosten sind.

Unterschiedliche Eigentumsordnungen wirken sich nicht nur auf die Allokation von Ressourcen, die statische Effizienz, sondern auch auf Innovationsverhalten und Wachstumsmöglichkeiten von Wirtschaftssystemen aus. Gemeinsames Eigentum an Produktionsmitteln ist in der Regel mit der kollektiven Planung der Produktion verbunden. Die Verfügungsrechte werden von einer kollektiven Instanz ausgeübt. Im Extremfall wird für die gesamte Volkswirtschaft ein zentraler Plan erstellt, der dann von den Unternehmen verbindlich ausgeführt werden muß. In den Unternehmen kann nicht

---

[20] Die Probleme, die sich aus der Verteilung verschiedener Eigentumsrechte auf unterschiedliche staatliche Bürokratien in einem sozialistischen System ergeben, werden im 3. Kapitel genauer analysiert.

[21] Vergleiche zu diesem Punkt auch *Stiglitz* (1989, S. 32): „There is a final important difference between the performance of private and public organizations: earlier, we argued for the importance of a large shareholder or shareholder group to ensure that large corporations were efficiently managed; there had to be some individuals who had sufficient private incentives to look to the good management of the enterprise. In public organizations, there may exist no corresponding individuals with the *economic* incentive to ensure that the enterprise is well managed" (Hervorhebung im Original).

mehr frei über die Verwendung von Ressourcen oder die Erträge der Produktion entschieden werden. Die wichtigsten Daten werden den Unternehmen durch den Plan vorgegeben. Das Planerfüllungsprinzip ersetzt die Maximierung von Gewinnen in der Zielfunktion der Unternehmen (*Leipold* 1983, S. 192-3). Die individuelle Leistung wird am Grad der Planerfüllung gemessen. Durch die Zentralisierung von Entscheidungen wird der individuelle Handlungs- und Entscheidungsspielraum eingeschränkt. Mit abnehmender Anzahl persönlicher Entscheidungsmöglichkeiten sinkt auch die Chance, auf Unternehmensebene neue Kombinationen von Ressourcen auszuprobieren und so Innovationen zu tätigen (*Wagener* 1979, S. 144).

Die prinzipielle Möglichkeit, durch die Ausstattung mit Handlungs- und Entscheidungsrechten innovativ tätig zu werden, muß durch die Motivation der Akteure ergänzt werden, damit es zu Neuerungen kommen kann (*Röpke* 1983, S. 121). Bei vorherrschendem Gemeineigentum mangelt es aufgrund der Asymmetrie zwischen Chancen und Risiken allerdings an der notwendigen Motivation für solches Handeln: Während ein Abweichen vom Plan mit negativen Folgen individuelle Sanktionen auslösen kann, können Gewinne, die als Folge einer Innovation entstehen, meist nur teilweise internalisiert werden. Hieraus ergibt sich eine geringere Motivation als in einem System mit Privateigentum, in dem den Eigentümern im idealisierten Fall zwar die vollen Kosten, aber auch die Nutzen ihres Handelns angerechnet werden. Bei Kollektiveigentum sind also, als Folge der Aufteilung und teilweisen Zentralisierung von Verfügungsrechten, sowohl die Möglichkeiten als auch die Motivation für innovatives Handeln eingeschränkt.

2.2.3. Das Kontrollproblem und die Theorie weicher Budgetbeschränkungen

Geht man von einem klassischen kapitalistischen Unternehmen mit einem Eigentümer-Manager, der alle Verfügungsrechte auf sich vereint, aus, so sind die Vorteile des Privateigentums unmittelbar erkennbar. Nun ist dies nur eine von mehreren möglichen Organisationsformen der Produktion in modernen Marktwirtschaften. In den meisten Unternehmensformen kapitalistischer Wirtschaftssysteme, wie zum Beispiel der Aktiengesellschaft, sind Eigentum und Kontrolle voneinander getrennt. Hieraus entsteht, genau wie in einer Zentralverwaltungswirtschaft, ein *Prinzipal-Agent* Problem. Manager, die mit bestimmten Verfügungsrechten ausgestattet sind, werden bei unzureichender Kontrolle dazu neigen, sich opportunistisch zu verhalten und ihre eigenen Ziele zu verfolgen, die nicht notwendigerweise mit denen der Eigentümer übereinstimmen. Wie können die Eigentümer (Aktionäre) sicherstellen, daß die Agenten (Manager) in ihrem Sinne handeln? In der Literatur werden vier Mechanismen der marktwirtschaftlichen Managerkontrolle unterschieden (*Alchian/Demsetz* 1973, S. 782, *Holmström/Tirole* 1989, S. 87-101, *Richter/Furubotn* 1996, S. 381-2):

- Interne Disziplinierung: Manager können durch die Ausgestaltung von Verträgen und erfolgsorientierte Entlohnung zum Handeln im Sinne der Eigentümer bewegt werden.

- Arbeitsmarktdisziplinierung: Manager stehen in Konkurrenz miteinander. Eine schlechte Leistung mindert den Wert eines Managers auf dem Arbeitsmarkt und somit das mögliche zukünftige Einkommen.

- Produktmarktdisziplinierung: Die Produkte eines Unternehmens stehen in Konkurrenz mit den Produkten anderer Unternehmen. Mangelnde Anstrengung der Unternehmensleitung setzt die Wettbewerbsfähigkeit auf den Produktmärkten herab und führt zu sinkenden Gewinnen oder Verlusten, was die Eigentümer über schlechte Managementleistung informiert und zum Handeln veranlaßt, oder zum Marktaustritt führt.

- Kapitalmarktdisziplinierung: Manager, die eigene Ziele verfolgen, werden dies in der Regel auf Kosten der Effizienz der Unternehmung tun. Dies erschwert die Beschaffung von Kapital und mindert den Wert der Unternehmung. Bei sinkenden Aktienpreisen steigt die Wahrscheinlichkeit einer Unternehmensübernahme, was meist auch zu einem Auswechseln des amtierenden Managements führt.

Während der erste Mechanismus prinzipiell auch in zentral verwalteten Systemen eingesetzt werden kann,[22] basieren die übrigen drei Mechanismen letzten Endes auf Marktbeziehungen und handelbaren privaten Verfügungsrechten, so daß Privateigentum eine wichtige institutionelle Basis für die Lösung des *Prinzipal-Agent* Problems bei der Trennung von Eigentum und Kontrolle darstellt. Es wird allerdings auch klar, daß Privateigentum allein nicht zu besseren ökonomischen Ergebnissen führen muß. Es bedarf der Ergänzung durch weitere Elemente wie Wettbewerb oder offene Märkte, wie es bereits *Eucken* (1952/1990, S. 254-304) betont hat.

Auf die fehlende Kontrolle öffentlicher Unternehmen durch Märkte geht *Kornai* (1986, 1992, S. 140-5, 1998) in seiner Theorie weicher Budgetbeschränkungen ein.[23] In einem Marktsystem stehen die Unternehmen in Konkurrenz miteinander, was die Manager dazu drängt, die Unternehmen möglichst effizient zu führen. Sie sind langfristig darauf angewiesen, Gewinne zu erwirtschaften oder wenigstens Verluste zu vermeiden. Sind die Aufwendungen eines Unternehmens dauerhaft höher als die Erträge, wird der Marktaustritt die Folge sein; die Unternehmen unterliegen einer harten Budgetbeschränkung. Öffentliche Unternehmen hingegen scheiden nur in den seltensten Fällen aus dem Markt aus. Mit Hilfe öffentlicher Unternehmen verfolgen Politiker meist eine ganze Reihe von Zielen (s.u.). Dabei steht das Ziel der Gewinnmaximierung in der Regel nicht an erster Stelle der Zielhierarchie. Um die notwendigen Ressourcen zur Erfüllung der oft außerökonomischen Ziele aufzubringen, ist der Staat nicht auf den Erfolg der Unternehmen am Markt angewiesen. Es besteht zum Beispiel die Möglichkeit, Einnahmen zwischen öffentlichen Unternehmen umzuverteilen, Steuern zu

---

[22] Es existiert eine relativ umfangreiche Literatur, die sich mit der Ableitung optimaler Anreizsysteme in Planwirtschaften befaßt (*Leipold* 1983, S. 186-7).

[23] Zur theoretischen Weiterentwicklung des Konzepts der weichen Budgetbeschränkungen siehe zum Beispiel die Beiträge von *Kornai* (1998) und *Berglöf/Roland* (1998). Für neuere empirische Anwendungen und Überprüfung siehe *Schaffer* (1998) und *Li/Liang* (1998).

erheben, sich im In- oder Ausland zu verschulden oder Ausgaben über inflationäre Maßnahmen zu finanzieren. Am weitestgehenden sind diese Möglichkeiten in einem sozialistischen System, in dem die meisten monetären und realen Ströme zentral geplant und gelenkt werden. Manager, die wissen, daß ihr Unternehmen im Prinzip nicht aus dem Markt scheiden kann, haben geringe Anreize, die ihnen vorgegebenen Budgetbeschränkungen einzuhalten. Wenn in einer gegebenen Periode die Ausgaben größer sind als die Einnahmen, besteht die Möglichkeit, das Budget mit verschiedenen staatlichen Instanzen neu zu verhandeln. So können zum Beispiel Subventionen, Steuern, Kredite oder administrierte Preise durch Verhandlungen *ex post* angepaßt werden und so die Budgetbeschränkungen der staatlichen Unternehmung aufweichen. Oft können diese Möglichkeiten gleichzeitig genutzt werden, da verschiedene Bürokratien betroffen sind. Je größer die Wahrscheinlichkeit ist, daß ein Unternehmen Hilfe von außen bekommt, als desto weicher kann seine Budgetbeschränkung angesehen werden. Auch private Unternehmen können weichen Budgetbeschränkungen unterliegen, wenn es ihnen gelingt, diskretionären Zugang zu staatlichen Finanzierungsquellen zu erlangen. Dies gilt besonders, wenn es sich um Unternehmen von „strategischer", struktureller oder arbeitsmarktpolitischer Bedeutung handelt. Allerdings wird der Staat bei seinen eigenen Unternehmen in der Regel stärker geneigt sein, sich paternalistisch zu zeigen und Milde walten zu lassen.

2.2.4. Vorteile von Privateigentum: Das ökonomische Kalkül der Privatisierung

Faßt man die dargestellten Ergebnisse der wirtschaftswissenschaftlichen Auseinandersetzung mit dem Eigentum während der letzten 80 Jahre zusammen, ergeben sich folgende Argumente, welche die Vorteile von Privateigentum gegenüber Kollektiveigentum an Produktionsmitteln betonen und die zugleich die ökonomische Begründung für Privatisierung liefern:[24]

- Durch Privateigentum an Produktionsmitteln kann weit verstreutes Wissen besser generiert und nutzbar gemacht werden als durch öffentliches Eigentum und damit einhergehende kollektive oder hierarchische Entscheidungen über die Ressourcenverwendung.

- Privateigentum ist eine Voraussetzung für Wettbewerb, funktionierende Märkte und ein in sich konsistentes Preissystem.

- Privateigentum liefert bessere Anreize für die effiziente Verwendung von Ressourcen, wenn der Eigentümer das Recht auf den Ertrag seiner Ressourcen hat. Das Recht, Verfügungsrechte auf Märkten zu tauschen, sorgt tendenziell dafür, daß Ressourcen von demjenigen genutzt werden, der sie am höchsten bewertet. Dies erhöht die Effizienz, sowohl auf Unternehmensebene als auch gesamtwirtschaftlich.

---

[24] Eine ähnliche Darstellung findet sich bei *Wagener* (1996), der auch darauf aufmerksam macht, daß solche Argumente „für den gesunden Menschenverstand plausibel klingen, daß sie aber von der herrschenden Wirtschaftstheorie kaum bewiesen werden können."

- Asymmetrische Verteilung von Chancen und Risiken und fehlender Handlungsspielraum von Individuen begründen eine Innovationsschwäche von Systemen mit dominierendem Kollektiveigentum.

- Fehlende Disziplinierung von Managern durch Märkte und die Möglichkeit des Staates, Unternehmen mit zusätzlichen Mitteln zu versorgen, begründet die weichen Budgetbeschränkungen öffentlicher Unternehmen. Dies führt zu geringer Effizienz öffentlicher Unternehmen und Belastungen der öffentlichen Haushalte.

Die Reichweite dieser Argumente ist in einer Vielzahl von Beiträgen empirisch überprüft worden. *Mueller* (1989, S. 261-6) kommt nach der Metaanalyse von über 40 Studien zur Produktion von Dienstleistungen in öffentlichen und privaten Betrieben zu dem Ergebnis: „The evidence that public provision of a service reduces the efficiency of its provision seems overwhelming."[25]

2.2.5. Begründungen von Staatseigentum

Wenn es eine Reihe von gut begründeten ökonomischen Argumenten für Privateigentum an Produktionsmitteln in vielen Bereichen der Wirtschaft gibt, drängt sich die Frage auf, warum es in vielen Ländern große öffentliche Sektoren gab und gibt. Für die ehemals sozialistischen Länder scheint die Antwort auf der Hand zu liegen: Eines der konstituierenden Merkmale der sozialistischen Wirtschafts- und Gesellschaftsordnung ist das gemeinschaftliche Eigentum an den Produktionsmitteln.[26] Durch den klaren Primat von Ideologie und Politik über die Wirtschaft und den repressiven Charakter der politischen Systeme war es in den sozialistischen Ländern stets möglich, dieses Prinzip durchzusetzen. Daß auch in diesen Ländern bereits vor Beginn der Transformation die positiven Wirkungen von Privateigentum und Dezentralisierung erkannt wurden, zeigen die zahlreichen Reformversuche, die zwar nicht zu Privatisierung im engeren Sinne führten, jedoch oft auf die partielle Übertragung von Verfügungsrechten auf untergeordnete Ebenen und die damit verbundene Stärkung privater Initiative hinausliefen (*Kloten* 1989, S. 120).[27]

Aber auch in nicht sozialistischen Industrie- und Entwicklungsländern tritt der Staat in verschiedenen Bereichen als Produzent von Gütern und Dienstleistungen auf. Für

---

[25] Zu ähnlichen Ergebnissen kommen zum Beispiel *Picot/Kaulmann* (1985) oder *Vining/Boardman* (1992). In den meisten empirischen Untersuchungen wird allerdings darauf hingewiesen, daß Wettbewerb ein weiterer wichtiger Faktor für die wirtschaftliche Leistungsfähigkeit von Unternehmen ist (*Picot/Kaulmann* 1985, *Vickers/Yarrow* 1988, S. 41-43). Diese empirischen Ergebnisse bestätigen *Euckens* oben genannte These, daß Privateigentum der Ergänzung durch Wettbewerb bedarf.

[26] So hieß es etwa in Artikel 9 der Verfassung der DDR: „Die Volkswirtschaft der Deutschen Demokratischen Republik beruht auf dem sozialistischen Eigentum an den Produktionsmitteln."

[27] Auf einige dieser Reformversuche und insbesondere auf die Auswirkungen auf die Privatisierung nach dem Systemwechsel wird in Kapitel 3 eingegangen. Ein Überblick verschiedener reformsozialistischer Modelle findet sich zum Beispiel bei *Chavance* (1994).

diese Staatstätigkeit existieren unterschiedliche Versuche der Erklärung und Begründung. Ein häufiger Ausgangspunkt für die Analyse möglicher Staatseingriffe ist die Wohlfahrtstheorie, in der die Bedingungen benannt werden, unter denen in einer Marktwirtschaft eine pareto-optimale Allokation der Ressourcen erreicht wird. Darüber hinaus können dann Umstände aufgezeigt werden, unter denen dies nicht der Fall ist, es also zu Marktversagen kommt. So kann zum Beispiel gezeigt werden, daß Märkte bei der Bereitstellung öffentlicher und meritorischer Güter, bei der Existenz externer Effekte und im Falle sinkender Durchschnittskosten im relevanten Bereich der Produktionsfunktion nicht zu pareto-optimalen Ergebnissen führen. Eine Begründung für die Existenz staatlicher Unternehmen könnte also lauten: Der Staat wird dann als Unternehmer tätig, wenn Märkte nicht zu einer optimalen Allokation der Ressourcen führen.

Betrachtet man die öffentlichen Sektoren verschiedener nicht sozialistischer Länder, so stellt man fest, daß tatsächlich Verkehrs- und Versorgungsbetriebe, die aufgrund von Netzwerkeffekten Merkmale natürlicher Monopole aufweisen, einen wichtigen Teil des öffentlichen Unternehmenssektors ausmachen (*Posner* 1987, S. 594, *Blankart* 1994, S. 411-12). Darüber hinaus ist die Theorie des Marktversagens aus mehreren Gründen aber wenig zur Erklärung staatlichen Unternehmertums geeignet. Es kann zum Beispiel eingewendet werden, daß erstens Marktversagen gemessen an einem Pareto Optimum allgegenwärtig ist, und zweitens, daß staatliches Handeln nur dann sinnvoll ist, wenn gezeigt werden kann, daß dadurch ein besseres Ergebnis erzielt wird (*Stiglitz* 1989). Selbst wenn in einem konkreten Fall zweifelsfrei festgestellt werden könnte, daß ein Marktversagen vorliegt, dessen Folgen durch staatliches Handeln behoben werden können, ließe sich hieraus nicht die Notwendigkeit der staatlichen Produktion herleiten. Es existieren eine Reihe von Instrumenten wie Steuern, Regulierungen oder Subventionen, mit deren Hilfe der Staat private Akteure zum gewünschten Handeln bewegen kann, um so ein etwaiges Marktversagen zu korrigieren (*Stiglitz* 1989, S. 40-1). Die Theorie des Marktversagens ist daher weder zur Erklärung noch zur Begründung der Existenz staatlicher Unternehmen geeignet. Sie kann höchstens Anhaltspunkte dafür geben, wann der Staat tätig werden könnte. Dabei bleibt die Art des Eingriffs allerdings weiterhin offen. *Hood* (1994, S. 40) kommt daher zu dem Schluß: „...what explanatory power does the functional market failure approach have? For all its popularity, it seems to raise more questions than it answers."

Einer Erklärung für die Existenz staatlicher Unternehmen kommt man näher, wenn man davon ausgeht, daß staatliche Instanzen nicht unbedingt optimale Allokation der Ressourcen anstreben, sondern andere Ziele verfolgen. Aus historischer Sicht war das fiskalische Ziel immer von Bedeutung. Prominente Beispiele hierfür sind die Post oder die Ausbeutung von Rohstoffvorkommen, die in vielen Ländern von Staatsunternehmen betrieben wurden und werden. Das staatliche Gewinninteresse wird hier oft durch die rechtliche Absicherung eines Monopolstatus unterstrichen (*Blankart* 1994, S. 412).

Auch Verteidigungsinteressen spielen bei der staatlichen Übernahme der Güterproduktion eine wichtige Rolle. So wurden die beiden Weltkriege im letzten Jahrhundert von Nationalisierungsschüben begleitet. Viele Staaten wollten sich so in Krisenzeiten den Zugriff auf die knappen Ressourcen sichern, ohne sich auf die Marktkräfte verlassen zu müssen (*Helm* 1992). Aber auch in Friedenszeiten werden eine Reihe von wirtschaftspolitischen Zielen mit Hilfe von Staatsunternehmen verfolgt, darunter zum Beispiel Förderung der Industrialisierung, regionale Entwicklung, der Ausbau der Infrastruktur, Entwicklung und Förderung neuer Technologien, die Schaffung und Garantie von Arbeitsplätzen, Erhalt der nationalen Souveränität oder die Bereitstellung preiswerter Konsumgüter (*Vernon* 1981, S. 8-14, *Bienen/Waterbury* 1989, S. 618, *Waterbury* 1993, S. 107).

Auch in der Wirtschaftspolitik vieler Entwicklungsländer haben öffentliche Unternehmen eine Rolle gespielt. Zu nennen ist hier insbesondere die Strategie der *Import Substitution Industrialization* (ISI), die seit den 50er Jahren von vielen lateinamerikanischen und asiatischen Ländern verfolgt wurde. Ziel dieser Strategie war es, durch die Förderung der inländischen Industrie den Import von Konsum- und Kapitalgütern durch einheimische Produktion zu substituieren, so eine inländische Industrie zu etablieren und eine sich mittelfristig selbst tragende industrielle Entwicklung anzustoßen und ein gewisses Maß an Unabhängigkeit von den Weltmärkten zu erlangen. Das wichtigste Mittel der ISI-Strategie ist in der Regel eine dauerhafte effektive Protektion durch Importzölle und nicht-tarifäre Handelshemmnisse (*Bender* 1988, S. 518-20). Auch wenn sich aus diesem Ansatz die Notwendigkeit für staatliche Unternehmertätigkeit nicht zwingend ergibt, wurde in vielen Fällen der Staat selbst als Pionierunternehmer tätig, so daß in vielen Entwicklungsländern große öffentliche Sektoren entstanden (*Waterbury* 1993, S. 1, *Baer* 1996, S. 366-8).

Die Aufzählung der Vielzahl von Zielen, die in der Wirtschaftspolitik verschiedener Länder zu verschiedenen Zeiten mit Hilfe staatlicher Unternehmen verfolgt wurden, macht die Komplexität des Phänomens deutlich und eine Verallgemeinerung schwierig. Klar wird aber, daß in der Regel zwei Umstände zusammenkommen, wenn der Staat unternehmerisch tätig wird und als Eigentümer auftritt: Die Auffassung, daß bestimmte gewünschte Ergebnisse nicht durch Marktprozesse zustande kommen, und die politische Überzeugung, daß der Staat durch unternehmerisches Handeln den angestrebten Zustand herstellen kann. Dabei hat der Staat gegenüber den anderen Akteuren einen entscheidenden Vorteil: Er kann auf alle Mitglieder des Gemeinwesens Zwang ausüben (*Stiglitz* 1989, S. 21). Dies verschafft ihm die Möglichkeit, Steuern zu erheben, so daß öffentliche Unternehmen auch über längere Zeit mit Verlusten betrieben werden können. Es verschafft ihm aber auch die Möglichkeit, den eigenen Unternehmen Monopole zu schaffen, und so die Marktkräfte auf Dauer auszuschalten. Auf diese Weise können öffentliche Unternehmen als ein Instrument zur Verfolgung politischer Ziele eingesetzt werden. Die Größe des öffentlichen Sektors resultiert dann aus gesellschaftlichen und politischen Zielsetzungen und Wertvorstellungen und ist nicht aus einem rein ökonomischen Maximierungskalkül ableitbar.

2.3. Der Privatisierungsboom in Industrie- und Entwicklungsländern

In vielen Ländern bestand nach dem 2. Weltkrieg eine optimistischere Einstellung gegenüber staatlichen Eingriffen in die Wirtschaft als es heute der Fall ist. Auch wenn diese staatsfreundliche Grundhaltung ein günstiges Klima für die Existenz von Staatsbetrieben schuf, bestanden in den meisten Industrie- und Entwicklungsländern dennoch keine strengen ideologischen und politischen Einschränkungen, die Privatisierungen prinzipiell ausgeschlossen hätten. Privatisierung wäre durchaus mit der Wirtschafts- und Gesellschaftsordnung vereinbar gewesen. Dennoch wurde diese wirtschaftspolitische Option über lange Zeit nicht wahrgenommen, bis dann in vielen Ländern innerhalb eines kurzen Zeitraums umfassende Privatisierungsprogramme eingeführt wurden. Wie kann das erklärt werden?

Es liegt auf der Hand, daß die Gründe für lange Zeit nicht eingeführte und dann plötzlich einsetzende Reformen nicht nur im ökonomischen Bereich zu suchen sind: „Clearly, factors other than economic efficiency influence the possibility, nature, pace and extent of public enterprise reform" (*Campos/Esfahani* 1996, S. 451). Eine bemerkenswerte Eigenschaft der Privatisierung ist, daß, obwohl es letzten Endes das Ziel ist, die Staatsaktivität zu reduzieren, die Privatisierung selbst eine zusätzliche staatliche Aktivität, ein politisches Handeln, erforderlich macht. Privatisierung ist eine staatliche Veranstaltung. Die Gründe für den Privatisierungsboom sind daher natürlich auch im politischen Bereich zu suchen. Dies ist jedoch schwierig: Aus dem Umstand, daß viele Staatsunternehmen ineffizient sind, oder die ursprünglich verfolgten Ziele nicht erreicht haben, folgt nicht automatisch ein breites Interesse an ihrer Privatisierung, das sich durch Mehrheitsentscheidungen im politischen Bereich durchsetzen ließe (*Bienen/ Waterbury* 1989, S. 618).

Die Nutzen der Staatsunternehmen kommen meist einer klar definierten Gruppe, etwa den Arbeitnehmern oder den Konsumenten eines bestimmten Gutes zu, die ihr Interesse relativ leicht erkennen und vertreten kann. Die Kosten hingegen werden von der gesamten Gesellschaft, in Form von Fehlallokation von Ressourcen, höherer Besteuerung oder Staatsverschuldung, getragen. Diese weite Streuung der Kosten macht sie für den einzelnen weniger merklich und zugleich eine effektive Interessenvertretung im politischen Prozeß wenig wahrscheinlich (*Olson* 1965). Es gilt daher zu erklären, warum es für Politiker, die lange Zeit eine Politik der Expansion des Staatssektors betrieben haben, interessant wird, von einem bestimmten Zeitpunkt an die Rolle des Staates und damit ihren eigenen Einfluß zu beschränken.

Für diese Arbeit ist eine solche Analyse wichtig, da damit zu rechnen ist, daß wenn es Faktoren gibt, die politische Privatisierungsentscheidungen in so unterschiedlichen Ländern wie Großbritannien und Tansania gleichermaßen begünstigen, es wahrscheinlich ist, daß diese auch in ehemals sozialistischen Ländern wirksam sind. Dies würde die Privatisierung innerhalb der Transformationsprozesse in mittel- und osteuropäischen Ländern weniger neu- und einzigartig machen und die wissenschaftliche Analyse in einem breiteren Zusammenhang ermöglichen. Als Auslöser des Privatisierungsbooms in Industrie- und Entwicklungsländern vor Beginn der Transformation können die in den folgenden Abschnitten (2.3.1.-2.3.5.) untersuchten Einflußfaktoren genannt werden.

2.3.1. Technischer Fortschritt und Öffnung von Märkten

Die Existenz von natürlichen Monopolen liefert die wohlfahrtstheoretische Begründung, private Eigentumsrechte durch staatliche Regulierung auszudünnen oder die Produktion in Staatsunternehmen zu betreiben, um so durch staatliche Kontrolle die negativen Wohlfahrtseffekte dieser Monopole möglichst gering zu halten (s.o.). Durch technische Innovation und die Öffnung von Märkten kann es nun dazu kommen, daß natürliche Monopole erodieren und der Bedarf an staatlicher Intervention abnimmt. Ein Sektor, in dem diese Art von Veränderungen zu beobachten sind, ist die Telekommunikation. Durch Innovationen wie Mobiltelephone und Satelitenkommunikation wurde der sich aus dem bestehenden Leitungsnetz ergebende Wettbewerbsvorteil verringert und gleichzeitig internationaler Wettbewerb von Anbietern ermöglicht (*Jones et al.* 1991, S. 212-3, *Wright* 1994, S. 3). Durch den so verbilligten Markteintritt von Wettbewerbern verringerte sich auch die Notwendigkeit von Regulierungen und es entstand Raum für Privatisierungen. Zusammen mit anderen Innovationen im Bereich der Informationstechnologie, wie der raschen Ausbreitung von Personalcomputern, haben die Neuerungen in der Telekommunikation auch die Kostenstrukturen in anderen Sektoren, in denen die Verfügbarkeit und Verarbeitung von Informationen eine großen Rolle spielt, beeinflußt. So wurden auch hier Möglichkeiten für den Rückzug des Staates geschaffen (*Jones et al.* 1991, S. 212). So stehen die Deregulierungen und Privatisierungen im Finanz- und Telekommunikationssektor in Großbritannien, den USA und Japan seit Beginn der 80er Jahre in engem Zusammenhang miteinander: Veränderungen in den Kosten der Informationsübertragung und Verarbeitung schafften neue Betätigungsfelder und Gewinnmöglichkeiten für die Anbieter von Finanzdienstleistungen, was wiederum dazu veranlaßte, politischen Druck in Richtung Privatisierung und Deregulierung in beiden Sektoren auszuüben (*Ikenberry* 1990, S. 98). Ein anderer Bereich, in dem die Öffnung von Märkten und technische Innovation, in diesem Falle sinkende Transportkosten, sich privatisierungsfördernd ausgewirkt haben, ist der Export von Rohstoffen und Agrarprodukten. Durch den verstärkten internationalen Wettbewerb sahen sich viele Regierungen von Entwicklungsländern gezwungen, die bestehenden staatlichen Handelsmonopole aufzugeben und durch Privatisierung und Deregulierung effizientere Formen des Außenhandels zu implementieren (*Vernon* 1988).

Dieses Argument kann dahingehend generalisiert werden, daß der weltweite Trend des Abbaus von Wettbewerbsbeschränkungen, der Handelsliberalisierung und der Öffnung von Märkten sowie der Internationalisierung der Unternehmenstätigkeit Unternehmen in allen Bereichen, und damit auch die öffentlichen, einem großen Anpassungsdruck aussetzt, dem Politiker oft nur durch Privatisierung nachkommen können (*Wright* 1994, S. 3-5).

2.3.2. Kumulation von Effizienzverlusten

Neben solchen externen ökonomischen Einflüssen wirken auch eine Reihe von Faktoren innerhalb der öffentlichen Unternehmen und des öffentlichen Sektors, welche die Privatisierungsentscheidung begünstigen. Diese Effekte treten in der Regel nicht plötzlich auf, sondern bewirken solange kontinuierlich und kumulativ eine Verschlechterung der Lage öffentlicher Unternehmen und des öffentlichen Sektors, bis die Privatisierung als attraktiver Ausweg erscheint.[28] Zum Zeitpunkt der Gründung oder Verstaatlichung können öffentliche Unternehmen durchaus ein wirksames Instrument bei der Verfolgung verschiedener Ziele sein. Typische Ziele öffentlicher Unternehmen sind zum Beispiel die Sicherung von Arbeitsplätzen, die Förderung der Entwicklung bestimmter Regionen, Importsubstitution oder die Sicherung von staatlichem Einfluß in wirtschaftlichen Schlüsselbereichen wie Energie- oder Stahlproduktion (s.o.). Im Laufe der Zeit nimmt die Wirksamkeit jedoch ab und nicht selten entgleiten öffentliche Unternehmen der politischen Kontrolle (*Ikenberry* 1990, S. 92).

Die Führungskräfte öffentlicher Unternehmen können nur unzureichend kontrolliert werden. Sie haben daher mehr Möglichkeiten als Manager privater Unternehmen, eigene Ziele, die von denen des (staatlichen) Eigentümers abweichen, zu verfolgen. Dieses Verhalten, ermöglicht durch die weichen Budgetbeschränkungen, führt zu einer Reihe von Ineffizienzen, so daß im Laufe der Zeit die Gewinne sinken und Verluste auftreten. Hinzu kommt, daß öffentliche Unternehmen in der Regel gar nicht mit dem Ziel der Gewinnmaximierung betrieben werden. Sie dienen primär den genannten politischen Zielen. Diese politisch nachgefragten Güter müssen dann bei den Managern öffentlicher Unternehmen „gekauft" werden. Der Preis hierfür ist der Verzicht auf Gewinne oder die Zahlung von Subventionen (*McAuley* 1993, S. 192, *Boycko et al.* 1996). Oft wachsen Staatsbetrieben im Laufe ihrer Existenz zusätzliche Aufgaben zu, was die Effizienz weiter beeinträchtigt (*Vernon* 1988, S. 4, 11). So kann ein Unternehmen, das ursprünglich verstaatlicht wurde, um die öffentliche Kontrolle über wichtige Rohstoffe, etwa Kohle, zu ermöglichen, sich nach einiger Zeit in der Rolle eines der wichtigsten Arbeitgeber in der Region wiederfinden. Dies weicht die Budgetrestriktion auf, auch wenn die strategische Bedeutung längst minimal geworden ist.

Gerät ein öffentliches Unternehmen in Schwierigkeiten, wird es in der Regel nicht liquidiert, sondern durch Maßnahmen wie Zuweisung vergünstigter Kredite, Subventionen oder Übernahme von Schulden durch den Staat am Leben erhalten, da bei einem Konkurs auch die Erreichung der politischen Ziele gefährdet wäre. Viele Unternehmen werden überhaupt erst verstaatlicht, meist mit struktur- oder arbeitsmarktpolitischer Begründung, wenn sie in wirtschaftliche Schwierigkeiten geraten sind (*Vernon* 1988, S. 9-10). Die weichen Budgetbeschränkungen implizieren stets *moral hazard* Probleme, die zur Folge haben, daß die Unternehmen weiter an Wettbewerbsfähigkeit verlieren und Effizienz und Rentabilität einbüßen. Dies macht dann weitere staatliche Zuwendungen erforderlich. Es entsteht ein „Teufelsdreieck" mit den Eckpunkten Vermeidung des Marktaustritts, weiche Budgetbeschränkung und abnehmende Wettbewerbsfähigkeit (*Waterbury* 1993, S. 16).

Neben der so bewirkten wachsenden Belastung der öffentlichen Haushalte kann Staatseigentum auch aus einem anderen Grund unattraktiv für Politiker werden: Im

---

[28] *Baer* (1996, S. 368) spricht in diesem Zusammenhang von der wachsenden Dekadenz des öffentlichen Sektors.

Laufe der Zeit kommt es zu einem zunehmenden Kontrollverlust über die öffentlichen Unternehmen. Dem Management der Staatsunternehmen kann es gelingen, sich den Anweisungen aus der Politik zu entziehen und eigene Ziele zu verfolgen. Es kann sogar so weit kommen, daß sich die Prinzipal-Agent Beziehung dahingehend wandelt, daß Staatsunternehmen so mächtig werden, daß sie ihrerseits die Politik beeinflussen können, was ihnen dann auch weiteren Zugriff auf finanzielle Ressourcen ermöglicht (*Ikenberry* 1990, S. 92-3). Auch andere Gruppen wie Konsumenten oder Arbeiter, die von verbilligten Konsumgütern oder komfortablen Sozialleistungen profitieren, finden im Laufe der Zeit Mittel und Wege, ihre Interessen mit Hilfe öffentlicher Unternehmen zu verfolgen (*Vernon* 1988). Je effizienter diese Gruppen ihre Ziele manifestieren können, desto geringer werden die Einflußmöglichkeiten politischer Entscheidungsträger und somit der Nutzen, den diese aus den Staatsunternehmen ziehen können. All diese kontinuierlich wirkenden Einflüsse führen dazu, daß der politische Nutzen aus öffentlichen Unternehmen abnimmt, während die Kosten steigen.

2.3.3. Fiskalische Faktoren

Boycko et al. (1996) betonen, daß die Verfolgung politischer Ziele, und hier vor allem niedriger Arbeitslosigkeit, mit Hilfe öffentlicher Unternehmen mit Belastungen für den Staatshaushalt verbunden ist. Die Politiker bezahlen den öffentlichen Sektor durch Verzicht auf Unternehmensgewinne für die Bereitstellung einer Anzahl von Arbeitsplätzen, die über das Betriebsoptimum der staatlichen Unternehmen hinausgeht. Betriebliche Ineffizienz ist die Folge.

Zwar kann eine Überbeschäftigung prinzipiell auch durch Subventionierung privater Unternehmen erzielt werden, *Boycko et al.* (1996, S. 313-7) argumentieren allerdings, daß solch eine Kompensation der neuen Eigentümer durch direkte Subventionen für die Politiker mit höheren Kosten verbunden ist, da private Unternehmer primär an Gewinnmaximierung interessiert sind. Darüber hinaus sind Subventionen privater Unternehmen für die Öffentlichkeit deutlicher wahrzunehmen als der Verzicht auf Gewinne aus Staatsbetrieben, was die Politiker zur Rechtfertigung drängt.

Privatisierung kann nach *Boycko et al.* allerdings in Folge eines politischen Machtwechsels interessant werden, wenn die neuen Machthaber ihre politische Unterstützung von Wählern erhalten, die stärker an niedrigen Steuern als an übermäßiger Beschäftigung im öffentlichen Sektor interessiert sind. Die Politiker sind dann bestrebt, das Ausgabeverhalten der untergeordneten Ministerien zu beschränken und Gewinnverzicht und Verluste aus öffentlichen Unternehmen durch Steuereinnahmen aus privatisierten Betrieben zu ersetzen.

Durch die Privatisierung sinkt der Einfluß der Politiker auf die ehemaligen Staatsunternehmen. Das politische Beschäftigungsmaximierungskalkül wird ersetzt durch das private Motiv der Gewinnmaximierung, die Effizienz steigt und die öffentlichen Haushalte werden entlastet.

Dieser Argumentation wird hier prinzipiell gefolgt, sie bedarf allerdings in zwei Bereichen einer Erweiterung. Für die Argumentation von *Boycko et al.* und die entspre-

chende Formalisierung ist es sinnvoll, die politischen Ziele öffentlicher Unternehmenstätigkeit auf die Schaffung und den Erhalt von Arbeitsplätzen zu beschränken. In der
Realität werden aber, wie bereits erwähnt, eine ganze Reihe von unterschiedlichen
Zielen mit Hilfe von Staatsbetrieben verfolgt, die teilweise widersprüchlich sein können
und deren politische Gewichtung sich im Laufe der Zeit ändern kann. Es muß davon
ausgegangen werden, daß die Verfolgung weiterer Ziele auch mit zusätzlichen Kosten
verbunden ist.

Eine weitere Modifikation obiger Privatisierungstheorie ist im Bereich der politischen Motivation für Privatisierung notwendig: *Boycko et al.* unterstellen eine
Änderung in den Präferenzen der führenden Politiker in Folge eines politischen Machtwechsels als Auslöser für die Privatisierung (*Boycko et al.* 1996, S. 310). Neben der
Wiederwahlrestriktion, die eine Regierung zu einer solchen Politik treiben kann, sind
allerdings noch weitere Beschränkungen zu berücksichtigen. Im Kontext der Privatisierung ist dies vor allem der Staatshaushalt. Solange es relativ einfach ist, durch höhere
Besteuerung, Verschuldung oder inflationäre Maßnahmen Ressourcen aufzubringen und
diese für den öffentlichen Sektor zu verwenden, werden Politiker nicht geneigt sein,
Unternehmen zu privatisieren. Das beschriebene Teufelsdreieck aus mangelnder Wettbewerbsfähigkeit, weichen Budgetbeschränkungen und Verhinderung des Marktaustritts
besteht fort. Es wird im Laufe der Zeit zu einem Bermudadreieck, in dem ein immer
größerer Teil des Sozialprodukts für den Unterhalt des öffentlichen Sektors verschwin-
det. Die Aufbringung dieser Mittel ist mit wachsenden wirtschaftlichen (Ineffizienz,
Wachstumseinbußen) und politischen (durch ökonomische Mißstände ausgelöste
Erosion politischer Unterstützung) Kosten verbunden. In den 80er Jahren kam es durch
zusätzliche negative weltwirtschaftliche Entwicklungen, nämlich weltweit sinkenden
Wachstumsraten und der Schuldenkrise in Mexiko, zu einer weiteren Verknappung von
Finanzierungsmöglichkeiten. Privatisierung erschien nun als eine Möglichkeit, zu
sparen und zugleich neue Einnahmequellen in Form von Verkaufserlösen oder neuen
Besteuerungsmöglichkeiten zu erschließen.

So sind nach verbreiteter Ansicht fiskalische Zwänge, ausgelöst durch den wachsenden Ressourcenbedarf öffentlicher Unternehmen, bei gleichzeitig enger werdendem
Finanzierungsspielraum der Regierungen, ein Auslöser der zu erklärenden Privatisierungswelle. *Bortolotti et al.* (1998) kommen in ihrer Querschnittstudie, die 49 Länder
umfaßt, zu dem Ergebnis, daß die Existenz fiskalischer Defizite einer der wichtigsten
Erklärungsfaktoren für die Einführung von Privatisierungsprogrammen ist.[29] Weitere
empirische Evidenz für die These, daß fiskalische Ziele wichtige Determinanten von
Privatisierungsentscheidungen sind, ergibt sich aus einer Quer- und Längsschnittunter-
suchung, die *López-de-Silanes et al.* (1997) 1987 und 1992 auf Basis von über 3000 US-
amerikanischen *Counties* durchgeführt haben. Die Studie kommt zu dem Ergebnis, daß

---

[29] Siehe hierzu auch *Bienen/Waterbury* (1989, S. 619-20), *Ikenberry* (1990, S. 91), *Jones et al.*
(1991, S. 214-5), *Vernon* (1988, S.3-6). *Abromeit* (1988, S. 84) weist darauf hin, daß Privatisierungserlöse auch dazu dienen können, Restriktionen, die sich aus einer monetaristischen
Geldpolitik ergeben, zu umgehen.

die Existenz beziehungsweise. Einführung harter Budgetbeschränkungen der County-Regierungen, etwa in Form gesetzlicher Vorgaben, die Wahrscheinlichkeit von Privatisierung öffentlich bereitgestellter Dienste signifikant erhöht.

Die fiskalischen Vorteile, die sich Politiker von einer Entscheidung für Privatisierung versprechen, faßt *Baer* wie folgt zusammen. „An important advantage of divestiture has been the generation of capital and current income for the treasury. The sale of government assets has generated funds that can be used to repay outstanding public debt. This one-time exchange of physical assets for financial ones has appealed especially to countries with large internal and external debt burdens. In the longer run the transfer of ownership of a loss-making public enterprise to the private sector eliminates the need for continuing subsidies and thus reduces government current expenditures. Some have argued, that lower output prices that might result from privatization may also reduce the government expenses for goods and services it purchases" (*Baer* 1996, S. 372).

Lal (1987, S. 273-300) weist als weiteren fiskalischen Effekt auf die Bedeutung zusätzlicher Besteuerungsmöglichkeiten des neuen Privatsektors hin.

Welche fiskalischen Ziele der Privatisierung im einzelnen von größerer Bedeutung sind, variiert von Land zu Land und hängt von der wirtschaftlichen Situation der öffentlichen Unternehmen ab. In entwickelten Ländern wie Frankreich und England wird die Erzielung von zusätzlichen Einnahmen als wichtiges Ziel hervorgehoben. In Ländern mit großen öffentlichen Sektoren, deren Unternehmen überwiegend defizitär arbeiten, ist die Beschränkung des Mittelabflusses aus dem Staatshaushalt und das so geschaffene Stabilisierungspotential von größerer Bedeutung. Dies wird für die Gruppe der Entwicklungsländer als der fiskalische Auslöser der Privatisierung gesehen (*Bienen/Waterbury* 1989, S. 619).

2.3.4. Paradigmenwechsel und die Diffusion von Politikinnovationen

Als nicht zu vernachlässigender Auslöser der Privatisierungswelle wird auch der intellektuelle und ideologische Paradigmenwechsel, der sich in Wissenschaft und Politik seit Beginn der 80er Jahre vollzogen hat, angesehen. In den 60er und 70er Jahren war der Glaube an die Möglichkeit der Feinsteuerung komplexer ökonomischer Systeme und die Fähigkeit, Marktversagen durch Staatseingriffe kompensieren zu können, weit verbreitet. Nach und nach erstarkte allerdings in der Wirtschaftswissenschaft eine liberale Gegenströmung, die *Wright* (*Wright* 1994, S. 2) als „intellectual disenchantment with dirigisme and Keynesianism" bezeichnet.[30] Dieses Umdenken im akademischen

---

[30] Es ist bemerkenswert, daß gerade aus Sicht des Zweiges der Ökonomie, der diese Entwicklung vorangetrieben hat, der Public Choice Schule, der Privatisierungsschub selbst nur schwer zu erklären ist (*Dunleavy* 1986). Man hatte sich zwar lange Zeit mit der Analyse ständig wachsender Staatssektoren, ausgelöst durch die Aktivitäten nutzenmaximierender und rentensuchender Politiker und Bürokraten (*Clarke/Pitelis* 1993, S. 1-2), befaßt und die negativen Folgen betont, dabei aber die Möglichkeit von Reformen als unwahrscheinlich angesehen (*Bönker* 1997, S. 7).

Bereich setzte sich später auch in der Politik fort. Die Regierungen vieler Länder mußten erkennen, daß proklamierte Ziele wie verstärktes Wachstum oder die Senkung der Arbeitslosigkeit, entgegen der ursprünglichen Erwartungen, mittels staatlicher Unternehmertätigkeit nicht erreicht werden konnten. Die Privatisierung bot ihnen die Möglichkeit, die Verantwortung, die auf ihnen lastete, an andere Stellen zu delegieren, und so nicht länger nach wirtschaftlichen Erfolgskriterien beurteilt zu werden, die durch Staatsunternehmen nicht zu erfüllen waren (*Ikenberry* 1990, S. 95-6). Dieser Erkenntnisprozeß kann sich prinzipiell unabhängig von der politischen Ausrichtung der Entscheidungsträger vollziehen. Daher kann der Einfluß eines rein ideologischen Faktors auf die Privatisierungsentscheidung auch bestritten werden.[31]

Allerdings verläuft der Lernprozeß, ebenso wie die Veränderung der anderen technologischen, ökonomischen und fiskalischen Einflüsse kontinuierlich. Dies ließe auch einen ebenso kontinuierlich einsetzenden Privatisierungsprozeß erwarten. Der plötzlich einsetzende weltweite Privatisierungsboom stellt jedoch eine klare Diskontinuität dar. *Jones et al.* (1991, S. 221) argumentieren daher, daß sich Spannungen und Ungleichgewichte, ausgelöst von der Ineffizienz des öffentlichen Sektors langfristig und kontinuierlich aufbauen. Wegen der hohen ökonomischen, politischen und psychologischen Kosten lassen sich Privatisierungen allerdings nicht jederzeit durchsetzen. Die ständig wachsenden wirtschaftlichen und fiskalischen Probleme können einen politisch/ideologischen Wechsel herbeiführen, der dann nicht als exogener Einfluß, wie in der Theorie von *Boycko et al.* (1996, S. 310), sondern als endogener Auslösemechanismus für die Implementierung eines Privatisierungsprogrammes wirkt; dies war in Großbritannien der Fall. Zum Zeitpunkt des Regierungswechsels von 1979 hatte sich dort die Ansicht verbreitet, daß der öffentliche Sektor aufgrund seiner geringen Effizienz und der damit verbundenen Belastung für den Staatshaushalt dringend reformbedürftig war (*Aharoni* 1988, S. 28). Die *Thatcher*-Regierung war mit einem liberalen Bekenntnis angetreten, das die Reform des Verhältnisses zwischen Staat und Wirtschaft zum Ziel hatte (*Gamble* 1988). Die Implementierung des britischen Privatisierungsprogrammes war stark von dieser ideologischen Zielsetzung beeinflußt (*Clarke* 1993, S. 209).

In der Folge nahm Großbritannien dann eine wichtige Vorbildfunktion für andere Länder ein, so daß auch eher sozialistisch orientierte Regierungen den Markt und das Unternehmen „wiederentdeckten" (*Wright* 1994, S. 2). *Ikenberry* (1990, S. 99-106) erklärt die rasche Verbreitung, die Diffusion, der Privatisierungspolitik durch drei sich gegenseitig verstärkende Mechanismen:

---

[31] So heißt es zum Beispiel bei *Vernon* (1988, S. 18-19): „Thus in interpreting the significance of the surge of privatization programs all over the world, my colleagues and I have been strongly inclined to discount the possibility that the movement represents a basic ideological shift among the countries concerned. Instead we see the programs as the result of a learning process stretching over two or three decades, a process that has given the governments involved a keener appreciation of the costs and benefits associated with their ownership and management of various enterprises."

- Externe Anreize: Nachdem die positiven Auswirkungen von Privatisierungen erkannt worden waren, haben internationale Organisationen wie IMF und Weltbank, aber auch private Banken, die Kreditvergabe oft von Reformen, zu denen auch die Privatisierung gehörte, abhängig gemacht. Der Einfluß, den diese Institutionen in der Weltwirtschaft ausüben, hat seit einiger Zeit stetig zugenommen (*Baer* 1996, S. 370). Regierungen, die auf diese Kredite angewiesen waren, sahen sich so zur Privatisierung gezwungen. Gleichzeitig verschaffte dieser externe Zwang aber auch die Möglichkeit, die neue Politik gegenüber der Opposition und verschiedenen Interessengruppen leichter durchzusetzen, da die Verantwortung für in der Folge eintretende Umverteilungseffekte teilweise auf die Geberorganisationen abgewälzt werden konnte.[32]

- Nachahmung und *Policy Bandwagoning*: Ähnlich wie in der Wirtschaft wirken auch in der Politik Wettbewerbskräfte, die dazu führen, daß Regierungen weltweit erfolgreiche Innovationen in der Politik kopieren. Dies gilt sowohl für den internationalen Standortwettbewerb zwischen Volkswirtschaften als auch im nationalen Wettbewerb zwischen politischen Parteien. Nachdem im britischen Fall vorgeführt worden war, daß die Privatisierungspolitik makroökonomische Verbesserungen herbeiführen kann, ohne durch Umverteilungseffekte die Wiederwahlchancen der verantwortlichen Regierung zu verschlechtern, wurde diese Politik auch für andere Länder attraktiv.[33]

- Soziales Lernen: Der Prozeß des sozialen Lernens ist eng mit den ersten beiden Übertragungsmechanismen verbunden. Er bezieht sich allerdings stärker auf die kognitive Ebene. Im Laufe der Zeit können Politiker lernen und ihre Ansichten über gesellschaftliche Zusammenhänge ändern. Dieser Erkenntnisprozeß kann natürlich durch äußere Anreize und erfolgreiche Vorreiter beschleunigt werden (*Bienen/ Waterbury* 1989, S. 6).

2.3.5. Volkskapitalismus und Stimmenkauf

Neben dieser politischen Motivation für Privatisierung, die aus einem Lern- und Umdenkprozeß entsteht, kann Privatisierung auch aus einem anderen Grund attraktiv für Politiker sein. Da Privatisierung per Definition stets mit einer Neuverteilung von Eigentumsrechten verbunden ist, ist sie ein gutes Instrument zum impliziten Stimmenkauf und der Schaffung politischer Unterstützung (*McAuley* 1993, S. 195). Privatisierungsprogramme werden oft nach einem Machtwechsel gestartet, der durch eine Wählerschicht unterstützt wird, die stärker an niedrigen Steuern und Staatsausgaben, als an einem großen öffentlichen Sektor interessiert ist.[34] Diese Wähler sind typischerweise

---

[32] Zum Einfluß von Geberorganisationen auf die Implementierung von Privatisierungsprogrammen siehe auch *Kikeri et al.* (1992, S. 32-8) oder *Zank* (1991, S. 174-80).

[33] Die Privatisierungspolitik ist auch als „Großbritanniens erfolgreichstes Exportprodukt" bezeichnet worden (*Wright* 1994, S. 5).

[34] Dies konnte auch empirisch bestätigt werden: „In line with conventional wisdom, governments supported by conservative coalitions seem more inclined to privatise the economy than those where left wing parties are in office" (*Bortolotti et al.* 1998, S. 20).

in den mittleren und oberen Einkommensschichten zu finden. Ein Politiker, der das Ziel der Stimmenmaximierung verfolgt, sollte daran interessiert sein, diese Wähler von der Richtigkeit ihrer Entscheidung zu überzeugen, und gleichzeitig solche Wähler ansprechen, die bisher nicht zu seinen Unterstützern zählten. Eine geschickte Ausgestaltung des Privatisierungsprogramms kann beide Ziele erreichen. Ein wirksames Instrument ist die Einführung von Möglichkeiten des vergünstigten Erwerbs von Aktien für Kleinanleger oder Beschäftigte öffentlicher Unternehmen. Die Regierung kann so ihren Wählern gegenüber eine gewisse Verpflichtung demonstrieren und zugleich potentielle Gegner des Privatisierungsprogrammes für die neue Politik einnehmen (*McAuley* 1993, S. 191). Der Preis für diese Politik sind allerdings geringere Privatisierungseinnahmen (*Vernon* 1988, S. 16-7). Diese Art von Politik wurde ebenfalls erfolgreich in Großbritannien vorgeführt (*Abromeit* 1988, S. 78). Es wurde als explizites Ziel der Regierung proklamiert, so viele Bürger wie möglich von Privatisierung profitieren zu lassen und so einen „Volkskapitalismus" einzuführen.[35] Gleichzeitig wurden die Anteile vieler Unternehmen, die über die Börse verkauft wurden, mit hohen Preisabschlägen ausgegeben,[36] was zur Wahrnehmung eines Distributionseffekts geführt hat, der sich deutlich positiv auf die Unterstützung des Privatisierungsprogrammes und der Regierung ausgewirkt hat (*Gibson/Watt* 1989, S. 349-50). Diese Art der Schaffung von Unterstützung durch eine redistributive Ausgestaltung der Privatisierung wurde von anderen Ländern wie Frankreich (*Bienen/Waterbury* 1989, S. 619) oder Venezuela (*Vernon* 1988, S. 16-17) erfolgreich kopiert.

2.3.6. Fazit: Auslöser und Ziele der Privatisierungswelle

Der seit Beginn der 80er Jahre weltweit zu beobachtende Privatisierungsboom ist kein Phänomen, das monokausal erklärt werden kann. Thesenartig lassen sich die wichtigsten Argumente wie folgt zusammenfassen:

Die ökonomischen Vorteile von Privateigentum können sowohl aus theoretischen Erwägungen hergeleitet als auch empirisch belegt werden. Trotzdem gab und gibt es in vielen Ländern einen großen öffentlichen Sektor, dessen Existenz auf verschiedene Weise begründet wird. In der sozialistischen Ideologie ist das Gemeineigentum ein konstitutives Element der Wirtschafts- und Gesellschaftsordnung. In Ländern mit „gemischten" oder marktwirtschaftlich ausgerichteten Wirtschaftsordnungen hat sich

---

[35] Ein hoher Mitarbeiter des britischen Finanzministeriums hat dieses Ziel der Privatisierung wie folgt beschrieben: „Our aim is to build upon our property-owning democracy and to establish a people's capital market to bring capitalism to the place of work, to the high street and even to the home. As we dispose of state-owned assets, so more and more people have the opportunity to become owners... so these policies also increase personal independence and freedom, and by establishing a new breed of owner, have an important effect on attitudes. They tend to break down the division between owners and earners" [Zitiert nach *Aharoni* (1988, S. 41)].

[36] Der Preis der britischen Telekom Aktie stieg am ersten Handelstag vom Ausgabepreis von 50p auf 93p an, was als Indikator für massives „underpricing" interpretiert wird (*Gibson/Watt* 1989, S. 343).

Staatseigentum in bestimmten Bereichen teilweise historisch entwickelt. In anderen Sektoren wird die Staatstätigkeit und öffentliches Eigentum teilweise wohlfahrtstheoretisch begründet. Unternehmen werden auch dann vom Staat gegründet oder übernommen, wenn angenommen wird, daß bestimmte wirtschaftspolitische Ziele unter öffentlicher Regie besser erreicht werden können als durch marktkoordinierte private Unternehmenstätigkeit.

Als Auslöser der dieser Tendenz entgegengesetzten Privatisierungswelle wird in der Literatur meist eine komplexe Kombination politischer und ökonomischer Faktoren identifiziert:[37]

- Änderungen in den wirtschaftlichen Rahmenbedingungen, insbesondere technischer Fortschritt und die weltweite Öffnung von Märkten haben dazu geführt, daß in vielen Bereichen, in denen zuvor staatliche Intervention gerechtfertigt erschien, nun Wettbewerb möglich ist und sich der Staat daher zurückziehen kann oder muß.

- Die kontinuierliche Verschlechterung der Situation der öffentlichen Unternehmen, ausgelöst durch eigentumsrechtliche Defizite (Kontrollproblem) und politische Intervention, haben diese als wirtschaftspolitisches Instrument zunehmend unattraktiv gemacht.

- Die Ineffizienz und die mangelnde Wettbewerbsfähigkeit der öffentlichen Unternehmen haben diese nach und nach zu einer wachsenden Belastung für die öffentlichen Haushalte werden lassen. Bei wachsenden Defiziten und/oder enger werdenden Finanzierungsspielräumen bietet die Privatisierung von Staatsunternehmen die Möglichkeit, den Verzehr öffentlicher Mittel durch die Staatsunternehmen zu stoppen und zugleich zusätzliche Einnahmen in Form von Verkaufserlösen zu tätigen. Dies ist dann der Fall, wenn der private Eigentümer damit rechnet, daß durch Umstrukturierung und Abbau von Arbeitsplätzen ein ineffizientes öffentliches Unternehmen in die Gewinnzone geführt werden kann.

---

[37] *Campos/Esfahani* (1996, S. 477): „Initiating reform in a country's public sector is a complex decision. It may be influenced by economic and political conditions, as well as other circumstances, such as the ideological biases and personalities of political leaders." *Clarke/Pitelis* (1993, S. 6): „The explanation of the drive for privatization is more complex and more political than pure 'market versus planning' considerations might suggest." *Ikenberry* (1990, S. 106): „It is evident, that the diffusion of privatization is more complicated than the specifications of any single model will allow". *Waterbury* (1993, S. 148): „Privatization or liquidation of SOEs will be pursued as the result of a combination of factors, involving unsatisfactory attempts at improving SOE performance, the need to reduce the public deficit and generate new investment quickly, and the longer term objective of reducing the state's responsibility for setting the standards of and safeguarding the socio-economic welfare of the bulk of the citizenry." *Wright* (1994, S. 5): „There are, therefore, several broadly convergent pressures at work in Western Europe, which combined have led to a serious questioning of the existing public industrial sector."

- Politiker und Wähler haben gelernt, daß viele angestrebte Ziele langfristig nicht mit Hilfe öffentlicher Unternehmen erreicht werden können. Zusätzlich hat nach und nach ein Paradigmenwechsel in Wissenschaft und Politik stattgefunden, der individuelle Entscheidungen und Marktkoordination gegenüber öffentlicher Kontrolle favorisiert. Nachdem in Großbritannien durch Privatisierung beachtliche ökonomische und politische Erfolge erzielt worden waren, wurde diese Politikinnovation in anderen Ländern nachgeahmt. Dabei haben auch internationale Organisationen eine Rolle als Katalysator gespielt.

- Die weitreichende Neuverteilung von Vermögen in Form von Verfügungsrechten am Produktivvermögen macht die Privatisierung auch als Instrument zur Maximierung von Wählerstimmen und zum Aufbau politischer Unterstützung für andere Reformprogramme interessant.

Aus diesen Faktoren, welche zur Privatisierung führen, ergeben sich drei Gruppen von Zielen, die letzten Endes mit der Privatisierung verfolgt werden:[38] Das ökonomische Ziel der Privatisierung ist die Steigerung der Effizienz im weitesten Sinne (technisch, allokativ, dynamisch, adaptiv) sowohl auf Unternehmensebene als auch gesamtwirtschaftlich (*Süß* 1997a, S. 98-100). Die fiskalischen Ziele sind die Entlastung der Staatshaushalte durch Möglichkeiten der Subventionskürzung und die Erzielung zusätzlicher Einnahmen aus Verkaufserlösen. Die so erreichte Verringerung des öffentlichen Defizits wirkt sich stabilisierend und inflationsmindernd aus. Die politischen Zielsetzungen beruhen auf einem Stimmenmaximierungskalkül, das durch Orientierung an den Präferenzen der eigenen Klientel (Ausgabenreduktion und Steuersenkung) und durch distributive Ausgestaltung des Privatisierungsprogramms verfolgt wird. Hinzu kommt eine unterschiedlich stark ausgeprägte ideologische Komponente.

2.4. Privatisierung in Transformationsländern: Gemeinsamkeiten und Unterschiede

2.4.1. Analoge Entwicklungen

Auch die Transformationsländer Mittel- und Osteuropas konnten sich der Wirkung der Faktoren, die als Auslöser des Privatisierungsschubes der 80er Jahre in Industrie- und Entwicklungsländern identifiziert wurden, nicht entziehen. Die seit Ende der 70er Jahre in führenden westlichen Industrieländern erfolgreich durchgeführten wirtschaftspolitischen Reformbemühungen, zu denen die Privatisierung gehörte, hatten weltweit zu einer Revitalisierung der Marktkräfte geführt. Auf diese Weise wurde eine Innovations-, Wettbewerbs- und Wachstumsdynamik in Gang gesetzt, die auch die sozialistischen Systeme einem zunehmenden Anpassungsdruck aussetzte, und die systemimmanenten ökonomischen Schwächen noch stärker offenbar werden ließ. Neben diesen exogenen Einflüssen waren die oben als „kontinuierlich wirkende Faktoren" bezeichneten

---

[38] Zu den Zielen der Privatisierung siehe auch: *Bös* (1991, S. 2-16), *Kikeri et al.* (1992, S. 20-2), oder *Vickers/Yarrow* (1988, S. 157-60).

Mechanismen von großer Bedeutung. Die Volkswirtschaften aller ehemaligen Transformationsländer waren von öffentlichem Eigentum und großen Staatsunternehmen
dominiert. Damit verbunden waren alle diagnostizierten ökonomischen Nachteile, wie
inkonsistente Wirtschaftsrechnung, mikro- und makroökonomische Ineffizienz, Innovationsschwäche und Belastung der öffentlichen Haushalte, was zu hohen Inflationsraten und teilweise immenser externer Verschuldung geführt hatte.

Die Bedeutung des ideologischen Paradigmenwechsels für die Einleitung der Privatisierungsprozesse in Mittel und Osteuropa ist evident. Dieser Übergang der mittel- und
osteuropäischen Länder von autoritären Einparteiensystemen zu Demokratien wurde
möglich, nachdem unter *Gorbatschow* Reformen in der Sowjetunion eingeleitet worden
waren in deren Verlauf der in der *Breshnew*-Doktrin formulierte Vormachtsanspruch
zurückgenommen wurde. Der ökonomische Niedergang der Systeme hat den politischen
Wechsel entscheidend begünstigt.[39]

In den Transformationsländern hat ein Zusammenwirken ähnlicher Faktoren wie in
den Industrie- und Entwicklungsländern die ökonomischen und politischen Vorraus-
setzungen für die Privatisierung geschaffen. Demzufolge waren auch die Ziele der
Privatisierung in den Transformationsländern weitgehend mit den oben formulierten
ökonomischen, fiskalischen und politischen Zielen identisch. Allerdings waren, trotz
aller Parallelen, sowohl die ökonomischen Zwänge als auch die Verschiebung der
politischen Restriktionen in den Transformationsländern von wesentlich größerem
Umfang und höherer Intensität.

2.4.2. Die Besonderheiten der Transformation

Neben der Intensität der zugrunde liegenden Faktoren gibt es weitere wichtige
Unterschiede zwischen der Privatisierung in ehemals sozialistischen Ländern und den
Privatisierungen, die im vorangegangenen Jahrzehnt im Rest der Welt durchgeführt
wurden. Hervorstechend sind das Ausmaß des zu transferierenden Eigentums und das
institutionelle Umfeld in dem die jeweiligen Privatisierungen vorgenommen wurden.

Einen Eindruck vom Ausmaß der zu bewältigenden Privatisierungen erhält man,
wenn man die Bedeutung des öffentlichen Sektors in den jeweiligen Ländern vor
Beginn der Privatisierung miteinander vergleicht (Tabelle 1). Während in westlichen
Ländern einzelne Unternehmen privatisiert wurden, ging es in den Transformationsländern um die Privatisierung der nahezu gesamten Wirtschaft, womit eine umfassende
Restrukturierung der Ökonomie verbunden war. Dieser große Unterschied macht deutlich, daß Erfahrungen, die man im politischen, ökonomischen und organisatorischen
Bereich bei der Privatisierung in Westeuropa und in anderen Regionen gesammelt hatte,
nicht ohne Weiteres auf die Transformationsländer übertragen werden konnten. Im
politischen Bereich stellte sich vor allem die Frage, wie die unvermeidlichen Vertei-

---

[39] Zu einer ausführlicheren Analyse der „Ursachen des Niedergangs und des Übergangs", und
somit den Vorbedingungen der Privatisierung in Transformationsländern siehe *Schüller*
(1992).

lungskonflikte, die mit der Privatisierung in diesem Ausmaß und der anschließenden Umstrukturierung verbunden sind, überwunden werden konnten. Im ökonomischen Bereich stand man vor dem Problem, für eine große Anzahl von Unternehmen neue Eigentümer zu finden, die in der Lage waren, die Unternehmen zu führen und gleichzeitig die notwendigen Investitionen zu tätigen. Bei der Organisation der Privatisierung bestand die Schwierigkeit, einerseits den Vorgang so genau wie möglich kontrollieren zu wollen und gleichzeitig den Fortgang der Privatisierung nicht unnötig zu verzögern.

Tabelle 1: Anteil des öffentlichen Sektors am Volkseinkommen/BIP in ausgewählten Ländern

Land	Jahr	Anteil öffentlicher Sektor in %
Großbritannien	1978	11,1
Frankreich	1982	16,5
Bundesrepublik Deutschland	1982	10,7
Ägypten	1986	40
Indien	1988/89	22,2
Mexiko	1988	12,0
Türkei	1987	19,0
Tschechoslowakei	1988	99,3
Ungarn	1988	92,9
Polen	1988	81,2

Quellen: *Kornai* (1992, S. 72), *Waterbury* (1993, S. 91)

Tabelle 1 macht neben dem Unterschied zwischen der Gruppe der Transformationsländer und den anderen Ländern auch deutlich, daß es sich bei den ehemals sozialistischen Ländern selbst nicht um eine homogene Gruppe handelt. Es bestanden durchaus Differenzen im Ausmaß der staatlichen Aktivität. Diese Unterschiede sind teilweise durch Reformen erklärbar, in deren Verlauf der Staat private Aktivitäten zugelassen hatte. Zum anderen Teil wurden einige Bereiche, insbesondere die Landwirtschaft in Polen, nie vollkommen verstaatlicht. Im Zuge von Reformen wurde in einigen Ländern nicht nur private Aktivität zugelassen, sondern auch die Organisation der Produktion im staatlichen Sektor verändert. Auf die Reformen im einzelnen wird weiter unten eingegangen. Hier sei bereits bemerkt, daß damit zu rechnen ist, daß sowohl der Umfang eines bereits existierenden Privatsektors als auch die Art der Organisation im dominierenden Staatssektor die Privatisierungspolitik entscheidend beeinflussen.

Nicht nur der Umfang der anstehenden Eigentumstransfers, sondern auch die institutionellen Bedingungen unter denen die Privatisierung in den Transformationsländern durchzuführen war, unterschieden sich von denen in Industrie- und den meisten Entwicklungsländern. Das Problem wird klar, wenn man sich mit *Kloten* (1989) und *Wagener* (1997) den Unterschied zwischen der *Reform* und der *Transformation* von Wirtschaftssystemen verdeutlicht:[40] Während es sich bei Reformen um Korrekturen an einzelnen konstituierenden Merkmalen einer Wirtschaftsordnung handelt, werden im Zuge der Transformation mehrere konstituierende Prinzipien der einen Ordnung durch die einer anderen ersetzt: „Damit ist die Unterscheidung zwischen Reform und Transformation in der Umfassendheit der Maßnahmen gegründet" (*Wagener* 1997, S. 3).

Im konkreten Kontext bedeutet dies, daß bei der Reform der Eigentumsordnung, und darum hat es sich zum Beispiel bei der Privatisierung in Großbritannien zweifellos gehandelt, der von den übrigen Teilordnungen gebildete Rahmen relativ stabil war. Aufgrund der Interdependenz der Teilordnungen wird die Privatisierung zwar auch Reformen in anderen Bereichen, zum Beispiel der Wettbewerbsordnung erforderlich machen. Prinzipiell kann aber bei der Reform der Eigentumsordnung auf die Institutionen der übrigen Teilordnungen zurückgegriffen werden. So konnten zum Beispiel Verträge auf Basis eines bestehenden und erprobten Rechtssystems ausgearbeitet, umgesetzt und überwacht werden. Die Bewertung von Unternehmen konnte in einem auf Marktpreisen beruhenden Preissystem unter Rückgriff auf Unterlagen des betrieblichen Rechnungswesens vorgenommen werden. Der Transfer von Unternehmen konnte mit Unterstützung eines modernen Bankensystems und funktionierender Kapitalmärkte abgewickelt werden. Die Privatisierung vollzog sich in Wirtschaftssystemen, in dem die „Konstanz der Wirtschaftspolitik" wenigstens in soweit gewährleistet war, als daß die Akteure wußten, daß es sich um grundsätzlich marktwirtschaftliche Ordnungen handelte mit deren Spielregeln sie vertraut waren. Eben dies war und ist bei der Privatisierung in Transformationsländern nicht der Fall. Der stabilisierende Rückgriff auf andere Teilordnungen und die zugehörigen Institutionen ist nur sehr bedingt möglich.[41] Simultan zur Privatisierung kommt es zu tiefgreifenden Änderungen in allen übrigen Subsystemen, und zwar nicht nur im wirtschaftlichen, sondern auch im politischen und sozialen Bereich. Zusätzlich verfügen die meisten Akteure nur über sehr eingeschränkte Erfahrungen mit marktwirtschaftlichen Institutionen und zumindest in der Anfangsphase der Transformation ist es keinesfalls gewährleistet, daß es nicht zu einem Rückfall in die sozialistische Ordnung kommen wird.

Das Argument der Stabilität der übrigen wirtschaftlichen Teilordnungen und der Existenz wichtiger marktwirtschaftlicher Institutionen, die ein positives Privatisierungsumfeld schaffen, gilt insbesondere für weit entwickelte Industrieländer wie Deutschland, Frankreich oder Großbritannien. In weniger entwickelten Ländern wie Mexiko, Ägypten, Indien oder der Türkei waren diese Bedingungen weniger günstig. (*Balcerowicz* 1995, S. 37). Aber auch wenn solche institutionellen Defizite, wie zum Beispiel die geringe Kapitalisierung von Aktienmärkten in diesen Ländern, durchaus als

---

[40] Als Referenzmodell bei *Kloten* und *Wagener* dienen *Euckens* konstituierende und regulierende Prinzipien der Wirtschaftsordnung, auf die auch hier Bezug genommen wird.

[41] Zum Problem fehlender Institutionen in Transformationsländern siehe auch (*Heinrich* 1997, S. 237).

Problem für die Privatisierung gesehen wird (*Bienen/Waterbury* 1989, S. 620), so waren diese und andere marktwirtschaftliche Institutionen doch wenigstens vorhanden. Daher ist *Balcerowicz* (1995, S. 36-38) und *Winiecki* (1992, S. 71-76) zu folgen, die aufgrund dieser Besonderheiten die Privatisierung in Transformationsländern klar von denen in Industrie- und Entwicklungsländern unterscheiden.

Wie beim Umfang der vorhandenen öffentlichen Sektoren gilt auch für das Defizit an Institutionen, daß die Transformationsländer keine homogene Gruppe bildeten. In einigen Ländern hatte man bereits vor Beginn der eigentlichen Transformation wichtige Institutionen reformiert. Ein prominentes Beispiel ist die Einführung eines zweistufigen Bankensystems in Ungarn oder die Verlagerung von Kompetenzen auf die Betriebsebene und die Zulassung privater Unternehmenstätigkeit in einigen Bereichen in Polen und Ungarn. Auf diese Weise wurden Erfahrungen gesammelt, auf die bei der Privatisierung zurückgegriffen werden konnte.

Die Privatisierung in Transformationsländern unterscheidet sich von der Privatisierung in Industrie- und Entwicklungsländern nicht durch die Gründe, die zur Privatisierungsentscheidung führen, oder die Ziele, die verfolgt werden. Der Unterschied liegt vor allem im Ausmaß des angestrebten Eigentumstransfers und im institutionellen und gesellschaftlichen Umfeld, in dem die Privatisierung ausgeführt wird.

2.5. Die Besonderheiten der Transformationsländer und die Methoden der Privatisierung

Die aufgeführten Unterschiede und Gemeinsamkeiten der Privatisierung in Transformations- und Nicht-Transformationsländern haben dazu geführt, daß die politische Ökonomie der Privatisierung für beide Ländergruppen aus verschiedenen Perspektiven heraus diskutiert wird: In der Analyse der Privatisierung vor Beginn der Transformation standen Fragen nach dem *warum* der Privatisierung im Vordergrund. Es galt zu klären, welche Vor- und Nachteile öffentliches und privates Eigentum aufweisen und warum Politiker sich zu einem bestimmten Zeitpunkt für Privatisierung entscheiden.[42]

In der Debatte über Privatisierung in Transformationsländern treten diese Fragen in den Hintergrund. Daß Privateigentum als konstituierendes Element einer Wettbewerbsordnung eingeführt werden sollte, stand in der Regel fest. Privatisierung stand daher an vorderer Stelle der wirtschaftspolitischen Programme der meisten Transformationsländer. Der große Umfang der zu privatisierenden öffentlichen Sektoren und die besonderen ökonomischen, politischen und sozialen Rahmenbedingungen der Transformation führten dazu, daß sich Politiker und Ökonomen mit der Frage, *wie* zu privatisieren sei, beschäftigen mußten. Dabei ging es vor allem darum, welche Methoden der Privatisierung angewandt und wie die Privatisierung mit den Reformen in anderen Bereichen koordiniert werden sollte (*sequencing* und *timing*). Diese Fragen waren zuvor

---

[42] Siehe hierzu die oben bereits zitierten Arbeiten von: *Baer* (1996), *Bienen* (1989), *Clarke* (1993), *Dunleavy* (1986), *Ikenberry* (1990), *Jones* (1991), *Vernon* (1988), *Waterbury* (1993) und *Wright* (1994).

38 · Dirck Süß

nicht, oder nur am Rande aufgetreten und diskutiert worden. Der Frage nach dem *sequencing* und *timing* war nicht nachgegangen worden, weil sie wegen des partiellen Reformcharakters der Privatisierung in Nicht-Transformationsländern als Problem nicht existiert hatte. Bei den Fragen nach den Methoden hatte man sich vor Beginn der Transformation auf die Diskussion verschiedener Varianten des Verkaufs (Börsengang oder Verkauf an einzelne Investoren) beschränkt und lediglich die Implikationen von Preisabschlägen und bevorzugter Behandlung Angestellter der öffentlichen Unternehmen bei der Zuteilung von Aktien als mögliche Modifikationen erwogen (*Bös* 1991, S. 19-32). Nun standen neuartige Methoden, wie die Massenprivatisierung mit Hilfe von Vouchern oder die Restitution, zur Debatte. Dabei sind zwei Probleme zu bedenken: Einerseits hängt die Möglichkeit, bestimmte Privatisierungsmethoden auszuwählen von den gegebenen politischen, wirtschaftlichen und institutionellen Rahmenbedingungen ab. Gleichzeitig ist damit zu rechnen, daß von den zur Wahl stehenden Methoden unterschiedliche Rückwirkungen auf den politischen, wirtschaftlichen und institutionellen Bereich ausgehen. So kann zum Beispiel eine auf breiter Streuung von Eigentumsrechten beruhende Privatisierung zusätzliche politische Unterstützung generieren oder die Herausbildung eines bestimmten Systems der Unternehmenskontrolle begünstigen. Der Verkauf von Unternehmen hingegen scheint besser geeignet zu sein, um Einnahmen zu erzielen. Für beide Methoden werden jeweils unterschiedliche Institutionen benötigt, deren Entstehen durch die Wahl einer bestimmten Strategie begünstigt wird.

Bei der Analyse der Gründe und Ziele der Privatisierung wurde herausgearbeitet, daß fiskalische Zielsetzungen bei der Privatisierungsentscheidung eine wichtige Rolle spielen. Im folgenden werden nun die verschiedenen für die Transformationsländer erwogenen Methoden vor allem im Hinblick auf ihre fiskalischen Auswirkungen diskutiert.[43]

2.5.1. Budgetwirksamkeit der Privatisierung

Bis zum Beginn der Transformation in Osteuropa wurden die Begriffe „Privatisierung" und „Verkauf öffentlicher Unternehmen" fast synonym verwendet. Eine Regierung, die sich aufgrund fiskalischer Zwänge zur Privatisierung entscheidet, wird versuchen, die Erlöse aus dem Verkauf zu maximieren. Daher stellt sich die Frage, inwieweit die öffentlichen Haushalte überhaupt durch die Veräußerung öffentlicher Unternehmen berührt werden. Geht man von idealtypischen Annahmen aus, dann wird ein öffentliches Unternehmen, das pro Jahr einen bestimmten Gewinn erzielt, maximal für den Barwert, die abdiskontierte Summe aller in der Zukunft erwarteten Gewinne, zu verkaufen sein (*Borck* 1996, S. 491-2). In der Vermögensposition des Staates ändert sich zunächst nichts. Nun kommt es allerdings auf die Verwendung der Einnahmen an.

---

[43] Die Konzentration auf die fiskalischen Effekte soll hier nicht als Zeichen einer normativen formulierten Zielhierarchie verstanden werden. Welche Rolle fiskalische Ziele bei der Privatisierung in Transformationsländern tatsächlich gespielt haben, wird in späteren Abschnitten untersucht.

Angenommen, die Regierung steht vor der Entscheidung, das Budgetdefizit der laufenden Periode entweder durch erhöhte Kreditaufnahme, Steuererhöhung oder die Einnahmen aus der Privatisierung zu finanzieren und hat sich aus politischen Gründen für die letzte Option entschieden. Dann wird der Privatisierungserlös als Einnahme verbucht, das Budgetdefizit gesenkt und eine Steuererhöhung vermieden. Die Lage des öffentlichen Haushalts hat sich scheinbar verbessert. Die für die Privatisierung verantwortlichen Politiker können die von ihnen bewirkte Konsolidierung als Erfolg ihrer Haushaltspolitik darstellen. Tatsächlich ist aber nun ein Teil des staatlichen Vermögens konsumiert worden und die Haushaltslage hat sich nur vorübergehend verbessert. Daß es sich hierbei nur um eine scheinbare Verbesserung handelt, wird *ceteris paribus* im nächsten Haushaltsjahr offensichtlich. Ändert sich außer der Privatisierung am Haushaltsgebaren nichts, das heißt alle Einnahmen und Ausgaben bleiben gleich, dann wird in der nächsten Periode ein ebenso hohes Budgetdefizit entstehen wie es vorher ohne Privatisierung der Fall gewesen wäre. Die Privatisierung hat die notwendige Kreditaufnahme oder Steuererhöhung lediglich in die Zukunft verschoben (*Borck* 1996, S. 492). Die verminderten Einnahmen, die sich aus den ausbleibenden Gewinnen des öffentlichen Unternehmens ergeben, spielen in diesem Zusammenhang keine Rolle, da ihnen verminderte Ausgaben in Form vermiedener Schuldzinsen entgegenstehen, und die beiden Größen sich im Idealfall aufheben.

Solch eine Scheinkonsolidierung des öffentlichen Haushalts durch Privatisierungserlöse wird vermieden, wenn die Erlöse nicht zur Finanzierung laufender Ausgaben sondern zur Rückzahlung von Schulden oder für Investitionszwecke verwendet werden. In diesem Fall bleibt das Budgetdefizit gleich hoch, was gegebenenfalls Konsolidierungsanstrengungen erforderlich macht, während die Vermögensposition des Staates unverändert bleibt.[44]

Die Äquivalenz von Privatisierungserlös und Barwert des Unternehmens gilt allerdings nur unter idealtypischen Annahmen wie *ceteris paribus* Bedingungen und vollständigen Informationen. Es ist offensichtlich, daß diese Annahmen insbesondere während der Transformation, die von schnellen Veränderungen der wesentlichen Daten, wie Preise, Zinsen oder der gesamtwirtschaftlichen Nachfrage, gekennzeichnet ist, nicht gelten. Relevant ist dies für die Bewertung von Unternehmen sowohl durch den staatlichen Verkäufer als auch durch die neuen privaten Eigentümer, hängt doch der Wert entscheidend von den erwarteten Gewinnen ab.[45]

Gerade die Änderung dieser Gewinngröße ist ein wichtiges Ziel der Privatisierung. Die Theorie der Verfügungsrechte hat deutlich gemacht, daß die Privatisierung von Unternehmen zu einer effizienteren Verwendung der Ressourcen und somit zu höheren Gewinnen führen wird. Mit dem gleichen Unternehmen in Privateigentum wird daher

---

[44] Nach den Richtlinien des internationalen Währungsfonds sollten Einnahmen aus dem Verkauf staatlichen Vermögens wie die Rückzahlung einer Anleihe bilanziert werden (*Mansoor* 1993, S. 346-7).

[45] Von der Untersuchung der Implikationen unterschiedlicher zur Diskontierung verwendeter Zinssätze wird hier abgesehen. Siehe dazu *Borck* (1996, S. 492-4).

höherer Gewinn zu erzielen sein, als es beim Verbleib in öffentlichem Eigentum möglich wäre. Folglich wird der Käufer des Unternehmens bereit sein, einen Kaufpreis zu zahlen, der höher ist als der Barwert der möglichen Gewinne im Falle fortgesetzten Staatseigentums. Voraussetzung zur Realisierung dieser Einnahmen durch den Staat sind allerdings Mechanismen, mit denen die Zahlungsbereitschaft der potentiellen Neueigentümer offengelegt werden kann.

Ein weiterer nicht zu vernachlässigender Faktor sind Auswirkungen, die sich aus der Möglichkeit der Besteuerung ergeben (*Newbery* 1997, S. 21-25). Die Einnahmenausfälle durch ausbleibende Dividenden beim Staat können teilweise durch Steuereinnahmen ersetzt werden. Rationale Käufer staatlicher Unternehmen werden diese Besteuerung allerdings bei der Kalkulation zukünftiger Gewinne berücksichtigen und den Kaufpreis entsprechend herabsetzen. Die Möglichkeit der Besteuerung führt auf den ersten Blick in der Summe also nicht zu einem positiven Nettoeffekt für den Staatshaushalt. Es können allerdings zwei Ausnahmen in Erwägung gezogen werden: Eine Möglichkeit ist, daß der Käufer des Unternehmens die zukünftige Besteuerung zu niedrig einschätzt. Er wird dann die möglichen Gewinne zu hoch einschätzen und einen höheren Kaufpreis zahlen. Dieser Fall könnte eintreten, wenn nach der Privatisierung eine Steuererhöhung vorgenommen würde. Hierauf soll allerdings nicht näher eingegangen werden. Ein anderer fiskalischer Effekt ergibt sich aus einer Veränderung der Besteuerungsgrundlage. Es wird davon ausgegangen, daß die Privatisierung zu umfangreichen Umstrukturierungen, zunächst in den Unternehmen und mittelfristig auf gesamtwirtschaftlicher Ebene, führen wird. Dieser *Schumpetersche* Prozeß „schöpferischer Zerstörung" lenkt frei werdende Ressourcen in neue, bessere Verwendungen. Die verbesserte Allokation führt zu gesamtwirtschaftlichem Wachstum. Durch die Privatisierung und Dezentralisierung angeregte Innovationen (s.o.) können darüber hinaus zusätzliche Wachstumsimpulse geben. Auf diese Weise wird durch Privatisierung die Besteuerungsgrundlage verbreitert und höhere Steuereinnahmen werden realisierbar.

Auch auf der Ausgabenseite der öffentlichen Haushalte werden sich im Zuge der Privatisierung Veränderungen ergeben. Wie *Boycko et al.* (1996) betonen, ist damit zu rechnen, daß Subventionen nach der Privatisierung geringer ausfallen werden. Zwar wird dies die Gewinnerwartungen der neuen Eigentümer mindern und zu niedrigeren Kaufpreisen führen, gleichzeitig beschleunigt der Subventionsabbau aber den privatisierungsinduzierten Strukturwandel, was zu den oben beschriebenen Wachstumseffekten beiträgt und finanziellen Spielraum auf Seiten des Staates schafft. Dieser kann dann zum Beispiel für ebenfalls wachstumsbegünstigende Investitionen in die Infrastruktur verwendet werden. Die oben genannten Bedingungen, unter denen Privatisierung sich nicht positiv auf die öffentlichen Haushalte auswirkt, nämlich eine gleiche Bewertung des Unternehmens durch Verkäufer und Käufer und eine stabile Einnahmen-Ausgabenstruktur, dürften somit im Fall der Transformationsländer nicht vorliegen.

Eine weitere Besonderheit der Privatisierung in den Transformationsländern liegt in den angewendeten Methoden. Bisher wurde davon ausgegangen, daß Privatisierungen im Wege des Verkaufs vorgenommen werden, ohne näher auf die Modalitäten einzugehen. Der Verkauf von Unternehmen war die dominierende Privatisierungsmethode bei Privatisierungen außerhalb von Transformationsländern. In den ehemals sozialistischen Ländern sind aber nicht nur verschiedene Methoden des Verkaufs, sondern auch der freie Transfer öffentlichen Eigentums durch Rückgabe an Alteigentümer oder durch Voucherverfahren, sowie Kombinationen aus Verschenken und Verkaufen zu beobachten.[46] Die alternativen Privatisierungsmethoden sollen hier erläutert und auf mögliche fiskalische Auswirkungen hin untersucht werden. Der Frage, inwieweit die verschiedenen Möglichkeiten in den einzelnen Ländern tatsächlich zur Anwendung gekommen sind und welche spezifischen Probleme dabei auftraten, wird weiter unten im jeweiligen Länderkontext nachgegangen.

2.5.2. Verkaufen

Bei der Privatisierung von Staatsunternehmen können drei Methoden des Verkaufs unterschieden werden: Auktionen, Verkauf von Unternehmensanteilen über die Börse und der (Direkt-)Verkauf an einen oder mehrere Kerninvestoren nach vorangegangenen Verkaufsverhandlungen (*Leipold* 1993, S. 18-23). Auch hier sind Kombinationen möglich indem zum Beispiel ein Teil der Aktien eines Unternehmens als Paket an einen Investor verkauft und die übrigen Aktien an der Börse plaziert werden.

Auktionen

Maskin (1992) und *Schmidt/Schnitzer* (1997) betonen die Vorteile von Auktionen als Instrument der Privatisierung, da zwei wichtige Ziele gleichzeitig verfolgt werden können: Die Maximierung der Privatisierungserlöse und die effiziente Reallokation der Verfügungsrechte. Während die effiziente Allokation durch unvollständige Informationen, unterschiedliche Risikoaversion oder finanzielle Beschränkungen einzelner Bieter beeinträchtigt werden kann (*Maskin* 1992), sind die Vorzüge hinsichtlich der Erlösmaximierung offensichtlich. Durch den Wettbewerbsdruck in einer Auktion werden die Teilnehmer dazu veranlaßt, ihre Zahlungsbereitschaft, die von den jeweiligen Gewinnerwartungen abhängt, zu offenbaren. Zugleich wird der Verkäufer von der Aufgabe befreit, einen bestimmten Preis festzusetzen. Diese Bewertung „durch den Markt" ist ein besonderer Vorteil, wenn der Verkäufer wenig Anhaltspunkte für den Wert des Unternehmens hat, wie es in den Transformationsländern in der Regel der Fall ist. Die Untersuchung verschiedener Auktionsformate[47] durch *Schmidt/Schnitzer* (1997)

---

[46] Ein Überblick über diese *non-standard methods* findet sich bei *Bornstein* (1997).

[47] Es können folgende Arten von Auktionen unterschieden werden: *Englische (Standard-) Auktion*: Alle Interessenten sind bei der Auktion anwesend und versuchen sich gegenseitig zu überbieten, bis nur noch ein Bieter übrigbleibt, der den Zuschlag erhält. *Höchstpreisauktion*: Jeder Bieter gibt ein Gebot in einem versiegelten Umschlag ab. Der Bieter mit dem höchsten Gebot erhält den Zuschlag und muß den Kaufpreis in Höhe seines Gebotes bezahlen. *Vickry-Auktion*: Jeder Bieter gibt ein Gebot in einem versiegelten Umschlag ab. Der Bieter mit dem höchsten Gebot erhält den Zuschlag, muß allerdings nur den Kaufpreis in Höhe des nächst niedrigeren Gebots bezahlen. *Holländische Auktion*: Der Auktionator ruft einen prohibitiv

ergibt, daß vor allem die Standard-Auktion mit sich gegenseitig überbietenden Kauf-interessenten zur Erlösmaximierung geeignet ist. Um die negative Wirkung von Absprachen zu begrenzen, kann es sinnvoll sein, wenn der Staat Mindestpreise setzt und diese auch einhält. Dies beschränkt zwar die Effizienz einer solchen Auktion, da beim Unterschreiten des Mindestpreises das Unternehmen beim Staat verbleibt, dient aber als eine Art strategische Sicherung gegen Preisabsprachen.[48]

Verkauf über die Börse

Der Verkauf von Unternehmen über die Börse ist ein Weg, der bei Privatisierungen außerhalb von Transformationsländern weit verbreitet war und ist.[49] Nach anfänglichen Fehlschlägen in Transformationsländern, auf die später noch näher einzugehen sein wird, wurden auch hier eine Reihe von Unternehmen auf diesem Wege privatisiert.

Um ein Unternehmen über die Börse zu privatisieren, muß es zunächst in eine Aktiengesellschaft umgewandelt werden. Anschließend werden die Aktien zum Kauf angeboten. Dies geschieht entweder durch ein *„offer for sale"* oder ein *„tender offer"* Im Falle eines *offer for sale* werden Aktien zu einem bestimmten Preis angeboten und an Interessenten verkauft. Bei einem *tender offer* wird zunächst ein Mindestpreis fest-gelegt. Anschließend werden Interessenten aufgefordert, dem Anbieter Preis und Menge der zum Kauf gewünschten Aktien mitzuteilen. Auf Basis dieser Angebote wird ein markträumender Preis ermittelt (*Vickers/Yarrow* 1988, S. 173).

Auf den ersten Blick scheint diese Methode gut geeignet, vor allem größere Unter-nehmen, die nicht als *going concern* im Wege der Auktion an einen Investor veräußert werden können, zu verkaufen und so Einnahmen zu erzielen, da sie sich an eine breite Öffentlichkeit wendet. Aufgrund der möglichen Stückelung von Anteilen können sich auch Klein- und Kleinstanleger beteiligen. Dies erweitert den Kreis möglicher Käufer, so daß dem Angebot eine größere Kaufkraft gegenübersteht. Die große Zahl der Käufer verhindert gleichzeitig Preisabsprachen und andere kollusive Strategien, die sich negativ auf den Verkaufserlös auswirken können. Diesen theoretischen Vorteilen stehen aber einige praktische Probleme gegenüber. Börseneinführungen von Unternehmen sind mit

---

hohen Preis aus. Dann senkt er diesen schrittweise, bis sich ein Interessent für den Kauf fin-det.

[48] Auch bei Preisabsprachen zwischen den Bietern erhält in der Regel derjenige den Zuschlag, der die beste Verwendung für das Gut hat und es daher am höchsten bewertet. Preisabspra-chen beeinträchtigen daher nicht die Effizienz. Durch die Absprache wird dies aber im Vor-aus zwischen den Bietern geklärt und der Preis, zu dem der Zuschlag erfolgen soll, festge-legt. Für die anderen Interessenten ist ein Abweichen von der Absprache im Verlauf der Auktion nicht sinnvoll, da am Ende ohnehin derjenige mit der höchsten Wertschätzung ge-winnen würde (*Maskin* 1992, S. 123).

[49] Ein großer Teil der Privatisierungen in Großbritannien wurde mit Hilfe von Aktienverkäufen an der Börse abgewickelt (*Vickers/Yarrow* 1988, S. 78-94, *Bishop/Kay* 1992, S. 197-8, *Jasiński* 1997, S. 148-53). Prominente Beispiele aus Deutschland sind die Teilprivatisierungen von Telekom und Lufthansa.

hohem zeitlichem und finanziellem Aufwand, etwa für die Anfertigung von Emissionsprospekten, Durchführung von *road-shows* und Werbekampagnen oder Beratung durch spezielle Consulting Unternehmen verbunden (*Mayer/Meadowcroft* 1985, S. 47). Diese Kosten können die Einnahmen aus dem Verkauf erheblich herabsetzen. Ein weiteres Problem stellt die Preisbildung dar. Besonders in den Transformationsländern sind Informationen über die zu privatisierenden öffentlichen Unternehmen, anhand derer sowohl Käufer als auch Verkäufer ihre Preisvorstellungen entwickeln können, in der Regel vollkommen unzureichend (*Bornstein* 1994, S. 238-9). Dadurch entsteht die Gefahr, daß die Aktien entweder zu einem zu niedrigen oder zu hohen Preis angeboten werden. Ein zu niedriger Preis kann mit hohen Einnahmeverlusten für den Staat verbunden sein und gleichzeitig zu unerwünschten *windfall profits* und Verteilungseffekten führen. Ein zu hoher Preis hat zur Folge, daß nur ein Teil der Aktien privatisiert werden kann, und die neuen Eigentümer mit Kursverlusten konfrontiert werden (*Vickers/Yarrow* 1988, S. 171). *Mayer/Meadowcroft* (1985) schlagen als mögliche Lösung vor, von vornherein nur einen Teil der Aktien zum Kauf anzubieten und dann den Marktmechanismus der Börse zur Preisfindung zu nutzen. Auf diese Weise entfällt bei der Privatisierung der folgenden Tranchen die Gefahr des *over-* oder *underpricing*.

Neben diesen eher technischen Problemen der Privatisierung stellte sich in den Transformationsländern ein weiteres, sehr viel dringenderes Problem: Nämlich, daß es zu Beginn der Transformation überhaupt keine Börsen gab. Die Wertpapierbörsen, neben dem Privateigentum an Produktionsmitteln vielleicht eine der typischsten Institutionen des Kapitalismus, entwickelten sich erst im Verlauf von Transformation und Privatisierung (*Peters* 1995, S. 369). Sie standen also, zumindest in der Anfangsphase der Transformation in Mittel- und Osteuropa, nicht als Instrument der Privatisierung zur Verfügung. Mit fortschreitender Herausbildung dieser Finanzinstitutionen wurde die Möglichkeit des Börsengangs staatlicher Unternehmen aber auch in Transformationländern verstärkt als Privatisierungsmethode eingesetzt. Ähnliches gilt für weitere Institutionen, die bei Börsengängen wichtige, transaktionskostenreduzierende Funktionen erfüllen. Sie existierten zu Beginn der Transformation nicht, und entwickelten sich erst im Laufe der Zeit. Dazu gehören Gesetze und Regulierungsbestimmungen, Rating-Agenturen, Wirtschaftspresse oder Unternehmensberatungen (*Heinrich* 1997, S. 237), auch wenn diese teilweise bereits kurz nach Beginn der Transformation durch Import ersetzt werden konnten. Ein weiterer Faktor, der bei allen Institutionalisierungsprozessen eine entscheidende Rolle spielt, ist die Bereitschaft und Fähigkeit der Akteure, mit den neuen Institutionen umzugehen. Welche Rolle dies gerade im Fall von Privatisierungen durch Aktienverkäufe an der Börse spielt, beweisen eindrucksvoll die Börsengänge größerer Staatsunternehmen in Ländern wie Großbritannien oder Deutschland. Hier wurde jeweils mit immensem Aufwand und mäßigem Erfolg um neue Anleger, die bisher noch nicht an der Börse engagiert waren, geworben. In Transformationsländern müssen nicht nur die Anleger von den Vorteilen des Aktienerwerbs überzeugt und mit dem Umgang mit dieser Form der Kapitalanlage vertraut gemacht werden, sondern auch die Verkäufer und alle übrigen Akteure verfügen nur über wenig Wissen und Erfahrung. Fehleinschätzungen und Rückschläge erscheinen daher unvermeidlich.

Verkauf an strategische Investoren

Diese Schwierigkeiten bei der Privatisierung von Unternehmen über die Börse haben dazu beigetragen, daß eine andere Form des Verkaufs in Transformationsländern eine bedeutende Rolle gespielt hat: die gezielte Suche nach Investoren, mit denen anschließend Verkaufsverträge ausgehandelt wurden. In diese Verträge konnten nicht nur die Verkaufspreise, sondern auch Investitions- und Beschäftigungsgarantien oder die Übernahme von Schulden oder Altlasten im Umweltbereich einbezogen werden.

Diese Art der Privatisierung ist aus Sicht der Regierungen mit attraktiven Vorteilen verbunden. Es können verschiedene Ziele wie Generierung von Erlösen, Erhalt von Arbeitsplätzen oder wettbewerbspolitische Überlegungen gleichzeitig verfolgt werden. Kommt es der Regierung allerdings auf möglichst hohe Privatisierungseinnahmen an, so sind solche Verhandlungslösungen mit einer Reihe von Nachteilen verbunden (*Schmidt/Schnitzer* 1997, S. 119-25). Die Berücksichtigung zusätzlicher Neben-bedingungen in den Verkaufsverträgen führt zu einem niedrigeren Kaufpreis. Wird der Investor zum Beispiel dazu verpflichtet, eine bestimmte Anzahl von Arbeitsplätzen, die über dem optimalen Einsatz des Faktors Arbeit liegt, zu garantieren, so mindert dies seine Gewinnaussichten und somit seine Zahlungsbereitschaft für das Unternehmen. Darüber hinaus ist es schwierig, solche Zusagen *ex post* zu kontrollieren und durch-zusetzen. Dem Verzicht auf Einnahmen steht dann nicht einmal die von der Regierung als äquivalent betrachtete Zahl von Arbeitsplätzen oder die entsprechende Investitions-summe gegenüber.

Da aus Zeit- und Kostengründen nicht mit einer größeren Anzahl von Interessenten gleichzeitig verhandelt werden kann, muß notwendigerweise eine Vorauswahl getroffen werden. Diese Vorauswahl beinhaltet die Gefahr, daß der Investor mit der höchsten Zahlungsbereitschaft nicht mit am Verhandlungstisch sitzt, was sich nachteilig sowohl auf die Einnahmen der Privatisierung als auch auf die Effizienz des Ergebnisses aus-wirken muß. Dieses Problem kann verringert werden, indem die Suche durch internationale Ausschreibungen oder gleichzeitige Verhandlungen mit einer größeren Zahl potentieller Käufern möglichst offen gestaltet wird. Beide Optionen sind jedoch mit Kosten verbunden, die den möglichen Nettoerlös mindern.

Auch wenn es gelungen ist, denjenigen Investor zu finden, der ein Unternehmen am höchsten bewertet, ist es unwahrscheinlich, daß der folgende Verhandlungsprozeß zu einem ähnlich hohen Verkaufserlös führt, wie eine Auktion. Die Verhandlungen bieten Raum für strategisches Verhalten. Der Investor kann davon ausgehen, daß die Regie-rung beziehungsweise die Privatisierungsbehörde prinzipiell bereit ist, das Unternehmen zu verkaufen, da ein Verbleib in Staatseigentum ineffizient und mit Kosten verbunden ist. Mit zunehmender Dauer der Vertragsverhandlungen steigen diese Kosten, so daß die Unternehmung an Wert verliert. Sie können als versunkene Kosten der Vertrags-verhandlungen interpretiert werden, so daß auch der Ausstieg aus den Verhandlungen

für die Regierung im Zeitablauf ständig teurer wird. Wenn die Regierung nicht glaub-
würdig versichern kann, daß sie entweder zu einem bestimmten Preis oder gar nicht
verkauft, wird der Investor versuchen, die Verhandlungen in die Länge zu ziehen und
sein Angebot nach und nach herabzusetzen, so daß der mögliche Erlös immer geringer
wird. Die Privatisierungsbehörde kann einer solchen Entwicklung vorbeugen, indem sie
Mindestpreise setzt, oder mit mehreren Investoren gleichzeitig verhandelt. Das Setzen
von Mindestpreisen birgt die Gefahr, daß Unternehmen nicht privatisiert werden und der
Prozeß von neuem begonnen werden muß. Gleichzeitige Verhandlungen sind wiederum
mit höheren Kosten verbunden. Beide Möglichkeiten haben zusätzlich den Nachteil, daß
sie den ohnehin hohen Zeitbedarf der Verhandlungsmethode weiter ausdehnen. Ein
weiterer Nachteil der Privatisierung durch Verhandeln mit einzelnen Investoren ist, daß
es sich bei den ausgehandelten Verträgen stets um diskretionäre Lösungen handelt. Es
können kaum objektive Maßstäbe zur Beurteilung herangezogen werden. Dies gilt
besonders, wenn Kaufpreise mit mehreren Dimensionen wie monetäre Zahlungen,
Garantie von Arbeitsplätzen oder Investitionen ausgehandelt werden. Die Ergebnisse
entziehen sich somit weitgehend einer neutralen Kontrollmöglichkeit. Der diskretionäre
Entscheidungsspielraum und die unterschiedlichen Vertragsdimensionen machen die
Verhandlungslösung anfällig für Korruption, wodurch die Erlöse geschmälert werden.

2.5.3. Freie Übertragung/Verschenken

Die Diskussion der verschiedenen Verkaufsmethoden hat deutlich gemacht, daß jede
einzelne Methode mit Schwierigkeiten verbunden ist, welche die Anwendbarkeit in
Transformationsländern einschränken. Neben diesen spezifischen Schwächen einzelner
Methoden gibt es eine Reihe von Problemen, die aus den Besonderheiten der Transformation resultieren und daher für alle Verkaufsmethoden gleichermaßen gelten. Dem
geringen Bestand an Sparguthaben der inländischen Bevölkerung stand eine große
Anzahl zu privatisierender Unternehmen gegenüber. Ein Engagement in einem Transformationsland ist relativ risikoreich, was Zurückhaltung bei ausländischen Investoren
bewirkt. Hinzu kommen Aversionen gegen ausländische Beteiligung und der politische
Wille, die Privatisierung für distributive Zwecke zu nutzen oder die Bevölkerung für
unter dem kommunistischen Regime erlittenes Unrecht zu kompensieren (*Mejstřík*
1997a, S. 201). Um diesen Restriktionen gerecht zu werden, wurde in vielen Transformationsländern ein Teil des staatlichen Eigentums der Bevölkerung ohne Zahlung eines
Kaufpreises überlassen.[50] Dabei sind zwei Methoden je nach Motivation und
technischer Durchführung zu unterscheiden: Die Restitution und das Voucherverfahren.

Restitution

Bei der Restituition werden Unternehmen, die in der Zeit der sozialistischen
Herrschaft teilweise unrechtmäßig, teilweise auf zweifelhafter gesetzlicher Grundlage

---

[50] Im Anschluß an die Literatur wird auch in dieser Arbeit der Begriff „Verschenken" verwendet, obwohl er nicht ganz treffend ist, da es sich bei den betreffenden Vermögenswerten
nach sozialistischer Sichtweise bereits um „Volkseigentum" handelte.

verstaatlicht worden waren, an die ursprünglichen Eigentümer oder deren Erben zurückgegeben. Diese Privatisierungsmethode ist mit mehreren Schwierigkeiten verbunden. Unternehmen, die vor längerer Zeit verstaatlicht worden sind, können sich durch Investitionen oder Fusionen mit anderen Unternehmen, erheblich im Wert verändert haben. Die ehemaligen Eigentümer sind mitunter nicht mehr interessiert oder nicht in der Lage die Unternehmen weiterzuführen. Den Erben fehlt eventuell die traditionelle Bindung an das Unternehmen oder das Interesse und die Qualifikation zur Fortführung, so daß die sich in Folge der Restitution ergebende Eigentumsverteilung wenig effizient sein wird. Außerdem ist die Restitution mit Zeitaufwand verbunden, da teilweise rivalisierende Ansprüche erst geklärt werden müssen, und in der Zwischenzeit die Privatisierung durch andere Verfahren nicht eingeleitet werden kann. Diese Probleme können allerdings weitgehend gelöst werden, indem von einer Natural-restitution, der physischen Rückübertragung der Unternehmen, abgesehen wird und die ehemaligen Eigentümer finanziell oder auf andere Weise entschädigt werden.[51] In jedem Fall sind durch die Restitution keine direkten Einnahmen für die Regierung zu erzielen, im Gegenteil, es entstehen Kosten für die Durchführung des Verfahrens und die etwaige Entschädigung der Alteigentümer.

Voucher-Modell

Die andere Methode der Gratisvergabe von Eigentum ist die Privatisierung mit Hilfe von Vouchern (Coupons, Gutscheinen). Es existiert eine Reihe von Varianten dieser Methode.[52] Die Grundidee ist es, Schwierigkeiten, die durch die Knappheit an Kapital, die Probleme bei der Einbindung ausländischer Investoren, den hohen Zeitbedarf von Verkauf und Restitution und den Gerechtigkeitsvorstellungnen der Bevölkerung resultieren, zu umgehen, indem das Staatseigentum unter der Bevölkerung aufgeteilt wird. Darüber hinaus wurden häufig politische Argumente für die Anwendung von Voucherverfahren angeführt. Durch Beteiligung der betroffenen Bevölkerung an der Privatisierung sollte mittelfristige Unterstützung für den Reformprozeß geschaffen und dessen Irreversibilität sichergestellt werden.

Dazu wurden Voucher gratis oder gegen einen geringen Betrag zur Deckung der Transaktionskosten an die Bevölkerung ausgegeben. Mit diesem „Investitionsgeld" können dann entweder direkt oder durch intermediäre Investitonsfonds Anteile an den zu privatisiernden Staatsunternehmen erworben werden. Die Vorteile sind in der Überwindung der oben genannten Probleme zu sehen. Ein entscheidender Nachteil ist, daß unklar ist, inwieweit zwei wichtige Ziele der Privatisierung erreicht werden können. Zunächst einmal können bei der kostenlosen Verteilung keine direkten Privatisierungserlöse erzielt werden. Außerdem entsteht eine Eigentumsstruktur, bei der unklar ist, wie und durch wen die Unternehmenskontrolle ausgeübt werden wird, und wie die Restrukturierung der Unternehmen betrieben werden soll. Unter Umständen

---

[51] Strenggenommen ist die Entschädigung natürlich keine Privatisierungsmethode mehr.

[52] Ein Überblick findet sich bei *Estrin* (1996). Auf Details der tschechischen und der polnischen Varianten wird weiter unten eingegangen.

unterscheidet sich dann der Zustand nach der Privatisierung nur wenig von der Situation vorher. Wenn die Eigentumsstruktur nach der Privatisierung ähnlich ineffizient ist wie vorher, wird diese Methode kaum dazu in der Lage sein, die mikro- und makroökonomische Effizienz zu erhöhen und höhere Wachstumsraten zu induzieren. Somit sind auf den ersten Blick nicht nur keine direkten fiskalischen Effekte durch Privatisierungserlöse, sondern auch keine indirekten in Form besserer Besteuerungsmöglichkeiten zu erwarten.

Elemente des Verschenkens können auch in den Methoden enthalten sein, die auf Unternehmensverkauf basieren. Die vergünstigte Abgabe von Aktien an Kleinanleger und die Bevorzugung von Managern und Arbeitern bei der Privatisierung ihrer Betriebe ist ein häufig angewandtes Mittel. Die Vor- und Nachteile des Verschenkens gelten dann in abgeschwächter Form.

Schmidt (1997) und *Schmidt/Schnitzer* (1997, S. 125-31) zeigen, daß der nachteiligen Wirkung, die das Verschenken auf die möglichen Privatisierungseinnahmen hat, positive Effekte als Folge stabilerer Rahmenbedingungen gegenüberstehen: Wenn ein Teil der Eigentumsrechte gratis an die Bevölkerung verteilt und der andere verkauft wird, senkt dies für potentielle Investoren das Risiko der Investition in dem entsprechenden Land. Wenn nämlich ein großer Teil der Bevölkerung Miteigentümer der Unternehmen ist, werden sie staatlichen Eingriffen in Form von Enteignungen, exzessiver Besteuerung oder Regulierung nicht zustimmen.[53] Somit steigt der Wert der Anteile an einem Unternehmen, so daß eine teilweise Gratisvergabe die erzielbaren Erlöse im Endeffekt positiv beeinflußt. Ähnliches gilt für die Restitution. Eine solche Privatisierungsmaßnahme kann eindrücklich beweisen, welcher Stellenwert privaten Eigentumsrechten beigemesssen wird. Ein *credible commitment,* das die Regierung bezüglich der Garantie von Eigentumsrechten durch die teilweise Berücksichtigung der Interessen von Alteigentümern und die Gratisvergabe von Unternehmensanteilen abgibt, kann also zu höheren Privatisierungseinnahmen führen.

2.6. Die Wahl von Privatisierungsstrategien

Die beschriebenen Privatisierungsmethoden schließen sich gegenseitig nicht aus. Sie können miteinander kombiniert werden, was in allen Transformationsländern geschehen ist. Es ist kein Fall bekannt, in dem über einen längeren Zeitraum ausschließlich eine einzige Privatisierungsmethode zum Einsatz kam. Diese spezifische Kombination unterschiedlicher Privatisierungsmethoden ist, neben Faktoren wie der zeitlichen Abfolge und dem Umfang des angestrebten Eigentumtransfers sowie dem Kreis der als neue Eigentümer in Frage kommenden Personen und Institutionen, das wichtigste Charakteristikum einer bestimmten nationalen Privatisierungsstrategie. Die Privatisierungsstrategien, die in Mittel- und Osteuropa implementiert wurden, unterscheiden sich teilweise erheblich. Eines der Anliegen dieser Arbeit ist es, eine Antwort auf die Frage zu finden, warum das selbe Problem, die Privatisierung eines dominanten

---

[53] Siehe hierzu auch *McAuley* (1993, S. 195).

staatlichen Sektors im Kontext der Transformation von Wirtschaftssystemen „vom Plan zum Markt", mit so unterschiedlichen Lösungsversuchen angegangen wurde.

Die bisherige Analyse hat gezeigt, daß Privatisierung, der Rückzug des Staates aus der Wirtschaft, eine staatliche Veranstaltung ist, die zunächst einmal politische Entscheidungen und *zusätzliches* staatliches Handeln erforderlich macht. Fiskalische Zielsetzungen haben dabei in der Vergangenheit eine wichtige Rolle als Motiv für Privatisierungsentscheidungen von Politikern gespielt. Im Gegensatz zu den Industrie- und Entwicklungsländern war in den Transformationsländern die Frage nach der Privatisierungsstrategie von großer Bedeutung, denn es war keine grundsätzliche Entscheidung darüber zu treffen *ob überhaupt*, sondern *wie* privatisiert werden sollte. Wie gezeigt wurde, sind die zur Wahl stehenden Privatisierungsmethoden mit unterschiedlichen Auswirkungen auf die öffentlichen Haushalte verbunden. Daher soll in dieser Arbeit der Frage nachgegangen werden, ob fiskalische Ziele der Entscheidungsträger die Wahl von Privatisierungsstrategien in Transformationsländern beeinflußt haben.

Die Arbeitshypothese dabei lautet: Die Wahl der Privatisierungsstrategie wird von fiskalischen Zwängen und Zielen der Regierung bestimmt. Eine Regierung, die mit haushaltspolitischen Problemen konfrontiert ist, und gleichzeitig bereit oder gezwungen ist, diese zu lösen, wird dem Verkauf von Unternehmen innerhalb der Privatisierungsstrategie großes Gewicht beimessen. Eine Regierung hingegen, die zur Finanzierung des Haushaltes nicht auf Privatisierungserlöse angewiesen ist, sei es aufgrund einer soliden Finanzpolitik in der Vergangenheit oder aufgrund der Bereitschaft und Fähigkeit, Defizite über längere Zeiträume hinzunehmen und zu finanzieren, wird eher auf Privatisierungserlöse verzichten. Sie wird statt dessen versuchen, die Vorteile einer auf der Gratisvergabe von Eigentumsrechten beruhenden Privatisierungsstrategie für sich zu nutzen. Dies sind im wesentlichen die Schaffung von politischer Unterstützung als Folge der distributiven Wirkung, das *credible commitment* gegenüber der eigenen Bevölkerung und dem Ausland durch Demonstration der konsequenten Einführung privater Eigentumsrechte sowie der Zeitgewinn beim Systemwechsel, da man weder auf langwierige Verhandlungen noch auf erst im Entstehen begriffene Kapitalmarktinstitutionen angewiesen ist.

Diese Überlegung ist in den wenigen Untersuchungen, die sich mit der Erklärung der Wahl von Privatisierungsstrategien in den Transformationsländern befassen, bisher nicht berücksichtigt worden. Daher soll zunächst auf existierende Erklärungsansätze für die abweichenden Privatisierungsverläufe eingegangen und untersucht werden, ob hier bereits eine befriedigende Antwort auf die Frage nach den Gründen für unterschiedliche Privatisierungsverläufe geliefert werden kann und inwieweit dieses Ansätze mit der formulierten Arbeitshypothese kompatibel sind.

Die Arbeiten, die sich mit der Frage nach den Ursachen abweichender Privatisierungsverläufe befassen, basieren implizit oder explizit auf dem Konzept der Pfadabhängigkeit von Transformationsverläufen.[54] Diesem Konzept zufolge kann der Prozeß des institutionellen Wandels in der Transformation in zweifacher Weise als pfadabhängig beschrieben werden.

Zum ersten wird der weitere Verlauf des Übergangs von einem System zum anderen bereits in der Anfangsphase der Transformation vorgezeichnet. Viele der strategischen Entscheidungen und der zufälligen Entwicklungen in diesem Vakuum der Umbruchphase, in der die alte Ordnung nicht mehr und die neue noch nicht existiert, können später nicht mehr ohne weiteres revidiert werden. Dies macht spätere radikale Kurswechsel unwahrscheinlich oder unmöglich. Der spätere Pfad des institutionellen Wandels wird bereits zu Beginn der Transformation festgelegt. Zum zweiten werden die Entscheidungen, die in dieser Anfangsphase der Transformation gefällt werden von den jeweiligen institutionellen, strukturellen und kulturellen Besonderheiten der sich auflösenden sozialistischen Systeme bestimmt (*Beyer/Wielgohs* 1998, S. 4). Das erste Element betont also die Besonderheiten der frühen Transformationsphase, in der die Weichen für den weiteren Verlauf der Transformation gestellt werden können, während das zweite Element der Definition das Fortwirken langfristiger Faktoren herausstellt, die die Bandbreite möglicher Weichenstellungen determinieren.[55] Anhand dieser Definition der Pfadabhängigkeit können nun die existierenden Erklärungen für divergierende Privatisierungsstrategien geordnet werden.

Stark (1992) und *Stark/Bruszt* (1998) betonen die Bedeutung der Weichenstellung in der frühen Phase der Transformation. Demnach haben unterschiedliche Verläufe des Systemzusammenbruchs und des Beginns der Transformationsphase in den einzelnen mittel- und osteuropäischen Ländern zum Einschwenken auf unterschiedliche Privatisierungspfade und zur Entwicklung verschiedener Strategien geführt: „In my view, an explanation of these distinctive strategies of privatization must begin by taking into account their distinctive paths of extrication from state socialism - reunification in Germany, capitulation in Czechoslovakia, compromise in Poland, and electoral competition in Hungary" (*Stark* 1992, S. 48).

---

[54] Der Frage, welche Probleme bei der Anwendung des ursprünglichen Konzeptes der Pfadabhängigkeit auf die Erklärung institutionellen Wandels entstehen, soll hier nicht nachgegangen werden. Siehe hierzu zum Beispiel *Kiwit* (1996) oder *Beyer/Wielgohs* (1998). In der vorliegenden Arbeit wird der Begriff der Pfadabhängigkeit im oben beschriebenen, auf den Transformationskontext angepaßten Sinn verwendet.

[55] Für die beiden hier beschriebenen Elemente des Pfadabhängigkeitskonzeptes werden von einigen Autoren auch zwei verschiedene Begriffe verwendet. *Nielsen et al.* (1995, S. 5-8) bezeichnen die zuerst genannte Dimension, nach der der weitere Verlauf der Transformation von den strategischen Entscheidungen in der Anfangsphase abhängt, als *Path-shaping approach*, während der Begriff der *path-dependency* nur für die Abhängigkeit des Transformationsverlaufs von langfristig wirksamen historischen, institutionellen und politischen Faktoren verwendet wird. Aber auch nach Ansicht dieser Autoren sind beide Aspekte von Bedeutung: „We (...) incline to a middle position, that combines elements of path-shaping and path-dependency approaches...".

Dahinter steht die Annahme, daß die jeweilige ökonomische, politische und soziale Situation in einem Land zu spezifischen Mechanismen der Konfliktlösung und Meinungsbildung geführt hat. Diese Mechanismen haben die Gesellschaften Mittel- und Osteuropas auf verschiedenen Wegen aus dem Sozialismus geführt, während dieser Phase das Entstehen unterschiedlicher Institutionen begünstigt und durch ihr Weiterwirken in der Transformationsphase spätere Entscheidungen beeinflußt. [56]

Für Polen, Ungarn und die Tschechische Republik unterscheidet *Stark* (1992) für das Ende der sozialistischen Systeme die Varianten Kompromiß (Polen), demokratische Abwahl (Ungarn) und Kapitulation (Tschechoslowakei). Die Kapitulation der sozialistischen Führung in der Tschechoslowakei, die am Ende der von breiten Bevölkerungsschichten getragenen „samtenen" Revolution stand, habe die weitgehende Ablehnung des Alten und ein starkes Vertrauen in neue, innovative Lösungen zur Folge gehabt. Die Diskreditierung der alten Eliten habe zur Massenprivatisierung mit Hilfe von Vouchern geführt, da man so der alten Nomenklatura jegliche Einflußmöglichkeiten nehmen und alle Bürger gleichermaßen beteiligen konnte. In Polen habe der Kompromiß zwischen der in der *Solidarność* organisierten Arbeiterschaft und den sozialistischen Eliten dazu geführt, daß die Arbeiter ihre aktive Beteiligung am Wechsel in politische Partizipation im neuen System umwandeln konnten. Diese Repräsentation sei zu einer effektiven Interessenpolitik genutzt worden, die insbesondere den Arbeitern zahlreiche Vergünstigungen in der Privatisierung verschafft habe. In Ungarn sei die neue Regierung zwar durch eine Wahl an die Macht geraten, sei aber im Gegensatz zur ehemaligen Opposition in Polen nur schwach in der Gesellschaft verwurzelt gewesen, so daß die Regierung über den Rückhalt in der Bevölkerung und deren Vertrauen in Marktprozesse im Unklaren verblieben sei. Zusätzlich sei die Regierung mit einer kleinen aber homogenen und einflußreichen Interessengruppe in Gestalt der Unternehmensmanager konfrontiert gewesen. Dies habe dazu geführt, daß die Privatisierung im wesentlichen in einen Verhandlungsprozeß gemündet sei, in dem die Interessen der Beteiligten von Fall zu Fall neu ausgelotet wurden.

Das von *Stark* angeführte *path of extrication* Argument besitzt in den von ihm untersuchten Fällen zwar einen gewissen Erklärungsgehalt, es kann allerdings nicht verallgemeinert werden. *Beyer/Wielgohs* (1998, S. 11-17) zeigen, daß es sowohl Fälle gibt, in denen das Ende des Sozialismus unter gleichen Bedingungen zu unterschiedlichen Privatisierungsstrategien geführt hat, als auch daß es Länder gibt, in denen ähnliche Privatisierungspfade aus völlig unterschiedlichen Startpositionen heraus beschritten wurden. Ein bestimmter Privatisierungspfad kann also nicht eindeutig als das

---

[56] So heißt es bei *Bruszt/Stark*: „In analyzing the results of the fall 'of communism', we argue that the differences in how the pieces fell apart have consequences for how political and economic institutions can be reconstructed in the current period" (1992, S. 19). Und bei *Stark*: „These diverse paths of extrication, and the preceding differences in social structure and political organization that brought them about, have had the consequence that the current political institutions and forms of interest intermediation between state and society differ significantly across our (...) cases" (1992, S. 48-9).

Ergebnis einer spezifischen Weise des Systemzusammenbruchs erklärt oder gar prognostiziert werden.

Dennoch soll *Starks* Hypothese hier nicht vollkommen verworfen werden, denn sie macht auf einen wichtigen Faktor aufmerksam: Während des Zusammenbruchs der alten Systeme und zu Beginn der Transformation, einer Phase in der die Weichenstellung der Privatisierung erfolgt, können politische und institutionelle Konstellationen entstehen, die zwar nicht zwingend zu einer bestimmten Privatisierungsstrategie führen, die aber den Entscheidungsspielraum, das heißt die Zahl der zur Wahl stehenden Alternativen, beschränken. Für den Start und den späteren Verlauf des Privatisierungsprozesses ist die jeweilige innenpolitische Situation, die auch als Folge des Falls der sozialistischen Systeme entstanden ist, von Bedeutung. Insbesondere der daraus resultierende Handlungsspielraum und die Durchsetzungsfähigkeit der Regierung sind daher bei der Erklärung der Wahl von Privatisierungsstrategien zu berücksichtigen. In dieser modifizierten Form ist die *path of extrication*-Hypothese auch mit der formulierten Arbeitshypothese kompatibel. Die politischen Rahmenbedingungen in der Phase des Systemwechsels und die sich daraus ergebenden Einschränkungen des Möglichkeitsbereichs der Entscheidungsträger werden daher in der weiteren Analyse mit berücksichtigt.

Die zweite Dimension der oben definierten Pfadabhängigeit besteht aus Restriktionen, die sich nicht erst während der Anfangsphase der Transformation herausgebildet haben, sondern die bereits zu sozialistischen Zeiten bestanden haben, die während der Transformation weiterbestehen und so den Handlungsspielraum bestimmen. Im Zusammenhang mit der Wahl von Privatisierungsstrategien wird hier vor allem die in den verschiedenen Ausprägungen des sozialistischen Systems entstandene Struktur der Verfügungsrechte diskutiert (*Winiecki* 1992, S. 87, *Heinrich* 1994, S. 46, *World Bank* 1996, S. 52). In den sozialistischen Ländern gab es ganz unterschiedliche Ausprägungen des Staatseigentums. Die Eigentumsrechte an den Unternehmen waren nicht in allen sozialistischen Systemen dem klassischen sowjetischen Modell entsprechend bei der staatlichen Bürokratie angesiedelt. Insbesondere in Polen und Ungarn hatten Reformen stattgefunden, in deren Verlauf Arbeitern und Managern ein Teil der Verfügungsrechte zugesprochen worden waren. In diesen Ländern hätte eine Privatisierung „von oben", also ein strikt staatlich geplantes und durchgesetztes Privatisierungsprogramm, zunächst eine Rezentralisierung der Eigentumsrechte erfordert. Diese der eigentlichen Privatisierung vorgeschaltete Zentralisierung der Eigentumsrechte ist natürlich mit zusätzlichen Transaktionskosten verbunden und nur möglich, wenn der Staat entsprechend stark ist. Waren die Eigentumsrechte hingegen zu Beginn der Transformation noch weitgehend beim Staat, dann hat dieser von vornherein einen größeren Spielraum bei der Privatisierung (*Heinrich* 1994, S. 56-62, *World Bank* 1996, S. 52). Die zu beobachtende Privatisierungsstrategie hängt in diesem Modell von der Verteilung der Verfügungsrechte zu Beginn der Transformation und der Stärke der Regierung ab.

Ähnlich wie bei dem Versuch, die Wahl der Privatisierungsstrategie durch die unterschiedlichen Verläufe des Systemzusammenbruchs zu erklären, trägt auch der propertyrights basierte Ansatz dazu bei, den Bereich, innerhalb dem die politischen Entscheidungsträger eine Privatisierungsstrategie festlegen können, genauer zu definieren, ohne mit der formulierten Arbeitshypothese in Widerspruch zu stehen. Daher wird auch die Verteilung der Verfügungsrechte zu Beginn der Transformation in die weitere Analyse einbezogen.

"...our examination shifts from preoccupation with the 'one best way' to manage the transition scientifically to a more comparative analytic strategy deliberately attuned to diverse institutional configurations differing among the countries..."
(*David Stark* 1992, S. 20).

3. Ökonomische, institutionelle und politische Ausgangslage

In den Transformationsländern Mittel- und Osteuropas hatte die alte ökonomische und politische Ordnung zwar aufgehört zu existieren, dennoch waren diese Länder zu Beginn der Transformation keine *tabula rasa*, auf der neue Institutionen spontan aus dem Nichts entstehen oder per Blaupause aus anderen Ländern übertragen werden konnten. Vielmehr gab es Bruchstücke der alten Ordnung, die sich unter unterschiedlichen ökonomischen und politischen Restriktionen zu neuen Institutionen fügten oder gefügt wurden (*Stark* 1992). Im Abschnitt 2.6. wurde eine Arbeitshypothese über den Einfluß fiskalischer Restriktionen auf die Wahl der Privatisierungsstrategie formuliert und um Elemente aus dem institutionellen und politischen Bereich ergänzt. In diesem Kapitel soll nun die Ausgangslage in den jeweiligen Ländern skizziert werden, um vor diesem Hintergrund die spätere Entwicklung bei der Privatisierung untersuchen zu können. Begonnen wird mit der Analyse der zu Beginn der Transformation bestehenden Struktur der Verfügungsrechte, wie sie als Folge von Reformversuchen des sozialistischen Systems entstanden war (3.1.). Anschließend wird die ökonomische Situation zu Beginn der Transformationsphase dargestellt (3.2.). Hier liegt der Schwerpunkt auf der Betrachtung der Auslandsverschuldung und der öffentlichen Haushalte. In Abschnitt 3.3. wird der Übergang des politischen Systems von der sozialistischen Einparteienherrschaft zur ersten Reformregierung untersucht, deren Amtsantritt hier als Beginn der Transformation definiert wird. 3.4. faßt die Ergebnisse zusammen.

3.1. Verfügungsrechte

3.1.1. Das „klassische" System der sozialistischen Planwirtschaft

Als das klassische, die konstituierenden Prinzipien einer sozialistischen Planwirtschaft beinhaltende, System gilt die Organisation der sowjetischen Wirtschaft unter *Stalin* (*Wagener* 1979, S. 220, *Kornai* 1992, S. XXIV). Dieses System gehörte in den hier untersuchten Ländern zu Anbruch der Transformationsperiode bereits der Vergangenheit an. Trotzdem ist das Verständnis der Struktur der Verfügungsrechte in diesem System nützlich, da es so als Referenzmodell bei der Analyse eigentumsrechtlicher Reformen herangezogen werden kann. Die eigentumsrechtlichen Merkmale dieses Systems sollen daher kurz beschrieben werden.[57]

---

[57] Zu einer ausführlichen Beschreibung des klassischen Systems, an der sich vorliegende Beschreibung orientiert, siehe *Kornai* (1992), für eine kompakte Darstellung der wesentlichen Elemente siehe *Chavance* (1994, S. 7-34).

Basis des klassischen Systems ist die ungeteilte Vormachtstellung der kommunistischen Partei und die Durchdringung von Staat und Wirtschaft durch die Partei (*Ellman,* 1979, S. 17, *Kornai* 1992). Die Ökonomie in diesem System wird durch einen zentralen Plan koordiniert. Um die größtmögliche Kontrolle der Politik über die Wirtschaft zu gewährleisten, benötigt das klassische System als weiteres konstituierendes Element weitgehendes Staatseigentum an den Produktionsmitteln. Die typische Eigentumsform ist daher das staatseigene Unternehmen. Der offiziellen Ideologie zufolge ist somit das gesamte Volk Eigentümer der staatlichen Unternehmen. Faktisch können aber die Eigentumsrechte an einem Unternehmen nicht von allen Bürgern gleichzeitig ausgeübt werden. Daher gilt es zu untersuchen, wer konkret einzelne Eigentumsrechte wie die Rechte auf Kontrolle, Veräußerung oder Aneignung des Residualeinkommens ausübt.[58]

Am deutlichsten ist die Lage im Falle des Rechts auf Verkauf. Staatseigene Unternehmen können grundsätzlich nicht verkauft, verpachtet oder sonstwie weitergegeben werden. Die Kontrolle der Unternehmen obliegt der staatlichen Bürokratie, deren Organisation streng hierarchisch ist und als Verwirklichung von *Lenins* Idee, die gesamte Volkswirtschaft wie eine einzige Fabrik zu leiten, angesehen werden kann (*Wagener* 1979, S. 222). An oberster Stelle stehen Partei und Regierung, welche die wirtschaftlichen Ziele vorgeben. Untergeordnete staatliche Planungsbehörden setzen diese Ziele in konkrete Wirtschaftspläne um, die über sektoral oder regional organisierte Ministerien für die ihnen unterstellten Unternehmen weiter ausgearbeitet werden. Diese Pläne enthalten eine Vielzahl quantitativer Kennziffern, mit deren Hilfe Produktion und Absatz so genau wie möglich gesteuert werden sollen (*Schüller/Krüsselberg* 1992, S. 143). In den Unternehmen, die ebenfalls streng hierarchisch organisiert sind, ist der jeweilige Direktor für die Umsetzung der Pläne verantwortlich.[59] Diese Aufsplitterung der Kontrollrechte über zahlreiche Ebenen der staatlichen Bürokratie führt zu einer Entpersonalisierung des Eigentums, so daß letzten Endes nicht feststeht, wer die staatlichen Unternehmen im klassischen System kontrolliert. Tendenziell gilt aber, daß nicht das Volk, sondern die jeweiligen Machthaber die eigentlichen Eigentümer der staatseigenen Unternehmen sind. Es liegt allerdings im wesentlichen in der Organisation der zur Kontrolle benutzten Bürokratie begründet, inwieweit die Machthaber ihre Eigentumsrechte ausüben und somit ihre wirtschaftspolitischen Ziele erreichen können.

Residualeinkommen aus den staatlichen Unternehmen müssen in der Regel an den Staatshaushalt abgeführt werden. Das Recht, über die Verwendung dieser Einkommen zu entscheiden, liegt bei der Bürokratie und somit ebenfalls bei den Machthabern. Allerdings ist das Residualeinkommen sozialistischer Staatsbetriebe nicht mit dem von Unternehmungen in marktwirtschaftlichen Systemen vergleichbar. Durch die Festlegung aller relevanten Parameter wie Preise, Löhne, zu verwendende Inputs, Outputmengen, Steuern usw. ist das Residualeinkommen kein Gewinn, der als Zeichen von

---

[58] Eine detaillierte Analyse der Verfügungsrechte in staatseigenen Unternehmen in zentral geplanten Systemen findet sich bei *Pejovich* (1995, S. 222-7).

[59] Zu Einzelheiten des Planungsprozesses siehe *Ellman* (1979, S. 16-29).

unternehmerischem Erfolg angesehen werden kann, sondern eine mehr oder minder geplante Größe.

Zwar werden somit im klassischen System sowohl die Kontrollrechte als auch die Einkommensrechte von weit verzweigten staatlichen Bürokratien ausgeübt, allerdings handelt es sich um jeweils verschiedene Bürokratien.[60] Die Kontrolleure haben keinen Zugriff auf die Einkommen, während die Verwalter der Einkommen keine Kontrollrechte innehaben. Eine Vereinigung der beiden Verfügungsrechte findet nur indirekt in den höchsten Ebenen des Verwaltungsapparates statt (*Kornai* 1992, S. 75).

3.1.2. Der Staat als Eigentümer in der Tschechoslowakei

Nach dem Ende des zweiten Weltkrieges war die Forderung nach Verstaatlichung der Wirtschaft in der Tschechoslowake sehr populär. 1948, dem Jahr der endgültigen Übernahme der Macht durch die Kommunisten, wurden bereits mehr als 65 % des Sozialprodukts in öffentlichen Unternehmen erwirtschaftet. Ursächlich für diesen hohen Staatsanteil bei der Produktion war auch, daß ein großer Teil des Eigentums Geflohener und Vertriebener direkt in Staatsbesitz überging. Die Enteignung des noch verbliebenen Privateigentums wurde schnell vorangetrieben und zwischen 1955 und 1959 abgeschlossen. Gleichzeitig erfolgte eine starke Konzentration der Wirtschaft. Von dieser Zeit an bis zum Ende des sozialistischen Systems im Jahre 1989 war die Tschechoslowakei mit über 97 % Anteil des öffentlichen Sektors am Sozialprodukt das Land mit der am stärksten verstaatlichten Wirtschaft unter den sozialistischen Ländern Mittel- und Osteuropas. Die Koordination erfolgte zunächst durch einen zentralen Plan nach dem klassischen System (*Klusoň* 1991, S. 59-64, *Hlaváček/Mejstřík* 1997, S. 3-6).

Inspiriert durch Reformvorschläge und Bemühungen in Polen und Jugoslawien begann man Mitte der 60er Jahre auch in der Tschechoslowakei über Wirtschaftsreformen und einen „menschlicheren Sozialismus" nachzudenken. In der Wirtschaft sollte der Plan durch Marktmechanismen ergänzt werden. Die zunächst von Ökonomen ausgearbeiteten Reformvorschläge wurden nach einiger Zeit auch von Politikern unterstützt. Die Zahl verbindlicher Planziele für die Unternehmen wurde beschränkt, Arbeiterräte wurden an der Unternehmenskontrolle beteiligt, die Entlohnung der Arbeiter und Angestellten wurde stärker an der Leistungsfähigkeit der Unternehmen ausgerichtet. Außerdem wurde eine Preisreform und teilweise Preisfreigabe durchgeführt (*Adam* 1989, S. 56-68). Die tschechoslowakischen Reformbemühungen beschränkten sich nicht auf die Wirtschaft, vielmehr wurde die Pluralisierung und Demokratisierung der gesamten Gesellschaft angestrebt, was den tschechoslovakischen Reformversuch schnell zum radikalsten im sozialistischen Lager machte. Dies garantierte zwar einerseits die Unterstützung der Bevölkerung, löste aber auch Unsicherheiten und Befürchtungen bei den sozialistischen Nachbarn aus, die in der

---

[60] Eine genaue Beschreibung der Funktionsweise dieser Bürokratien findet sich bei Kornai (1992, S. 97-100).

Beendigung des Prager Frühlings durch die sowjetische Intervention mündeten (*Adam* 1989, S. 55-56, *Chavance* 1994, S. 73).

Auch wenn nach der Intervention die Reformen auf Unternehmensebene teilweise weitergeführt wurden, kam es bald nach Absetzung des Parteichefs *Dubček* unter dem neuen Generalsekretär der Partei *Husak* zu einer Abkehr von bereits vollzogenen Reformen, die in der Folge als revisionistisch und konterrevolutionär gebrandmarkt wurden. Die folgende Phase der „Normalisierung" führte zur Restauration des klassischen Systems (*Teichova* 1988, S. 129-31, *Adam* 1989, S. 190, *Hlaváček/Mejstřík* 1997, S. 7). Die traumatische Erfahrung der sowjetischen Intervention hatte bewirkt, daß bis zum Ende der sozialistischen Vorherrschaft in der Tschechoslowakei so gut wie keine weiteren Reformen durchgeführt und diesbezügliche Debatten nicht oder nur mit größter Vorsicht geführt wurden.

Aufgrund stetig sinkender Wachstumsraten und im Gefolge der sowjetischen Liberalisierung unter *Gorbatschow* wurde gegen Ende der 80er Jahre auch in der Tschechoslowakei über Reformen nachgedacht (*Adam* 1989, S. 190-1). Im Zentrum der angestrebten Reformen stand die Behebung von Defiziten eines zentral geplanten Wirtschaftssystems, wie Informationsproblemen, Innovationsschwäche, Koordinationsproblemen sowie die Beschränkung der ausufernden Bürokratie (*Kacir* 1989, S. 94-5). 1987 wurde vom Zentralkomitee der Partei ein Plan verabschiedet, mit dem die Probleme der tschechoslowakischen Wirtschaft durch eine Verbesserung des Anreizsystems, einer Liberalisierung und Reform des Preissystems sowie der Verlagerung von Kompetenzen auf die Ebene der Unternehmen gelöst werden sollten (*Valenta* 1989).

Die meisten Reformpläne waren jedoch wenig konkret, Vorstellungen über die genaue Ausgestaltung existierten in vielen Fällen nicht. Vom Prinzip der zentralen Planung sollte dabei auch explizit nicht abgewichen werden. Skepsis gegenüber dem Markt und die Angst der politischen Führung, die Kontrolle über die Unternehmen zu verlieren, führten zu einer sehr zögerlichen Umsetzung der Reformen. Die geplanten Reformen waren zu Beginn der Transformationsphase nicht über das Anfangsstadium hinaus gekommen. Die zentrale Planung spielte immer noch die Hauptrolle im tschechoslowakischen Wirtschaftssystem (*Kacir* 1989, S. 95-8, *Valenta* 1989).

3.1.3. Dezentralisierung, wachsender Einfluß der Arbeiter und spontane Privatisierung in Polen

Auch in Polen wurde nach dem zweiten Weltkrieg, entgegen in Intelligenz und Kirche verankerter starker antikommunistischer Ressentiments, das sowjetische Wirtschaftssystem eingeführt. Dabei kam es zu einer schnellen Verstaatlichung der meisten größeren Privatunternehmen.

Unzufriedenheit mit der ökonomischen Situation führte 1956 zu Arbeiteraufständen. In der Folge arbeitete ein mit führenden polnischen Ökonomen besetzter Wirtschaftsrat Reformvorschläge aus, in denen ein sozialistisches Wirtschaftssystem ohne Privateigentum aber mit stark eingeschränkter zentraler Planung entwickelt wurde. Die zentralen Entscheidungen sollten auf die Investitionen und die Erstellung eines

Makroplans beschränkt werden. Die Lenkung der Wirtschaft zur Erfüllung dieses Plans sollte mit Hilfe indirekter Regulierung durch Vorgabe von parametrischen Regulatoren (Preisen, Steuern, Subventionen und Löhnen) gewährleistet werden (*Chavance* 1994, S. 37-39). Auf diese Weise sollten Marktmechanismen genutzt werden, ohne Privateigentum einzuführen. Zwar wurden die Vorschläge mangels politischer Unterstützung nur zu einem geringen Teil umgesetzt, dennoch ist der Reformversuch von 1956 von Bedeutung: Zum einen hatte erstmals die polnische Arbeiterschaft ihren Einfluß geltend gemacht, zum anderen hatten die von Ökonomen ausgearbeiteten Reformvorschläge erheblichen Einfluß auf spätere Reformen in Polen und anderen sozialistischen Ländern (*Gomulka/Rostowski* 1984, S. 386).

Nach einem Reformstillstand in den 60er Jahren trug ein wiederum durch die wirtschaftliche Lage ausgelöster Arbeiteraufstand in Danzig 1970/71 zu einem Führungswechsel bei, in dessen Folge in Polen eine Strategie des „importgeleiteten Wachstums" angestrebt wurde. Als institutionelle Neuerung wurden die „großen Wirtschaftsorganisationen" (*Wielkie Organizacje Gospodarcze, WOG*), in denen Unternehmen sektoral konzentriert waren, geschaffen. Die Einführung dieser zusätzlichen Ebene bewirkte einen Kontrollverlust des Zentrums. Die WOG erhielten das Recht, Profite einzubehalten, Löhne fest zusetzten und Kredite und Investitionen zu verteilen. Am stärksten wurden von diesen Reformen die Unternehmensmanager begünstigt, die erheblich an Entscheidungsspielraum gewannen. Doch die Strategie, Polen durch massiven kreditfinanzierten Import westlicher Investitionsgüter und Dezentralisierung auf einen Wachstumspfad zu führen, schlug fehl. Die Unfähigkeit des polnischen Wirtschaftssystems, die Investitionen in produktive Verwendungen zu leiten und mit dem Verkaufserlös der Produkte Auslandschulden und Zinsen zu zahlen, der Kontrollverlust über das Lohnniveau und die resultierende Inflation sowie das administrativ stark verzerrte Preissystem waren einige der Gründe für die sich stetig verschlechternde Lage der polnischen Volkswirtschaft.[61] Die Verschlechterung der ökonomischen Situation mündete 1980 in eine weitere soziale und politische Krise und in Arbeiteraufständen, ausgelöst durch die Ankündigung von Preiserhöhungen. Die neu entstandene unabhängige Gewerkschaft *Solidarność*, die bald mehr als 10 Millionen Mitglieder zählte, bestritt erstmals in einem sozialistischen Land erfolgreich das Machtmonopol von Staat und Partei.

In der prekären ökonomischen Situation wurde unter dem Einfluß der *Solidarność* ein Reformprogramm ausgearbeitet, mit dessen Umsetzung ab Januar 1982 trotz des inzwischen verhängten Kriegszustandes und des Verbots der *Solidarność*, begonnen wurde. Die vorgesehenen Reformen erinnerten stark an die Vorschläge von 1956 und den inzwischen in Ungarn eingeführten neuen ökonomischen Mechanismus (s.u.). Wichtiger Bestandteil war eine Veränderung der Kontrollrechte an den staatseigenen Unternehmen, basierend auf dem Prinzip der drei großen S: Selbständigkeit, Selbst-

---

[61] Zu einer genauen Beschreibung der polnischen Reformen der 70er Jahre siehe *Adam* (1989, S. 90-106).

management und Selbstfinanzierung (*Gomulka/Rostowski* 1984, S. 387, *Balcerowicz* 1989, S. 42).

Das Prinzip der Selbständigkeit bedeutete weitere Dezentralisierung. Die WOG wurden aufgelöst. Nun entstehende freiwillige Zusammenschlüsse änderten an den monopolistischen Strukturen allerdings wenig (*Balcerowicz* 1989, S. 43). Jedes Unternehmen wurde einem Ministerium oder einer lokalen Behörde zugeordnet. Diese Instanzen („Gründungsorgane") sollten als Repräsentanten der Gesellschaft die Eigentumsrechte, insbesondere Aufsicht und Kontrolle, ausüben, sowie über Zusammenschluß, Aufteilung und Auflösung der Unternehmen entscheiden (*Beksiak* 1989, S. 120). Sie erhielten wichtige Befugnisse bei der Einsetzung und Entlohnung der Unternehmensleitungen. Die Unternehmensdirektoren wurden entweder von diesen Stellen ernannt (in strategisch wichtigen Unternehmen), was der Zustimmung der neu gegründeten Arbeiterräte bedurfte, oder von den Arbeiterräten nominiert (in den übrigen Unternehmen), was dann der Zustimmung der jeweiligen Behörde bedurfte (*Adam* 1989, S. 154). Allerdings machte der Parteiapparat bei Nominierung und Entlohnung der Manager weiterhin seinen Einfluß geltend (*Balcerowicz* 1989, S. 44).

Das Prinzip des Selbstmanagements sollte im Zusammenspiel zwischen den Organen der Arbeiterselbstverwaltung und den Unternehmensleitungen verwirklicht werden. Die Arbeiterselbstverwaltung war als eine wichtige Forderung der *Solidarność* aufgrund eines Gesetzes von 1981 eingeführt worden. Neben der Mitwirkung bei der Wahl der Direktoren bekamen die Mitarbeiter der Unternehmen Mitspracherechte bei der Festsetzung der Löhne und der langfristigen Unternehmensplanung und Kontrolle.[62]

Die Manager der Unternehmen bekamen wichtige Entscheidungsbefugnisse. Sie konnten nun entscheiden, was, wie und für wen produziert werden sollte. Prinzipiell hatten staatliche Stellen nur wenig Rechte, in die Angelegenheiten der Unternehmen einzugreifen. Diese neuen Freiheiten zeigten durchaus Wirkung und führten dazu, daß marktähnliche horizontale Kontakte zwischen den polnischen Unternehmen verstärkt wurden (*Swaan/Lissowska* 1992, S. 7). Gleichzeitig blieben die Manager auf Kooperation mit den verschiedenen staatlichen Stellen (Ministerien, lokale Behörden

---

[62] Über den tatsächlichen Einfluß der Selbstverwaltungsorgane gehen die Auffassungen auseinander. Einige Autoren gehen von einem sehr starken Einfluß der Mitarbeiter in den Unternehmen aus. So zum Beispiel *Mohlek* (1996, S. 314), *Crane* (1991, S. 319) sowie *Lipton/Sachs* (1990b): „Problematic for Poland is the fact that worker's councils are powerfully organized in many enterprises". Andere schätzen den Einfluß der Arbeiterselbstverwaltungsorgane als eher gering ein und schreiben dem jeweiligen Unternehmensdirektor die tragende Funktion bei der Ausübung von Eigentumsrechten zu. So zum Beispiel *Beksiak* (1989, S. 120), *Gomulka/Rostowski* (1984, S. 388-9) sowie *Swaan/Lissowska* (1992, S. 12). Dieser scheinbare Widerspruch löst sich teilweise auf, wenn man *Adam* (1989, S. 153-4) folgt, der bemerkt, daß die Arbeiterselbstverwaltungsorgane der polnischen Unternehmen vom Gesetz her zwar prinzipiell mit weitreichenden Entscheidungs- und Kontrollrechten ausgestattet sind, diese aber nur in circa 15 % der Unternehmen wahrnehmen. Eine detaillierte und differenzierte Beschreibung der eigentumsrechtlichen Struktur in den polnischen Unternehmen vor und während der Transformation findet sich bei *Gesell/Jost* (1998).

oder Banken) angewiesen, und waren sich stets darüber im Klaren, daß die ihnen vom Staat gewährten Freiheiten jederzeit wieder entzogen werden konnten (*Beksiak* 1989, S. 120-1).

Besonders diffus waren die Verfügungsrechte im finanziellen Bereich verteilt. Ursprünglich sollten durch das Prinzip der Selbstfinanzierung die Unabhängigkeit der Unternehmen gestärkt und die Budgetrestriktionen gehärtet werden (*Gomulka/ Rostowski* 1984, S. 389-90). Es war vorgesehen, die Unternehmen frei über Löhne und Gehälter der Angestellten sowie über Investitionen entscheiden zu lassen. Bei der Preisgestaltung sollte den Unternehmen durch Preisliberalisierung mehr Spielraum gelassen werden. Weiterhin sollten Subventionen gekürzt und die Unternehmen einem einheitlichen Steuersystem unterstellt werden.

Tatsächlich gab es jedoch weiterhin eine Vielzahl von Eingriffen offizieller Stellen in die Finanzen der Unternehmen. Die freie Preisgestaltung wurde durch administrative Vorgaben stark beschränkt.[63] Die freie Gestaltung der Löhne und Gehälter wurde durch eine progressive Besteuerung der Lohnzuwächse beeinflußt (*Adam* 1989, S. 159-161). Über Investitionsvorhaben konnte nur zu circa 15 % in den Unternehmen entschieden werden. Die übrigen 85 % wurden zentral administriert (*Gomulka/Rostowski* 1984). Das einheitliche Steuersystem, das die pauschale Abführung der verbleibenden Gewinne ersetzen sollte, blieb weit von den ursprünglichen Ansprüchen entfernt. Anstatt einheitlicher Sätze entstand ein System mit stetig wachsenden Nachlässen und oft maßgeschneiderten Sonderregelungen. Hinzu kam ein umfangreiches Subventionssystem (*Balcerowicz* 1989, S. 46). Im Endeffekt waren die Unternehmen finanziell nicht unabhängig, die Budgetrestriktionen blieben weich.

1987 sollte eine „zweite Welle" die Reformen komplettieren. Es wurden ein Konkursgesetz eingeführt, eine Bankenreform geplant und Möglichkeiten zur privaten Unternehmenstätigkeit geschaffen. Eine Novelle des Staatsunternehmensgesetzes ermöglichte Partnerschaften zwischen privaten und öffentlichen Unternehmen, und erlaubte den Staatsunternehmen, in bestimmten Fällen die Rechtsform zu ändern. Dieser weitere Versuch der kommunistischen Regierung, Eigeninitiative und Marktmechanismen zu stärken, setzte die Nomenklatura-Privatisierung (*uwłaszczenie nomenklatury*)[64] in Gange. Durch die Gesetztesnovelle war dem Management ein diskretionärer Spielraum eröffnet worden, der zur Bereicherung ausgenutzt werden konnte. Charakteristisch für diese halb-legale Aneignung von Unternehmen und Unter-

---

[63] Bei den Konsumgüterpreisen konnten rund 48 % der Preise von den Unternehmen bestimmt werden, bei den Investitionsgütern und Vorleistungen lag der Anteil bei 75 %. Die festgesetzten Preise spiegelten politische Präferenzen wider und wurden je nach sozialen und ökonomischen Erfordernissen oft geändert (*Gomulka/Rostowski* 1984, S. 390-1). Die freien Preise waren aufgrund der monopolistischen Strukturen in der Regel keine Wettbewerbspreise (*Balcerowicz* 1989).

[64] Der Begriff *uwłaszczenie* ist schwer zu übersetzen. Ins Englische wird der Begriff oft als *enfranchisement* übersetzt. Ins Deutsche könnte man den Begriff als *Besitznahme* oder negativ wie im Zusammenhang mit der *uwłaszczenie nomenklatury* als *Bereicherung* übersetzten.

nehmensteilen durch Mitglieder der politischen Führungsschicht war, daß sie von Seiten des Staates nicht beabsichtigt war, und daher größtenteils unkontrolliert verlief (*Frydman et al.* 1993a, S. 183).

Eine der Möglichkeiten war die Gründung eines *joint ventures* durch ein Staatsunternehmen und ein privates Unternehmen, das sich im Besitz der Manager des Staatsunternehmens oder deren Verwandten befand. Anschließend wurden Geschäfte abgewickelt, die mit Verlusten für die Staatsunternehmen und Gewinnen für den privaten Partner verbunden waren. Eine andere Möglichkeit der *uwłaszczenie nomenklatury* war die Umwandlung des Staatsunternehmens in eine Kapitalgesellschaft, in deren Verlauf das Management aufgrund des intransparenten Verfahrens der Vermögensbewertung in den Besitz der Mehrheit der Anteile gelangen konnte (*Mohlek* 1997a, S. 67-72). Das quantitative Ausmaß der *uwłaszczenie nomenklatury* ist schwer zu ermessen und bis heute existieren keine Schätzungen. Allerdings kursierten in Polen Berichte von großen Vermögen, die auf diese Weise verdient worden sind (*Frydman et al.* 1993a, S. 183).

Eine spätere Folge der Nomenklatura-Privatisierung war eine skeptische Einstellung der Bevölkerung gegenüber der Privatisierung, da die ersten Erfahrungen zu zeigen schienen, daß ohnehin nur die ehemalige Führungsschicht von der Privatisierung profitierte (*Błaszczyk/Dąbrowski* 1994). Ein weiteres Nachwirken kommt in dem Bestreben folgender polnischer Regierungen zum Ausdruck, den weiteren Verlauf der Privatisierung möglichst zentral zu organisieren und zu kontrollieren (*Frydman et al.* 1993a, S. 183). Ein Vorteil der Nomenklatura-Privatisierung war, daß sie Teilen der sozialistischen Elite die Möglichkeit gab, ihr politisches Kapital, das in der Zugehörigkeit zur Nomenklatura bestand, in Vermögenswerte umzuwandeln, also implizite Verfügungsrechte zu formalisieren. Auf diese Weise wurde der Widerstand gegen den politischen Kompromiß mit der Opposition innerhalb der Führungsschicht geschwächt, und der Niedergang der letzten sozialistischen Regierung beschleunigt (*Gross* 1992, S. 67-68).

3.1.4. Der Neue Ökonomische Mechanismus, die Verfügungsrechte der Manager und die spontane Privatisierung in Ungarn

In Ungarn wurde unter dem Einfluß der Sowjetunion seit 1947/48 die Einführung des klassischen Systems der Zentralplanung mit umfassender Verstaatlichung der Unternehmen vollzogen. Im Anschluß an den ungarischen Aufstand von 1956 wurde dieses System zunächst weitgehend beibehalten, obwohl es einige kleinere Reformen vor allem im Agrarsektor gab (*Kornai* 1986, S. 1689, *Berend* 1990, S. 79-109).

Tiefgreifendere Änderungen, die auch die Verfügungsrechte an den Unternehmen berührten, wurden erst 1968 mit dem Beginn eines umfassenden Reformprogrammes (*Új Gazdasági Mechanizmus (ÚGM)* = Neuer ökonomischer Mechanizmus) vorgenommen. Die zentrale Planung mit detaillierten Anweisungen für die einzelnen Unternehmen wurde abgeschafft. Zwar wurde weiterhin ein volkswirtschaftlicher Plan erstellt, die direkte Regulierung von Unternehmenstätigkeit beschränkte sich aber auf

Bereiche die als strategisch angesehen wurden. In anderen Bereichen wurde den Unternehmen größere Autonomie gewährt: Unternehmenspläne wurden unabhängig vom Gesamtplan aufgestellt und Beziehungen zwischen den Betrieben und ihren Lieferanten und Kunden konnten weitgehend frei gestaltet werden. Die von der Regierung festgelegten ökonomischen Ziele sollten an Stelle direkter administrativer Anweisungen nun mit Hilfe eines Systems von politisch festgelegten Regulatoren (Preise, Löhne, Steuern, Kredite) erreicht werden (*Chavance* 1994, S. 85-7).

Es wurden zunächst einige Erfolge erzielt, besonders im Bereich einer verbesserten Versorgung mit Konsumgütern. Auch wenn Mitte der 70er Jahre eine erneute Zentralisierung einsetzte (Kontrolle der 50 größten Unternehmen durch Ministerien, zentrale Lohnfestsetzungen, stärkere Preiskontrollen), konnte die in der ersten Phase des *ÚGM* gewonnene Autonomie der Unternehmen nie wieder vollständig zurückgeschraubt werden (*Berend* 1990, S. 201-31, *Chavance* 1994, S. 96-97). Im Zuge einer neuen Welle von Reformen Ende der 70er und Anfang der 80er Jahre wurden den Unternehmen weitere Rechte zugestanden. 1984 wurde ein Gesetz über Unternehmensräte verabschiedet, welches für die meisten Unternehmen ein Selbstverwaltungssystem einführte. Die Idee von Arbeiterräten hatte bereits einmal kurzfristig im Anschluß an den ungarischen Aufstand von 1956 eine Rolle gespielt, war danach aber bedeutungslos geblieben. Ende der 80er Jahre hatten 80 % der ungarischen Unternehmen solche Selbstverwaltungsorgane. Die übrigen Unternehmen, meist sogenannte strategische Unternehmen von besonderer Bedeutung für Sicherheit oder Versorgung, blieben weiterhin unter direkter staatlicher Kontrolle, die von verschiedenen Ministerien ausgeübt wurde.

Die selbstverwalteten Unternehmen blieben zwar in Staatsbesitz, ein Großteil der Verfügungsrechte wurde aber von den Selbstverwaltungsorganen ausgeübt (*Tardos* 1989). Nach dem neuen Gesetz wurden die Manager der Unternehmen durch die Beschäftigten gewählt, wobei die staatliche Bürokratie offizielle und inoffizielle Vetorechte hatte (*Kornai* 1986, S. 1694). Formell erhielten durch das Gesetz zwar die Angestellten Einfluß auf die Unternehmensführung, *de facto* führte die Reform jedoch zu einer Ausweitung der Kontrollrechte der Unternehmensleitungen.[65] Die Möglichkeit des Managements, eine Vielzahl von Entscheidungen bezüglich der Beziehungen zu Kunden und Lieferanten oder der Produktion selbständig zu treffen, bedeutete jedoch nicht, daß sich der Staat weitgehend zurückzog. Vielmehr gerieten die Unternehmen in einen Zustand der „*dual dependence*": Einerseits mußten sich die Unternehmensentscheidungen an Märkten orientieren. Andererseits beschränkten eine Vielzahl von Regulierungen, ein durch staatliche Anordnung stark verzerrtes Preissystem und diskretionäre bürokratische Entscheidungen das Management. Kredite und Investitionen

---

[65] „While a casual observer might conclude that the „Law on Enterprise Councils" gave the employees a major role in the governance of Hungarian socialized enterprises, knowledgeable local observers agree that they have exerted only minor influence on key enterprise decisions, with the managers retaining most of the control"(*Frydman et al.* 1993a, S. 109), siehe auch *Móra* (1991, S. 38).

wurden weiterhin größtenteils zentral gelenkt. Die bürokratischen Entscheidungen konnten zum großen Teil diskretionär getroffen werden, so daß gute persönliche Beziehungen zwischen Managern und Bürokraten und Verhandlungsgeschick entscheidende Erfolgsfaktoren der ungarischen Unternehmen waren. (*Kornai* 1986, S. 1693-7). Das System der Unternehmenskontrolle kann als indirekte bürokratische Kontrolle beschrieben werden.

Auch im Bereich der Anrechte auf das Residualeinkommen wich das ungarische System vom klassischen System ab. Nach der Einführung eines Steuersystems mußten die Profite nicht mehr pauschal an das Budget abgeführt werden. Allerdings macht ein kompliziertes System aus bis zu 300 Arten von Steuern und Subventionen, die gelegentlich auch diskretionär erhoben oder erlassen werden konnten, es für die Unternehmen schwierig, einzuplanen, welcher Teil der Gewinne einbehalten werden konnte. Hinzu kam, daß ein großer Teil dieser Zahlungen verhandelbar war, was zum bekannten Phänomen der *soft budget constraints* führte, und zur Folge hatte, daß das Residualeinkommen seine wichtige Steuerungs- und Anreizfunktion nur sehr abgeschwächt ausüben konnte.

Bezüglich des dritten wichtigen Eigentumsrechts, Unternehmen zu verkaufen oder zu vermieten, gab es ebenfalls einige Neuerungen. Es wurde die Möglichkeit geschaffen, als Privatperson bestimmte Unternehmen (vornehmlich Restaurants und Läden) zu mieten und auf eigene Rechnung zu betreiben. Im Bereich der Produktion wurde eine Art *joint venture* ermöglicht, die es Angestellten staatseigener Unternehmen erlaubte, außerhalb der regulären Arbeitszeit auf Basis vertraglicher Regelung in den Geschäftsräumen und mit den Produktionsanlagen ihres Unternehmens ein eigenes Geschäft zu etablieren. Weiterhin wurde es staatlichen Betrieben erlaubt, *joint ventures* mit ausländischen Unternehmen einzugehen.

Parallel zu diesen Dezentralisierungen von Verfügungsrechten im staatlichen Sektor, wurde auch ein rein privater Sektor, vor allem in den Bereichen Handwerk, Bau, Handel und Gaststätten, zugelassen.

Diese neugeschaffenen Möglichkeiten für staatliche und private Unternehmen machten eine Neuregelung des gesetzlichen Rahmens für die Unternehmenstätigkeit notwendig. Um das System der Staatsunternehmen flexibler zu gestalten, den ausländischen Partnern in den *joint ventures* mehr Transparenz zu bieten und die neuen privaten Aktivitäten in geregelte Bahnen lenken zu können, wurden 1988/89, noch von der letzten sozialistischen Regierung, das Gesellschaftsgesetz und das Umwandlungsgesetz eingeführt.[66] Durch das Gesellschaftsgesetz, das sich stark am bundesdeutschen Gesellschaftsrecht orientierte, wurde die gesamte Palette von in westlichen Marktwirtschaften bekannten Rechtsformen eingeführt, und ihre Gründung geregelt (*Mihályi* 2000). Das

---

[66] Das Gesellschaftsgesetz wurde im Oktober 1988 verabschiedet und trat am 1. Januar 1989 in Kraft, das Umwandlungsgesetz wurde im Mai 1989 verabschiedet und trat am 1. Juli 1989 in Kraft.

Umwandlungsgesetz regelte die Umwandlung von staatlichen Unternehmen in Aktiengesellschaften oder in Gesellschaften mit beschränkter Haftung.

Die Gesetze, die ursprünglich der weiteren Flexibilisierung des staatlichen Sektors dienen sollten, lösten allerdings, ähnlich wie in Polen die *uwłaszczenie nomenklatury*, einen Prozeß aus, der als spontane Privatisierung bezeichnet wurde. Der Begriff der spontanen Privatisierung in Ungarn wird allerdings breiter verwendet als derjenige der Nomenklatura-Privatisierung in Polen, der überwiegend illegale Aktivitäten bezeichnet. Die spontane Privatisierung in Ungarn umfaßte sowohl illegale und halblegale, zum größten Teil aber legale Aktivitäten. In vielen Fällen kam es dabei nicht zu einer echten Privatisierung, sondern zu einer organisatorischen Reform des Staatseigentums. Da diese vom Gesetzgeber intendiert waren, sind die Begriffe „spontan" und „Privatisierung" irreführend (*Voszka* 1993, S. 89-90, *Major* 1994, S. 113).

Es gab in diesem Prozeß aber auch nicht intendierte Nebenwirkungen und Spielraum für illegale Aktivitäten. Ein oft verwendetes Schema war das folgende: Das Management eines Staatsunternehmens gründete eine oder mehrere Aktiengesellschaften. Die Aktien dieser Unternehmen wurden gegen Vermögenswerte des ursprünglichen Unternehmens getauscht. In einem zweiten Schritt wurden von den neuen Unternehmen Schuldverschreibungen ausgegeben, mit denen die Aktien zurückgekauft wurden. Die neuen Unternehmen waren nun in Besitz der Vermögenswerte und der Aktien, die dann an ausländische oder inländische Unternehmen, oder Privatleute verkauft werden konnten. Die verschiedenen Transaktionen boten viel Spielraum für Unregelmäßigkeiten, zum Beispiel was die Bewertung der Aktiva oder den Kreis der neuen Eigentümer betraf (*Mizsei et al.* 1994, S. 45-47, *Fletcher* 1995, S. 48, *Stark* 1998, S. 59-60).

Von der Möglichkeit, neue Unternehmen zu gründen oder bestehende staatliche Unternehmen in neue Rechtsformen zu überführen, wurde reger Gebrauch gemacht. Zwischen 1988 und 1990 stieg die Zahl der registrierten Unternehmen in Ungarn von 10.000 auf fast 30.000 an. Etwa 40 % dieser Unternehmen waren Neugründungen aus dem privaten Bereich, 25 % waren *joint ventures* mit ausländischen Unternehmen, während die übrigen Überführungen staatlicher Unternehmen in neue Rechtsformen darstellten, wobei das Staatseigentum weiter bestehen blieb (*Voszka* 1993, S. 90-4).

Als der Prozeß eine überraschende Dynamik entwickelte, und sich Unregelmäßigkeiten zu häufen begannen befürchtete die letzte sozialistische Regierung, die Kontrolle zu verlieren. Daher wurden noch zu Beginn des Jahres 1990, vor den freien Wahlen, zwei weitere Gesetze erlassen: Das Gesetz über Vermögensschutz, mit dessen Hilfe die Ausgestaltung von Verträgen bei der Übertragung von Vermögen auf neue Unternehmen geregelt werden sollte,[67] und das Gesetz über die Staatliche Vermögensagentur. Diese Agentur sollte die Verfügungsrechte des Staates bei der Umwandlung von Staats-

---

[67] Das Gesetz sah vor, daß Übertragungen von Finanzaktiva staatseigener Firmen der Zustimmung der Vermögensagentur bedurften, wenn diese 50 Millionen Forint oder 50 % der gesamten Aktiva des Unternehmens überschritten. Im Falle der Übertragung von realen Aktiva lag die Grenze bei 20 Millionen Forint oder 10 % des Buchwertes.

unternehmen wahrnehmen, und den gesamten Prozeß kontrollieren (*Mizsei et al.* 1994, S. 48-9, *Brusis* 1995, S. 61-2). Aufgrund des politischen Vakuums gegen Ende der sozialistischen Herrschaft in Ungarn, blieb der diskretionäre Spielraum der Manager allerdings zunächst bestehen (*Stark* 1998, S. 61).

3.1.5. Die Entwicklung der Verfügungsrechte im Vergleich

Die Reformen, die vor dem Beginn der Transformation stattgefunden hatten, hinterließen drei Länder mit unterschiedlichen Verteilungen der Verfügungsrechte: Am deutlichsten war die Lage in Tschechien. Durchgeführte Reformen waren nahezu vollständig revidiert worden, weitere Reformen hatten nicht stattgefunden. Die herrschenden Politiker hatten weitgehende Kontrolle über die Unternehmen. In Ungarn und Polen hatten die Reformen zu einer Diffusion der Verfügungsrechte in Richtung untergeordneter Ebenen geführt. Auf den ersten Blick waren dabei sehr ähnliche Systeme entstanden. Die Unternehmen hatten durch die Einführung von Selbstverwaltungsstrukturen, die Abschaffung verbindlicher Planvorgaben, die partielle Preisliberalisierung und die Gewährung begrenzter finanzieller Autonomie zusätzliche Freiheitsgrade gewonnen. Gleichzeitig befanden sie sich aber in beiden Ländern in einem engen Abhängigkeitsverhältnis von staatlichen Instanzen, das oft an politisch-bürokratische Willkür grenzte; soweit die Ähnlichkeiten.

Die eigentumsrechtlichen Unterschiede zwischen Polen und Ungarn waren eher gradueller Natur. In Ungarn hatten horizontale, marktähnliche Beziehungen zwischen einzelnen Unternehmen eine größere Rolle gespielt als in Polen (*Swaan/Lissowska* 1992), wo staatliche Instanzen mit Hilfe von Investitionslenkung, Preiskontrollen und verbindlichen Regierungsaufträgen Absatz und Beschaffungsrelationen der Unternehmen stärker beeinflußten (*Balcerowicz* 1989, S. 44, *Crane* 1991, S. 321). Auch bei der Machtverteilung innerhalb der Unternehmen gab es Unterschiede. In beiden Ländern spielten die Arbeitnehmer nicht die Rolle, die ihnen vom Gesetz her zugedacht war (s.o.). Der Einfluß der Arbeiter und Angestellten in Polen war allerdings stärker. Hier war das relevante Selbstverwaltungsorgan zur Kontrolle des Managements der Arbeiterrat, der von der Unternehmensvollversammlung bestimmt wurde (*Adam* 1989, S. 153-5). In Ungarn hingegen wurde das Management teilweise vom Unternehmensrat kontrolliert, in dem neben den Mitarbeitern auch das Management mit einer gleich großen Anzahl von Sitzen vertreten war (*Berend* 1990, S. 273-4). Da gleichzeitig die ungarischen Unternehmensleitungen auch von Seiten des Staates weniger eingeschränkt waren als die polnischen, konnten sie stärker eigene Ziele verfolgen. Die polnischen Manager hingegen mußten sich mit staatlichen und unternehmensinternen Instanzen gleichzeitig arrangieren (*Kondratowicz/Okolski* 1993, S. 13), was ihren Spielraum einschränkte: „The general objective of [polish, Anmerkung D.S.] managers was survival and avoiding conflicts with both the central bodies and employees of the firm" (*Swaan/Lissowska* 1992, S. 8).

Ein implizit stärkerer Einfluß der Arbeiter in Polen auf die Kontrolle der Unternehmen ergibt sich auch aus der Geschichte der Reformen. Viele polnische Reformen waren erst auf Druck streikender Arbeiter begonnen worden, Forderungen nach Selbstmanagement und Mitbestimmung waren dabei immer wieder vorgetragen worden. In Ungarn hatte es diese Forderungen, mit Ausnahme einer kurzen Phase zur Zeit des ungarischen Aufstands (*Berend* 1990, S. 42-4) nicht gegeben. Die 1984 in Ungarn eingeführten Rechte auf Mitbestimmung, waren nicht aufgrund von Forderungen der Arbeiterschaft entstanden, die daher an der Ausübung der Rechte uninteressiert blieb (*Tardos* 1989, S. 38). Die tief verwurzelte Idee, daß die Arbeiterschaft ein Anrecht auf Kontrolle und Mitbestimmung in den Unternehmen hatte, und die Möglichkeit, diese Bestrebungen mit Hilfe von Streiks und Protesten durchzusetzen, verschafften somit den Arbeitern in Polen einen vergleichsweise stärkeren Einfluß (*Berg* 1994, S. 168). Grob vereinfacht läßt sich der Einfluß, den die verschiedenen *stakeholder* zu Beginn der Transformation in den Unternehmen ausübten, wie folgt darstellen:

Tabelle 2: Verfügungsrechte in Polen, Ungarn und der ČSSR

Land	Stakeholder		
	Staat	Management	Arbeitnehmer
Tschechoslowakei	+	-	-
Polen	O	O	O (+)
Ungarn	O	+	-

+: „stark", o: „mittel", -: „schwach"
Quelle: Eigene Darstellung

3.2. Auslandsverschuldung und öffentliche Haushalte zu Beginn der Transformation

Die im 2. Kapitel formulierte Arbeitshypothese besagt, daß die fiskalischen Zwänge, denen die Entscheidungsträger unterliegen, starken Einfluß auf die Privatisierungsentscheidungen haben. Wichtige Faktoren sind hier vor allem die Auslandsverschuldung und das Haushaltsdefizit. Die Entwicklung dieser Größen vor und während der Transformation werden im folgenden dargestellt.

3.2.1. Die Auslandsverschuldung sozialistischer Staaten

Im Vergleich mit marktwirtschaftlichen Wirtschaftssystemen existierten in sozialistischen Wirtschaftssystemen eine Reihe immanenter Faktoren, die eine Neigung zu außenwirtschaftlichen Ungleichgewichten begründeten.[68] Zu nennen sind die hohe Importnachfrage sozialistischer Volkswirtschaften einerseits und die Schwäche bei der Produktion weltmarktfähiger Exportgüter andererseits. Beide Phänomene zusammen

---

[68] Für eine detailliertere Darstellung unterschiedlicher Faktoren, die zur Verschuldung der sozialistischen Volkswirtschaften Osteuropas führten siehe auch *Fink* (1984) oder *Marer* (1986, S. 596-600).

wirkten auf eine wachsende Auslandsverschuldung sozialistischer Länder hin und verursachten Probleme bei der Zahlung von Zinsen und Tilgung (*Kornai* 1992, S. 345-51).

Das oberste wirtschaftspolitische Ziel sozialistischer Systeme war eine hohe Wachstumsrate. Diese Absicht schlug sich regelmäßig in ambitionierten Wirtschaftsplänen der politischen Führung nieder, die darauf ausgerichtet waren, zusätzliches Wachstum vor allem durch Erhöhung der Investitionsquote zu erreichen. Auch auf Ebene der Unternehmen war das Bestreben verbreitet, den hohen Planzielen dadurch nachzukommen, daß zusätzliche Investitionen getätigt wurden. Um die Chancen der Zuteilung von Ressourcen für Investitionszwecke zu erhöhen, wurden von den Unternehmensleitungen die voraussichtlichen Nutzen der Investitionen gegenüber den höheren Ebenen der Planungsbürokratie oft zu hoch angegeben, während die Kosten, insbesondere die Folgekosten, heruntergerechnet wurden. Ein solches Verhalten wurde durch die eigentumsrechtlichen Defizite der Zentralverwaltungswirtschaft, welche die Entscheidungsträger nicht direkt für ihre Fehlentscheidungen verantwortlich machte, begünstigt (*Fink* 1984, S. 236-7, *Zloch-Christy* 1987, S. 6-10). Der so tendenziell überhöhten Nachfrage nach Investitionsgütern stand ein begrenztes Angebot gegenüber, ein Ausgleich über Marktmechanismen war durch das System ausgeschlossen. Ein einfacher Weg, die Knappheit an Investitionsgütern zu vermindern, schien der Import der begehrten Waren. Aufgrund des staatlichen Außenhandelsmonopols und der vollkommen undurchsichtigen Wechselkursgestaltung lieferten auch hier Preise keinerlei Informationen über Knappheiten. So wurde aus dem „Investitionshunger" ein „Importhunger" (*Kornai* 1992, S. 346-7).

Bis zum Beginn der 70er Jahre führte diese Tendenz vor allem zu verstärkten Importen aus dem Bereich des RGW (*Zloch-Christy* 1987, S. 67). Da die Wirtschaftsbeziehungen innerhalb des RGW von der Sowjetunion dominiert waren, wurde oft veraltete Sowjettechnologie importiert und die Produktion an der Nachfrage der Sowjetunion ausgerichtet. So wurde das Entstehen verzerrter Strukturen mit einer starken Betonung der Schwerindustrie begünstigt. Die Wachstumswirkungen stellten sich nicht im angestrebten Maße ein (*Schüller* 1982, S. 12-3).

Nachdem in den 70er Jahren eine gewisse Liberalisierung im Außenhandel eingesetzt hatte, richtete sich der Importsog stärker nach Westen. Durch den Import weit fortgeschrittener westlicher Technologie erhoffte man sich einen Modernisierungsschub, die Erhöhung der Arbeitsproduktivität und stärkeres ökonomisches Wachstum (*Zloch-Christy* 1987, S. 67-8). Dabei wurde oft nicht beachtet, daß der Kauf westlicher Investitionsgüter weitere Importe in Form von Ersatzteilen und Rohstoffen notwendig machte.[69]

---

[69] Zur Illustration dieses Problems kann der polnische Fall dienen: Hier wurden in den 70er Jahren nur etwa 20 % der im Ausland aufgenommenen Kredite für den Import von Investitionsgütern verwandt. 65 % mußten für komplementäre Lieferungen wie Material und Rohstoffe ausgegeben werden. Der Rest entfiel auf Agrarprodukte (*Schüller* 1982, S. 22, *Ziener* 1996, S. 29).

Auf der Exportseite der Handelsbilanz sozialistischer Länder war eine umgekehrte Konstellation beobachtbar: Für die meisten Güter war es unproblematisch, inländische Abnehmer zu finden, da in der sozialistischen *shortage economy* ein chronischer Nachfrageüberhang nach nahezu allen Gütern bestand. Auf dem Weltmarkt hingegen sahen sich die sozialistischen Länder beim Absatz ihrer Produkte mit weltweiter Konkurrenz konfrontiert. Die mindere Qualität, Modernität und Zuverlässigkeit bei der Lieferung konnte oft nur durch einen niedrigeren Preis ausgeglichen werden.

Das Ergebnis dieser beiden, sozialistischen Wirtschaftssystemen inhärenten Tendenzen war eine Neigung zu wachsender Auslandsverschuldung: Der starken Nachfrage nach westlichen Importen konnte nur auf Basis von Krediten nachgekommen werden. Die zur Rückzahlung notwendigen Einnahmen aus dem Export konnten aber nicht erzielt werden, da ein Großteil der Produkte bereits im Inland absorbiert wurde oder auf dem Weltmarkt nur zu niedrigen Preisen abgesetzt werden konnte (*Kornai* 1992, S. 348-50).

Importgeleitetes Wachstum und die polnische Verschuldungskrise

Bis zum Beginn der 70er Jahre hatte Polen lediglich eine geringe Auslandverschuldung zu verzeichnen, was sich dann als Folge interner und externer Entwicklungen schnell änderte (siehe Abbildungen 1 und 2). Im Innern führte der Wechsel vom stalinistischen Regime unter *Gomulka* zur Regierung *Gierek* zur Abkehr von der bisher verfolgten, auf RGW Länder ausgerichteten, Außenwirtschaftspolitik: Es wurde nun die bereits erwähnte importgeleitete Wachstumsstrategie implementiert, wobei Verschuldung im Westen explizit in Kauf genommen wurde. Extern ermöglicht wurde diese Strategie durch die beginnende „Tauwetterperiode" und die optimistische Einschätzung der polnischen Wachstumschancen im Westen. Es wurde damit gerechnet, daß mit Hilfe westlicher Kredite und westlicher Technologie die Exportfähigkeit polnischer Produkte dermaßen erhöht werden konnte, daß binnen eines Jahrzehntes eine Aktivierung und Umkehr der Leistungsbilanz möglich werden würde („Transferoptimismus"). Hinzu kam, daß das Risiko westlicher Kreditgeber durch staatliche Garantien begrenzt wurde, und viele Gläubiger damit rechneten, daß im Notfall auch die Sowjetunion für die Schulden Polens und anderer RGW Staaten aufkäme („Schirmtheorie") (*Schüller* 1982, S. 8-12, *Fink* 1984, S. 227-33, *Ziener* 1996, S. 36-42).

Sowohl die polnischen Planer als auch die westlichen Kreditgeber hatten sich allerdings grob verschätzt. Die neue Wachstumsstrategie verfehlte aus einer Reihe von Gründen ihre Zielsetzungen. Dem sozialistischen System inhärente Koordinationsmängel sorgten dafür, daß Investitionen oft in Bereichen getätigt wurden, deren Erzeugnisse auf dem Weltmarkt wenig gefragt waren (Schwerindustrie und -chemie). Mangelnde Erfahrung auf dem Weltmarkt und damit einhergehende Schwierigkeiten der Anpassung an die Krise in Folge des Ölpreisschocks, die Notwendigkeit des Imports von Roh- und Betriebsstoffen als Komplemente zu den Investitionen, der Kontrollverlust der Zentralregierung über die Im- und Exporttätigkeit der WOG und die vollkommen überbewertete Währung waren weitere Faktoren, die das Scheitern der neuen Wachstumsstrategie und das Entstehen der Schuldenkrise bewirkten (*Schüller* 1982).

Nach Anfangserfolgen sanken die Wachstumsraten, 1979 schrumpfte die Wirtschaft. 1980 betrug die Schuldendienstquote über 100 %, im März 1981 mußte sich Polen zahlungsunfähig erklären. Es folgte eine Reihe von Umschuldungsabkommen mit den im Londoner und im Pariser Klub zusammengeschlossenen Gläubigern.[70] Der weitere Anstieg der Verschuldung in den 80er Jahren ist zu einem wesentlichen Teil durch ein Anwachsen der Tilgungsrückstände, die zu den anfänglichen Schulden hinzugerechnet wurden, zu erklären (*Viola* 1996, S. 48-9). Seit Beginn der 80er Jahre stand Polen ständig am Rande des Staatsbankrotts, der nur durch jährliche Umschuldungen und Schuldenerlasse verhindert werden konnte (*Zloch-Christy* 1987).

Parallelen und Besonderheiten der ungarischen Entwicklung

Die Entwicklung der ungarischen Auslandsverschuldung weist deutliche Parallelen zur Situation in Polen auf (siehe Abbildungen 1 und 2). Bis zum Beginn der 70er Jahre war die Verschuldung im Ausland gering. Ab Mitte der 70er Jahre ist ein Anstieg zu verzeichnen, der 1979 einen vorläufigen Höhepunkt erreichte. Bis Mitte der 80er Jahre folgte eine Phase der Stagnation und des leichten Rückgangs, ab 1985 wieder ein steiler Anstieg, der dazu führte, daß Ungarn im Jahr 1989 zu Beginn der Transformationsperiode weltweit eines der Länder mit der höchsten pro-Kopf-Verschuldung war (*Oblath* 1993, S. 220).

Die Ursachen dieser Entwicklung unterscheiden sich allerdings teilweise von den polnischen Determinanten. Als eine relativ kleine, mit wenig Rohstoffen ausgestattete Volkswirtschaft war Ungarn stets wesentlich stärker von externen Faktoren abhängig als Polen. So ist der Anstieg der Verschuldung in den 70er Jahren in engem Zusammenhang mit der Ölkrise und den gestiegenen Rohstoffpreisen zu sehen. Der Rückgang der Verschuldung in den 80er Jahren ist nur teilweise durch eine Kursänderung der Wirtschaftspolitik zu erklären, hauptsächlich aber durch die weltweite Verknappung des Kreditangebots als Folge der Schuldenkrise zu Beginn der 80er Jahre (*Zloch-Christy* 1987, S. 56, *Winters/Portes* 1993, S. 233-4).

Wie in Polen hatte es auch in der ungarischen Wirtschaftspolitik ambitiöse Pläne gegeben, durch vermehrten Technologieimport aus dem Westen die Exportfähigkeit zu erhöhen, was zum Schuldenwachstum beigetragen hat (*Zloch-Christy* 1987, S. 77-8). Gleichzeitig wurde aber ein großer Teil der ausländischen Kredite für Konsumzwecke verwendet, um ein Absinken des Lebensstandards der Bevölkerung zu verhindern. Durch diese Politik von „Finanzierung statt Anpassung" konnten soziale Unruhen nach polnischem Muster stets vermieden werden, was auch zum vergleichsweise sachten Ende des Sozialismus und dem graduellen Beginn der Transformationsphase beigetragen hat (*Riecke* 1993, S. 225-6).

Eine Besonderheit der ungarischen Verschuldungspolitik ist das generelle Bekenntnis aller ungarischen Regierungen, sowohl der sozialistischen als auch der neueren

---

[70] Für eine Übersicht der verschiedenen Abkommen und deren Inhalte siehe (*Hishow* 1997, S. 24-5).

demokratischen, den Zahlungen für Zinsen und Tilgung unter allen Umständen nachzukommen und keine Schuldenerlasse oder Umschuldungen anzustreben. Eine Politik, die sich einerseits günstig auf die ungarische Reputation im Ausland auswirkt, andererseits aber auch eine große Hypothek für die gesamte ungarische Volkswirtschaft darstellt (*Oblath* 1993).

Abbildung 1: Netto-Auslandsverschuldung pro Kopf in Polen, Ungarn und der ČSSR/ČR 1971-97 (US $)

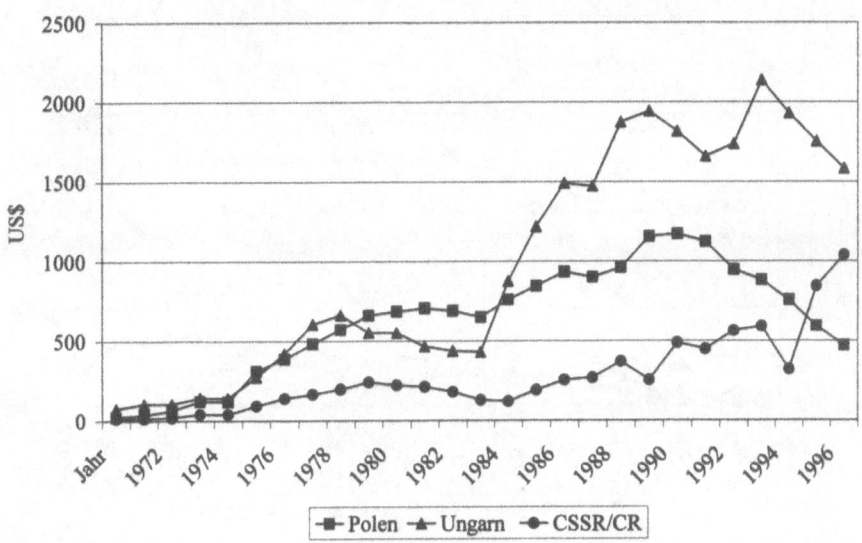

Eigene Darstellung basierend auf *UNECE* (1990-1997), *Zloch-Christy* (1987, 1991) (Verschuldungsdaten) sowie WIIW-Online Datenbank und Statistisches Bundesamt (Einwohnerzahlen).

Die Schuldenabstinenz der Tschechoslowakei

Die Verschuldungssituation in der Tschechoslowakei unterschied sich über den gesamten betrachteten Zeitraum von der Lage in den beiden anderen Ländern (vergleiche Abbildungen 1 und 2). In den 70er Jahren war es der tschechoslowakischen Regierung, trotz vorhandener Verschuldungsmöglichkeiten im Westen, gelungen, die Kreditaufnahme im Ausland zu begrenzen (*Zloch-Christy* 1987, S. 73). Ein großer Teil der aufgenommenen Kredite wurde für die Einfuhr sich verteuernder Energieträger und Rohstoffe verwendet (*Teichova* 1988, S. 131). Die Auslandsverschuldung stellte auf ihrem ersten Höhepunkt im Jahre 1980 eine spürbare Belastung für die Volkswirtschaft dar, diese war im Vergleich mit den anderen Ländern allerdings eher moderat. Aufgrund dieser relativ geringen Auslandsverschuldung blieben auch die Auswirkungen der weltweiten Schuldenkrise in den 80ern auf die tschechoslowakische Wirtschaft gering (*Marer* 1986, S. 610). In der Folge wurde auch aufgrund der beobachteten negativen

Auswirkung der starken Verschuldung anderer osteuropäischer Länder die Auslandsverschuldung so gering wie möglich gehalten (*Zloch-Christy* 1987, S. 59).

Abbildung 2: Netto-Auslandsverschuldung in Polen, Ungarn und der ČSSR/ČR 1971-97 (Mrd. US $)

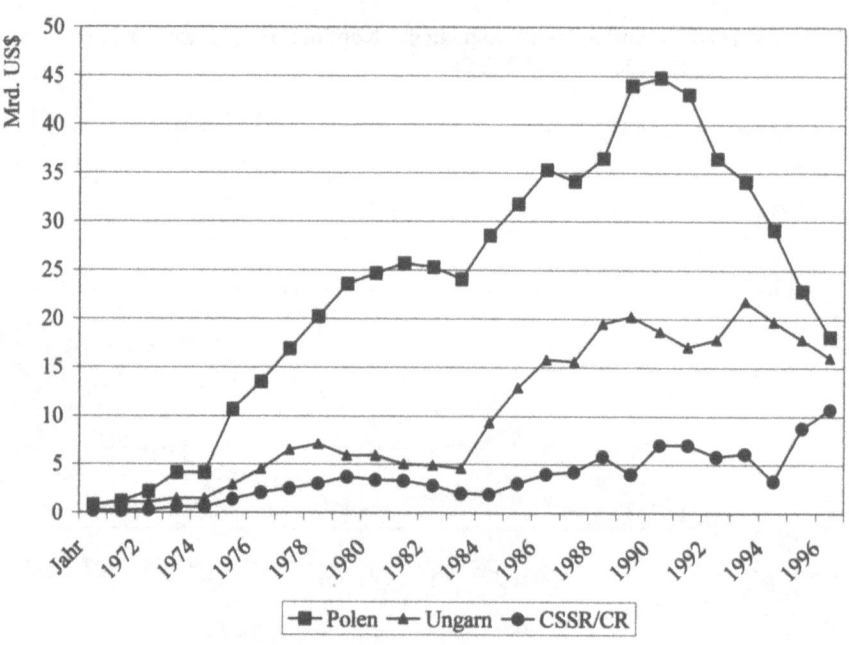

Quelle: Eigene Darstellung basierend auf *Zloch-Christy* (1987, 1991), *UNECE* (1990-1997)

Der Frage, warum es der tschechoslowakischen Regierung im Gegensatz zu anderen sozialistischen Regimen gelang, die Verschuldung im Westen zu begrenzen, soll hier nicht im Detail nachgegangen werden. Eine Ursache war der relativ hohe Entwicklungsstand der Tschechoslowakei zu Beginn der kommunistischen Herrschaft, welcher forcierte Wachstumsprogramme nicht so notwendig erscheinen ließ wie in den Nachbarländern. Eine andere Gruppe von Ursachen lag in den Folgen der sowjetischen Intervention zur Beendigung des „Prager Frühlings". Durch die Restauration des klassischen Systems hatte die tschechoslowakische Führung eine straffere Kontrolle über die Wirtschaft, während gleichzeitig die Nachfrage nach Reformen, Liberalisierung und Öffnung nach Westen gedämpft worden war. Die zurückhaltende Politik der Auslandsverschuldung hatte die Konsequenz, daß die Tschechoslowakei niemals mit ernsthaften Verschuldungsproblemen zu tun hatte, und sich zu Beginn der Transformationsperiode in der komfortabelsten Situation aller Transformationsländer befand.

3.2.2. Die öffentlichen Haushalte sozialistischer Staaten

Neben der Auslandsverschuldung stellt die Lage der öffentlichen Haushalte eine wichtige Restriktion für die Privatisierungsentscheidungen dar. Je höher die Budgetdefizite ausfallen, desto stärker wird die jeweilige Regierung an der Entlastung der Haushalte durch den Verkauf defizitärer Staatsbetriebe und zusätzlichen Einnahmen aus den Privatisierungserlösen interessiert sein.

Die öffentlichen Haushalte ehemals sozialistischer Transformationsländer können nicht ohne weiteres mit den Haushalten marktwirtschaftlicher Systeme verglichen werden, da es eine Reihe von Besonderheiten der öffentlichen Finanzwirtschaft im Sozialismus gab[71]. Rein formal, zum Beispiel bezüglich der Benennung von Positionen des Haushalts oder den Quellen der Einkünfte, unterschieden sich die Haushalte sozialistischer Länder nur wenig von denen westlicher Industrieländer (*Hartwig/Wellesen* 1991, S. 333). Unterschiede bestanden allerdings sowohl im Umfang als auch in der Gewichtung der jeweiligen Einnahmen- und Ausgabenkategorien.

Tabelle 3: Staatsquoten ausgewählter Länder 1981

Land	Staatsquote (Staatsausgaben in % BIP)	Ausgaben für Investitionen und Subventionen (in % Staatsausgaben)
Polen	53,2	61,1
Ungarn	63,2	42,6
ČSSR	53,1	42,9
Bundesrepublik	49,1	9,6
Dänemark	59,2	13,1
Argentinien	32,5	12,4
Chile	29,5	11,5

Quelle: *Kornai* (1992)

Vergleicht man die Staatsquoten sozialistischer Länder mit denen hochentwickelter westeuropäischer Staaten, wie der Bundesrepublik und Dänemark, nehmen sich die Zahlen moderat aus. Vergleicht man sie allerdings mit nicht sozialistischen Ländern, die auf ähnlichem Einkommensniveau liegen, wie zum Beispiel Argentinien und Chile, so wird der hohe Staatsanteil offensichtlich (Tabelle 3) (*Kornai* 1992, S. 134-6).

Der stark lenkende Einfluß der sozialistischen Staaten auf die Wirtschaft wird auch durch Betrachtung der relativen Bedeutung einzelner Einnahmen- und Ausgabenkategorien greifbar. Auf der Einnahmeseite dominieren die Einnahmen aus der wirtschaftlichen Tätigkeit der Unternehmen, die Gewinnbesteuerung und die direkte

---

[71] Siehe hierzu auch *Bönker* (2000).

Abführung von Gewinnen an den Staatshaushalt, sowie die Umsatzsteuer, die ebenfalls von den Betrieben zu entrichten ist (*Hartwig/Wellesen* 1991, S. 337-339). Charakteristisch für die sozialistischen Steuersysteme ist deren Vielschichtigkeit, Intransparenz und die diskretionäre Ausgestaltung, wodurch die staatliche Allgegenwart deutlich wird.[72]

Bei den Ausgaben fällt der große Anteil von Aufwendungen für die direkte Intervention in die wirtschaftliche Aktivität der Unternehmen auf. Zu nennen sind hier die staatlichen Investitionen in Betrieben, und die Subventionen. Diese dienen sowohl der Unterstützung defizitärer Unternehmen als auch der Garantie niedriger Preise wichtiger Konsumgüter. Der Vergleich mit entwickelten Marktwirtschaften und mit Ländern aus der gleichen Einkommensgruppe (Tabelle 3), manifestiert eindrucksvoll die dominierende Rolle des Staates in der Wirtschaft der sozialistischen Länder (*Kornai* 1992, S. 136-7).

Mit dieser Eingriffstiefe korrespondiert ein abweichender Begriff der „öffentlichen Finanzen" im Sozialismus. In Marktwirtschaften bezieht sich der Begriff der öffentlichen Finanzen im wesentlichen auf die Haushalte der Gebietskörperschaften und der parafiskalischen Institutionen. Entsprechend dem umfassenden Staatseigentum und den weitreichenden staatlichen Lenkungs- und Kontrollbefugnissen ist im Sozialismus der Begriff der staatlichen Finanzwirtschaft wesentlich weiter gefaßt. Über den eigentlichen Staatshaushalt hinaus umfaßt das „sozialistische Finanzsystem" die Finanzen des Banken- und Versicherungssektors, die monetären Beziehungen zwischen den Betrieben und alle Geldströme, die aufgrund von Außenwirtschaftsbeziehungen entstehen (*Autorenkollektiv* 1981, S. 57-60).

Im klassischen System wird der Staatshaushalt parallel zum Volkswirtschaftsplan nach einem ähnlichen, hierarchisch koordinierten Verfahren aufgestellt. Er ist das finanzielle Spiegelbild der materiellen Planung: „Für alle Ziele, die im Volkswirtschaftsplan festgelegt werden, ist gleichzeitig zu ermitteln, welche finanziellen Anforderungen sich daraus (...) für den Haushalt ergeben" (*Buck* 1969b, S. 587). Entgegengesetzt zu diesem parallelen Planungsprozeß und dem oben beschriebenen Umfang und der Zusammensetzung des Staatshaushaltes steht allerdings dessen tatsächliche wirtschaftspolitische Bedeutung. In Marktwirtschaften ist der Staatshaushalt *das* zentrale wirtschaftspolitische Instrument, das auch als finanzielles Abbild des politischen Programms einer Regierung oder als „Schicksalsbuch der Nation" (*Heinig*, zitiert nach *Zimmermann* (1990, S. 57)) bezeichnet wird. Im Sozialismus kommt dem öffentlichen Haushalt, wie überhaupt der gesamten monetären Sphäre, eine nachgeordnete Rolle zu, die in erster Linie auf die Verwirklichung und Kontrolle der

---

[72] *Kornai* (1992, S. 138) schreibt über die Besteuerung der staatseigenen Betriebe: „The grounds and labels attached to the various payment forms are arbitrary and prone to frequent change, as are their proportions." Und weiter: „The central budget takes money from the firms on a hundred different grounds and gives it to them on another hundred. This is precisely what makes it clear, that the money accruing to the firm after the sale of its products and deduction of its costs is not the firm's. Its disposal is directed centrally."

materiellen Planziele abzielt (*Buck* 1969b, S. 582, *Autorenkollektiv* 1981, S. 42, *Hartwig/Wellesen* 1991, S. 333). Mit zunehmender Abkehr vom System der zentralen Naturalplanung und Hinwendung zu einem System der indirekten Lenkung mit Hilfe monetärer Regulatoren, wie es in Polen und Ungarn versucht wurde, ist die wirtschaftspolitische Bedeutung der öffentlichen Haushalte gewachsen (*Bönker* 2000). Dennoch standen den Politikern stets weitere Instrumente, wie direkte Weisungen, zentrale Investitionslenkung und weitgehende Preisregulierung, beim Anpeilen der Wachstums-, Distributions- und Allokationsziele zur Verfügung.

Die Einbindung der öffentlichen Finanzen in den Gesamtvolkswirtschaftsplan, die nachgeordnete Rolle die sie hierin spielten und das hohe Maß an diskretionären Eingriffsmöglichkeiten von Seiten des Staates spiegelt sich auch in den Budgetdefiziten wieder. Dem sozialistischen Haushaltsgrundsatz der Ausgeglichenheit von Einnahmen und Ausgaben in einer Periode (*Autorenkollektiv* 1981, S. 79, 137) konnte in den meisten Fällen entsprochen werden. Eine Ausnahme bildete Ungarn, wo seit Beginn der 60er Jahre regelmäßig ein niedriges Budgetdefizit ausgewiesen wurde. In Polen wurde einmalig 1981, auf dem Höhepunkt der Schuldenkrise, ein Fehlbetrag zugegeben. Ermöglicht wurden die überwiegend ausgeglichenen Haushalte durch die verbreitete Praxis, etwaige Defizite mit Hilfe der Zentralbank zu monetarisieren, und dies nicht als Verschuldung, sondern als Einnahme zu verbuchen. Zusätzlich hatten die sozialistischen Planer stets die Möglichkeit, durch diskretionäre Variation der entsprechenden Parameter und Regulatoren drohende fiskalische Schieflagen auszugleichen. Folglich haben Budgetdefizite bis zum Ende der sozialistischen Ära keine echten Probleme dargestellt (*Bönker* 2000).

3.2.3. Die Krise der öffentlichen Finanzen in der Transformation

Die wirtschaftspolitische Bedeutung der öffentlichen Haushalte änderte sich mit Beginn der Transformation, denn die beschriebenen fiskalischen Systeme bedurften sowohl bei den Einnahmen als auch bei den Ausgaben einer gründlichen Reform, um die im Zuge der Transformation neu definierten staatlichen Aufgaben in einer einem marktwirtschaftlichen System angemessenen Weise erfüllen zu können (*Chand/Lorie* 1992). Auch die Reform der öffentlichen Finanzen geriet in das bekannte Transformationsdilemma der Gleichzeitigkeit. Die Reformen mußten in einer Phase durchgeführt werden, in der die öffentlichen Haushalte transformationsbedingt einer besonderen Belastung ausgesetzt waren, die auch als fiskalische Transformationskrise bezeichnet werden kann.

Schieflagen öffentlicher Haushalte in Marktwirtschaften entstehen meist durch schnell wachsende Ausgaben und langsamer wachsende Einnahmen. Die Lage in den Transformationsländern hingegen war dadurch gekennzeichnet, daß die Ausgaben entweder auf hohem Niveau stagnierten oder wuchsen, während die Einnahmen stark fielen (*Campbell* 1995, S. 85). Diese Richtung des Auseinanderdriftens öffentlicher Einnahmen und Ausgaben kann durch eine Reihe transformationsspezifischer Gründe erklärt werden.

Durch die Freigabe von Preisen, und die Kürzung staatlicher Subventionen wurden die sozialistischen Betriebe teils über Nacht mit einem wettbewerblichen Umfeld konfrontiert, dem sie nicht gewachsen waren. Wachsende Verluste wurden durch Verschuldung beim Bankensystem oder bei anderen Staatsunternehmen gedeckt, wobei viele Kredite nicht zurückgezahlt werden konnten. Derartige Schuldenkrisen mit einem wachsenden Anteil schlechter Kredite in den Kreditportfolios der Banken und langen, nicht auflösbaren Verschuldungsketten im Unternehmenssektor waren in fast allen Transformationsländern zu beobachten. Die notwendige Sanierung und Rekapitalisierung des Bankensektors und die Entschuldung der staatlichen Unternehmen bedeutete staatliche Mehrausgaben. Weiterhin wurden die Staatshaushalte durch notwendige Investitionen vor allem in die Infrastruktur, aber auch durch Ausgaben für die Sanierung von Umweltschäden belastet. Beide Bereiche waren lange Zeit vernachlässigt worden.

Weiterhin hohe Belastungen entstanden durch die Sozialausgaben. Dieser Posten hatte bereits in sozialistischen Zeiten einen großen Teil der staatlichen Ausgaben ausgemacht. Ein Wachstum dieser Kategorie als Folge der Reallokation von Arbeitskräften während der Transformation war unvermeidlich, da nicht damit zu rechnen war, daß alle freigesetzten Arbeitskräfte in neue Beschäftigungsmöglichkeiten eingegliedert werden konnten. Zusätzlich wurden aber weitere soziale Sicherungssysteme, wie die Renten- oder Invaliditätsversicherungen genutzt, um die sozialen Härten der Transformation abzumildern. In Polen stieg zum Beispiel die Zahl der Rentner im Zeitraum 1990-93 um 28 %, während die Steigerungsraten in den Vorjahren bei 2-3 % gelegen hatten. Eine ähnliche Tendenz, wenn auch nicht so drastisch zeigt sich in Ungarn, während die Steigerungsraten in der Tschechischen Republik eher moderat blieben (*Barbone/Marchetti* 1995, S. 66-70).

Weitere Kosten waren mit dem Umbau der staatlichen Bürokratien verbunden. Große Institutionen, wie zum Beispiel die Planungs- und Branchenministerien oder die Apparate der Staatssicherheit und Geheimpolizei wurden aufgelöst. Die Mitarbeiter mußten umgeschult oder in die Rentensysteme entlassen werden. Gleichzeitig waren neue Institutionen wie Privatisierungsbehörden oder Bankenaufsicht zu schaffen, wofür Personal eingestellt und ausgebildet werden mußte (*Campbell* 1995, S. 90-93).

Die Rückgänge der Einnahmen hingen überwiegend mit der tiefen Rezession zu Beginn der Transformation zusammen. Die Abnahme der Produktion und der wirtschaftlichen Aktivität war mit dem Rückgang der Bemessungsgrundlage für die meisten Steuern verbunden. Den größten Teil machten die sinkenden Einnahmen aus der Besteuerung von Unternehmensgewinnen aus. Aufgrund von Ausfällen in dieser Einnahmekategorie ging der Anteil der Steuereinnahmen am BIP im Zeitraum von 1989-93 in Ungarn um 5 % und in Polen um 9 % zurück. Aber auch der rezessionsbedingte Rückgang anderer Bemessungsgrundlagen führte zu sinkenden Steuereinnahmen. Zu nennen sind sinkende Einnahmen aus der Einkommensbesteuerung aufgrund steigender Arbeitslosigkeit oder abnehmende Umsatzsteuereinnahmen in Folge rückläufigen Konsums (*IMF-Staff* 1995, S. 107, 112-3).

Auch die institutionellen Rahmenbedingungen für die Besteuerung waren den neuen Anforderungen der Transformation nicht gewachsen. Im sozialistischen System konnte der Staat auf einen großen Teil der Steuern, zum Beispiel die Gewinn- und Umsatzsteuer, sowie die Sozialversicherungsabgaben direkt zugreifen. Die Unternehmen unterhielten ihre Konten beim ebenfalls staatlichen Bankensystem, die Besteuerung bestand im wesentlichen aus einem technisch einfachen Umbuchungsvorgang. Mit zunehmender Dezentralisierung der Wirtschaft und der Privatisierung von Unternehmen wurde die Steuererhebung technisch problematischer, da die Unternehmen und ihre Aktivitäten schwieriger zu kontrollieren waren (*Chand/Lorie* 1992, S. 22, *Kornai* 1992, S. 12). Im Zuge der Transformation entstanden, begünstigt durch Gesetzeslücken, verzögerte Umsetzung von Gesetzten oder fehlendem Personal zur Kontrolle bestehender Vorschriften eine Vielzahl von legalen, halblegalen und illegalen Möglichkeiten für die Unternehmen, Steuern zu vermeiden, ihnen auszuweichen oder sie zu hinterziehen (*Campbell* 1995, S. 97).

Ein weiteres Problem stellte die Besteuerung des neu entstehenden Privatsektors dar. Die neuen Unternehmen waren zunächst Klein- und Kleinstbetriebe vor allem im Handels- und Dienstleistungssektor, mit deren Besteuerung es keine Erfahrungen gab, und die sich dem Zugriff der überforderten Finanzverwaltung leicht entziehen konnten. Viele dieser Unternehmen wickelten ihre Transaktionen überwiegend in Bargeld ab, waren nicht registriert oder verfügten nicht über die erforderliche Buchführung, was eine Besteuerung so gut wie unmöglich machte (*Kornai* 1992, S. 12).

Auch wenn es bei der Entwicklung in den jeweiligen Ländern Unterschiede gab, auf die in den folgenden Teilen eingegangen wird, so können die beschriebenen Tendenzen als ein typisches Transformationsphänomen aufgefaßt werden. Bei der Finanzierung des Staatshaushalts entstehen mit Beginn der Transformation eine Reihe von Problemen, die zu sozialistischen Zeiten nicht existent waren. Diese Probleme werden zwar durch die Transformation ausgelöst, nehmen aber mit deren Voranschreiten ab. Sie sind also transitorischer Natur. Je weiter die Transformation mit Privatisierung, Liberalisierung, Stabilisierung und institutionellem Wandel voranschreitet, desto geringer werden die transformationsspezifischen fiskalischen Schwierigkeiten werden.

Dies ist insbesondere im Zusammenhang mit den fiskalischen Auswirkungen der Privatisierung interessant. Auch bei möglichen Einnahmen, die mit dem Verkauf von Staatsbetrieben erzielt werden können, handelt es sich um eine transformationsspezifische Einnahme. Da dieser Effekt negativen fiskalischen Wirkungen der Transformation entgegengesetzt ist, liegt es für die Entscheidungsträger der Wirtschaftspolitik nahe, die Krise der öffentlichen Finanzen in der Transformation durch möglichst hohe Privatisierungserlöse abzumildern.

3.3. Die politische Situation zu Beginn der Transformation

Die immanent politische Dimension der Privatisierung macht es notwendig, den politischen Kontext in die Analyse einzubeziehen. Wie oben erläutert wurde, wird hier der These von *Bruszt* und *Stark* (*Bruszt/Stark* 1992) nachgegangen, wonach der Weg, den die Gesellschaften Mittel- und Osteuropas aus dem sozialistischen System genommen haben (*path of extrication*), das Entstehen von Institutionen, und somit auch die Privatisierung (*Stark* 1992), entscheidend beeinflußt hat. Insbesondere gilt es zu klären, wie sich der Umbruch in den einzelnen Ländern vollzogen hat und welche daraus resultierenden politischen und institutionellen Restriktionen den Möglichkeitsbereich der Entscheidungsträger beeinflußt haben.

3.3.1. Der polnische Kompromiß

Die Opposition gegen das sozialistische Regime in Polen hatte Tradition. Erstmals 1956 und danach immer wieder hatte die Arbeiterschaft ihre Anliegen mit Hilfe von Streiks und Aufständen vorgebracht. Diese Opposition verfestigte sich Mitte der 70er Jahre mit Bildung der Arbeiter-Verteidigungs-Komitees, in denen sich Intellektuelle für die Belange der Arbeiter einsetzten und deren Verteidigung in gerichtlichen Prozessen übernahmen (*Stokes* 1993, S. 26-31, *Korbonski* 1995, S. 141). Seit 1981 war der Widerstand der Arbeiterschaft in der Gewerkschaft *Solidarność* institutionalisiert. Auch nach ihrem Verbot ein knappes Jahr später blieb die *Solidarność* der wichtigste Träger der Opposition. Dabei war die *Solidarność* nie eine Gewerkschaft im eigentlichen Sinne, sondern vielmehr ein Sammelbecken der Opposition, in dem sehr unterschiedliche Ströme zusammenflossen. Es gab auch keine einheitliche Organisation, sondern eine Vielzahl lokaler Gruppen. Eine wichtige Funktion spielte der charismatische Kopf der Bewegung *Wałęsa*. (*Stokes* 1993, S. 34-45, 102-130). Eine weitere wichtige Säule der Opposition war die tief in der Bevölkerung verwurzelte katholische Kirche, die stets ein Gegengewicht zum sozialistischen System bildete (*East/Pontin* 1997, S. 26).

Mitte 1988 hatte sich die ökonomische Situation in Polen dermaßen verschärft, daß drastische Stabilisierungsmaßnahmen erforderlich waren. Zum wiederholten Male wurden Lohnsenkungen und Preiserhöhungen ins Auge gefaßt. Die Regierung konnte diese Reformen allerdings gegen die streikbereite Bevölkerung nicht alleine durchsetzen. Sie war auf die Unterstützung der immer noch illegalen *Solidarność* angewiesen, die im Gegenzug die Legalisierung sowie die schrittweise Demokratisierung des Systems verlangte.[73] So kam es zwischen Partei und Regierung einerseits und verschiedenen polnischen Oppositionsgruppen, insbesondere der *Solidarność*, sowie Vertretern der Kirche andererseits zu Verhandlungen am Runden Tisch (*Stokes* 1993, S. 102-31, *Balcerowicz et al.* 1997). Das Ergebnis war ein Kompromiß, dessen wichtigste Inhalte die folgenden waren:

- Wiederzulassung der Gewerkschaft *Solidarność*,

- Teilweise freie Wahlen, in denen sich die Opposition um 35 % der Sitze in der ersten Kammer des Parlaments (*Sejm*) bewerben konnte,

---

[73] Die teilweise freien Wahlen waren erklärtermaßen nicht das Ziel der Opposition. In diesem Zusammenhang äußerte sich *Wałęsa*: „None of us want the elections. They are the terrible, terrible price we have to pay in order to get our union back" zitiert nach (*Bruszt/Stark* 1992, S. 42).

- Schaffung einer zweiten Kammer der Parlaments (Senat), deren Abgeordnete vollständig frei gewählt werden konnten,

- Einführung eines mit viel Einfluß versehenen Präsidentenamtes, das auf den Führer der polnischen Sozialisten, General *Jaruzelski,* zugeschnitten war.

Keine der beiden Seiten rechnete zunächst mit einer tatsächlichen Verschiebung der Machtverhältnisse in Folge dieser Übereinkunft, was sich allerdings als grobe Fehleinschätzung erweisen sollte. Bei den Wahlen im Juni 1989 erhielt die Opposition alle frei wählbaren Mandate im *Sejm,* ein großer Teil der für die Sozialisten antretenden Kandidaten erhielt nicht den für die Direktwahl erforderlichen Stimmenanteil von 50 %. Im Senat errangen die Oppositionskandidaten alle Sitze bis auf einen. Als Folge zerbrach das Regierungslager. Die Demokratische Partei und die Bauernpartei, die jahrzehntelang als gesteuerte Marionetten funktioniert hatten, wollten nicht länger gemeinsame Sache mit den Sozialisten machen. *Jaruzelski* konnte nur mit Unterstützung einiger *Solidarność* Abgeordneter zum Präsidenten gewählt werden. Eine Beteiligung der Opposition an der Regierung wurde unausweichlich (*Gross* 1992, S. 60-3). Diese allerdings zögerte, da der schnelle Machtwechsel nicht geplant war und die Opposition völlig unvorbereitet traf. Zudem wollte man nicht in eine Regierung eintreten, in der die wichtigsten Machtpositionen, Innen- und Justizministerium sowie die Armeeführung, den Sozialisten vorbehalten bleiben sollte (*Ash* 1990, S. 37-9). Als sich die ökonomische Lage weiter verschlechterte und klar wurde, daß die Sozialisten die Lage nicht mehr kontrollieren konnten, aber auch daß die Sowjetunion nicht einschreiten würde, stimmte die *Solidarność* schließlich zu: Am 24. August 1989 wurde *Mazowiecki* der erste nicht kommunistische Regierungschef in Osteuropa seit nahezu 40 Jahren.

Die neue Regierung trat ein schweres Erbe an. Die polnische Wirtschaft befand sich in einer tiefen Krise: Ein riesiger, zum großen Teil veralteter Kapitalstock im Staatsbesitz, ein Berg von Auslandsschulden, ein verzerrtes Preissystem und eben solche Außenhandelsbeziehungen mit starker Abhängigkeit von der Sowjetunion und anderen RGW-Staaten, negative Wachstumsraten und abnehmende Produktivität. Hinzu kam eine Hyperinflation, noch einmal beschleunigt durch die Freigabe der Lebensmittelpreise und den Subventionsstop für die Landwirtschaft als eine der letzten Amtshandlungen der alten Regierung am 1. August (*Stokes* 1993, S. 128, *Balcerowicz et al.* 1997). Obwohl während der Verhandlungen am Runden Tisch unter der Opposition „markt-sozialistische" Ideen und Lösungsansätze dominiert hatten, wurde der strikt liberale Ökonom *Balcerowic* mit der Ausarbeitung eines Reformprogrammes betraut. Innerhalb von drei Monaten legte er das als *Balcerowicz*-Plan bekannt gewordene Programm zur Schockbehandlung der polnischen Wirtschaft vor. Das explizite Ziel war es, die polnische Wirtschaft so schnell wie möglich in eine Marktwirtschaft zu transformieren. Das Programm wurde in den letzten Tagen des Jahres 1989 verabschiedet, und mit der Umsetzung konnte zu Anfang des neuen Jahres begonnen werden (*Ash* 1990, S. 42-3).

Während die polnischen Wirtschaftsreformen zu Zeiten des Sozialismus stets hinter den ungarischen Reformen zurückgeblieben waren, hatte Polen Ende der 80er Jahre bei den politischen Ereignissen, die zum Untergang der sozialistischen Regime in Mittel- und Osteuropa führten, die Vorreiterrolle übernommen. Der schnelle Machtwechsel in Folge des Kompromisses, den die polnische Führung 1989 mit der *Solidarność* geschlossen hatte, wirkte katalytisch auf die gesamte mittel- und osteuropäische Entwicklung.

3.3.2. Freie Wahlen in Ungarn

Auch in Ungarn wurde das Ende des Sozialismus mit einer Wahl besiegelt, die als wichtigstes Ergebnis in Verhandlungen am Runden Tisch zwischen der herrschenden sozialistischen Partei und der Opposition vereinbart wurde. Unterschiede bestanden allerdings in den Umständen, unter denen der Kompromiß zustande kam.

Anders als in Polen, hatte sich in Ungarn seit den 70er Jahren nur eine zahlenmäßig schwache und zudem sehr zersplitterte Oppositionsbewegung entwickelt. Diese Art der Opposition wird als Folge eines impliziten Vertrages zwischen der sozialistischen Führung und der ungarischen Gesellschaft gesehen. Die Führung verhielt sich nach innen vergleichsweise liberal und bemühte sich, auch durch vermehrte Auslands- verschuldung (s.o.), um eine gute Versorgungslage, während die Bevölkerung nicht explizit gegen das Regime opponierte (*Barany* 1995, S. 178, 182).[74]

Mitte der 80er Jahre begannen die Reallöhne in Ungarn zu sinken. Es wurde deutlich, daß auch die begonnene Liberalisierung und Zulassung privater Initiative in der Wirt- schaft in dem grundsätzlich immer noch nach sozialistischen Prinzipien funktionie- renden Wirtschaftssystem den ökonomischen Niedergang nicht aufhalten konnten. Die Verschlechterung der wirtschaftlichen Lage schlug in Unzufriedenheit mit der politi- schen Situation um. Dies führte zu einem stärkeren Zulauf zur Opposition und zum Entstehen eines Reformflügels innerhalb der Partei, denen beiden an umfassenden ökonomischen und politischen Reformen gelegen war (*Stokes* 1993, S. 90). Hinzu kam, daß sich seit 1988 Signale aus Moskau häuften, die auf den Verzicht der Sowjetunion auf Einmischung in die inneren Angelegenheiten der anderen Staaten des Warschauer Pakts hindeuteten.[75]

Die Reformen, die nach 1956 in Ungarn stattgefunden hatten wurden anders als in Polen meist von oben und nicht als Reaktion auf Druck von unten, durchgeführt. Dies galt auch für den Beginn des Umsturzes Ende der 80er Jahre, als von Veränderungen innerhalb der Partei wichtige Impulse für das weitere Geschehen ausgingen:

---

[74] In diesem Zusammenhang sei auf die bekannten Schlagworte „Gulaschkommunismus" und „fröhlichste Baracke im sozialistischen Lager" hingewiesen.

[75] „Gorbachev and other Soviet leaders explicitly rejected the Brezhnev Doctrine and articulated the 'Sinatra Doctrine' ('Do it your way') several times throughout 1988-89." (*Bruszt/Stark* 1992, S. 25).

„Characteristically, in Poland the refolution[76] began with strikes, in Hungary, with a party conference" (*Ash* 1990, S. 14). Auf diesem Parteitag wurde der konservative *Kádár* durch den liberaleren *Grósz* als Generalsekretär der ungarischen Arbeiterpartei ersetzt. Obwohl dieser auch zum konservativen Flügel innerhalb der sozialistischen Partei gehörte, befürwortete er weitere ökonomische Reformen in Richtung Marktwirtschaft und Öffnung nach außen. Gesellschaftliche Reformen in Richtung Pluralismus und Demokratisierung wurden zunächst noch abgelehnt (*Bruszt/Stark* 1992, S. 22-3). Der zu dieser Zeit noch schwachen Opposition gegenüber wurde zunächst eine „divide-et-impera-Strategie" angewandt, die durch abwechselnde Begünstigung und Repression einzelner Gruppen die Regierungsgegner schwächen und die Vormachtstellung der Partei stärken sollte (*Stokes* 1993, S. 132-3).

Unter diesem Druck allerdings begann sich die Opposition zu formieren und die Fronten verhärteten sich. Wachsende Teilnehmerzahlen mehrerer symbolträchtiger Demonstrationen im Laufe der Jahre 1988/89[77] manifestierten die Unzufriedenheit der Gesellschaft und die Notwendigkeit, nicht nur ökonomische, sondern auch politische Reformen durchzuführen. Das hieß Rücknahme des Vormachtanspruchs der Partei und Demokratisierung der Gesellschaft. Die Demonstrationen erreichten ihren Höhepunkt, als am 16. Juni 1989 *Imre Nagy* und andere Märtyrer der Revolution von 1956 rehabilitiert und feierlich wiederbegraben wurden. Über 250.000 Ungarn nahmen an der Zeremonie teil, die mehrere Stunden lang landesweit im Fernsehen übertragen wurde (*Ash* 1990, S. 49-53, *Bruszt/Stark* 1992, S. 35-40).

Unter dem Druck dieser Proteste bot die Regierung der Opposition nach dem polnischen Vorbild nun Verhandlungen am Runden Tisch an, die am 13. Juni 1989 begannen. Anders als in Polen, war die ungarische Opposition aber nur schwach in der Gesellschaft verankert und zudem in mehrere Gruppen gespalten. Daher traten die Sozialisten nun eine Flucht nach vorn an und wollten möglichst schnell eine Einigung über freie Wahlen herbeiführen. Sie glaubten, daß sie aus diesen Wahlen als Sieger hervorgehen und weiterhin die führende Rolle im Reformprozeß spielen könnten (*East/Pontin* 1997, S. 53). Außerdem wollten sie sich durch die Schaffung eines mit erheblichen Rechten ausgestatteten Präsidentenamtes auf längere Zeit weiteren Einfluß sichern.[78]

---

[76] Der Begriff *Refolution* wird von *Ash* verwendet, um auszudrücken, daß es sich bei den sozialen, politischen und wirtschaftlichen Umwälzungen der Jahre 1989/90 um eine Melange aus *Revolution* und *Reform* handelte.

[77] Oppositionelle Demonstrationen fanden statt am Jahrestag der Revolution von 1848, am 15. März, am 1. Mai als Gegendemonstration zur offiziellen Maifeier der Partei, am Jahrestag der Exekution *Imre Nagys* des Anführers der ungarischen Aufstandes von 1956 am 16. Juni und am Jahrestag des Beginns der 56er Revolution am 30. Oktober.

[78] Es wird spekuliert, daß aufgrund des geringen Bekanntheitsgrades oppositioneller Politiker der sozialistische Kandidat für dieses Amt, *Imre Poszgay*, auf diesen Posten gewählt worden wäre (Bruszt/Stark 1992, S. 49).

Der Opposition war ebenfalls an Wahlen gelegen, da sie sich nicht ermächtigt fühlte, für die Gesellschaft zu sprechen und durch eine Abstimmung erst die notwendige demokratische Legitimation gewinnen wollte. Die frühzeitige direkte Wahl eines Präsidenten lehnte sie allerdings ab, und konnte diese Forderung auch mit Hilfe eines Referendums durchsetzten. Der Präsident wurde nach den freien Wahlen zum Parlament von diesem gewählt, was seine Position erheblich abschwächte. Der Streit um die Präsidentenfrage entzweite das Oppositionslager in das Demokratische Forum (MDF) einerseits, das als Konzession an die Kommunisten den frühen Wahlen zustimmen wollte, und die Freien Demokraten (SzDSz) und die Jungen Demokraten (FIDESz) andererseits, die jegliche Konzessionen ablehnten und erst dem neu gewählten Parlament die Legitimation zur Schaffung neuer Institutionen zusprachen. Gleichzeitig verzögerte die Präsidentschaftsdebatte die Wahlen zum Parlament, so daß die noch herrschenden Sozialisten ständig an Boden verloren (*Bruszt/Stark* 1992, S. 45-52).

Aus den Wahlen, die im März und April 1990 stattfanden, ging das konservative MDF als stärkste Partei hervor und formte mit zwei kleineren Parteien (Kleinlandwirte und Christdemokraten) die Regierung, die von Ministerpräsident *Antall* geführt wurde. Die Sozialisten erhielten lediglich 8,3 % der Sitze im Parlament. Die freien Demokraten erhielten 23 % der Sitze und stellten den Präsidenten *Göncz* (*East/Pontin* 1997, S. 53, 68).[79]

3.3.3. Die „samtene Revolution" in der Tschechoslowakei

Wie bei den ökonomischen Reformen unterschied sich die Tschechoslowakei 1989 auch in der Politik erheblich von den anderen beiden Ländern. In der Phase der „Normalisierung" im Anschluß an die sowjetische Invasion von 1968 war es zu einer Restauration des autoritären Regimes gekommen, das sich bis zum unmittelbaren Zusammenbruch halten konnte. Die Bevölkerung wurde mit Hilfe einer Kombination materieller Anreize, etwa einer vergleichsweise guten Versorgung mit Konsumgütern, und dosiertem Druck ruhig gestellt. Die Furcht vor einer erneuten sowjetischen Invasion wirkte als externer Stabilisator (*Wolchik* 1995, S. 156). Zudem nach 1968 hatte eine massive Emigration eingesetzt, was sich ebenfalls stabilisierend auf die innenpolitische Situation auswirkte. Lediglich eine kleine Gruppe von Dissidenten und Bürgerrechtlern, zu der auch der spätere Präsident *Havel* gehörte, hatte sich in der Organisation „Charter 77" zusammengeschlossen. Durch Untergrundpublikationen und internationale Kontakte konnte sie ein gewisses Maß an Aufmerksamkeit erlangen. Aufgrund ständiger Verfolgung, der inhaltlichen Beschränkung auf Bürgerrechte und der ideologischen Heterogenität blieb der Einfluß allerdings bescheiden (*Stokes* 1993, S.

---

[79] Aufgrund des komplizierten ungarischen Wahlsystems können der Anteil der für eine Partei abgegebenen Stimmen und der Anteil der Sitze im Parlament erheblich voneinander abweichen. So erhielt zum Beispiel das MDF 24,7 % der Stimmen und 164 Sitze, während die Freien Demokraten mit 21,4 % der Stimmen und nur auf 92 Sitze kamen. Da die tatsächliche Machtverteilung von der Stärke der Parlamentsfraktion bestimmt wird, wird hier auf Zahl der Sitze im Parlament Bezug genommen.

151). Die politische Situation bis kurz vor Beginn der Transformation kann, je nach Sichtweise, als stagnierend oder stabil bezeichnet werden.

Auch wenn die tschechische Revolution durch ein einzelnes Ereignis am 17. November ausgelöst wurde, können drei sich im Laufe des Jahres 1989 verstärkende Tendenzen als Ursache des Umbruchs identifiziert werden. Die ökonomische Situation war zwar vergleichsweise gut, dennoch traten zunehmend Spannungen auf. Stagnierende Wachstumsraten und schwere ökologische Probleme sowie die Verzögerung geplanter Reformen (s.o.) lösten wachsenden Unmut bei der Bevölkerung aus. Dies führte zu einem verstärkten Zulauf zur Bürgerrechtsbewegung, deren Ruf nach politischen Reformen immer deutlicher hörbar wurde. Der dritte Faktor war die Entwicklung der internationalen Situation. Die Oppositionellen in den Nachbarländern hatten vorgeführt, daß ein sozialistisches Regime beseitigt werden konnte. Gleichzeitig war deutlich geworden, daß von der Sowjetunion keine Intervention zu erwarten war (s.o.) (*Judt* 1992, *East/Pontin* 1997, S. 81).

Erste Demonstrationen im Verlauf des Jahres 1989 brachten diese Spannungen bereits zum Ausdruck, der revolutionäre Funken sprang allerdings erst über, als es am 17. November, im Anschluß an eine Demonstration zum Gedenken an ein Opfer des Nationalsozialismus, zu Übergriffen der Polizei auf Demonstrationsteilnehmer kam. Binnen weniger Tage kam es zu einem landesweiten Studentenstreik und allabendlich stattfindenden Demonstrationen. Unter den Namen „Bürgerforum" (*Občanské Forum*, OF) in Tschechien und „Öffentlichkeit gegen Gewalt" (*Verejnost' proti nasiliu*, VPN) in der Slowakei fanden sich oppositionelle Intellektuelle und Studenten zusammen. Die Prager Gruppe um *Havel* übernahm die Führung und begann Verhandlungen mit der Regierung. Ein landesweiter zweistündiger Generalstreik am 27. November demonstrierte den Rückhalt, den diese Gruppe in der Bevölkerung hatte.[80]

In den folgenden Tagen brach das Regime in sich zusammen: Der Vormachtanspruch der Partei wurde aus der Verfassung gestrichen, führende Sozialisten wurden aus der Partei ausgestoßen. Am 3. Dezember wurde eine neue Regierung mit fünf nicht kommunistischen Ministern eingesetzt. Weitere Proteste führten zur Berufung einer überwiegend aus Oppositionellen bestehenden Regierung am 10. Dezember, die vom kommunistischen Premierminister *Čalfa* geführt wurde. Am 11. Dezember trat der kommunistische Präsident *Husak* ab, am 28. Dezember wurde die Führungsfigur des Prager Frühlings, *Dubček* zum Parlamentspräsidenten und einen Tag später *Havel* zum Präsidenten der Tschechoslowakei ernannt (*Judt* 1992, S. 96-100, *Stokes* 1993, S. 148-57). Freie Wahlen wurden für Juni 1990 geplant, aber bereits im Januar wurden 120 kommunistische Mitglieder der Nationalversammlung gegen Oppositionelle aus dem Umfeld von OF und VPN ersetzt.

---

[80] Es mag charakteristisch für die Tschechoslowakei sein, daß der Generalstreik in der Mittagspause und die täglichen Demonstrationen jeweils erst nach Feierabend stattfanden, und daß die streikenden Arbeiter die verlorene Arbeitszeit am Wochenende nachholten (*Ash* 1990, S. 106-7).

Innerhalb weniger Wochen, hatte die „samtene" Revolution das kommunistische Regime der Tschechoslowakei beseitigt. Nun waren eine Reihe von neuen Problemen zu lösen: Die Repräsentation der Bevölkerung im Parlament durch die oppositionellen Gruppierungen OF und VPN entbehrte der demokratischen Legitimation. Zudem waren diese Gruppen Sammlungsbewegungen ohne differenzierte politische oder ideologische Ausrichtung. Andere Parteien existierten mit Ausnahme der früher unbedeutenden und von den Kommunisten gelenkten Parteien der „Nationalen Front" nicht. Die neu entstehenden Parteien waren nicht in der Bevölkerung verwurzelt und definierten sich eher über führende Persönlichkeiten als konkrete Positionen zu inhaltlichen Fragen.

Auch im ökonomischen Bereich fehlte ein konsistentes und konsensfähiges Reformprogramm. Bereits seit den ersten Tagen der Revolution hatte eine Gruppe von Ökonomen um *Klaus* für liberale Reformen und Marktwirtschaft plädiert. Ihnen gegenüber stand die Gruppe der „Gradualisten", deren Ideen auf den Idealen des Prager Frühlings basierten. Sie traten für schrittweise Reformen und die Suche nach einem dritten Weg ein (s.u.). In der Zeit vor den Wahlen konnten die „Radikalen" ihre Position festigen, wenn auch wichtige Reformen, wie die Preisfreigabe zunächst auf die Zeit nach der Wahl vertagt wurden (*Judt* 1992, S. 102-3). Eine an Bedeutung zunehmende politische und ökonomische Hypothek stellten die wachsenden Spannungen zwischen den beiden Teilrepubliken Tschechien und Slowakei dar.

3.4. Die Startpositionen im Vergleich

Die Betrachtung der Ausgangssituation für den Beginn der Privatisierung hinsichtlich der fiskalischen Zwänge, der Verteilung der Verfügungsrechte sowie der jeweiligen Besonderheiten des politischen Übergangs hat eine Reihe von Unterschieden zwischen den drei untersuchten Ländern deutlich gemacht (Tabelle 4).

In Polen war die ökonomische Ausgangslage schwierig: Der polnischen Volkswirtschaft drohte der Zusammenbruch. Die Regierung hatte die Kontrolle über den Staatshaushalt und die Inflation verloren, zudem stand Polen am Rande der Zahlungsunfähigkeit. Eine Stabilisierung der Ökonomie, zu der unter anderem die Konsolidierung des Staatshaushaltes und der Abbau der Auslandsverschuldung gehörten, wurde von der Bevölkerung und der neuen Regierung als unbedingt erforderlich angesehen.

Hinsichtlich der Verfügungsrechte stand die Regierung vor einer Situation, in der den Arbeitern und Angestellten der formal staatseigenen Unternehmen eine wichtige Rolle zukam. Sie hatten bereits zu sozialistischen Zeiten ihren Einfluß in den Unternehmen gestärkt und Institutionen der Mitbestimmung geschaffen. Verstärkt wurde diese Position dadurch, daß die Arbeiterbewegung *Solidarność* eine entscheidende Rolle bei der Ablösung des sozialistischen Regimes gespielt hatte. Sie war in der Bevölkerung als Oppositionskraft anerkannt und verwurzelt.

In Folge des Kompromisses, den die alten Machthaber mit der Opposition geschlossen hatten, war es zu einem überraschend schnellen Machtwechsel gekommen. Aufgrund der dramatischen wirtschaftlichen Situation sah sich die Regierung zu ökonomischen Reformen gedrängt und hatte hierfür auch den Rückhalt der Bevölkerung. Als politisch-institutionelles Erbe hatte der schnelle und nur teilweise geplante Übergang einen mit weitreichenden Kompetenzen ausgestatteten Präsidenten und ein Parlament, in dem alle frei gewählten Mitglieder aus dem Umfeld der *Solidarność* stammten, hinterlassen.

Auch in Ungarn hatte eine Verschlechterung der ökonomischen Situation das Ende des sozialistischen Regimes beschleunigt. Allerdings war die makroökonomische Situation stabiler als in Polen. Eine beträchtliche Hypothek für die neue Regierung stellte die immense Auslandsverschuldung dar.

In den Unternehmen nahm das Management einen großen Teil der Verfügungsrechte wahr. Diese Unternehmensmanager waren eine relativ homogene Gruppe, die ihre Interessen bereits unter dem sozialistischen Regime zu vertreten gelernt hatte. Um den Prozeß der spontanen Privatisierung unter staatliche Kontrolle zu bringen war bereits unter der letzten sozialistischen Regierung eine staatliche Vermögensagentur, die SPA, geschaffen worden.

Der graduelle Übergang, der mit der Abwahl der herrschenden Sozialisten endete, ließ den Machtwechsel nicht wie in den anderen Ländern als radikalen Bruch mit der Vergangenheit erscheinen. Die vergleisweise umfangreichen Reformen, die in Ungarn schon unter dem sozialistischen Regime vorgenommen worden waren, versprachen dem Land einen Startvorteil gegenüber den anderen ehemals sozialistischen Ländern. Daher wurden radikale ökonomische Reformen nicht als notwendig angesehen. Der längere Übergangszeitraum und die Wahlen, in deren Folge es zum Regierungswechsel kam, hatten dazu geführt, daß es in Ungarn bereits zu Beginn der Transformation verschiedene Parteien und eine demokratisch legitimierte Opposition gab.

Im Gegensatz zu den ersten ungarischen und polnischen Reformregierungen trat die neue politische Führung der Tschechoslowakei ihr Amt vor dem Hintergrund einer stabilen ökonomischen Situation mit geringer Auslandsverschuldung und niedriger Inflationsrate an. Das geringe Budgetdefizit stellte kein nennenswertes Problem dar. Dringender Handlungsbedarf bestand zunächst nicht.

Auch die verfügungsrechtliche Ausgangslage war stabil. Anders als in Polen und Ungarn gab es keine Tendenzen zu spontanen Privatisierungen, der Staat übte weitgehende Kontrolle über die Unternehmen aus. Insider hatten sich unter dem sozialistischen Regime keine impliziten Verfügungsrechte aneignen können.

Auch bei der politischen Situation zu Beginn der Transformation gab es Unterschiede zu den beiden anderen Ländern. Die Ablösung des sozialistischen Regimes durch die samtene Revolution hatte einen deutlichen Bruch mit der Vergangenheit bewirkt. Weder im Bereich der Politik noch beim Wirtschaftssystem gab es nach dem Sturz des Sozialismus Strukturen, auf die man für den Übergang zur Marktwirtschaft aufbauen wollte. Die erste tschechoslowakische Reformregierung war aus einer relativ heterogenen und erst in der letzten Phase des Sozialismus entstandenen Oppositionsbewegung hervorgegangen. Außer der abgesetzten kommunistischen Partei gab es keine organisierten politischen Interessengruppen mit nennenswertem Einfluß.

Tabelle 4: Ausgangslage der Transformation in Polen, Ungarn und der ČSSR

	Polen	Ungarn	Tschechoslowakei
Verfügungsrechte			
Einfluß von Stakeholdern	Starker Einfluß von Arbeitern in Unternehmen und im politischen Bereich	Starker Einfluß der Manager in den Unternehmen	Starke staatliche Kontrolle
Vorläufer der Privatisierung unter sozialistischer Herrschaft	Nomenklatura-Privatisierung seit 1988	Spontane Privatisierung seit 1988, Gründung der SPA 1990	Keine
Fiskalische Faktoren			
Haushaltsdefizit 1989 (% BIP)	-8,0	-1,3	-2,7
Nettoauslandsverschuldung in US $ pro Kopf (1990)	1155	1942	256
Politische Faktoren			
Art des Übergangs	Kompromiß	Freie Wahl	Kapitulation (Revolution)
1. Reformregierung	24. August 1989	26. Mai 1990	10. Dezember 1989
Politische Rahmenbedingungen	Regierung hatte starken Rückhalt in der Bevölkerung Starker Einfluß der Arbeiterbewegung in Parlament und Regierung. Durch schnellen Wechsel eingeschränkte Funktion politischer Institutionen: Unklare Rolle des Präsidenten, kein ausdifferenziertes Parteiensystem	Vertrauen in den eigenen Startvorteil aufgrund der Reformgeschichte. Übergang wurde nicht als Bruch wahrgenommen. Existenz verschiedener politischer Parteien, die während der Wahl bereits Position bezogen hatten und als demokratisch legitimierte Opposition wirkten.	Revolution wurde als Befreiung und Möglichkeit zu umwälzenden politischen und ökonomischen Reformen wahrgenommen. Neue Regierung war aus einer heterogenen, oppositionellen Sammlungsbewegung hervorgegangen. Keine weiteren organisierten politischen Interessen

Quelle: Eigene Darstellung

4. Polen

In diesem Kapitel werden der Verlauf der polnischen Privatisierung und deren fiskalischen Effekte dargestellt. Dabei wird der Frage nachgegangen, wie sich die in Kapitel 3 herausgearbeiteten Ausgangsbedingungen auf diesen Prozeß ausgewirkt haben. Am polnischen Fall kann untersucht werden, wie sich ein hoher staatlicher Einnahmenbedarf, verursacht durch eine bedrohliche Schieflage des Staatshaushalts und hohe Auslandsverschuldung, bei einer gleichzeitig relativ schwachen Eigentümerposition des Staates auf die Wahl der Privatisierungsstrategie auswirkt. Darüber hinaus kann auch analysiert werden, wie sich der spezielle Beginn der Transformationsphase in Polen, der schnelle Machtwechsel in Folge des Kompromisses zwischen Regierung und Opposition, auf den Verlauf der Privatisierung ausgewirkt hat. Denn einerseits waren die Reformer durch diesen unverhofften Übergang mit einem besonderen Handlungsspielraum ausgestattet worden, andererseits begannen die Reformen in einem Umfeld, in dem wichtige Institutionen einer Demokratie noch nicht voll funktionsfähig waren und damit gerechnet werden mußte, daß die später einsetzende Herausbildung demokratischer Strukturen die Möglichkeit zur Umsetzung von Reformen einschränken würde.

Die polnische Privatisierung kann in drei Phasen unterteilt werden, die sich in den Abschnitten des Kapitels wiederfinden. Die erste Phase (4.1.) reicht vom Beginn der Transformation bis zur Verabschiedung der gesetzlichen Grundlagen. Diese werden in 4.2. dargestellt. Die zweite Phase (4.3.), die durch langsames Voranschreiten und teilweise Blockaden der Privatisierung gekennzeichnet ist, umfaßt die Jahre 1990 bis 1993. Die vierte Phase (4.4.) begann 1994 und dauert bis heute an. In dieser Phase kam es zu einer politischen und ökonomischen Konsolidierung, die einen schnelleren Fortgang der Privatisierung bewirkte. In allen drei Phasen haben die drei hier als relevant betrachteten Einflußfaktoren fiskalische Zwänge, implizite Verfügungsrechte von Unternehmensinsidern und die aus dem Beginn der Transformation resultierende politische Situation den Privatisierungsverlauf unterschiedlich stark beeinflußt. Das Zusammenwirken dieser Einflußfaktoren im polnischen Fall wird in 4.5. untersucht.

4.1. Der Weg zum ersten Privatisierungsgesetz: 1989-90

4.1.1. Die Rolle der Privatisierung im *Balcerowicz*-Plan

Zum Zeitpunkt der überraschenden Regierungsübernahme durch *Mazowiecki* und sein Team, war die Nomenklatura-Privatisierung bereits in vollem Gange. Es war ein wichtiges Anliegen der Reformregierung und des neuen Finanzministers *Balcerowicz*, der mit der Ausarbeitung eines Reformprogrammes betraut wurde, diese zu stoppen und die Eigentumsrechte an den Unternehmen zu ordnen (*Frydman et al.* 1993a, S. 166-77, *Mohlek* 1997a, S. 85). Allerdings war die Regierung zunächst mit einer ganzen Reihe von noch dringenderen ökonomischen Problemen konfrontiert: Hyperinflation, extrem hohe Auslandsverschuldung, rückläufiges Wachstum und ein schnell wachsendes Budgetdefizit machten wirtschaftliche Reformen dringend erforderlich. Da die Reformversuche früherer sozialistischer Regierungen, die sich, wenn auch nicht explizit, an marktsozialistischen Modellen *à la Lange* orientiert hatten, allesamt gescheitert waren, war man sich innerhalb der Regierung einig, daß nur eine schnelle und umfassende Abkehr vom Sozialismus und die Transformation zur Marktwirtschaft aus der Krise führen konnten (*Kondratowicz/Okolski* 1993).

Neben der Bekämpfung der Inflation und der Preisfreigabe bildete die Privatisierung zusammen mit weiteren institutionellen Reformen den dritten Kernbestandteil des polnischen Transformationsprogrammes, das von *Balcerowicz* schon im Oktober 1989 vorgelegt wurde. Die hierin formulierten Vorstellungen bezüglich Liberalisierung und Stabilisierung waren von Beginn an sehr konkret, so daß bereits im Dezember ein umfassendes Maßnahmenpaket beschlossen werden konnte, das am 1. Januar 1990 in Kraft trat (*Balcerowicz* 1994).

Während die Zielsetzung dieser Maßnahmen eindeutig war, nämlich Liberalisierung der Preise, Stop der Inflation, Konsolidierung des öffentlichen Haushalts und Öffnung der polnischen Wirtschaft nach außen, war die Lage bei der Privatisierung komplizierter. Es herrschte lediglich Einvernehmen darüber, daß Privateigentum als konstituierendes Element einer Marktwirtschaft *per se* erstrebenswert war. Neben dieser ordnungspolitischen Zielvorgabe hoffte man, eine Reihe weiterer Ziele mit der Privatisierung erreichen zu können: „At the beginning of the reform process in Poland, the expectations concerning privatization were enormous. Privatization was expected to increase economic efficiency, both for privatized companies and the economy as a whole, to relieve the burden on the state budget, to reduce the foreign debt, to create a capital market and to widen the private ownership of economic assets among the population" (*Błaszczyk* 1996, S. 177-78).

In Regierungskreisen wurde sehr optimistisch auf eine kurzfristig stabilisierende Wirkung der Privatisierung gehofft. Man erwartete, durch zusätzliche Einnahmen, Subventionsabbau im Anschluß an die Privatisierung und höhere Steuereinnahmen aus privatisierten Betrieben den Staatshaushalt sanieren und die Inflation senken zu können (*Mazur et al.* 1994, S. 178). Im Gegensatz zur Vielzahl der Intentionen gab es allerdings zunächst keine konkrete Privatisierungsstrategie.

4.1.2. Verschiedene Privatisierungskonzepte in der Diskussion

Bereits im September 1989 wurde innerhalb des Finanzministeriums das Amt des Sonderbeauftragten für die Privatisierung geschaffen, der mit dem Entwurf eines Gesetzes beauftragt wurde. Bedingt durch die Vorreiterrolle, die Polen zu Beginn der Transformation einnahm, standen zur Orientierung lediglich Erfahrungen aus dem Westen zur Verfügung. Der Sonderbeauftragte *Lis* berücksichtigte insbesondere das britische Vorbild, das im wesentlichen auf dem Verkauf von Unternehmen über die Börse beruht hatte. Dieses Konzept war bereits 1988 auf einer in Warschau veranstalteten Konferenz über Fragen einer möglichen Transformation des polnischen Wirtschaftssystems vorgetragen und von führenden polnischen Ökonomen diskutiert worden[81] (*Jasiński* 1997, S. 154). Seit dieser Konferenz von 1988 war auch die Privatisierung durch Ausgabe von Vouchern im Gespräch. Dieses Modell beruhte auf einem Vorschlag von *Lewandowski* und *Szomburg* (*Lewandowski/Szomburg* 1989) und gilt als Keimzelle der Idee der Massenprivatisierung in Mittel- und Osteuropa.[82] Als großer Nachteil dieses Ansatzes wurde allerdings das Fehlen historischer Präzedenzfälle angesehen.

Neben der mangelnden Erfahrung waren es vor allem ökonomische Gründe, die *gegen* ein Voucher Modell und *für* die Verkaufsprivatisierung sprachen. Als man Ende 1989 mit der Ausarbeitung einer Privatisierungsstrategie begann, stellte das Budgetdefizit ein großes Problem für die polnischen Reformer dar. Seit 1988 war die Regierung immer weniger in der Lage gewesen, das Budgetdefizit und damit verbunden die makroökonomische Situation zu kontrollieren. Starke Lohnanstiege (im ersten Quartal 1989 über 120 %) verbunden mit monopolistischen Überwälzungsmöglichkeiten der Unternehmen hatten eine Lohn-Preisspirale bis hin zur Hyperinflation in Gang gebracht. Auch die Löhne im öffentlichen Sektor außerhalb der Staatsunternehmen waren hiervon nicht ausgenommen, was zu erhöhten Staatsausgaben führte. Die Anhebung der staatlichen Garantiepreise für landwirtschaftliche Produkte bei weiterer Subventionierung der Endverbraucherpreise für Lebensmittel öffnete die Schere zwischen öffentlichen Einnahmen und Ausgaben weiter. Zusätzlich vergrößert wurde das Defizit durch wachsenden Kontrollverlust über die Staatsunternehmen bei gleichzeitiger Hyperinflation. Die Finanzverwaltung konnte die fälligen Steuern oft nur mit großer Verzögerung eintreiben, was zu einem ständigen Sinken der realen Steuereinnahmen führte. Dies alles hatte dazu beigetragen, daß 1989 ein Budgetdefizit von über 7,3 % entstanden war (*Balcerowicz* 1994, S. 156-7, *Bratkowski* 1995, S. 17-8). Vor dem Hintergrund dieser fiskalischen Krise und dem strikten Stabilisierungskurs der neuen Regierung, der eine Monetarisierung weiterer Defizite ausschloß, waren die erwarteten Einnahmen aus dem Verkauf staatlicher Unternehmen ein entscheidender Pluspunkt, der für das Modell der Verkaufsprivatisierung sprach.

In einer ersten Phase sollten die Staatsunternehmen in staatliche Kapitalgesellschaften umgewandelt werden (Kommerzialisierung). Dieser Prozeß sollte, neben der expliziten Ausrichtung der Staatsunternehmen an ökonomischen Prinzipien (Verbesserung der Kontrollstrukturen und Härtung der Budgetrestriktionen), der Klärung der Eigentumsrechte dienen. Es sollte deutlich werden, daß der Staat der alleinige Besitzer der Unternehmen war, und daher auch das Recht zur Privatisierung hatte

---

[81] Das Konzept, an dem sich der erste Gesetzentwurf orientierte war damals von *Kawalec* vorgetragen worden (*Kawalec* 1989). Dieser wurde später ein führender Berater *Balcerowicz'* im Finanzministerium (siehe hierzu auch *Balcerowicz* 1994, S. 170).

[82] Die ersten Ansätze der Idee der Massenprivatisierung können noch weiter zurückverfolgt werden. Populär wurde sie aber erst durch das erwähnte Konzept von *Lewandowski* und *Szomburg*. Später plädierten auch die Regierungsberater *Lipton* und *Sachs* (1990b) für die kostenlose Verteilung von Eigentumsrechten, wenn auch unter stärkerer Berücksichtigung von Finanzinstitutionen wie Banken, Versicherungen und Pensionsfonds (*Delhaes* 1992).

(*Błaszczyk/Dąbrowski* 1994, S. 89). Anschließend sollten die Unternehmen als vollständige Betriebe, in Form einzelner Aktiva oder durch den Verkauf von Aktienpaketen veräußert werden. Die Bewertung der Unternehmen sollte entweder mit Hilfe von Expertengutachten oder im Zuge von Auktionen erfolgen (*Wellisz et al.* 1993, S. 176). Zu Beginn sollten bekannte und wirtschaftlich intakte Staatsunternehmen privatisiert werden. Hierdurch erhoffte man sich beträchtliche Privatisierungseinnahmen zur Stützung des Budgets (*Dobek* 1993, S. 69, 144, *Błaszczyk* 1996, S. 177, 179) und wollte darüber hinaus das allgemeine Interesse an der Privatisierung wecken. Außerdem sollte die Entstehung moderner Kapitalmarktinstitutionen gefördert werden (*Wellisz et al.* 1993, S. 176, *Mohlek* 1997a, S. 88). Für die weniger profitablen Unternehmen sah *Lis'* Konzept den Verkauf erst im Anschluß an eine Sanierung unter staatlicher Kontrolle vor. Es wurde davon ausgegangen, daß so bei der anschließenden Privatisierung ein höherer Verkaufserlös erzielt werden konnte (*Błaszczyk/Dąbrowski* 1994, S. 95).

Sowohl innerhalb der Regierung als auch im Parlament stieß dieses Konzept auf Widerstand. In der Regierung war es vor allem eine Gruppe von Beratern um *Balcerowicz*, die das langsame Tempo der fallweisen Vorgehensweise bemängelten (*Gomulka/
Jasiński* 1994). Eine möglichst hohe Geschwindigkeit der Reformen hatte in *Balcerowicz* Reformprogramm von Beginn an eine besondere Rolle gespielt. Für die Bevölkerung schmerzhafte und unter normalen Umständen kaum mögliche Reformen sollten in der Phase der *extraordinary politics,* die zu Beginn der Transformation möglich waren, so schnell wie möglich durchgesetzt werden, um den *point of no return* der Transformation zu überschreiten, bevor sich das *window of opportunity* wieder schloß.[83] Man war sich bewußt, daß die Privatisierung zeitaufwendig war, und darum zwangsläufig hinter anderen Reformen zurückbleiben mußte (*Balcerowicz* 1994, *Balcerowicz et al.* 1997). Um diese Verzögerung zu vermindern, sollte *Lis'* Konzept um die Möglichkeit der Privatisierung durch Liquidation von Staatsunternehmen sowie einer Massenprivatisierung entsprechend dem Vorschlag von *Lewandowski* und *Szomburg* erweitert werden (*Wellisz et al.* 1993, S. 176-7). Der endgültige Regierungsentwurf, der nach intensiven Diskussionen zustande kam, war ein Kompromiß zwischen beiden Konzepten.[84] Mit Blick auf die öffentlichen Finanzen war bedeutend, daß für die großen und leistungsstarken Unternehmen weiterhin der Verkauf als Privatisierungsmethode vorgesehen war (*Mohlek* 1997a, S. 88-90).

Vor der Verabschiedung des Gesetzes fand eine weitere intensive Diskussion im *Sejm* und in der Öffentlichkeit statt (*Delhaes* 1992, S. 46-48). Eine Besonderheit der polnischen Situation war, daß die Regierung wesentlich liberalere Positionen vertrat als die sie unterstützende *Solidarność*-Fraktion im Parlament (*Balcerowicz* 1994, S. 168-9). Auch der endgültige Entwurf der Regierung orientierte sich weiterhin am britischen

---

[83] „I also sensed that the period of 'extraordinary politics' was short-lived and that one should use it to introduce tough economic measures" (*Balcerowicz* 1994, S. 172).

[84] Die Intensität der Diskussion kann daran gemessen werden, daß im Zeitraum zwischen September 1989 und Anfang 1990 13 Entwürfe ausgearbeitet wurden.

Modell. Die Privatisierungsmethoden sollten sich eher an Effizienz als an Verteilungs-kriterien orientieren. Es wurde ein System von Eigentumsrechten angestrebt, daß den *corporate governance* Strukturen westlicher Martkwirtschaften ähnelte. Das bedeutete eine klare Absage an weitreichende Mitbestimmung, Arbeiterselbstverwaltung oder die Möglichkeit eines „dritten Wegs" (*Frydman et al.* 1993a, S. 176).

Die *Solidarność*-Fraktion im Parlament hingegen bestand größtenteils aus Aktivisten der in den Unternehmen verwurzelten Gewerkschaftsbewegung. Die Verfügungsrechte in Form von Kontrollmöglichkeiten, die sich die Belegschaften der Unternehmen während der Reformen der 80er Jahre erkämpft hatten, wären durch die geplante Form der Kommerzialisierung und Privatisierung weitestgehend verloren gegangen. Daher verfolgten die *Solidarność* Abgeordneten im Parlament und andere der *Solidarność* zugehörige oder nahestehende Organisationen ein Privatisierungskonzept, das stark von der Idee der Arbeiterselbstverwaltung beeinflußt war, um so die bereits vorhandenen Mitbestimmungsrechte in die neue Zeit hinüberzuretten und wenn möglich auszubauen (*Szomburg* 1993, S. 76-8). Diese entgegengesetzten Standpunkte und Konzepte waren der Grund für intensive Diskussionen zwischen Regierung und Parlament aber auch innerhalb des Parlaments, die sich über die erste Hälfte des Jahres 1990 hin streckten und den Beginn der Privatisierung verzögerten.

4.1.3. Das polnische Privatisierungsgesetz als Kompromiß

Das am 1. August 1990 in Kraft getretene Privatisierungsgesetz stellte einen Kompromiß zwischen den drei vertretenen Positionen dar. Es basierte auf der ursprünglichen, am Verkauf orientierten, Strategie, berücksichtigte das Interesse des Parlamentes an einer starken Stellung der Belegschaften und enthielt eine Option für die Massenprivatisierung, was den Vorstellungen der Befürworter einer schnelleren Privatisierung innerhalb der Regierung entsprach (*Błaszczyk* 1997, S. 45).

Die Vorstellungen der Befürworter einer Verkaufsstrategie fanden in den Regelungen zur sogenannten Kapitalprivatisierung im ersten Teil des Gesetzes ihren Niederschlag. Diese Privatisierungsmethode sollte Priorität besitzen. Die gesetzlichen Regelungen der Privatisierung durch Verkauf waren daher wesentlich detaillierter als die Bestimmungen zu den anderen Methoden. Die Interessen der *Insider* wurden vor allem mit der Privatisierung durch Liquidation, aber auch durch eine Reihe von Mitspracherechten und Begünstigungen innerhalb der Verkaufsprivatisierung berücksichtigt. Die Massenprivatisierung wurde im Gesetz nicht detailliert geregelt. Es wurde nur ein Artikel aufgenommen, der die grundsätzliche Möglichkeit für die Anwendung dieser Privatisierungsmethode offen hielt. Angesichts der fiskalischen und ökonomischen Krise, in der sich Polen zu Beginn der Transformation befand, und unter Berück-sichtigung des Stellenwertes, den die Konsolidierung des Staatshaushaltes innerhalb des makroökonomischen Stabilisierungspaketes innehatte, ist dieses Abrücken von der rein verkaufsorientierten Strategie nicht unmittelbar verständlich. Wie kann das Zustande-kommen dieses Kompromisses also erklärt werden?

Einen wichtigen Faktor stellte die starke inner- und außerparlamentarische Opposition gegen die ursprünglichen Vorstellungen der Regierung dar, die ein Passieren des Regierungsentwurfes unmöglich machte.[85] Für die Regierung wurde das Einlenken in den Kompromiß durch mehrere Faktoren erleichtert. Auffallend ist, daß gerade die fiskalischen Zwänge, die für eine Verkaufsstrategie sprachen, in der Zeit als der Gesetzentwurf diskutiert wurde, nachließen.

1989 hatte das Budgetdefizit 7,3 % betragen, und erreichte 1991 abermals eine Höhe von 6,5 %. 1990 hingegen, dem Jahr der Verabschiedung des Privatisierungsgesetzes, konnte ein Überschuß von 3,2 % erzielt werden (Tabelle 6). Diese kurzfristige fiskalische Stabilisierung war vor allem ein *windfall gain* der makroökonomischen Schocktherapie. Die Preisfreigabe sowie die Liberalisierung der Wirtschaftstätigkeit und des Handels hatten der Regierung die Möglichkeit eröffnet, sich aus der Verantwortung für niedrige Konsumentenpreise zurückzuziehen. Nachdem bereits 1989 Subventionskürzungen erfolgt waren, wurden die direkten Subventionen 1990 erneut um über 5 % des BIP gekürzt, so daß sie nur noch rund 7 % (Im Gegensatz zu 16 % Mitte der 80er Jahre) betrugen[86]. Außerdem wurde die Ausgabenseite des Budgets durch den Stop einer Reihe bis dahin zentral geplanter und finanzierter Investitionsprojekte entlastet.

Auf der Seite der Einnahmen des polnischen Staatshaushaltes machte sich die positive Wirkung, die das Stabilisierungsprogrammes auf die Gewinne der Unternehmen hatte, bemerkbar. Die Gewinne wurden durch ein starkes Sinken der Reallöhne in Folge der Anpassungsinflation und einer restriktiven Lohnpolitik, insbesondere durch Besteuerung der Lohnzuwächse (*popiwek*), der Abwertung des *Zloty* bei gleichzeitiger Liberalisierung des Außenhandels und der einmaligen Wirkung einer Neubewertung der Aktiva von Unternehmen positiv beeinflußt (*Bratkowski* 1995, S. 21).

Auch bei der Auslandsverschuldung, neben dem Budgetdefizit die zweite wichtige Größe, die für eine reine Verkaufsvariante gesprochen hätte, zeichnete sich zu Beginn 1990 eine günstige Entwicklung ab. Bereits im Februar 1990 konnte ein Umschuldungsabkommen mit dem Pariser Klub der 17 größten staatlichen Gläubiger Polens geschlossen werden. Über 2/3 der polnischen Auslandsverbindlichkeiten wurden von diesen Gläubigern gehalten. Die Rückzahlung von 10 Milliarden US $ zuzüglich der Zinsen wurde für acht Jahre aufgeschoben, was eine unmittelbare Entlastung für das Budget bedeutete. Außerdem wurden weitere Verhandlungen in Aussicht gestellt, bei denen neben einer zusätzlichen Umschuldung auch die Streichung von Auslandschulden debattiert werden sollte (*Viola* 1996, S. 67-75). Auch wenn dieses weitreichende Abkommen erst im April 1991 unterzeichnet wurde, so waren durch die Verhandlungen

---

[85] *Gomulka/Jasiński* (1994, S. 16) beschreiben diese Auseinandersetzungen als „war of privatization blueprints".

[86] Zur Entwicklung der verschiedenen Einnahme- und Ausgabekategorien der öffentlichen Haushalte siehe *IMF* (1996).

mit dem Pariser Klub die Restriktionen für die Privatisierungspolitik, die von der Auslandsverschuldung ausgingen, zunächst gelockert.[87]

Neben diesen ökonomischen Entwicklungen haben auch innenpolitische Erwägungen zum Einlenken der Regierung in den im Gesetz verankerten Kompromiß geführt. Die *Austerity*-Maßnahmen des *Balcerowicz*-Plans hatten Mitte 1990 bereits begonnen Wirkung zu zeigen. Die Inflationsrate war drastisch gesunken, die Versorgungslage hatte sich schnell gebessert, der private kleingewerbliche Sektor entwickelte sich sehr dynamisch. Allerdings hatte die Bevölkerung auch den entsprechenden Preis in Form rückläufiger Produktion, sinkender Realeinkommen und steigender Arbeitslosigkeit zu zahlen. Um die politischen und sozialen Spannungen abzumildern, entschloß sich die Regierung im Juni 1990 zur Lockerung einiger makroökonomischer Restriktionen. Zu nennen sind die Senkung der Zinsen, die Herabsetzung der Sätze für die *popiwek* oder der Entschluß, die unerwarteten Mehreinnahmen des Staatshaushaltes für sozial- und arbeitsmarktpolitische Interventionen zu verwenden (*Dąbrowski* 1992, S. 64). Das Festhalten an der ursprünglichen, fast ausschließlich auf den Verkauf setzenden Privatisierungsstrategie hätte womöglich ein neues Konfliktfeld innerhalb von Unternehmen und Gesellschaft eröffnet. Um dies zu verhindern gab die Regierung den Interessen der Insider durch das Einlenken in der Privatisierungsfrage teilweise nach (*Szomburg* 1995, S. 76-7).

Weiterhin ist ein gewisser Zeitdruck zu nennen, da angesichts der aufziehenden Konflikte im Zusammenhang mit dem Präsidentschaftswahlkampf (s.u.) eine Spaltung des *Solidarność* Lagers drohte, und die Periode der *extraordinary politics* sich Mitte 1990 bereits dem Ende zuzuneigen schien (*Balcerowicz* 1994, S. 172). Diesem Zeitdruck ist es auch zuzuschreiben, daß die Regelungen zur Massenprivatisierung nicht weiter ausgeführt wurden und auch die in Polen sehr kontroverse Frage der Restitution vorerst nicht geregelt wurde. (*Delhaes* 1992, S. 56). Die wichtigsten Inhalte des schließlich verabschiedeten Gesetzes werden im Folgenden dargestellt.

4.2. Das Privatisierungsgesetz und weitere relevante Regelungen

4.2.1. Die Verteilung der Kompetenzen

Die Kompetenzen innerhalb des polnischen Privatisierungsprozesses sind auf eine Vielzahl von Institutionen verteilt. Der *Sejm* legt die allgemeinen Grundzüge der Privatisierungspolitik fest und kontrolliert den Prozeß. Außerdem hat er das Recht, über die Verwendung der Privatisierungseinnahmen, die im Haushalt gesondert auszuweisen sind, zu entscheiden.

Die von der Regierung angestrebte Klärung und Zentralisierung von Verfügungsrechten wurde durch das Privatisierungsgesetz nur teilweise erreicht. Eine wichtige institutionelle Neuerung war die Einrichtung des Ministeriums für Eigentums-

---

[87] Zur Veranschaulichung dieser Entlastung siehe auch Abbildungen 1 und 2.

umwandlung (MEU). Es sollte als zentrale Privatisierungsbehörde für alle wichtigen Aspekte des Privatisierungsprozesses verantwortlich sein. Dazu gehörte die Ausarbeitung neuer Programme, die Vorbereitung der notwendigen Gesetze, die Kommerzialisierung der Staatsunternehmen und Ausübung der Eigentumsrechte sowie der Verkauf von Unternehmen oder Unternehmensteilen (*Frydman et al.* 1993a, S. 94, *Mohlek* 1997a, S. 178).[88] Diese umfassende Zuweisung strategischer und operativer Kompetenzen wurde aufgeweicht, indem eine Reihe weiterer Instanzen in den Privatisierungsprozeß eingebunden wurden. Zu nennen sind hier die sogenannten Gründungsorgane, meist Branchenministerien oder deren Nachfolger das Industrieministerium, außerdem regionale Regierungen, und die Selbstverwaltungsorgane der Unternehmen.[89] Auf diese untergeordneten Ebenen waren im Zuge vorangegangener Reformen eine Reihe von Verfügungsrechten verlagert worden (s.o.). Die jeweiligen Kompetenzen hinsichtlich der Privatisierung hängen vom jeweils gewählten Verfahren ab. Das Gesetz enthält eine Tendenz dahingehend, alle von der Privatisierung Betroffenen in den Prozeß einzubeziehen und Entscheidungen möglichst im Einvernehmen zu treffen. Die existierende Struktur der Verfügungsrechte (Tabelle 2) wurde also im Privatisierungsgesetz durch die Verteilung von Kompetenzen an die verschiedenen *stakeholder* berücksichtigt (*Szomburg* 1993, S. 79-80).

4.2.2. Die Privatisierungsverfahren

Kapitalprivatisierung

Mit Kapitalprivatisierung wird in Polen der Verkauf von Unternehmen bezeichnet, der für große und sehr große, wirtschaftlich intakte Unternehmen vorgesehen ist. Dem Verkauf des Unternehmens ist die Kommerzialisierung vorgeschaltet. Durch eine Änderung der Rechtsform werden dabei die Unternehmen dem Gesellschaftsrecht, statt wie vorher dem Gesetz über Staatsunternehmen unterstellt. Dadurch sollen die Unternehmen entpolitisiert und an ökonomischen Prinzipien ausgerichtet werden. Während der Kommerzialisierung werden die Selbstverwaltungsorgane aufgelöst und der Einfluß der Mitarbeiter wird auf das Recht zur Nominierung eines Drittels der Mitglieder des neu zu schaffenden Aufsichtsrates beschränkt (*Mohlek* 1997a, S. 106). Die Eigentumsrechte werden an zentraler Stelle, nämlich beim MEU respektive der Regierung konzentriert, was die spätere Privatisierung erleichtert. Gleichzeitig wird durch die neue Rechtsform der Zugang zum entstehenden Kapitalmarkt ermöglicht und die Konkursgefahr erhöht (*Błaszczyk* 1991, S. 112).

Die impliziten Eigentumsrechte, die sich die Belegschaften der Unternehmen und untergeordnete staatliche Instanzen zu Beginn der 80er Jahre gesichert hatten, werden

---

[88] Ein Organisationsschema des Ministeriums für Eigentumsumwandlungen findet sich bei *Kost* (1994, S. 22) und *Frydman et al.* (1993a, S. 179).

[89] Hinzu kommen eine Reihe weiterer Institutionen, die Kompetenzen bei der Privatisierung erhielten. Ein Überblick findet sich bei *Delhaes* (1992, S. 53-55).

im Kommerzialisierungsverfahren berücksichtigt: Die Kommerzialisierung geschieht in der Regel auf Antrag des Rates der Beschäftigten und des Direktors unter Zustimmung der Belegschaftsvollversammlung und des zuständigen Gründungsorgans. Das Gründungsorgan kann die Kommerzialisierung ebenfalls beantragen, wenn die Unternehmensorgane zustimmen. Das Privatisierungsministerium kann die Kommerzialisierung verweigern, wenn die wirtschaftliche Situation eines Unternehmens so schlecht ist, daß eine spätere Privatisierung problematisch werden könnte (*Mazur et al.* 1994, S. 184). In Ausnahmefällen schließlich, kann auch der Ministerpräsident die Kommerzialisierung eines Unternehmens anordnen. Da ein solches Vorgehen aber mit erheblichen politischen Kosten verbunden sein kann, war dies bisher eine absolute Ausnahme (*Szomburg* 1993, S. 81).

Für die Beschäftigten der staatseigenen Unternehmen ist die Kommerzialisierung mit einer Reihe von Nachteilen verbunden. Sie verlieren ihre Mitbestimmungsrechte und müssen zudem damit rechnen, daß ihre Arbeitsplätze durch Restrukturierung und Privatisierung in Gefahr geraten. Daher hat der Gesetzgeber Anreize für die Zustimmung zur Kommerzialisierung als Vorstufe der Privatisierung geschaffen. Die Belegschaften erhalten bei der Privatisierung bis zu 20 % der Aktien des Unternehmens zu einem bis zu 50 % reduzierten Preis. Außerdem sind die kommerzialisierten Unternehmen von der Besteuerung des Lohnzuwachses (*popiwek*) ausgenommen, sobald mehr als 50 % der Anteile privatisiert sind (*Mohlek* 1997a, S. 132, 142). Ein weiterer Anreiz für die Kommerzialisierung mit anschließender Privatisierung kann aus der sich verändernden wirtschaftlichen Situation entstehen. Durch zunehmende Wettbewerbsintensität im Laufe der Transformation werden die Schwächen des Arbeiterselbstverwaltungssystems deutlich, was die Attraktivität stärkerer Kontrolle (und damit Verantwortung) durch den Staat und späterer Übernahme des Managements durch Privateigentümer erhöht (*Szomburg* 1993, S. 81). Hinzu kommt, daß mit der Besetzung eines Drittels der Mitglieder des Aufsichtsrates durch die Beschäftigten ein Rest an Einfluß bei der Belegschaft verbleibt.

Im Anschluß an die Kommerzialisierung schreibt das Gesetz die Privatisierung innerhalb von zwei Jahren vor. Der Privatisierung vorausgehend soll das Unternehmen durch das MEU mit Hilfe privater Consultants eingehend analysiert und bewertet werden (*Mazur et al.* 1994, S. 184). Für den anschließenden Transfer von Eigentumsrechten an den Privatsektor stehen verschiedene Methoden zur Verfügung: Verkauf über die Börse, direkter Verkauf an einzelne Investoren im Anschluß an Verhandlungen oder durch Auktionen. Ursprünglich sollte die Börseneinführung der Unternehmen verbunden mit einer Publikumsofferte der Hauptweg der Privatisierung werden. Dadurch sollten verschiedene Ziele erreicht werden: Neben der Erzielung von Einnahmen für den Fiskus sollte diese Methode auch der Entwicklung der Kapitalmärkte dienen und breite Schichten der Bevölkerung für die Privatisierung interessieren. Es zeigte sich aber schnell, daß diese Methode gerade wegen des erst entstehenden Aktienmarktes langsam war und die Einnahmen wegen hoher Kosten der Börseneinführung hinter den Erwartungen zurückblieben (*Frydman et al.* 1993a, S. 184-5). Zusätzlich führte die starke Streuung des Aktienbesitzes unter Kleinanlegern zu einem

Kontrollproblem, da nun die ebenfalls zu Aktionären gewordenen Belegschaften Lohnerhöhungen den Vorzug gegenüber Restrukturierungsmaßnahmen gaben (*Kost* 1994, S. 100, *Mohlek* 1997a, S. 152).

Nach den ersten Erfahrungen mit der Börseneinführung von Unternehmen wurde diese Methode meist mit dem Verkauf an einen oder mehrere strategische Investoren kombiniert. Von der Möglichkeit der Auktion von Aktienpaketen wurde bisher wenig Gebrauch gemacht, Verhandlungen stellen das übliche Verfahren dar (*Jasiński* 1997, S. 156). Dabei treten die Interessenten von sich aus an das MEU heran, oder das MEU schreibt Unternehmen zur Privatisierung aus. In der Regel wird der Prozeß von privaten Beratungsagenturen begleitet. Der Preis, der am Ende dieser Verhandlungen vereinbart wird enthält neben monetären Zahlungen meist weitere Komponenten wie Investitions- und Beschäftigungszusagen (*Frydman et al.* 1993a, S. 187).[90]

Privatisierung durch Liquidation

Das Verfahren der Privatisierung durch Liquidation ist laut Gesetz speziell für kleinere und mittlere Unternehmen vorgesehen, deren wirtschaftliche Situation erkennen läßt, daß sie unter Marktbedingungen erfolgreich weitergeführt werden könnten. Das Ziel der Liquidation ist nicht die tatsächliche Auflösung des Unternehmens, sondern eine Änderung der Rechtsform und die Weiterführung unter anderen organisatorischen Bedingungen (*Delhaes* 1992, S. 56). Tatsächlich wird das Verfahren oft auch dann angewendet, wenn die Aussichten schlecht sind und die Unternehmen kurz vor dem Konkurs stehen, dieser aber aufgrund politischer und sozialer Erwägungen vermieden werden soll (*Frydman et al.* 1993a, S. 187).

Die Initiative zur Liquidationsprivatisierung geht formal von den Gründungsorganen aus, bedarf aber der Zustimmung des MEU und der Unternehmensorgane. In der Praxis zeigte sich aber schnell, daß die Gründungsorgane weder über die notwendigen Ressourcen noch über den Einfluß verfügen, die Privatisierung durch Liquidation einzuleiten. Daher geht die Initiative meist von den Unternehmensinsidern aus, die auch den weiteren Verlauf der Liquidation entscheidend beeinflussen können (*Szomburg* 1993, S. 82). Im Rahmen der Privatisierung durch Liquidation sind drei Varianten des Eigentumstransfers vorgesehen: Verkauf der Unternehmen an den neuen Eigentümer, Einbringung des Vermögens eines Unternehmens als Sacheinlage in eine neue Gesellschaft mit dem Staat als Teilhaber oder die Vermietung (Leasing) des Unternehmens an eine neu zu gründende private Unternehmung mit späterer Kaufoption.

Das Leasing eines Unternehmens ist die Form der Liquidation, die am häufigsten angewandt wird. Dabei muß der Leasingnehmer ein Unternehmen sein, an dem mindestens 50 % der Belegschaft des zu liquidierenden Staatsunternehmens beteiligt sind. In der Mehrzahl der Fälle werden die Leasingraten so berechnet, daß am Ende der vereinbarten Laufzeit das Unternehmen in den Besitz der neuen Gesellschaft über-

---

[90] Schematische Übersichten des Ablaufs von Kommerzialisierung und Kapitalprivatisierung in Polen finden sich bei *Kost* (1994, S. 98) und *Lowitzsch* (1993, S. 26)

gegangen ist, so daß es sich tatsächlich eher um ein *Management/Employee Buy Out* auf Raten handelt (*Mohlek* 1997a, S. 239). Prinzipiell sind aber auch Varianten möglich, bei denen das Unternehmen nur gepachtet wird oder bei denen es am Ende der Laufzeit gegen Zahlung eines Restbetrages, der sich am dann gültigen Marktwert orientiert, erworben werden kann. Der Mietkauf, die Variante bei welcher der Kaufpreis bereits in den Leasingraten enthalten ist, wird am häufigsten gewählt, da er für die Insider, die bei dieser Privatisierungsmethode die entscheidenden Akteure sind, am günstigsten ist. Die Leasingrate und der darin enthaltene Kaufpreis orientieren sich am Wert der Unternehmung zu Beginn des Vertrages. Aufgrund der besonderen mikro- und makroökonomischen Bedingungen im Transformationsprozeß, die durch schnelle Veränderungen geprägt sind, ist dieser schwer zu ermitteln. Da nur wenig objektive Anhaltspunkte für den Wert bestehen, wird der Preis der Unternehmung meist zwischen der Insiderkoalition aus Management, Mitarbeitern und Gewerkschaften und den zuständigen Behörden ausgehandelt (*Szomburg* 1993, S. 83). Je früher ein Vertrag geschlossen wird, desto unklarer ist die Lage und desto eher können die Insider ihren Informationsvorsprung gegenüber den Vertretern des Staates nutzen und auf die Festlegung eines möglichst niedrigen Wertes hinwirken (*Frydman et al.* 1993a, S. 188). Hinzu kommt, daß der bei der Berechnung der Leasingraten verwendete Zinssatz nach dem Gesetz unter dem Marktzins liegen, und aufgrund der hohen Inflationsrate zu Beginn der Transformation sogar oft negativ wurde (*Mohlek* 1997a, S. 247). Die Mietkauf Variante bietet daher einen zweifachen monetären Anreiz, indem unter Ausnutzung von Unsicherheit und Informationsasymmetrie ein niedriger Wert festgelegt werden kann und die Käufer zusätzlich von subventionierten Zinsen profitieren können.

Der Verkauf und die Einbringung des Unternehmens durch den Fiskus in eine neue Gesellschaft sind in der Praxis weniger bedeutend. Beim Verkauf kann das Unternehmen als Ganzes oder in Teilen an beliebige Interessenten verkauft werden. Dazu wird das Unternehmen normalerweise ausgeschrieben oder es erfolgt eine öffentliche Einladung an Investoren, Angebote abzugeben. Die laut Gesetz ebenfalls mögliche Auktion wird selten angewendet (*Mohlek* 1997a, S. 224). Auch wenn die Insider nicht die primären Adressaten dieser Liquidationsmethode sind, genießen sie auch hier einige Privilegien: Die Privatisierungsentscheidung kann nicht ohne Zustimmung des Arbeiterrates und des Direktors getroffen werden. Angebote, die von Belegschaftsangehörigen unterbreitet werden, werden bevorzugt behandelt. Bei der Zahlung des Kaufpreises, werden eine Reihe von Vergünstigungen eingeräumt (*Wellisz et al.* 1993, S. 178, *Frydman et al.* 1993a, S. 191).

Die Einbringung der Aktiva durch den Fiskus in eine neue Gesellschaft, die dann ein *joint venture* zwischen dem Staat und dem neuen Teilhaber darstellt, ist die bisher am wenigsten verbreitete Liquidationsmethode. Sie ist für solche Fälle vorgesehen, in denen Unternehmen dringend eine Kapitalzufuhr benötigen, und die finanziellen Ressourcen des Investors nicht durch einen hohen Kaufpreis in Anspruch genommen werden sollen. Somit entspricht diese Art der Liquidation einer Teilprivatisierung durch Kapitalerhöhung, bei der die Kapitalerhöhung durch den privaten Teilhaber vorgenommen wird. Die Methode kann auch dann angewendet werden, wenn Teile der

Belegschaft eines Unternehmens den Betrieb übernehmen möchten, aber nicht die gesetzlichen Anforderungen für das Leasingverfahren erfüllen oder über die nötigen Mittel zum Kauf verfügen (*Mohlek* 1997a, S. 232). Da bei dieser Methode der Staat als Teilhaber weiterhin in der Verantwortung für das Unternehmen verbleibt, wurde sie bisher meist vermieden (*Lowitzsch* 1993, S. 25).

4.2.3. Weitere relevante Regelungen

Neben den erwähnten Regelungen im Privatisierungsgesetz von 1990 stützt sich der polnische Privatisierungsprozeß auf eine Reihe weiterer Gesetzte und Verordnungen.[91] Große Bedeutung erlangten vor allem die Regelungen zur Liquidation durch Konkurs aus dem Gesetz über das Staatsunternehmen von 1981 und die gesetzliche Neuregelung des Immobilienmarktes, welche die Kleine Privatisierung ermöglichte.

Die Konkurs-Liquidation nach dem Staatsunternehmensgesetz

Ein Ziel der Reformen zu Beginn der 80er Jahre war die Einführung stärkerer ökonomischer Anreize in das polnische System der Staatsunternehmen gewesen. Daher wurde die grundsätzliche Möglichkeit, ein Staatsunternehmen aus wirtschaftlichen Gründen aufzulösen, in das Staatsunternehmensgesetz von 1981 eingefügt. Bis zum Beginn der Transformation blieb diese Regelung allerdings bedeutungslos. Unternehmen wurden, wenn überhaupt, nicht aufgrund ökonomischer Kriterien, sondern in Folge politischer Erwägungen aufgelöst. Auch langfristige Verluste waren in der Regel kein Anlaß, die Existenz des Betriebes in Frage zu stellen, sondern begründeten vielmehr einen Anspruch auf staatliche Subventionen. Mit Beginn der Transformation wurden die bestehenden Regelungen zur Liquidation von Staatsunternehmen wegen Überschuldung und Zahlungsunfähigkeit durch Gesetzesänderungen und Verordnungen „aktiviert" (*Mohlek* 1997a, S. 171).

Im Gegensatz zu der oben beschriebenen Liquidation nach dem Privatisierungsgesetz, wird bei der Liquidation nach dem Staatsunternehmensgesetz von 1981 das Unternehmen tatsächlich aufgelöst und nicht lediglich in eine andere Rechtsform überführt. Die Konkursliquidation wird auf Antrag des Gründungsorgans eingeleitet, wenn ein Unternehmen seit längerer Zeit in ernsthaften finanziellen Schwierigkeiten ist und keine Aussicht auf Besserung besteht. Ausgelöst wird das Verfahren meist dadurch, daß ein Unternehmen die „Dividende", eine Art Steuer auf den Kapitalstock, nicht mehr zahlen kann. Im Gegensatz zu den anderen Privatisierungsmethoden haben die Unternehmensorgane in diesem Fall keine Mitspracherechte, es muß lediglich eine Stellungnahme des Arbeiterrates eingeholt werden (*Frydman et al.* 1993a, S. 168-170). Die Gründungsorgane können dann das Unternehmen sofort auflösen oder zusammen mit dem Finanzministerium und den Gläubigern des Unternehmens ein neues Management

---

[91] *Mohlek* (1996, S. 315-7) nennt insgesamt 21 verschiedene Gesetze und Rechtsverordnungen als die wichtigsten, weist aber auf zahlreiche weitere Bestimmungen hin, die ebenfalls für Privatisierungsvorgänge relevant sind.

einsetzen. Dieses kann dann ohne formelle Einflußmöglichkeiten der Unternehmensorgane einen Sanierungsversuch unternehmen. Scheitert dieser, wird das Unternehmen endgültig liquidiert (*Błaszczyk* 1994, S. 193).

Nach der formellen Auflösung des Unternehmens werden die Aktiva des Unternehmens verkauft oder versteigert. Die Erlöse werden zur Befriedigung der Gläubiger verwendet, welches in den meisten Fällen andere Staatsunternehmen sind. Da die einzelnen Vermögenswerte dabei in der Regel in private Hände gelangen, kann die Konkursauflösung nach dem Staatsunternehmensgesetz als wichtiges Privatisierungsverfahren bezeichnet werden (*Błaszczyk* 1995, S. 97). Außerdem hat die Konkursliquidation eine disziplinierende Wirkung auf die Staatsunternehmen, da, bei entsprechender finanzieller Lage, die Liquidation auch gegen den Willen der Insider eingeleitet werden kann. Diese sehen sich somit vor die Wahl gestellt, im Verfahren der Konkursliquidierung ihren Einfluß auf den Verlauf der Privatisierung zu verlieren, von sich aus die Kommerzialisierung oder Liquidation nach dem Privatisierungsgesetz zu beantragen oder eine Restrukturierung in Angriff zu nehmen.

Die Kleine Privatisierung

Die Privatisierung von Einzelhandelsgeschäften sowie von kleineren Handwerks- und Dienstleistungsbetrieben erfolgte in Polen nicht durch ein besonderes Programm. Sie wurde durch die Verabschiedung verschiedener Gesetze, deren eigentliches Ziel nicht die Privatisierung war, und durch die Umsetzung bereits bestehender Regelungen ermöglicht. Hierzu gehörte zum Beispiel die Einführung der Gewerbefreiheit und die Stärkung der lokalen Selbstverwaltung der Kommunen (*Tamowicz* 1993, S. 174).

Ein großer Teil der Betriebsflächen, auf denen kleine Unternehmen wie Einzelhandelsgeschäfte und Werkstätten betrieben wurden, gehörten formal den polnischen Gemeinden oder lokalen Wohnungsbaugenossenschaften. Zu sozialistischen Zeiten konnten diese Eigentümer allerdings nicht frei darüber verfügen, sondern mußten die Immobilien zu niedrigen, administrativ festgesetzten Preisen und ohne Kündigungsmöglichkeit an die großen staatlichen Handels- und Dienstleistungsorganisationen vermieten.

Durch Änderungen von Gesetzen über das Wohnungswesen und den Genossenschaftssektor Anfang des Jahres 1990 wurden die Eigentumsrechte der Gemeinden und der lokalen Wohnungsbaugenossenschaften wieder hergestellt. Sie konnten den bisherigen Mietern kurzfristig kündigen und die Betriebsflächen zu Marktpreisen vermieten. Seit Einführung der Gewerbefreiheit im Dezember 1989 hatte der kleingewerbliche Sektor in Polen einen wahren Boom erlebt. Diese aufstrebenden Unternehmen waren in der Lage, höhere Mieten zu zahlen als die ineffizienten staatlichen Handels- und Dienstleistungsunternehmen. Für die Eigentümer der Gewerbeflächen und -räume war es daher attraktiv, an die neuen Privatunternehmen zu vermieten.

Bemerkenswert an der Kleinen Privatisierung in Polen ist, daß in den allermeisten Fällen die Geschäfte nicht verkauft, sondern lediglich verpachtet wurden. So vollzog

sich ein Großteil der Privatisierung im kleingewerblichen Bereich durch Wiederherstellung der ursprünglichen Eigentumsrechte und den anschließenden Wechsel der
Geschäftsbetreiber (*Earle et al.* 1994, S. 201-205, *Mohlek* 1997a, S. 61-66).

Auch wenn das Ziel höherer Mieteinnahmen eine treibende Kraft in diesem Prozeß
war, so wurden nicht alle Entscheidungen ausschließlich auf dieser Basis getroffen. Eine
einnahmenmaximierende Auktionslösung wurde wesentlich seltener gewählt, als die
direkte Verhandlung mit potentiellen Mietern. In vielen Fällen wurden die Betriebsflächen nicht an die Meistbietenden vermietet, sondern Insider erhielten aufgrund ihres
Informationsvorsprungs und durch besondere Möglichkeiten der Einflußnahme auf den
Entscheidungsprozeß oder aus sozial- oder lokalpolitischen Erwägungen heraus den
Vorzug (*Earle et al.* 1994, S. 213-7).

4.3.   Privatisierung während politischer und fiskalischer Krisen: 1990-93

Die erste Phase der polnischen Privatisierungspolitik, die mit der rechtlichen
Regelung der Privatisierung zu Ende ging, wurde von zwei der hier als relevant
betrachteten Restriktionen bestimmt: Den fiskalischen Zwängen beziehungsweise deren
zeitweiser Lockerung und der starken Stellung der Unternehmensinsider und ihrer
politischen Vertretung, der *Solidarność*-Fraktion im Parlament. Trotzdem es bereits in
dieser Zeit starke politische Auseinandersetzungen gegeben hatte, fiel die
Verabschiedung der Gesetze noch in eine Phase, in der ein gewisses politisches Vakuum
herrschte und die allgemeine Bereitschaft für Reformen und Veränderungen hoch war
(*Balcerowicz* 1994).

Diese Situation änderte sich jedoch ab Mitte 1990. Zum einen verschlechterte sich
die wirtschaftliche Lage (Tabelle 5), was eine Abnahme der Zustimmung zu weiteren
Reformen, eine „Reformmüdigkeit", zur Folge hatte. Zum anderen kam es gerade zu
dem Zeitpunkt, als die Privatisierung anlief und der gewählte Ansatz seine Schwächen
offenbarte, zu innenpolitischen Spannungen, die einen fortgesetzten gesellschaftlichen
Konsens in der Privatisierungsfrage und somit eine Anpassung der Gesetzte, unmöglich
machten (*Szomburg* 1995, S. 77). Im folgenden werden die volkswirtschaftlichen
Rahmendaten dieser Phase, insbesondere die fiskalischen, skizziert[92] und die politischen
Turbulenzen beschrieben. Anschließend wird der Einfluß beider Faktoren auf den
Fortgang der Privatisierung analysiert.

4.3.1.   Die Entwicklung der ökonomischen und fiskalischen Situation

Die durch die Maßnahmen des *Balcerowicz*-Planes eingeleitete Schocktherapie
bewirkte in Polen bereits 1990 einen starken Rückgang des Sozialproduktes und einen
nochmaligen Anstieg der Inflationsrate von 250 % im Jahr 1989 auf nahezu 600 % im
Jahr 1990. Gleichzeitig stieg die Arbeitslosenrate, die 1989 offiziellen Angaben zu
Folge bei 0,1 % lag, auf über 6 % an. Einige Sektoren hatten besonders unter der

---

[92] Zu einer ausführlichen Darstellung siehe zum Beispiel *Bratkowski* (1995) oder *OECD*
(1992, 1994b).

Entwicklung zu leiden, insbesondere die ineffiziente Landwirtschaft, mit ihrer über-proportional hohen Zahl von Beschäftigten, die nach der Liberalisierung und gleich-zeitigem Wegfall von Subventionen in direkter Konkurrenz mit ausländischen Anbietern stand.

Tabelle 5: Indikatoren der wirtschaftlichen Entwicklung Polens (1989-93)

	1989	1990	1991	1992	1993
BIP (reale Veränderung in %)	0,2	-11,6	-7,0	2,6	3,8
Konsumentenpreise (Veränderung/Jahr in %)	251,1	585,8	70,3	43,0	35,3
Arbeitslosigkeit (% Erwerbspersonen)	0,1	6,1	11,8	13,6	16,4

Quellen: *EBRD* (1996)

Im folgenden Jahr verschlechterte sich die Lage nochmals, wenn auch bei der Inflationsrate ein erheblicher Rückgang erzielt werden konnte. Ab 1992 begann das Sozialprodukt wieder zu wachsen. Dieser Trend setzte sich 1993 fort. Die Wachstumsraten waren allerdings sektoral sehr unterschiedlich ausgeprägt. Daher muß das gesamtwirtschaftliche Wachstum in Polen von Beginn der Transformation an als Saldo zweier entgegengesetzter Trends betrachtet werden: Das schnelle Wachstum des privaten Sektors und der Rückgang der Aktivität im staatlichen Sektor (*Bratkowski* 1995, S. 26).[93] Besonders betroffen vom Einbruch des Sozialproduktes und dem einsetzenden Strukturwandel waren also nicht nur die Beschäftigten in der Landwirtschaft, sondern auch die Arbeiter der staatlichen Industriebetriebe. Dies war für die reformbereiten *Solidarność*-Regierungen besonders problematisch, da gerade die Industriearbeiterschaft stets das Rückgrat der *Soldarność* gebildet hatte.

Ein wichtiges Ziel der ökonomischen Reformen war die Sanierung und Umstruktu-rierung der öffentlichen Haushalte. An diesen Reformzielen hielten sämtliche *Solidarność*-Regierungen im betrachteten Zeitraum mehr oder weniger fest (*Balcerowicz* 1994). Die erste Hälfte des Jahres 1990 war durch hohe Einnahmen der öffentlichen Haushalte bei langsam wachsenden Ausgaben gekennzeichnet (Tabelle 6). In dieser Situation wurden, angesichts wachsender Arbeitslosigkeit und sinkender Reallöhne, neben dem Kompromiß des Privatisierungsgesetzes, auch relativ großzügige Änderungen im Bereich der Arbeitslosenunterstützung und des Zugangs zum Renten-

---

[93] Wegen dieser zwei Komponenten des Trends ist bei der Verwendung und Interpretation dieser makroökonomischen Daten mit großer Vorsicht vorzugehen. Der statistische Apparat war auf die Erfassung einer sozialistischen Volkswirtschaft ausgelegt. Dies führte dazu, daß der schnell wachsende private Sektor nur ungenügend erfaßt werden konnte und so der Ein-fluß des schrumpfenden Staatssektors auf das gemessene BIP überproportional hoch war. Hinzu kommt, daß die schnell eintretende Verbesserung in der Versorgungslage, wie höhere Qualität der Güter und deren gesteigerte Verfügbarkeit in diesen Daten nicht zum Ausdruck kommen. Dennoch haben diese Daten eine gewisse Relevanz, da sie die Wahrnehmung der Lage in Politik und Öffentlichkeit stark beeinflußt haben (*Balcerowicz et al.* 1997, S. 139).

system beschlossen. Gerade diese Sozialgesetzgebung stellte in den folgenden Jahren eine wachsende Belastung für die öffentlichen Haushalte dar (*Bratkowski* 1995, S. 21).[94] Bereits ab Mitte 1990 begannen die Ausgaben stark zu wachsen, so daß trotz weiterhin hoher Einnahmen der Überschuß gegen Ende des Jahres zurückging, insgesamt aber immer noch 3,2 % betrug.

Tabelle 6:   Entwicklung der öffentlichen Haushalte Polens (1989-93)

(Angaben in %BIP)	1989	1990	1991	1992	1993
Einnahmen	41,5	43,0	41,5	44,0	47,0
Ausgaben	48,8	39,8	48,0	50,6	50,6
Budgetsaldo	-7,3	+3,2	-6,5	-6,6	-3,0

Quelle: *IMF* (1996)

In den Jahren 1991-1993 war die Konsolidierung der öffentlichen Haushalte eines der Hauptprobleme der polnischen Wirtschaftspolitik. Mit jedem neuen Haushaltsgesetz und jedem Nachtragshaushalt der wechselnden Regierungen wurden Anstrengungen unternommen, um durch Senkung der Sozialausgaben, der Subventionen und der Arbeitslosenunterstützung und durch stärkeren Durchgriff bei der Steuereintreibung sowie die Einführung einer personengebundenen Einkommenssteuer, Budgetdefizite zu vermeiden (*Balcerowicz et al.* 1997, S. 142).

Dies gelang allerdings nicht. 1991 kam es in Folge der ökonomischen Transformationskrise, die durch den Zusammenbruch des RGW Handels noch verschärft wurde, zu einem starken Sinken der Unternehmensgewinne und einem entsprechenden Rückgang der Einnahmen aus deren Besteuerung. Hinzu kam, daß die staatlichen Unternehmen nicht nur keine besteuerbaren Gewinne erzielten, sondern ihre Verluste ausglichen, indem sie auch andere fällige Steuern wie die *popiwek* oder die Kapitalsteuer (*Dividenda*) nicht abführten. Weiterhin erwies sich auch die Steuerdisziplin des schnell expandierenden privaten Sektors als gering (*OECD* 1992, S. 30).

Auf der Ausgabenseite gelang es zwar, umfangreiche Kürzungen, vor allem bei den Subventionen vorzunehmen. Der Rückgang wurde jedoch durch höhere Ausgaben vor allem für Löhne im öffentlichen Sektor und für Transfers an Haushalte im Rahmen verschiedener Sozialprogramme überkompensiert, so daß es per Saldo zu einem Ausgabenanstieg kam (*Bratkowski* 1995, S. 32-3, *Balcerowicz et al.* 1997, S. 140).

Die nochmals gestiegenen Ausgaben, wieder im wesentlichen für Löhne im öffentlichen Sektor und Sozialausgaben, führten auch 1992 trotz leichter Erholung auf der Einnahmenseite, wieder zu einem Budgetdefizit von nahezu 7 % des BIP. Erst 1993 begannen die fiskalischen Konsolidierungsbemühungen zu greifen. Im Zuge des volks-

---

[94] Von 1990 bis 1991 stiegen die Ausgaben für Sozialleistungen von 10,6 % auf 17,3 % des BIP an (*IMF* 1996).

wirtschaftlichen Aufwärtstrends und als Folge der Einführung einer neuen Umsatzsteuer sowie einer persönlichen Einkommensteuer konnte die Einnahmensituation weiter verbessert werden. Da es gleichzeitig gelang, weiteres Ausgabenwachstum zu vermeiden, fiel auch das Budgetdefizit mit 3 % moderat aus (*OECD* 1994b, S. 34).

Bei der zweiten bedeutenden finanzpolitischen Restriktion, der Auslandsverschuldung, traten schneller entscheidende Entlastungen ein. Nachdem bereits 1990 mit dem Pariser Klub der öffentlichen Gläubiger ein Umschuldungsabkommen geschlossen worden war, konnte im April 1991 ein weiteres Abkommen geschlossen werden, durch daß die Schulden beim Pariser Klub halbiert wurden. Von der gesamten Auslandsverschuldung von rund 49 Mrd. US $ wurden rund 2/3 vom Pariser Klub gehalten, so daß die Halbierung der Schuld eine Entlastung Polens um mehr als 16 Mrd. US$ bedeutete. 30 % der Schulden sollten sofort erlassen werden, während der Erlaß des restlichen Teils an die Umsetzung eines dreijährigen Programmes des IMF gebunden wurde. Der sofortige Erlaß wurde größtenteils durch die Reduktion fälliger Zinszahlungen realisiert. Dies führte zu einer spürbaren Entlastung der öffentlichen Haushalte in der Zeit von 1991 - 1994, da über 6 Mrd. US $, die in diesem Zeitraum fällig gewesen wären, nicht zurückgezahlt werden brauchten. Der Erlaß der restlichen 20 % nach Erfüllung des IMF Programmes trug dazu bei, zwischen 1993 und 1994 die polnische Gesamtverschuldung von 47 auf 42 Mrd. US $ zu senken (*Ziener* 1996, S. 168-9).

4.3.2. Politische Blockade der Privatisierungspolitik

Die innenpolitische Krise, in die Polen ein Jahr nach Beginn der Transformation geriet, hing mit der einsetzenden Konsolidierung des politischen Systems zusammen. Die Hauptquellen der Instabilität waren dabei der Präsident und das Parteiensystem, das nun begann sich auszudifferenzieren, womit die Fragmentierung des Parlaments einherging.

Der Präsidentschaftswahlkampf und Kompetenzstreitigkeiten

Ein Ergebnis des am Runden Tisch ausgehandelten Kompromisses war die Einrichtung eines mit weitreichenden, aber nicht klar definierten Kompetenzen ausgestatteten Präsidenten, der von den beiden Kammern des Parlaments auf sechs Jahre gewählt wurde.[95] Dieser Posten war ursprünglich auf General *Jaruzelski* zugeschnitten worden, und sollte den innenpolitischen Einfluß der sozialistischen polnischen Arbeiterpartei weiterhin sichern und nach außen hin Kontinuität signalisieren. Mit der sich schnell ändernden innen- und außenpolitischen Situation erwies sich diese Konstellation bald

---

[95] Dem polnischen Präsident obliegt die allgemeine Leitung der Außen- und Sicherheitspolitik, er hat das Recht, die bedeutendere Kammer des Parlaments (*Sejm*) einzuberufen und aufzulösen, dem Parlament einen Ministerpräsidenten vorzuschlagen und gegen vom *Sejm* verabschiedete Gesetze ein veto einzulegen. Bis zur Verabschiedung der Übergangsverfassung („Kleine Verfassung"), aber auch teilweise noch danach, waren viele Kompetenzen des Präsidenten nicht eindeutig geklärt, so daß es immer wieder zu Konflikten zwischen dem Parlament und dem Präsidenten kam (*Merkel* 1998, S.149-151).

als Anachronismus. *Jaruzelski* hatte diese Zeichen der Zeit erkannt. Er nutzte die ihm zustehenden Machtbefugnisse nicht aus, hielt sich weitgehend aus der Tagespolitik zurück und willigte im September 1990 in einen Rückzug aus dem Amt und Neuwahlen durch das Volk ein (*Ziemer* 1993, S. 104-5).

Die treibende Kraft in diesem Prozeß war die zentrale Figur der *Solidarność, Wałęsa*. Dieser hatte im Anschluß an den Machtwechsel kein offizielles politisches Amt übernommen, war aber innerhalb der Bevölkerung und der Gewerkschaftsbewegung weiterhin sehr populär. Bereits ab April 1990 hatte *Wałęsa*, zunehmend Kritik an den Reformen der Regierung und der politischen Situation in Polen geübt. Seine wichtigsten Forderungen waren die Beschleunigung der Reformen und die Demokratisierung des politischen Systems. In Folge dieser Kritik kam es nun zum offenen Zerwürfnis zwischen *Wałęsa* und Ministerpräsident *Mazowiecki*.[96] *Wałęsa* betrieb die Spaltung der *Solidarność*, da er der Ansicht war, daß eine Demokratie ein pluralistisches Parteiensystem benötigte. Weiterhin forderte er die demokratische Wahl des Präsidenten. Er wollte selbst für dieses Amt kandidieren, um so stärkeren Einfluß auf den Reformprozeß nehmen zu können. Im nun einsetzenden Streit um das Präsidentschaftsamt und im folgenden Wahlkampf machte *Wałęsa* die Privatisierung zu einem Hauptthema. Um die ökonomischen Reformen zu beschleunigen, forderte er die schnelle Verteilung des Eigentums mit Hilfe eines Massenprivatisierungsprogrammes. Der populistische Charakter dieser zusätzlichen Politisierung der Privatisierungsfrage wird an *Wałęsas* Vorschlägen über die konkrete Ausgestaltung eines solchen Programmes deutlich: Während seiner Wahlkampagne versprach er, jedem Polen 100 Millionen Złoty (etwa 10.000 US $) für Privatisierungszwecke auszuzahlen.[97] Ein solches Unterfangen wäre vollkommen unmöglich gewesen, da es nur über zusätzliche Kreditschöpfung hätte finanziert werden können, was die polnische Geldmenge um das 15-fache erhöht hätte (*Błaszczyk/ Dąbrowski* 1994, S. 88, *Gomulka/Jasiński* 1994, S. 20).

Angesichts der massiven Kritik und Agitation *Wałęsas* sah sich nun auch die *Mazowiecki*-Regierung zum Handeln gezwungen. Die Regierung stimmte einer vorgezogenen Präsidentschaftswahl zu. *Mazowiecki* kandidierte ebenfalls als Präsident, auch um das Reformprogramm, für das er und sein Finanz- und Wirtschaftsminister *Balcerowicz* standen, einer demokratischen Legitimation zu unterziehen. Als Reaktion

---

[96] Ein Überblick über den Verlauf der Auseinandersetzung findet sich bei *Olszewski et al.* (1993).

[97] Obwohl die Option der Massenprivatisierung bereits seit Beginn der Transformation im Gespräch war, wurde sie erst durch *Wałęsas* Wahlkampagne populär. Später änderte *Wałęsa* seine Forderung dahingehend, daß jeder Pole Zugang zu einem zinslosen Kredit für Privatisierungszwecke in Höhe von 300 Millionen *Złoty* habe sollte (*Lewandowski* 1994, S. 24). Seitdem ist die Idee, daß der Staatsbesitz ein Vermögen darstellt, das an alle Polen verteilt werden sollte, weit verbreitet. Auch nach der Implementierung des Massenprivatisierungsprogrammes änderte sich hieran nichts. 1996 wurde eine Volksabstimmung über die Beteiligung aller Polen am verbleibenden staatlichen Vermögen durchgeführt (*Tycner* 1996) und im Wahlkampf 1997 wurde dieses Thema von verschiedenen Seiten in Zusammenhang mit der Finanzierung der anstehenden Rentenreform als Argument benutzt (*Gesell et al.* 1999).

auf die populistischen Vorschläge zur Privatisierung, die ihre Wirkung in der Öffentlichkeit nicht verfehlten, wurde nun der nur vage im Gesetz verankerten Option der Massenprivatisierung mehr Aufmerksamkeit gewidmet. Es wurde ein detaillierterer Vorschlag ausgearbeitet und dem Parlament präsentiert (*Dobek* 1993, S. 78-9).

Der Kampf um das Präsidentschaftsamt endete mit dem Wahlsieg *Wałęsas* und dem Rücktritt *Mazowieckis* als Premierminister Ende 1990. Neben diesen personellen Änderungen waren tiefgreifende Veränderungen der politischen Rahmenbedingungen eine weitere Folge der vorgezogenen Präsidentschaftswahl. Der Konflikt zwischen *Wałęsa* und *Mazowiecki* hatte das Ende der Einheit des ehemaligen Oppositionslagers unter der Fahne der *Solidarność* besiegelt. Es folgte eine Vielzahl von Parteineugründungen mit einer hohen Fluktuation der Parlamentsabgeordneten zwischen diesen Parteien. Außerdem nutzte *Wałęsa* im Gegensatz zu seinem Vorgänger die weitreichenden Kompetenzen des Präsidentenamtes aus und versuchte sie noch weiter auszubauen (*Ziemer* 1993, S. 102-3). Dieser Machtanspruch und die daraus folgenden Kompetenzstreitigkeiten zwischen Präsident, Parlament und Regierung führte immer wieder zu Konflikten und Blockaden in der Politik, was den Fortgang der Privatisierung behinderte.

Fragmentierung von Parlament und Parteien und häufig wechselnde Regierungen

Nach dem Rücktritt *Mazowieckis* übernahm der ebenfalls zu den liberalen Reformern zählende *Bielecki* das Amt des Ministerpräsidenten. Durch den Verbleib *Balcerowicz* auf dem Posten des Finanzministers blieb eine gewisse wirtschaftspolitische Kontinuität gewahrt, zu der sich auch Präsident *Wałęsa* bekannte (*Balcerowicz* 1994).

Nachdem die zweite Hälfte des Jahres 1990 im Zeichen des Konfliktes um das Präsidentenamt gestanden hatte, wurde 1991 die zweite aus dem Kompromiß von 1989 hervorgegangene Institution, das Parlament, Quelle innenpolitischer Krisen. Da die Parlamentswahlen von 1989 nur teilweise frei gewesen waren, wurden zunehmend Zweifel an der demokratischen Legitimation geäußert und baldige Neuwahlen angestrebt (*Holzer* 1996, S. 133-34). Es kam zu einem Konflikt zwischen Präsident und *Sejm* über die Ausgestaltung des Wahlgesetzes. Während der Präsident ein Mehrheitswahlrecht favorisierte, setzten sich die nach und nach entstehenden verschiedenen Gruppierungen sowohl aus dem postkommunistischen als auch aus dem post-*Solidarność* Lager für ein Verhältniswahlrecht ein, was die Chancen der vielen kleinen Parteien auf eine Repräsentation im Parlament erhöhen sollte. Der Streit, der zu einer weiteren Verhärtung der innenpolitischen Fronten führte, wurde schließlich von den Parlamentariern gewonnen (*Stokes* 1993, S. 213-4).

Das Ergebnis der im Oktober 1991 abgehaltenen Wahlen war ein Parlament, in dem insgesamt 29 Parteien vertreten waren. Mindestens 5 Parteien waren zur Bildung einer regierungsfähigen Koalition notwendig (*East/Pontin* 1997, S. 39). Die folgende Regierung *Olszewski* konnte sich daher nur auf eine labile Machtbasis stützen, da die Vielzahl der Interessen der unterschiedlichen Koalitionspartner zu berücksichtigen war. Hinzu kam der starke Machtanspruch *Wałęsas*, der zu einer Reihe innenpolitischer Konflikte führte, welche die Regierung zusätzlich destabilisierten (*Ziemer* 1993, S. 106-7).

Die Regierung war zunächst mit dem Versprechen der Rücknahme wesentlicher Punkte des Stabilisierungsprogrammes angetreten, um die Folgen der Transformationsrezession abzumildern. Insbesondere sollten die fiskal- und geldpolitischen Bremsen gelockert werden, indem wichtige Unternehmen wieder stärker subventioniert und Mindestpreise für den Aufkauf von Agrarprodukten garantiert wurden. Allerdings mußte die Regierung schnell die wirtschaftspolitischen Realitäten akzeptieren. Eine Ausweitung der Ausgaben im angekündigten Rahmen hätte zu einem Defizit von weit über 10 % und zum Rückfall in die Hyperinflation geführt. Die Mehrzahl der Abgeordneten im Parlament war nicht bereit, eine solche Entwicklung zuzulassen. Zusätzlich bestand die Gefahr, durch solch eine wirtschaftspolitische Kehrtwende den Beistand internationaler Finanzorganisationen und die Aussicht auf weitere Schuldenreduktion zu verlieren (*Dobek* 1993, S. 86). Die Regierung *Olszewski* blieb also auf dem von *Balcerowicz* eingeschlagenen Austeritätskurs, mit der Rechtfertigung gegenüber den Wählern, sie hätte den Haushalt von der vorangegangenen Regierung „geerbt" (*Balcerowicz* 1994, S. 172).

Wie labil die politische Machtbasis war, wurde deutlich, als bereits nach weniger als einem Jahr ein Mißtrauensvotum zum Sturz *Olzewskis* führte. Nach einer mißglückten Regierungsbildung durch *Pawlak*, wurde im Juli 1992 die der *Solidarność*-Bewegung entstammende *Suchocka* Ministerpräsidentin. Ein wichtiger Erfolg ihrer Regierung war die Verabschiedung der „Kleinen Verfassung". Diese regelte das komplizierte Verhältnis zwischen Präsident, Parlament und Regierung bis zur Verabschiedung in einer endgültigen Verfassung (*Ziemer* 1993).

In der Wirtschaftspolitik wurden neue Wege beschritten, indem durch Schaffung tripartistischer Strukturen vermehrt der soziale Konsens außerhalb des Parlamentes gesucht wurde. Es wurde ein Solidarpakt zwischen Regierung, Gewerkschaften und entstehenden Arbeitnehmerverbänden ausgehandelt. Die Umsetzung in gültiges Recht konnte allerdings nicht mehr erfolgen, da auch diese Regierung aufgrund eines Mißtrauensvotums bereits nach weniger als einem Jahr zurücktreten mußte, der Präsident das Parlament auflöste und Neuwahlen für September 1993 anberaumt wurden.

4.3.3. Notwendigkeit und Scheitern der Erweiterung des Privatisierungsansatzes

Das polnische Privatisierungsgesetz hatte zunächst lediglich die Rahmenbedingungen für die Privatisierung geschaffen. Diese bedurften der Ausfüllung durch ein Privatisierungsprogramm (zu verabschieden vom *Sejm* auf Vorschlag der Regierung) und durch Ausführungsbestimmungen, insbesondere bezüglich der Unternehmensbewertung und der konkreten Vorgehensweise bei einzelnen Verfahren (*Delhaes* 1992, S. 56-60). Das erste Privatisierungsprogramm der Regierung *Mazowiecki*, verabschiedet am 9. November 1990, war sehr optimistisch. Es sah eine Reduktion des Staatseigentums um 15 % im Jahr 1991 und um jeweils 20 % in den beiden weiteren Jahren vor (*Delhaes* 1992, S. 60).

Ebenfalls im November, ein Jahr nach Beginn der Transformation in Polen, erfolgte die Privatisierung der ersten fünf Unternehmen über die Börse. Die Kandidaten für diese Pionierprivatisierung waren in einem langwierigen Prozeß mit Hilfe ausländischer Consultants ausgewählt worden. Durch die Privatisierung dieser fünf Unternehmen sollten Erfahrungen gesammelt und das Interesse der Bevölkerung an der Privatisierung soweit geweckt werden, daß in den folgenden Jahren bis zu 100 Unternehmen jährlich auf diesem Wege privatisiert werden konnten. Daher war neben ökonomischen Indikatoren wie soliden Unternehmensfinanzen und internationaler Wettbewerbsfähigkeit auch der Bekanntheitsgrad innerhalb Polens als Auswahlkriterium herangezogen worden (*Berg* 1994, S. 174-6).

Bei diesen ersten Versuchen der Kapitalprivatisierung konnten Aktien im Wert von US $ 31 Millionen an 130.000 Investoren verkauft werden. Da der gesamte Prozeß unerwartet schwierig, langsam und personalaufwendig war, mußte über ein Viertel der Erlöse zur Deckung der Emissionskosten aufgewendet werden. Insbesondere bei der Bewertung der Unternehmen und Festlegung der Preise traten eine Reihe von Problemen auf. Die Informationsgrundlage erwies sich als unzureichend, so daß auch unter Hinzuziehung westlicher Berater die Ausgabepreise letzten Endes arbiträr bleiben mußten (*Frydman et al.* 1993a, S. 184-5).[98] Das schnelle Absinken der Aktienpreise unter den Emissionskurs in vier der fünf Fälle spiegelte mangelndes Vertrauen der Bevölkerung in die Privatisierung wieder, wodurch das ohnehin geringe öffentliche Interesse weiter sank (*Mazur et al.* 1994).

Neben den hohen Kosten der Emission war die Privatisierung aus fiskalischer Sicht auch darum ein Mißerfolg, weil für die Unternehmen keine strategischen Investoren gefunden werden konnten, die bereit und fähig waren die Unternehmen zu restrukturieren. Ursächlich hierfür war die große Zurückhaltung und Skepsis gegenüber ausländischen Investoren und die aufgrund mangelnder finanzieller Ausstattung der inländischen Bevölkerung nicht gegebenen Möglichkeiten, sich an der Privatisierung zu beteiligen. Damit das Vertrauen der Bevölkerung in die Privatisierung nicht vollkommen verloren ging, mußten diese Unternehmen auch nach der Privatisierung weiterhin vom Staat mit Subventionen unterstützt werden. Wenn Ausländern eine Möglichkeit der Beteiligung eingeräumt wurde, entstanden oft Schwierigkeiten, weil auf polnischer Seite ein kompetenter Ansprechpartner fehlte. Das Unternehmensmanagement und die Verantwortlichen im Privatisierungsministerium verfolgten unterschiedliche Ziele und waren daher beide daran interessiert die Verhandlungen zu führen (*Berg* 1994, S. 174). Da beide Seiten letzten Endes aufeinander angewiesen waren - die Insider verfügten über die besseren Informationen, die Bürokratie hatte die Entscheidungsgewalt - wurde der Prozeß durch die Interessengegensätze unnötig kompliziert und verzögert.

Bei der weiteren Umsetzung der ambitiösen Privatisierungspläne der Regierung *Mazowiecki* machte es sich nun bemerkbar, daß das Privatisierungsgesetz dem

---

[98] Zur eingehenden Behandlung von Problemen der Unternehmensbewertung im Transformationsprozeß siehe Kapitel 7.

Management und den Beschäftigten der Unternehmen die Initiative zur Kommerzialisierung überlassen und ihnen weitreichende Mitsprache- und Vetorechte eingeräumt hatte. Dies gab den Insidern die Möglichkeit, unliebsame Privatisierungspläne seitens des Staates bis auf weiteres zu blockieren. Die quantitative Planung der Privatisierung durch die Regierung war daher nicht möglich (*Lewandowski* 1995, S. 91). Von der im Gesetz vorgesehenen Option, Unternehmen auch gegen den Willen der Insider zu kommerzialisieren, wurde aus innenpolitischen Gründen kein Gebrauch gemacht (*Szomburg* 1993, S. 79, *Szomburg* 1995, S. 77).

Mit dem Abtritt der Regierung *Mazowieckis* erfolgte in der Privatisierungspolitik eine Akzentverschiebung. Die ersten Erfahrungen mit der Privatisierung hatten dazu beigetragen, daß schon bald nach der Verabschiedung des Privatisierungsgesetzes eine Debatte über die Beschleunigung des Prozesses durch die im Gesetz nur vage vorgesehene Möglichkeit der Massenprivatisierung in Gang gekommen war. Nachdem diese Idee im Wahlkampf populär gewordenen war, wurde dieser Option größeres Gewicht beigemessen. Dies wurde auch durch die Berufung eines der „Erfinder" des Konzeptes, *Lewandowski*, in das Amt des Privatisierungsministers deutlich.

Lewandowski arbeitete vor dem Hintergrund der ersten Erfahrungen mit der Privatisierung und der wachsenden Unzufriedenheit in der Bevölkerung ein Programm zur Beschleunigung aus. Es sollten mehr Kompetenzen von den Insidern auf staatliche Instanzen verlagert werden: Das Finanzministerium sollte überschuldete Unternehmen schneller zum Konkurs zwingen können und die Einleitung der Liquidation sollte für die Gründungsorgane erleichtert werden. Um den Privatisierungsprozeß weiter zu beschleunigen und die öffentliche Unterstützung für die Privatisierung zu erhöhen, sollten 400 der größten polnischen Unternehmen zwangsweise kommerzialisiert und in ein Massenprivatisierungsprogramm aufgenommen werden (*Delhaes* 1992, S. 62-3, *Dobek* 1993, S. 79-84). Die enttäuschend niedrigen Erlöse der ersten Privatisierungen (s.o.) haben das Abrücken von der reinen Verkaufsstrategie sicherlich begünstigt. Ein weiterer fiskalischer Faktor war die rapide Verschlechterung der finanziellen Lage der meisten Staatsunternehmen während des Jahres 1991. Es wurde deutlich, daß Restrukturierungsmaßnahmen unumgänglich waren, wenn die Staatsunternehmen nicht geschlossen oder subventioniert werden sollten. Da Betriebsschließungen im großen Umfang politisch unerwünscht und umfangreiche Subventionierung aufgrund der angespannten Lage der öffentlichen Haushalte fiskalisch unmöglich war, wurde die Restrukturierung eines der wichtigsten Anliegen des Massenprivatisierungsprogrammes (*Lewandowski* 1994, S. 12).

Im Juni 1991 wurde der erste Entwurf eines Massenprivatisierungsprogrammes vom Kabinett angenommen und der Öffentlichkeit präsentiert. Um das Programm entbrannte schnell eine lebhafte Diskussion in der Öffentlichkeit, die auch im nächsten Wahlkampf fortgesetzt wurde. Zu einer Verabschiedung eines entsprechenden Gesetzes oder einer anderweitigen Implementierung kam es allerdings aufgrund der weiteren innenpolitischen Entwicklung nicht mehr (*Lewandowski* 1994, S. 11-18).

Die folgende Regierung *Olzewski* kündigte zunächst an, den von *Lewandowski* vorbereiteten Plan beizubehalten und die Privatisierung auf verschiedenen Wegen mit stärkerem Druck von oben voranzutreiben. Angesichts der sinkenden Zustimmung zur Privatisierung in der Bevölkerung und der Schwierigkeiten, zu einem Konsens innerhalb des Parlaments zu kommen, wurden diese Vorsätze allerdings nicht verwirklicht. Der geplante stärkere Durchgriff von oben wurde abgeschwächt werden und das Privatisierungsprogramm wurde der Industriepolitik untergeordnet. Vorgesehen war, den Privatisierungsprozeß im Konsens mit den wichtigsten Gruppen der Gesellschaft durchzuführen und die demokratische Kontrolle einzelner Privatisierungsvorgänge zu ermöglichen. (*Delhaes* 1992, S. 67). Das Massenprivatisierungsprogramm wurde von circa 400 auf 204 Unternehmen reduziert (*Dobek* 1993, S. 87).

Nachdem auch diese Regierung bereits im Mai 1992 zurücktreten mußte, erfolgte unter *Suchocka* ein neuerlicher Anlauf in der Privatisierung, indem ein weiterer Kompromiß angestrebt wurde. Inzwischen war deutlich geworden, daß man in einer Sackgasse steckte: Das Privatisierungsgesetz hatte den Insidern zu viele Kompetenzen eingeräumt, die diese zur Verzögerung der Privatisierung nutzten. Eine gesetzliche Neuregelung im Parlament erwies sich aufgrund der starken Fragmentierung und der schwachen Machtbasis, auf der auch diese Regierung stand, als unmöglich. Hinzu kam die Reformmüdigkeit der Bevölkerung und deren wachsende Abneigung gegen die Privatisierung (*Szomburg* 1993).

Zur Überwindung dieser Blockade strebte die Regierung eine Lösung des Problems auf möglichst breiter Basis an. Zwischen Regierung, Gewerkschaften und Management der Staatsunternehmen wurde ein Staatsunternehmenspakt ausgehandelt, durch den unter anderem die Kommerzialisierung und die folgende Kapitalprivatisierung beschleunigt und die Privatisierung durch Liquidation erleichtert werden sollten. Die Kommerzialisierung sollte in Zukunft automatisch durch das Privatisierungsministerium angeordnet werden, wenn nicht die Belegschaft innerhalb von sechs Monaten nach Verabschiedung des Paktes ein eigenes Privatisierungsprogramm vorlegt hatte. Als Ausgleich dafür sollten die Insider bei der folgenden Privatisierung 10 % der Aktien gratis, und weitere 10 % zum halben Preis, statt wie zuvor 20 % zum halben Preis erhalten. Weiterhin wurde den Beschäftigten der Staatsunternehmen auch nach der Privatisierung ein Mitspracherecht bei der Unternehmensführung durch permanente Vertretung im Aufsichtsrat gewährt (*Mohlek* 1992).

Weiterhin gelang es der Regierung *Suchocka* das Gesetz über die Massenprivatisierung vom Parlament verabschieden zu lassen. Aufgrund von Unstimmigkeiten innerhalb der Koalition und Blockaden durch das Parlament erwies sich die Gesetzgebung als äußerst schwierig. Die Gesetzesvorlage mußte mehrfach modifiziert werden, ein endgültiger Gesetzentwurf wurde abgelehnt und ein neuer mußte ausgearbeitet werden. Im Zuge des gesamten Prozesses hatte der Privatisierungsminister *Lewandowski* mehrere Mißtrauensvoten zu überstehen. Das endgültige Gesetz konnte am 30. April 1993 nur mit Stimmen der oppositionellen SLD verabschiedet werden, da innerhalb der Regierungskoalition keine Einigung herbeigeführt werden konnte (*Lewandowski* 1994, S. 19-26).

4.3.4. Die Ergebnisse der polnischen Privatisierung 1990-93

Während der Auseinandersetzungen um die Erweiterung des Privatisierungsansatzes vollzog sich die Privatisierung entsprechend dem 1990 erlassenen Gesetz. Die Kapitalprivatisierung spielte dabei nur eine geringe Rolle. Die Insider nutzten die ihnen eingeräumten Mitspracherechte bei der Kommerzialisierung aus, um den Prozeß zu blockieren. Die Politiker hingegen zögerten mit Rücksichtnahme auf die allgemeine wirtschaftliche Situation und aufgrund der schwachen Stellung der meisten Regierungen, von ihrem Recht zur Zwangskommerzialisierung Gebrauch zu machen. Insgesamt wurden in den ersten dreieinhalb Jahren knapp 100 Unternehmen durch Kapitalprivatisierung verkauft (Tabelle 7). Die Erlöse blieben bescheiden und konnten kaum einen Beitrag zur Überbrückung der fiskalischen Transformationskrise leisten (Tabelle 8). Viele der bis Ende 1993 bereits kommerzialisierten Unternehmen waren für die Massenprivatisierung vorgesehen.

Weitaus bedeutender als die Kapitalprivatisierung waren die beiden Liquidationsmethoden. Bei der Liquidation nach dem Privatisierungsgesetz erwies sich das Leasing als wichtigste Methode. Da die auf diesem Wege privatisierten Unternehmen in der Regel dringend der Restrukturierung bedurften, wurden die Leasingraten meist niedrig angesetzt, um den Unternehmen genügend finanzielle Kapazitäten für entsprechende Investitionen zu belassen (*Woodward* 1995). Daher blieben die mit dieser Methode erzielten Einnahmen ebenfalls gering.

Tabelle 7: Dynamik der polnischen Privatisierung (1990-93)

Stand	Privati-siert	Unternehmen, bei denen die Privatisierung eingeleitet oder abgeschlossen wurde						
Ende	(2+3+5+7)	Kapitalprivatisierung			Liquidation (PrivG.)		Konkursliquida-tion (SUG)	
		Kommer-zialisiert (1)	Verkauft (2)	Massenpri-vatisierung (3)	Eingeleitet (Leasing) (4)	Beendet (5)	Einge-leitet (6)	Beendet (7)
1990	6	58	6	--	31 (24)	0	18	0
1991	228	308	27	--	449 (339)	182	540	19
1992	612	480	51	--	719 (557)	475	857	86
1993	989	636	96	--	917 (672)	707	1082	186

Quelle: *OECD* (1998a), basierend auf offiziellen Angaben.

Die zahlenmäßig bedeutendste Methode stellte die Konkursliquidation dar. Dies war fiskalisch vor allem darum bedeutend, weil dieses Verfahren bei defizitären und überschuldeten Betrieben angewendet wurde und so die öffentlichen Haushalte nicht weiter als *lender of last resort* belastet wurden. Über das Ausmaß der so bewirkten Entlastungen existieren allerdings keine Angaben, weil die Defizite der Betriebe meist aus vielen verschiedenen Quellen wie Aussetzung von Steuerzahlungen, Verschuldung beim Bankensektor oder anderen Staatsunternehmen sowie Subventionen aus verschiedenen öffentlichen Haushalten gedeckt wurden. Die fiskalischen Entlastungen durch die Liquidation können somit nicht direkt nachvollzogen werden. Auch auf der Einnahmenseite konnten durch diese Privatisierungsmethode keine positiven Effekte erzielt werden. Erstens wird das Verfahren nur bei ohnehin überschuldeten Unternehmen angewendet und zweitens werden die Einnahmen aus dem Verkauf der Vermögensgegenstände zur Befriedigung der Gläubiger verwendet. Da das Verfahren darüber hinaus meist sehr langwierig ist, bleiben am Ende in der Regel keine nennenswerten Erlöse zurück.

Tabelle 8:   Einnahmen aus der polnischen Privatisierung (1991-93)

	1991	1992	1993
Kapitalprivatisierung (Mio. Złoty)	126	323	448
Andere Privatisierungseinnahmen (Mio. Złoty)	45	176	341
Summe	171	499	790
% BIP	0,2	0,4	0,5

Quelle: Polnisches Privatisierungsministerium, *BMWi* (1996)

4.4. Ökonomische und politische Konsolidierung und der Fortgang der Privatisierung: 1994-98

4.4.1. Ökonomische und fiskalische Konsolidierung

Aus den Wahlen vom September 1993 ging die aus der PZPR hervorgegangene postkommunistische SLD als Sieger hervor, die zusammen mit der Bauernpartei PSL eine Koalitionsregierung unter *Pawlak* (PSL) bildete. Die zunächst verbreitete Befürchtung, daß die Rückkehr der Postkommunisten an die Macht die ökonomischen Reformen beenden würde, bestätigte sich nicht (*Blazyca/Rapacki* 1996). Der 1993 begonnene Wachstumstrend verstärkte und verbreiterte sich. War das Wachstum anfangs im wesentlichen vom neu entstehenden privaten Sektor getragen worden, trugen nun auch vermehrt privatisierte Unternehmen zur wirtschaftlichen Erholung bei. Auch bei vielen staatseigenen Unternehmen kam der Schrumpfungsprozeß bei den Umsätzen zum Stillstand, teilweise konnte ein leichtes Wachstum verzeichnet werden. Ein 1994 begonnener Investitionsboom hielt weiter an. Die hohen Wachstumsraten trugen zu einer Entlastung des Arbeitsmarktes bei und führten zu steigenden Reallöhnen. Auch bei der Inflationsbekämpfung konnten Erfolge erzielt werden (*OECD* 1996a, S. 13-18, *OECD* 1998a, S. 13-17).

Tabelle 9:   Indikatoren der wirtschaftlichen Entwicklung Polens (1994-98)

	1994	1995	1996	1997	1998
BIP (reale Veränderung in %)	5,2	7,0	6,1	6,9	5,8
Konsumentenpreise (jährliche Veränderung in %)	32,2	27,8	19,9	14,9	10,5
Arbeitslosigkeit (% Erwerbspersonen)	16,0	14,9	13,2	10,5	10,1

Quellen: 1994-1997: *EBRD* (1998), 1998: *OECD* (1998a)

Diese günstige makroökonomische Entwicklung wirkte sich entsprechend positiv auf die öffentlichen Haushalte aus. Große Budgetdefizite konnten vermieden werden, während die Reform des Steuersystems weiter vorangetrieben wurde. Ein Problem auf der Ausgabenseite stellten die wachsenden Aufwendungen für das Rentensystem und die Löhne im öffentlichen Sektor dar. Auf der Einnahmenseite blieben viele Steuersätze trotz durchgeführter Senkungen noch immer höher als in anderen Transformationsländern.

Mit in Kraft treten der zweiten Stufe des Abkommens mit dem Pariser Klub und weiteren Schuldenstreichungen durch den Londoner Klub der kommerziellen Gläubiger konnte die Gesamtverschuldung zwischen 1994 und 1995 erheblich gesenkt werden. Sie sank von 86 % im Jahre 1993 auf 56 % des BIP Ende 1995. Somit hat auch bei den öffentlichen Finanzen eine bemerkenswerte Konsolidierung stattgefunden.

Tabelle 10:   Die öffentlichen Haushalte Polens (1994-98)

(Angaben in % BIP)	1994	1995	1996	1997	1998
Einnahmen	46,7	45,7	45,1	44,1	45,5
Ausgaben	48,7	48,4	47,5	45,8	47,1
Budgetsaldo	-2,0	-2,7	-2,4	-1,7	-1,6

Quellen:1994: *IMF* (1996), 1995-97: *IMF* (1998), 1998: *OECD* (1998a, S. 38)

4.4.2. Politische Konsolidierung

Vor den Wahlen im September 1993 wurde das Wahlgesetz reformiert. Es wurden verschiedene Hürden eingefügt, um die Anzahl der Parteien im Parlament zu begrenzen. Im neuen Parlament waren nur noch sechs Parteien vertreten. 35 % aller Stimmen entfielen auf Parteien, die nicht die erforderliche Zahl an Stimmen auf sich vereinen konnten. Die Leidtragenden dieses Gesetzes waren die vielen kleinen Parteien, die aus der *Solidarność* hervorgegangen waren. Die Gewinner der Wahl waren die aus der PZPR hervorgegangene postkommunistische SLD und deren Partner aus sozialistischen Zeiten, die Bauernpartei PSL, die zusammen eine Koalitionsregierung unter *Pawlak* (PSL) bildeten (*East/Pontin* 1997, S. 39).

In der Privatisierungspolitik wurden während der Phase der postkommunistischen Regierung im wesentlichen keine neuen Wege beschritten. Allgemein wurde die Privatisierung stärker zentralisiert und das Tempo verlangsamt. Dies ist vor allem auf Spannungen innerhalb der Koalition zurückzuführen. Die Bemühungen der SLD, die Reformen fortzusetzen, wurde in vielen Fällen von der PSL blockiert (*Bingen et al.* 1996). Die wesentlichen Einzelmaßnahmen bestanden in der Umsetzung des bereits verabschiedeten Massenprivatisierungsprogrammes und in der Novelle des Privatisierungsgesetzes, mit der allerdings keine wesentlichen Neuerungen verbunden waren (*Mohlek* 1997b).

Auch wenn im Parlament nun klare Mehrheitsverhältnisse herrschten, blieb die Spannung zwischen Parlament und Regierung auf der einen und dem Präsidenten auf der anderen Seite weiter bestehen. Unter anderem kam zu Streitigkeiten über die Besetzung von Positionen, das Tempo der Privatisierung und die Steuergesetzgebung, welche die junge Demokratie teilweise erheblich destabilisierten. Im Februar 1995 mußte *Pawlak* auf Druck *Wałęsas* zurücktreten. Ihm folgte *Oleksy* im Amt, der ebenfalls eine Reihe von Konflikten mit dem Präsidenten auszutragen hatte (*East/Pontin* 1997, S. 34-5, 46-7). Bei der turnusmäßigen Präsidentschaftswahl unterlag *Wałesa*, der zuletzt wegen seines auf Konfrontation ausgerichteten Führungsstils an Popularität eingebüßt hatte, dem der SLD entstammenden, sich pragmatisch gebenden *Kwasniewski*. Das Ende der Kohabitation hat erheblich zur Minderung von Reibungsverlusten zwischen Präsident und Regierung beigetragen (*Bingen et al.* 1996, S. 120). Ein weiterer Schritt zur innenpolitischen Konsolidierung war die Verabschiedung einer endgültigen Verfassung im Sommer 1997, womit einer Reihe von Streitfragen, die immer wieder politische Instabilitäten begünstigt hatten, geklärt wurden (*Merkel* 1998, S. 149-53).

Ende 1997 kam es bei den ebenfalls turnusmäßig stattfindenden Wahlen zum *Sejm* abermals zu einem Wechsel der Mehrheiten. Eine eher als konservativ zu bezeichnende Sammlungsbewegung von aus der *Solidarność* hervorgegangenen Parteien, die AWS, und die von *Balcerowicz* angeführte liberale Reformpartei UW erhielten die Mehrheit der Sitze im Parlament und stellen seitdem die Regierung unter *Buzek* (AWS).

Insgesamt trat nach 1994 damit im politischen Bereich trotz der Konflikte zwischen *Wałęsa* und den postkommunistischen Regierungen eine Konsolidierung und Normalisierung ein. Die Regierungen wurden von kleinen Koalitionen mit klaren Mehrheiten getragen und wechselten nicht mehr in Folge von Mißtrauensvoten, sondern als Ergebnis demokratischer Wahlen.

4.4.3. Neue Ansätze der polnischen Privatisierung seit 1994

Massenprivatisierung

Das polnische Massenprivatisierungsprogramm ist von seinen ersten Entwürfen 1988 bis zu seiner Implementierung seit 1994 politisch sehr kontrovers diskutiert worden und mußte im Zuge dieser Diskussionen oft verändert und den politischen Realitäten angepaßt werden. Das Programm hatte ursprünglich die Intention, die große Zahl an Staatsunternehmen (circa 8600) vor dem Hintergrund geringer inländischer Kaufkraft und fehlender Finanzinstitutionen so schnell wie möglich zu privatisieren und für diese Vorhaben die Unterstützung der gesamten Bevölkerung zu sichern (*Lewandowski/ Szomburg* 1989, *Lewandowski* 1994). Am Ende mußten am Umfang - es wurden nur 512 Unternehmen einbezogen-, an der Geschwindigkeit - die Umsetzung begann zögerlich 5 Jahre nach Beginn der Transformation - und an der Breitenwirkung - einige Bevölkerungsgruppen wurden besonders begünstigt - Abstriche gemacht werden.

Durch das polnische Massenprivatisierungsprogramm wurden die Unternehmensanteile der 512 einbezogenen Unternehmen nicht direkt an die Bevölkerung ausgehändigt, sondern zwischen 15 Nationalen Investmentfonds (NIF), die als Aktiengesellschaften registriert wurden, dem Staat und den Belegschaften der Unternehmen aufgeteilt. Dabei erhielten die Fonds 60 %, die Belegschaft der teilnehmenden Unternehmen 15 % und der Staat 25 % der Anteile. Für jedes Unternehmen existiert jeweils ein Hauptinvestmentfond, der über 33 % der Anteile eines Unternehmens verfügt, während die übrigen 27 % unter den anderen Fonds aufgeteilt wurden. Die Minderheitsbeteiligungen können beliebig verkauft werden, während die Mehrheitsbeteiligungen nur *en bloc* gehandelt werden dürfen, um eine zu große Streuung des Aktienbesitzes zu verhindern. Die Investmentfonds haben die Aufgabe, den Wert des ihnen übertragenen Vermögens zu maximieren. Dazu können sie die ihnen übertragenen Unternehmen restrukturieren, schließen oder verkaufen. Die Managementgesellschaften der Fonds, die auf Basis einer internationalen Ausschreibung ausgewählt wurden, sind am Gewinn beteiligt.

Die Bevölkerung hatte die Möglichkeit, gegen eine nominale Gebühr einen Voucher zu erwerben, der später gegen je eine Aktie an jedem der 15 Fonds eingetauscht wurde. Sowohl die Voucher als auch die Aktien der Fonds werden an der Warschauer Börse gehandelt. Über 90 % der berechtigten Polen haben ihr Recht auf Erwerb des Vouchers genutzt (*Błaszczyk* 1997, S. 50-51).

Es ist nicht überraschend, daß in der Diskussion um das Massenprivatisierungsprogramm die distributiven Auswirkungen eine wichtige Rolle gespielt haben. Die Arbeit an einem ernstzunehmenden Konzept wurde erst begonnen, nachdem *Wałęsa* mit seinem populistischen Wahlkampfversprechen die Idee der Massenprivatisierung populär gemacht hatte. Später wurde von verschiedenen Seiten immer wieder versucht, politische Unterstützung mit Hilfe des Massenprivatisierungsprojektes zu generieren (*Lewandowski* 1994).

Bemerkenswert ist allerdings, daß auch bei dieser ursprünglich auf die Einbeziehung möglichst breiter Bevölkerungskreise ausgerichteten Privatisierungsvariante die *Insider* der Unternehmen ihre Sonderinteressen durchsetzen konnten, indem sie 15 % der Anteile gratis erhielten und die Teilnahme der Unternehmen an dem Programm von der Zustimmung der Belegschaften abhängig gemacht wurde. Diese Zustimmungsregelung kam aufgrund eines Kompromisses nach der ersten gescheiterten Abstimmung über das Massenprivatisierungsgesetz im März 1993 zustande. Nur durch dieses Zugeständnis konnte die benötigte Unterstützung vieler links der Regierung stehender Abgeordneter, die eng mit der Selbstverwaltungsidee verbunden waren, erkauft werden (*Mohlek* 1997a, S. 301).

Vom anfänglichen Anspruch des Konzepts Massenprivatisierung, möglichst viele Unternehmen möglichst schnell zu privatisieren und so auch die Unterstützung der Bevölkerung für den weiteren Reformprozeß zu gewinnen, sind in Polen im Laufe der langen Diskussion viele Abstriche gemacht worden. Insgesamt wurden nur 512 der über 8600 Unternehmen in das Programm einbezogen. Ihr Wert wird auf rund 10 % des ursprünglichen staatlichen Unternehmensbesitzes geschätzt (*Jermakovicz* 1996). Auch die Aspekte Geschwindigkeit und Gerechtigkeit, die bei der Einführung des tschechischen Voucherprogramms von großer Bedeutung waren (s.u.), traten in Polen in den Hintergrund. Das Programm wurde erst mehrere Jahre nach Beginn der Transformation verabschiedet und implementiert und die Belegschaften der Unternehmen genossen eine Reihe von Privilegien. Durch diese Modifikationen des ursprünglichen Konzepts sind die eigentlichen Vorteile der Massenprivatisierung aufgegeben worden, so daß am Ende die Restrukturierung der Unternehmen durch vom Markt motivierte Akteure als wichtigstes Ziel des NIF-Programmes propagiert wurde (*Jermakovicz* 1996).

Da die Restrukturierung von Unternehmen auch bei der Anwendung anderer Privatisierungsmethoden zu erwarten ist, stellt sich die Frage, warum in Polen trotzdem ein so komplexes Programm, dessen Erfolgsaussichten bezüglich der Effizienzsteigerung in den einbezogenen Unternehmen unsicher waren, implementiert wurde. Ohne dieser Frage hier im Detail nachzugehen, können fiskalische Aspekte aufgezeigt werden, die diese Entscheidung beeinflußt haben. Bis zum Beginn der Massenprivatisierung waren in Polen nur niedrige Einnahmen aus der Kapitalprivatisierung erzielt worden. Daher stellte in Polen die Entscheidung Verkaufen oder Verschenken in Bezug auf mögliche Privatisierungseinnahmen keinen echten *trade off* dar. Allerdings konnte das Massenprivatisierungsprogramm dazu beitragen, weitere Ausgaben zu vermeiden. Durch Kommerzialisierung und Übertragung der Eigentumsrechte an den einbezogenen Unternehmen wollte sich der Staat aus der finanziellen Verantwortung für die Staatsbetriebe zurückziehen (*Lewandowski* 1994, S. 12). Daß diese Erwägung tatsächlich eine Rolle gespielt hat, wird dadurch deutlich, daß zunächst nur 413 Unternehmen in das Programm einbezogen werden sollten. 1995 aber wurden 99 weitere Unternehmen, deren wirtschaftliche Situation wesentlich schlechter war als die der ursprünglich vorgesehenen, in das Programm „nachgeschoben" (*Jermakovicz* 1996, S. 14, Fußnote 8). Weitere Staatsausgaben konnten mit Hilfe des Massenprivatisierungsprogrammes vermieden werden, da die vom Staat zurückbehaltenen Anteile an den NIF dazu verwendet werden konnten, um Kompensationsansprüche verschiedener Art, die auf einem Verfassungsgerichtsurteil beruhten, zu befriedigen. (*Mohlek* 1997a, S. 301). Die fiskalischen Motive für die Implementierung und Ausgestaltung der polnischen Massenprivatisierung sind somit nicht in den direkten Wirkungen (zusätzliche Einnahmen), sondern eher in indirekten Effekten (vermiedene Ausgaben) zu sehen.

Institutionelle Reformen

Neben der Verabschiedung und Implementierung des Massenprivatisierungspro-grammes gelang es der postkommunistischen Regierungskoalition unter den stabileren ökonomischen und politischen Rahmenbedingungen im August 1996 auch, ein neues Privatisierungsgesetz zu verabschieden. Dem Beschluß waren allerdings eine lange Diskussion innerhalb der Koalition und zwischen Regierung und Opposition, ein *veto* des Präsidenten *Wałęsa* und eines Normenkontrollverfahren beim Verfassungstribunal vorausgegangen. Das Gesetz trat schließlich im Frühjahr 1997 in Kraft. Es hält im Prinzip an den bestehenden Privatisierungsmethoden fest. Die Neuerungen dienen überwiegend der Ergänzung und Präzisierung der bestehenden Regelungen und lassen den Willen des Gesetzgebers erkennen, die Privatisierung stärker von oben zu kontrollieren (*Mohlek* 1997b).

Einige Neuregelungen zielen allerdings explizit darauf ab, den Fortgang der Privati-sierung zu beschleunigen. So wurde zum Beispiel die zuvor schon praktizierte Möglich-keit von *debt equity swaps* gesetzlich fixiert. Als wichtigste Neuerung gilt eine Bestimmung, die die Kommerzialisierung und die damit verbundene Auflösung der Selbstverwaltungsorgane ohne Zustimmung der Unternehmensorgane auf Anordnung des zuständigen Ministers erlaubt. Damit wurde die Möglichkeit der Insider, die Privati-sierung des eigenen Unternehmens zu verhindern, beseitigt. Diese Vereinfachung konnte allerdings nur durchgesetzt werden, indem die Insider kompensiert wurden und nun im Rahmen der Kapitalprivatisierung 15 % der Aktien „ihrer" Unternehmen gratis anstatt wie zuvor 20 % zum halben Preis erhalten. Außerdem wurden die Mitbestim-mungsrechte in den kommerzialisierten Unternehmen weiter ausgebaut, so daß nun 40 % der Mitglieder des Aufsichtsrats und ein Mitglied des Vorstands von den Beleg-schaften gewählt werden (*OECD* 1996a, S. 68-70, *Mohlek* 1997b).

Neben der Neufassung des Gesetzes sollten auch administrative Reformen den poli-tischen Durchgriff auf die Privatisierung verstärken. Es wurde ein Schatzministerium geschaffen, in dem die Kompetenzen für die Verwaltung und Privatisierung des gesamten Staatsvermögens zusammengeführt wurden (*Simpson* 1996, S. 23, *OECD* 1998a, S. 52). Zusammen mit der oben erwähnten Möglichkeit der Anordnung der Kommerzialisierung durch den zuständigen Minister wurde so eine einflußreiche politi-sche Institution geschaffen. Inwieweit die Zusammenführung des Auftrags für die Verwaltung des Staatseigentums mit dem Auftrag für die Privatisierung eine sinnvolle institutionelle Konstruktion war, ist aufgrund bürokratietheoretischer Überlegungen fraglich: Die Aufgaben Verwaltung des Staatsvermögens und Privatisierung stehen in einem potentiellen Widerspruch zueinander, da der Einflußbereich des zuständigen Ministers mit jeder Privatisierung kleiner wird und daher nicht unbedingt in dessen Interesse liegt. Das weiterhin langsame Voranschreiten der polnischen Privatisierung (siehe Tabelle 11) kann hierfür als Indiz dienen.

Privatisierung und Rentenreform

Eine weitere neue Wendung in der polnischen Privatisierungspolitik ist der Versuch, den Privatisierungsprozeß mit der Reform des Rentensystems zu verknüpfen. Die dahinter stehende Idee ist, mögliche Erlöse aus dem Verkauf von Staatsunternehmen zur teilweisen Finanzierung der Übergangskosten von einem umlagefinanzierten zu einem kapitalgedeckten Rentensystem zu verwenden oder aber Aktien staatseigener Unternehmen an die neu zu gründenden Pensionsfonds zu übertragen und sie so mit Grundkapital auszustatten. Insbesondere im Wahlkampf des Jahres 1997 wurden diese Vorschläge intensiv diskutiert.[99] Auch wenn diese Idee einer gewissen Logik nicht entbehrt, nämlich einmalige Kosten der Transformation (Reform des Rentensystems) mit Hilfe einmaliger Einnahmen (Privatisierungserlöse) zu begleichen, birgt dieser Vorschlag die Gefahr in sich, durch die Verknüpfung der für sich schon komplexen und schwer durchsetzbaren Reformvorhaben die Situation weiter zu komplizieren und so den Fortgang der Privatisierung zu verzögern. Darüber hinaus stellt sich angesichts der bis dato niedrigen Privatisierungserlöse (siehe Tabelle 12) die Frage, inwieweit in Zukunft überhaupt noch nennenswerte Einnahmen aus dem Verkauf von Staatsunternehmen getätigt werden können.

4.4.4. Die Ergebnisse der polnischen Privatisierung seit 1994

Die oben skizzierte Konsolidierung im politischen und ökonomischen Bereich hat sich nur in relativ geringem Umfang auf den weiteren Verlauf der Privatisierung ausgewirkt.

Tabelle 11: Dynamik der polnischen Privatisierung (1994-97)

Stand	Privati siert	Unternehmen, bei denen die Privatisierung eingeleitet oder abgeschlossen wurde						
Ende	2+3+5 +7	Kapitalprivatisierung			Liquidation (PrivG.)		Konkursliquida- tion (SUG)	
		Kommer- zialisiert (1)	Verkauft (2)	Massenpri- vatisierung (3)	Eingeleitet (Leasing) (4)	Beendet (5)	Einge- leitet (6)	Beendet (7)
1994	1380	845	132	--	1042 (736)	945	1245	303
1995	2121	1075	159	512	1149 (788)	1054	1358	396
1996	2503	1229	183	512	1319 (869)	1244	1405	564
1997	2837	1269	227	512	1489 (968)	1423	1420	675

Quelle: *OECD* (1998a)

---

[99] Zu einer detaillierten Analyse der unterschiedlichen Vorschläge siehe *Gesell et al.* (1999).

Die Privatisierung verlief weiterhin langsamer als geplant und erwartet (*OECD* 1998a, S. 52-3). Die Gewichtung der unterschiedlichen Privatisierungsmethoden im Verhältnis zueinander hat sich nicht wesentlich verändert (siehe Tabelle 11, Abbildung 3). Die Liquidation nach dem Privatisierungsgesetz, die in den meisten Fällen zu einer Insiderprivatisierung durch Leasing führt, ist auch in diesem Zeitraum die mit Abstand bedeutendste Privatisierungsmethode geblieben, an zweiter Stelle stand die Liquidation nach dem Staatsunternehmensgesetz. Die Kapitalprivatisierung, also der Verkauf von Unternehmen, blieb weiterhin zahlenmäßig am unbedeutendsten, obwohl für 1996 und 1997 eine deutliche Forcierung dieser Privatisierungsmethode geplant war (*OECD* 1998a, S. 52). Die Umsetzung des Massenprivatisierungsprogramms hat, auch wenn es mit 512 von ursprünglich 8600 Unternehmen im Vergleich zum tschechischen Voucherprogramm nur einen relativ kleinen Teil der zu privatisierenden Unternehmen einschloß, der polnischen Privatisierung einen Schub versetzt und die Zahl der privatisierten Unternehmen merklich ansteigen lassen (siehe Abbildung 3).

Abbildung 3: Anzahl der abgeschlossenen Privatisierungen in Polen (1990-97)

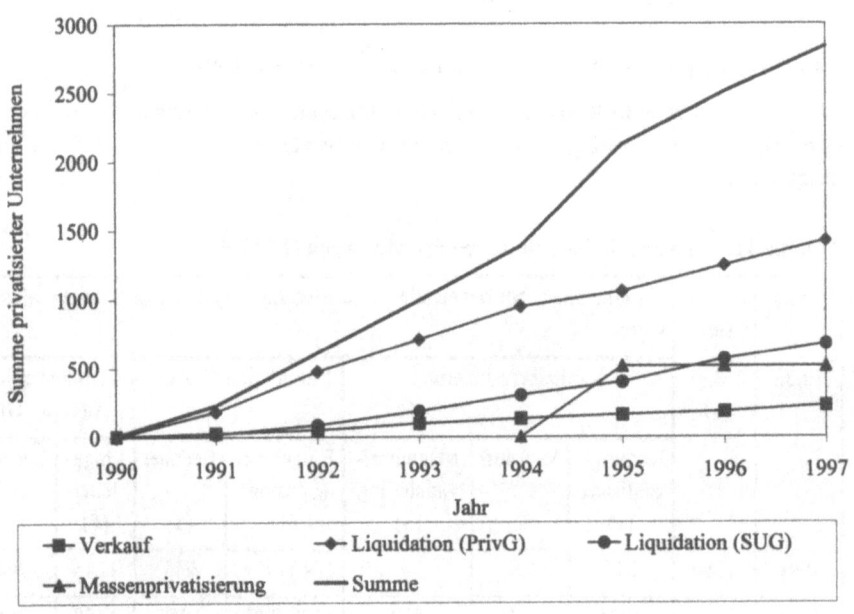

Quellen: Siehe Tabellen 7, 11

Bei den Erlösen aus der polnischen Privatisierung ist über die Jahre ein leichter Anstieg zu beobachten. Nachdem in den ersten drei Jahren so gut wie keine nennenswerten Einnahmen anfielen, hat sich die Situation seit 1994 leicht verbessert. Nachdem zunächst überwiegend Produktions- und Dienstleistungsbetriebe in die Privatisierung einbezogen worden waren, begann man ab 1996 und 1997 verstärkt mit der

Privatisierung von Banken und vorsichtig auch mit der Privatisierung von Infrastruktureinrichtungen, was sich im Anstieg der Privatisierungseinnahmen bemerkbar gemacht hat (*OECD* 1998a, S. 51, 53). Der größte Teil der polnischen Privatisierungseinnahmen floß direkt in den Staatshaushalt ein. Insgesamt blieben die Ergebnisse aus fiskalischer Sicht aber über den gesamten Zeitraum hinweg relativ unbedeutend und stellten kaum eine Entlastung für den Staatshaushalt dar.

Tabelle 12: Einnahmen aus der polnischen Privatisierung (1994-97)

	1994	1995	1996	1997
Einnahmen Verkauf (Mio. Złoty)	867	1714	1945	3254
Einnahmen sonstige Verfahren(Mio. Złoty)	748	926	1807	3284
Summe	1615	2640	3752	6538
% BIP	0,8	0,9	1,0	1,4

Quellen: *Polnisches Schatzministerium, OECD* (1998a), *BMWi* (1999)

4.5. Zusammenfassung: Die nicht realisierten fiskalischen Ziele der polnischen Privatisierungspolitik

Der polnische Privatisierungsprozeß kann in drei Phasen unterteilt werden, in denen die jeweils verfolgte Politik unterschiedlich stark von fiskalischen Zielsetzungen beeinflußt wurde.

Während der ersten Phase, die vom Herbst 1989 bis zum Herbst 1990 reicht, wurden die im wesentlichen noch heute gültigen gesetzlichen Grundlagen der Privatisierung geschaffen. Wegen der hohen Auslandsverschuldung, vor allem aber wegen des hohen Budgetdefizits hat in dieser Phase das Bestreben, möglichst hohe Einnahmen aus dem Verkauf von Staatsunternehmen zu erzielen, einen hohen Stellenwert für die Regierung gehabt. Aufgrund der in Polen bereits vorhandenen Mitbestimmungsrechte der Belegschaften, die in der *Solidarność* gut organisiert und im Parlament stark vertreten waren, fand dieses Interesse allerdings nur teilweise Ausdruck in den gesetzlichen Regelungen. Das nach zähem Ringen schließlich verabschiedete Gesetz enthielt eine Vielzahl von Regelungen, durch die Unternehmensinsider im Privatisierungsprozeß bevorzugt wurden. Das Einlenken der Regierung in dieser Frage wurde durch eine vorübergehende Lockerung der Verschuldungs- und Budgetrestriktion zum Zeitpunkt der Verabschiedung des Gesetzes begünstigt.

Die zweite Phase der polnischen Privatisierung ist überwiegend durch Stagnation gekennzeichnet: Die Verkaufsprivatisierung konnte wegen einer Reihe von Ursachen, darunter auch die weitreichenden Einflußmöglichkeiten der Insider, die hochgesteckten Erwartungen nicht erfüllen. Trotzdem ein hoher Einnahmenbedarf bestand - die ökonomische Transformationskrise schlug sich wie zu erwarten auch in den öffentlichen Haushalten nieder - konnten die bestehenden Regelungen nicht den Erfordernissen angepaßt werden. Innenpolitische Instabilität, die ihren Ausgangspunkt in den zu Beginn der Transformationsphase entstandenen politischen Institutionen hatte, führte dazu, daß in der Privatisierungsfrage kein Konsens gefunden werden konnte. Eine gesetzliche Neuregelung im Parlament erwies sich aufgrund der starken Fragmentierung und der schwachen Machtbasis, der Regierung als unmöglich. Hinzu kam die Reformmüdigkeit der Bevölkerung und deren wachsende Abneigung gegen die Privatisierung.

Seit 1994 vollzieht sich die dritte Phase der polnischen Privatisierung vor dem Hintergrund einer politischen und ökonomischen Konsolidierung. Nach Ausdifferenzierung des Parteiensystems und im Anschluß an innenpolitische Reformen hat sich die politische Situation stabilisiert. Die Regierungen werden von relativ stabilen Mehrheiten getragen und wechseln in Folge von Wahlen und nicht aufgrund von Mißtrauensvoten. Im Zuge der parallel verlaufenen ökonomischen Stabilisierung konnte auch der polnische Staatshaushalt soweit saniert werden, daß die Budgetdefizite bei Werten um 3 % des BIP liegen. Dieser neue politische und ökonomische Handlungsspielraum führte dazu, daß der Privatisierungsprozeß nun zügiger vorankam. Die Verabschiedung und die Implementation des Massenprivatisierungsprogramms und die Reform des Privatisierungsgesetzes verliehen der Privatisierung einen neuen Schub. Die stabilere Situation wirkte sich auch auf den Fortgang der Verkaufsprivatisierung positiv aus, so daß die Verkaufserlöse leicht anstiegen. Trotz der nach wie vor vergleichsweise niedrigen Höhe der Erlöse hat dieser Anstieg bereits neue Begehrlichkeiten, wie etwa die teilweise Finanzierung der Reform des Rentensystems mit Hilfe von Privatisierungseinnahmen geweckt, so daß fiskalische Ziele der Privatisierung auch in Zukunft ein wichtiger Aspekt der polnischen Privatisierungspolitik bleiben werden.

5. Ungarn

Ähnlich wie die polnischen Reformer war auch die erste ungarische Reformregierung von Beginn an mit massiven fiskalischen Zwängen, die in Ungarn in erster Linie aus der extrem hohen Auslandsverschuldung resultierten, konfrontiert. In diesem Kapitel wird untersucht, wie sich dieser Druck zur Erzielung von Einnahmen für die Rückzahlung der Auslandsverschuldung auf die Wahl und den Verlauf der ungarischen Privatisierungsstrategie ausgewirkt hat.

Dabei verspricht der ungarische Fall zusätzliche Erkenntnisse über den Einfluß der verschiedenen Faktoren auf den Privatisierungsprozeß, da zwar hinsichtlich des hohen Einnahmebedarfs der Regierung eine Übereinstimmung mit Polen zu verzeichnen war, in den anderen hier als relevant betrachteten Bereichen jedoch vom polnischen Fall abweichende Bedingungen herrschten. In Ungarn konnte auf die von den Sozialisten begonnenen Reformen teilweise aufgebaut werden. Aufgrund des längeren Übergangsprozesses war die politische Situation von Anfang an relativ stabil. Es wird also zu untersuchen sein, wie sich die Kontinuität und die politische Stabilität vor dem Hintergrund eines hohen Einnahmenbedarfs auf die Festlegung und Umsetzung der ungarischen Privatisierungsstrategie ausgewirkt hat. Bei den Verfügungsrechten hatten sich in Ungarn die Unternehmensleitungen, und nicht wie in Polen die Belegschaften, eine starke Position gegenüber dem Staat sichern können. Dies bietet die Möglichkeit, zu analysieren, ob und wie diese Gruppe von *stakeholdern* den Privatisierungsprozeß in ihrem Sinne beeinflussen konnte.

Auch der ungarische Privatisierungsprozeß kann in Phasen unterteilt werden, an denen sich wiederum der Aufbau des Kapitels orientiert. In der ersten Phase (5.1.) wurden die Ziele der Privatisierung diskutiert und festgelegt. Die vom letzten sozialistischen Regime übernommenen Institutionen und Ansätze wurden neu bewertet, erweitert und teilweise übernommen. Der aus diesem Prozeß entstandene institutionelle Rahmen wird in 5.2. erläutert. Die zweite Phase der ungarischen Privatisierung (5.3.) reichte von 1990-92. Sie ist von einer Reihe unterschiedlicher Programme, die alle als Teil der gleichen Strategie angesehen werden können, gekennzeichnet. Der Beginn der dritten Phase (5.4.) ist von einem Wechsel der verfolgten Strategie vom bis dahin dominierenden Verkaufsansatz hin zu einer stärker verteilungsorientierten Privatisierungsstrategie gekennzeichnet. Diese Phase endete 1994 vor dem Hintergrund einer massiven makroökonomischen Schieflage. Die anschließende vierte Phase (5.5.) wurde durch einen abermaligen Strategiewechsel eingeleitet. In dieser Phase konnte die ungarische Privatisierung nahezu abgeschlossen werden. Für die einzelnen Phasen wird der Frage nachgegangen, inwieweit die jeweiligen Entscheidungen mit Hilfe der in Kapitel 3 herausgearbeiteten Einflußfaktoren erklärt werden können. Am Ende der einzelnen Abschnitte werden die fiskalischen Auswirkungen der jeweils verfolgten Strategien dargestellt. In 5.6. wird die wechselnde Bedeutung fiskalischer Motive für die ungarische Privatisierungspolitik aufgezeigt.

5.1. Die Evolution der ungarischen Privatisierung unter Transformationsbedingungen

5.1.1. Politische Stabilität, ökonomische Krise und graduelle Reformen

Die ungarische Transformation, und insbesondere Privatisierung, gilt als *das* Paradebeispiel für eine gradualistische Strategie. In Polen und in der Tschechischen Republik wurde die Privatisierung von Staatseigentum durch den Bruch im politischen System, der durch den Regierungswechsel vollzogen wurde, quasi über Nacht zu einer Option und einem Ziel der Regierung. In Ungarn hingegen vollzog sich die Wandlung schrittweise und kontinuierlich.

Ein Bruch fand insofern statt, als daß mit dem politischen Wechsel die Debatte um die Eigentumsrechte eine andere Qualität erhielt. Bereits während der Verhandlungen am Runden Tisch war klar geworden, daß es in der Diskussion nicht länger um Reformen innerhalb des staatlichen Sektors, sondern um eine Transformation des Wirtschaftssystems und damit der Eigentumsordnung, also eine umfassende Übertragung von Verfügungsrechten von staatlichen an private Akteure, ging (*Kornai* 1996, S. 320). Dieser „Rahmenwechsel" (*Brusis* 1995) wurde mit der Regierungsübernahme durch die erste nicht sozialistische, demokratisch gewählte Regierung unter *Antall* endgültig besiegelt.

Eine Besonderheit des beginnenden Transformationsprozesses in Ungarn war die politische Stabilität, unter der die erste demokratische Regierung ihre Entscheidungen treffen konnte: „Widespread acceptance of the new constitutional arrangements created by the round table and modified by the referendum of November lent an initial normalcy to Hungarian politics" (*Stokes* 1993, S. 170).

Während der Verhandlungen am Runden Tisch und im Streit um die Präsidentschaftsfrage hatte eine Fragmentierung des Oppositionslagers eingesetzt, so daß bereits vor der ersten Wahl mehrere Oppositionsparteien mit mehr oder weniger klar definierten politischen Programmen existierten.[100] Aus den Parlamentswahlen war das Ungarische Demokratische Forum (MDF) als klarer Sieger hervor gegangen und hatte mit zwei weiteren Parteien des rechten Spektrums eine Koalitionsregierung gebildet (s.o.). Bereits vor den Wahlen war die Verfassung dahingehend ergänzt worden, daß die Absetzung der Regierung, anders als in Polen, nur durch ein konstruktives Mißtrauensvotum möglich war. Weiterhin wurde die Arbeit der ersten demokratischen Regierung dadurch erleichtert, daß die beiden wichtigsten Oppositionsparteien einer weiteren Verfassungsänderung zustimmten, die es der Regierung erlaubte, auch „Maßnahmen von nationaler Bedeutung" mit einfacher, statt wie zuvor erforderlich, mit einer zwei Drittel Mehrheit, zu beschließen (*Stokes* 1993, S. 179, *Comisso* 1995, S. 207-8, *Marer* 1995, S. 488).

---

[100] Zu einer Übersicht des ungarischen Parteienspektrums siehe *East* (1997, S. 65-68). Zu deren inhaltlichen Standpunkten in der Privatisierungsfrage siehe *Brusis* (1995, S. 58-61).

Die ökonomische Lage war weit weniger stabil als die politische Situation, wenn auch nicht so dramatisch wie in Polen. Während 1988 und 1989 das Wirtschaftswachstum nahe bei Null gelegen hatte, fiel es im Verlauf des ersten Transformationsjahres um 3,5 %. Die Reallöhne sanken ebenfalls um rund 5 %, während die zuvor wie in allen sozialistischen Ländern so gut wie unbekannte Arbeitslosigkeit im Verlauf des Jahres auf gut 2 % anstieg. Die Inflationsrate[101] stieg ebenfalls von 16,9 % (1989) auf 28,9 % im Jahr 1990. Das Budgetdefizit hatte 1989 zwar nur 1,4 % betragen, es drohte aber 1990 weiter anzusteigen, denn der beginnende Transformationsprozeß ließ weitere Belastungen für die öffentlichen Haushalte, wie steigende Löhne im öffentlichen Sektor oder wachsende Ausgaben für Renten- und Sozialversicherung bei gleichzeitigen Steuerausfällen aufgrund der Transformationsrezession, erwarten. Zudem hatte Ungarn mit einem Staatsanteil von nahezu 60 % eine, auch für sozialistische Länder, ohnehin sehr hohe Staatsquote. Die Konsolidierung des Staatshaushaltes stellte somit eine wichtige Aufgabe für die neue Regierung dar (*OECD* 1991a, S. 27-53, *EBRD* 1994, S. 197).

Eines der Hauptprobleme aber war die hohe Auslandsverschuldung, die Ungarn über die Jahre aufgebaut hatte (s.o.). Im Gegensatz zu Polen hatte Ungarn seine Schulden stets bezahlt. Die unbedingte Verpflichtung, auch in Zukunft regelmäßig Schuldendienst zu leisten war bereits von den Sozialisten eingegangen worden und wurde auch die erklärte Absicht der *Antall*-Regierung (*OECD* 1991a, S. 27, *Marer* 1995, S. 487). Ungarn hatte sich durch schrittweise Liberalisierung, Öffnung nach außen, Mitgliedschaft in internationalen Organisationen wie IWF und Weltbank sowie zahlreiche internationale Kontakte auf Unternehmensebene eine Reputation als offenstes Land des sozialistischen Lagers, Reformvorreiter und verläßlicher Partner erworben, die nun durch ein Moratorium oder die Bitte um Umschuldung nicht zerstört werden sollte (*Bartlett* 1997, S. 173-78).

Die ökonomische Krise, in der sich Ungarn befand, hätte den Beschluß und die Umsetzung eines umfassenden Reformprogrammes erwarten lassen. An Vorschlägen für ein solches Programm mangelte es nicht. Die bekanntesten Entwürfe stammen von *Kornai* (1989/1990)[102] und der mit prominenten ungarischen und internationalen Experten besetzten *Blue Ribbon Commission* (1990). In beiden Konzepten wurde für umfängliche und schnelle Reformen, ähnlich dem *Balcerowicz*-Plan in Polen, plädiert, und ein detailliertes Reformprogramm unterbreitet.

Trotz der ökonomischen Notwendigkeit, der politisch günstigen Situation und den vorliegenden Reformvorschlägen blieb ein explizites Transformationsprogramm allerdings zunächst aus. Die Gründe hierfür liegen in der ungarischen Reformvergangenheit und dem besonderen Beginn der Transformationsphase (ausführlich dargestellt bei *Kornai* 1996, S. 285-310). Viele Reformen, etwa die Annäherung des Steuersystems an

---

[101] Jahresdurchschnitt für Konsumgüterpreise.

[102] Das Original erschien bereits 1989 in ungarischer Sprache, die hier angeführten Zitate sind der englischen Ausgabe von 1990 entnommen.

westliche Standards, die Einführung eines zweistufigen Bankensystems, die Liberalisierung von Preisen und Löhnen waren bereits Mitte der 80er Jahre begonnen worden (*OECD* 1991a, S. 57). Diese vorangegangenen Reformen und die Öffnung nach außen hatten dazu geführt, daß die Verzerrungen der Preise und der Wirtschaftsstruktur nicht so groß wie in Polen und der Tschechoslowakei waren (*Marer* 1995, *Bartlett* 1997, S. 142, *Hoen* 1998, S. 81). Hinzu kam, daß die konsumorientierte und durch Auslandsverschuldung finanzierte Wirtschaftspolitik der Reformkommunisten dazu beigetragen hatte, daß die Versorgungslage der ungarischen Bevölkerung besser war als in den Nachbarländern, so daß radikale Maßnahmen nicht als unbedingt notwendig empfunden wurden. Daher war auch die Bereitschaft, solche auf sich zu nehmen, geringer als etwa in Polen. In Politik und Gesellschaft herrschte ein großes Vertrauen in den eigenen Startvorteil. Durch den schrittweisen Rückzug der Kommunisten aus der Regierungsverantwortung und das ebenso schrittweise Entstehen einer demokratisch legitimierten Regierung, tat sich der *Antall*-Regierung auch kein echtes *window of opportunity* auf. Dieses hatte den Reformern in Polen und der Tschechoslowakei die Möglichkeit gegeben, schnell weitreichende Reformen zu implementieren und die ökonomischen Härten der Transformation ihren Vorgängern anzulasten. Diese Dilemmasituation charakterisiert *Mihályi* (1993, S. 88) als „mixed blessings of perceived advantages" und *Hoen* (1998, S. 82) als „winner's curse". Die fehlende Reformbereitschaft der ungarischen Bevölkerung wurde besonders drastisch während des Taxifahrerstreiks im November 1990 demonstriert, als die Budapester Taxifahrer auf eine angekündigte Benzinpreiserhöhung mit einer mehrtägigen Blockade der wichtigsten Verkehrswege der Hauptstadt reagierten. Die Folge war nicht nur die Rücknahme der Preiserhöhungen, sondern eine erste politische Krise, die zur Entlassung des Innen- und des Finanzministers sowie weiterer Kabinettsumbildungen führte. Als Konsequenz des Mangels an Willen und Fähigkeit der ersten demokratischen Regierung, kurzfristig schmerzhafte Maßnahmen durchzuführen, blieben die ersten proklamierten Reformprogramme der *Antall*-Regierung eher vage Absichtserklärungen, als elaborierte Reformpläne (*Csaba* 1995, S. 222).

5.1.2. Verschiedene Privatisierungsmethoden in der Diskussion

Als sich der politische Wechsel in Ungarn abzeichnete, und Privatisierung im eigentlichen Sinne zu einer echten Option geworden war, setzte eine intensive Diskussion um mögliche Methoden der Privatisierung ein. Anders als in Polen und der Tschechoslowakei konnte dabei auf eine längere theoretische Debatte, in der seit den späten 60er Jahren verschiedene Eigentumsformen, allerdings stets unter dem Oberbegriff „Staatseigentum", erörtert worden waren, zurückgegriffen werden. Dies trug dazu bei, daß die jeweiligen Vor- und Nachteile der verschiedenen Optionen schnell aufgezeigt und so die Diskussion rationalisiert werden konnte (*Mihályi* 1994b, S. 365, *Mihályi* 2000).

Auch in Ungarn wurde die gesamte Bandbreite der möglichen Methoden, vom weitgehenden Erhalt des staatlichen Sektors, über Management und Employee Buy Outs, Verkauf an in- und ausländische Investoren bis hin zur Gratisvergabe durch ein

Voucher-Programm diskutiert (*Mizsei et al.* 1994, S. 43-4, *Fletcher* 1995, S. 39, *Stark* 1998). Die meisten Stimmen sprachen sich allerdings früh für den Verkauf von Unternehmen als vorherrschende Privatisierungsmethode aus. Diese Ausrichtung der Debatte hat, wie auch die institutionellen Rahmenbedingungen der Privatisierung, ihren Ursprung in der Endphase des sozialistischen Regimes. Vor dem Hintergrund der Auslandsverschuldung, welche die ungarische Volkswirtschaft zunehmend belastete, hatte bereits im Sommer 1988 der damalige Parteichef *Grósz* in San Francisco vor amerikanischen Geschäftsleuten verkündet: „We would be very pleased, if perhaps you purchased some of our enterprises". Ein halbes Jahr später war von der Regierung eine Liste von 51 großen ungarischen Unternehmen erstellt worden, die für einen Verkauf an ausländische Investoren in Frage kamen. Neben der Möglichkeit der Schuldenreduktion versprach man sich von solch einem Schritt die weitere Integration Ungarns in die Weltwirtschaft durch den mit ausländischen Investitionen verbundenen Transfer von *know-how* und Kapital sowie den erleichterten Zugang zu westlichen Märkten (*Stark* 1998, S. 54-5). Auch wenn diesen frühen Versuchen eines *debt-equity swaps* auf internationaler Ebene wenig Erfolg beschieden war, hatte diese Suche nach Auswegen aus der ungarischen Verschuldungsproblematik dazu geführt, daß möglichen Einnahmen aus der Privatisierung in der ungarischen Debatte um die Privatisierungsmethoden stets ein hoher Stellenwert zugemessen wurde.

Dieser Punkt wurde später auch in *Kornais* Vorschlag für eine Transformationsstrategie „*Road to a Free Economy*" (1989/1990) betont. Die Arbeit lieferte einen wichtigen Impuls für die Diskussion um die Privatisierungsstrategie (*Mihályi* 1993, S. 86, *Major* 1994, S. 110). *Kornai* spricht sich hierin nachdrücklich für eine Verkaufsprivatisierung aus, möglichst zu Marktpreisen, die in Auktionen festgelegt werden. Jede Form des Verschenkens oder der vergünstigten Abgabe an Insider wird abgelehnt. Die Argumentation beruht auf Effizienz-, wie auch auf den genannten fiskalischen Erwägungen. Vom Effizienzgesichtspunkt her betont *Kornai* das bekannte Argument, daß beim Verkaufen der Marktmechanismus die Eigentumsrechte tendenziell in eine bessere Verwendung lenkt, während das Verschenken dazu führen kann, daß ineffizientes Staatseigentum durch eine Vielzahl unternehmerisch nicht motivierter und dazu nicht organisierter Kleinaktionäre ersetzt wird. Aus fiskalischen Gesichtspunkten argumentiert *Kornai* für den Verkauf, da der Staat gerade in der Transformationsphase dringend auf Einnahmen angewiesen ist, und jede Form des Verschenkens oder der vergünstigten Abgabe an Insider zu Einnahmeausfällen führt, die später durch höhere Steuern oder Inflation gedeckt werden müssen (*Kornai* 1989/1990, S. 80-93).

Aus den gleichen Gründen schlagen auch die Experten der *Blue Ribbon Commission* eine Verkaufsstrategie vor. Vorschlag der *Commission* kommt der Idee der Sozialisten noch näher als *Kornais* Konzept, denn er sieht vor, die Erlöse einer Zweckbindung zur Rückzahlung der internen und externen Verschuldung zu unterwerfen, da eine Finanzierung laufender Ausgaben mit Hilfe dieser Einnahmen inflationäre Wirkung hätte (*Blue Ribbon Commission* 1990).[103]

Aber es gab auch abweichende Vorschläge: So trat zum Beispiel die liberale Oppositionspartei SzDSz nach den Wahlen für eine weitreichende Distribution von Eigentumsrechten mit bevorzugter Vergabe an die Arbeitnehmer der staatseigenen Unternehmen ein. Diesem Vorschlag lag die Idee zu Grunde, daß die Ungarn für die unter sozialistischer Herrschaft erlittenen Entbehrungen entschädigt werden sollten (*Major* 1994, S. 255). Nach kurzer Zeit distanzierte sich die Partei allerdings wieder von diesem Ansatz, um nicht dem Standpunkt einer der kleineren Regierungsparteien, der Partei der Kleinlandwirte, zu nahe zu kommen (*Mizsei* 1992, S. 295, *Fletcher* 1995, S. 48). Diese plädierte für die freie Übertragung von Eigentum. Hiervon sollten allerdings nicht alle Ungarn gleichermaßen profitieren, sondern hauptsächlich diejenigen, deren Eigentum unter sozialistischer Herrschaft beschlagnahmt worden war. Die Kleinlandwirte waren mit dieser Restitutionsforderung als *single issue party* in den Wahlkampf gezogen und nutzten ihre Stellung in der Koalition später, um die beiden anderen Regierungsparteien unter Druck zu setzen und ihre Forderungen zu verwirklichen (*Comisso* 1995).

5.1.3. Die Herausbildung der ersten Privatisierungskonzeption

Die Existenz der relevanten Institutionen in Form eines gesetzlichen Rahmens und einer Privatisierungsbehörde verschaffte Ungarn gegenüber anderen Transformationsländern bei der Privatisierung einen Startvorteil. Allerdings war die SPA[104], als eine der letzten Amtshandlungen der abgewählten Sozialisten geschaffen, bei Antritt der demokratischen Regierung ein Apparat, der erst in Gang gesetzt werden mußte. Hierzu mußten die relevanten Positionen besetzt werden, vor allem aber durch Ausformulierung einer Privatisierungsstrategie die Laufrichtung vorgegeben werden.

Nach dem Amtsantritt berief die *Antall*-Regierung ein aus regierungsnahen und externen Experten bestehendes Eigentums- und Privatisierungskomitee zur Ausarbeitung einer Privatisierungsstrategie. Ende August 1990 wurden die ersten Thesen der

---

[103] *Newbery* (1991, S. 576) merkt zur Kontroverse um die Verwendung der Einnahmen an: „ If they [the assets, Anmerkung D.S.] are sold to foreigners, the debt can be reduced directly. If they are sold to residents, [...] the national debt can be reduced and the tax revenue previously used to service that part of the debt is then available to foreign debt service (holding tax and other expenditure constant, and comparing the outcome with that of giving away the assets). Here the link is not so direct - the resulting budget surplus will need to be translated into a trade surplus, which may then be used to amortize the foreign debt."

[104] In Ungarn wurden im Laufe der Zeit insgesamt drei Privatisierungsagenturen geschaffen: Die ÁVÜ, die ÁV und die ÁPV. Um die Einordnung der Arbeit in den Kontext der hier verwendeten, überwiegend englischsprachigen Literatur zu erleichtern, werden gebräuchliche englische Abkürzungen verwendet. Dabei bedeutet: ÁVÜ=SPA=State Property Agency, ÁV=HSHC= Hungarian State Holding Company und ÁPVC=SPHC=State Privatization and Holding Company.

Regierung zur Privatisierungsfrage verkündet. Die wesentlichen Punkte wurden in das auf drei Jahre angelegte wirtschaftspolitische „Programm der nationalen Erneuerung", das im September veröffentlicht wurde, aufgenommen und wenig später in einem Regierungsdokument über Eigentum und Privatisierung etwas weiter ausgeführt. Privatisierung sollte dem Ziel dienen, eine auf Privateigentum beruhende Marktwirtschaft einzuführen. Das staatliche Eigentum sollte schrittweise durch Verkauf privatisiert werden und die Erlöse zur Schuldentilgung und Senkung des Budgetdefizits verwendet werden (*Biro* 1990, S. 673, *Kiss* 1992, S. 1016-1017, *Mihályi* 1994b, S. 365, *Brusis* 1995, S. 76-7).

Ebenso wie einige Teile des wirtschaftspolitischen Programms war auch die Privatisierungsstrategie durch Kontinuität und Unverbindlichkeit zugleich gekennzeichnet. Viele Autoren sind daher der Ansicht, daß es gar keine Privatisierungsstrategie mit klar definierten Prioritäten und Zielen gab, sondern daß die ungarische Regierung ohne ein schlüssiges Konzept möglichst viel auf einmal erreichen wollte.[105] Anders als in Polen, wo mit der Verabschiedung des Privatisierungsgesetzes ein Bruch mit der Nomenklatura-Privatisierung vollzogen wurde, wurden bei der ungarischen Vorgehensweise viele Elemente des alten Systems beibehalten, wodurch der gradualistische Charakter besonders zum Ausdruck kommt. Die Empfehlungen des Privatisierungskomitees sahen zwar eine gesetzliche Neuregelung der Privatisierung vor, doch wurde auf diese zunächst verzichtet. Statt dessen entschied sich die Regierung dazu, unter Beibehaltung der von den Sozialisten geschaffenen Gesetze eine Verkaufsstrategie zu verfolgen, bei der das Management viele der bisherigen Einflußmöglichkeiten behielt. Zwar entschied man sich, durch die Ausweitung der Kompetenzen der SPA eine Zentralisierung der Eigentumsrechte vorzunehmen (s.u.), um die in öffentlichen Mißkredit geratene spontane Privatisierung zu stoppen und sich Einnahmen aus dem Privatisierungsprozeß zu sichern. Insgesamt war die von der *Antall*-Regierung betriebene Privatisierungspolitik aber eher der Weg des geringsten Widerstands und Ausdruck einer „*wait and see*" Haltung (*Mihályi* 1994b, S. 365) als der Versuch der Umsetzung einer expliziten Privatisierungsstrategie.[106]

Die Entwicklung des ungarischen Privatisierungspfades kann mit Hilfe der in dieser Arbeit als zentral betrachteten Faktoren, fiskalische Zwänge (insbesondere Auslandsverschuldung), bestehende Verfügungsrechte und Verlauf des politischen Systemwechsels erklärt werden. Das Zusammenwirken dieser Umstände wird in diesem Abschnitt untersucht, während die Details der Strategie im nächsten Abschnitt dargestellt werden.

---

[105] So zum Beispiel *Dallago* (1994, S. 395), *Kiss* (1992, S. 1016), *Mihályi* (1994a) oder *Somogyi/Török* (1993).

[106] Der Mangel an Strategie wird auch dadurch deutlich, daß das vom neuen Finanzminister *Kupa* im Februar 1991 vorgelegte Reformprogramm („Kupaprogramm"), ein halbes Jahr nachdem die ersten Privatisierungsprogramme bereits begonnen hatten, die Forderung nach der unverzüglichen Formulierung einer Privatisierungsstrategie enthält (was dann allerdings nicht erfolgte) (*Brusis* 1995).

Die Idee der Verknüpfung der Privatisierung mit der Rückzahlung der Auslandsverschuldung war seit den ersten Bemühungen der Sozialisten fester Bestandteil der Privatisierungsdebatte. Dieses Konzept wurde verfestigt durch die Vorschläge einflußreicher Experten, die zudem vorrechneten, daß der Wert der zu privatisierenden ungarischen Unternehmen die Höhe der Auslandsverschuldung übersteige, und eine Begleichung der Schuld mit Hilfe von Privatisierungserlösen daher möglich sei (zu den Schätzungen siehe *Blue Ribbon Commission* 1990, S. 26, *Mihályi* 1994b, S. 365). Zusammen mit dem von allen Akteuren bekundeten unbedingten Willen zur Rückzahlung der Auslandsverschuldung führte dies dazu, daß alle debattierten Privatisierungsmethoden stets am Kriterium möglicher Erlöse gemessen wurden (*Fletcher* 1995, S. 41). Mit Ausnahme der auf einer Landrestitution verharrenden Partei der Kleinlandwirte, riskierte es in diesem Klima kein Akteur, explizit für einen Verzicht auf Erlöse zugunsten möglicherweise schnellerer oder gerechterer Privatisierungsverfahren durch Verschenken oder bevorzugte Vergabe an Insider einzutreten, und dafür in Verhandlungen über Umschuldungen oder Schuldenstreichung treten zu müssen. Die Verwendung des Begriffs *Voucher* war beinahe ein Tabu (*Brusis* 1995, S. 135-6, *Fletcher* 1995, S. 99). Da eine Verkaufsstrategie mit weiteren ökonomischen Vorteilen verbunden war und sich auch in die graduelle Transformationsstrategie der Regierung einfügte, konnte sich dieses Prinzip schnell als Maxime des erwähnten Privatisierungskomitees und der *Antall*-Regierung durchsetzen

Eine weitere Kontinuität, das Fortbestehen des institutionellen Rahmens für die Privatisierung, resultierte aus dem graduellen Übergang Ungarns in die Transformationsphase. Die Reformen der ungarischen Sozialisten hatten stets auf eine Stärkung von Marktmechanismen abgezielt und dabei das klassische System nach und nach aufgelöst. Die so entstandenen Institutionen wie ein zweistufiges Bankensystem, ein reformiertes Steuersystem, ein Gesetz über ausländische Investitionen und insbesondere die gesellschaftsrechtlichen Regelungen, die in der letzten Phase des Systems eingeführt wurden, waren daher bereits mit dem angestrebten marktwirtschaftlichen System kompatibel (*OECD* 1991a, S. 12-21, *Nuti* 1992, S. 195-6).[107] Als sich während der Verhandlungen mit der Opposition am Runden Tisch der Untergang des Sozialismus in Ungarn bereits abzeichnete, sah sich die Führung nicht nur wirtschaftlichem, sondern zusätzlich auch politischem Druck ausgesetzt, war es doch das gesetzte Ziel, als Sieger aus der Wahl hervorzugehen. In dieser Situation wurden weitere Institutionen wie die SPA und das Vermögensschutzgesetz geschaffen, die den institutionellen Rahmen für die Privatisierung weiter konkretisierten und sich später für die angestrebte Transformation als zweckmäßig erwiesen. Da die *Antall*-Regierung ohnehin bemüht war, einen radikalen Bruch mit der Vergangenheit zu vermeiden, sah sie keinen Grund, das Rahmenwerk für die Privatisierung grundsätzlich neu zu gestalten, sondern nahm lediglich einige Korrekturen daran vor.

---

[107] Das 1988 verabschiedete ungarische Gesellschaftsrecht hatte zum Beispiel die westdeutschen Regelungen zum Vorbild (*Mihályi* 2000).

Die Beibehaltung der zentralen institutionellen Rahmenbedingungen ließ den Managern weiterhin relativ großen Spielraum bei der Privatisierung. Wie bereits zu Zeiten der spontanen Privatisierung wurde auch unter dem neuen Regime die Kommerzialisierung in den meisten Fällen weiterhin durch die Unternehmensleitungen begonnen, die so erheblichen Einfluß auf die Bedingungen der Privatisierung nehmen konnten. Auch wenn es strengere Regeln geben sollte, so waren in den Plänen der Regierung keine standardisierten Verfahren vorgesehen. Jede Transaktion blieb Ergebnis eines Verhandlungsprozesses, in dem die Unternehmensleitungen nach wie vor eine wichtige Rolle spielen konnten (*Urbán* 1993, S. 108, *Frydman et al.* 1993a, S. 130-1). Persönliche Kontakte von Managern zu westlichen Unternehmen konnten weiterhin genutzt werden, um einen Käufer für die zu privatisierenden Unternehmen zu finden. Zwar war abzusehen, daß die Manager, nachdem die Regierung die Kontrolle über den Privatisierungsprozeß übernommen hatte, nicht mehr so frei agieren konnten wie zuvor.

Aber auch die neue Situation war mit Vorteilen verbunden. Die SPA war auf die Zusammenarbeit mit den Unternehmensleitungen angewiesen. Zum einen, um den Informationsvorsprung der Manager bei der Einschätzung der Marktlage und in den Verhandlungen mit potentiellen Käufern zu nutzen, zum anderen, um die während der spontanen Privatisierung entstandenen verzweigten und unübersichtlichen Eigentumsstrukturen zu durchschauen. Diese konnten nicht mehr ohne weiteres „von oben" aufgelöst und in Privateigentum überführt werden (*Voszka* 1993, S. 95-6). Dadurch war abzusehen, daß die Manager im Privatisierungsprozeß eine Schlüsselfunktion zwischen altem und neuem Besitzer einnehmen würden, die es ihnen ermöglichte, den Eigentumstransfer nach ihren Zielen zu beeinflussen.

Aus theoretischer Sicht kann argumentiert werden, daß Manager eher eine Massenprivatisierung mit daraus resultierenden weit verstreuten Eigentumsrechten befürworten, da ein solches Vorgehen ein Maximum an diskretionärem Spielraum eröffnet. Der Nachteil einer Massenprivatisierung aus Sicht des Managements ist allerdings, daß die bloße Übertragung von Eigentumstiteln keinen Eigentümer hervorbringt, der die für den Fortbestand des Unternehmens notwendigen Investitionen tätigen kann. Hierauf waren aber viele ungarische Unternehmen dringend angewiesen. Subventionskürzungen und Härtung der Budgetrestriktionen durch eine restriktivere Geld- und Kreditpolitik, die teilweise noch unter sozialistischer Herrschaft begonnen worden waren, hatten zu einer Verschlechterung der finanziellen Lage vieler Unternehmen geführt. Die Notwendigkeit von Restrukturierungsmaßnahmen und Zufluß frischen Kapitals war offen zu Tage getreten. Viele ungarische Manager hatten Kontakte zu westlichen Unternehmen, so daß ihnen die Rückständigkeit und der daraus resultierende Investitionsbedarf sehr bewußt waren. Daher war es eine attraktive Option für die Unternehmensleitungen, nach neuen Eigentümern zu suchen und so den Fortbestand der Unternehmung zu sichern (*Mizsei* 1992, S. 293-4). Dabei konnten sie versuchen, durch Ausnutzung ihres Informationsvorsprungs, den sie als Insider sowohl den neuen Eigentümern als auch dem Staat gegenüber hatten, Vorteile aus diesem Transfer zu ziehen. Die Regierung versuchte zwar, die starke Position der Manager zu schwächen, indem sie im Herbst 1990 eine Neuwahl der Unternehmensleitungen in den selbstverwalteten Betrieben anordnete, scheiterte aber mit diesem Versuch, da 80 % der Direktoren in ihrer Position bestätigt wurden (*Brusis* 1995, S. 108-9, *Antal-Mokos* 1998, S. 50).

Ihrerseits setzten die Unternehmensleitungen den Verkaufsplänen der Regierung keinen nennenswerten Widerstand entgegen, weil ihre Position nicht direkt bedroht war und sie teilweise sogar Möglichkeiten sahen, ihren Einfluß auszubauen.

5.2. Der institutionelle Rahmen der ungarischen Privatisierung

5.2.1. Die relevanten Gesetze

Der institutionelle Rahmen für die Privatisierung wurde also weitgehend beibehalten. Die wichtigsten Gesetze blieben das Gesetz über die Umwandlung von Staatsunternehmen von 1989 sowie das Gesetz über die Vermögensagentur und das Vermögensschutzgesetz, die beide von März 1990 stammten. An den Gesetzten wurden einige kleinere Änderungen vorgenommen.

Die anzuwendenden Privatisierungsverfahren waren in Ungarn nicht explizit in den Gesetzen festgeschrieben. Bei der Wahl der Methoden hatte die Agentur diskretionären Spielraum. Die Grundzüge der Privatisierungspolitik sollten der SPA durch die „Vermögenspolitischen Richtlinien" einmal jährlich vom Parlament vorgegeben werden. Das Parlament nutzte diese Einflußmöglichkeit allerdings nicht aus. Die Richtlinien wurden zunächst vom letzten Parlament vor der politischen Wende verabschiedet und dann auf Bestreben der neuen Regierung mehrfach verlängert beziehungsweise nicht explizit erneuert (*Urbán* 1993, S. 126, *Frydman et al.* 1993a, *Brusis* 1995, S. 113-4). Die so entstandenen Richtlinien waren sehr allgemein gehalten und sahen als grundlegende Privatisierungsprinzipien Wettbewerb, Transparenz und realistische Bewertung des Vermögens vor.

Außerdem wurde von der *Antall*-Regierung im September 1990 das Gesetz über die Kleine Privatisierung, in Ungarn als „Vor-Privatisierung" bezeichnet, verabschiedet. Die entsprechenden Gesetzesvorlagen waren ebenfalls bereits vor der politischen Wende noch von der *Nemeth*-Regierung ausgearbeitet worden.

5.2.2. Die Verteilung der Kompetenzen

Die vorgenommenen Gesetzesänderungen hatten zur Folge, daß die SPA mehr Rechte erhielt und zugleich eine bessere Kontrolle der Agentur durch die Regierung ermöglicht wurde. Die Vermögensagentur wurde zur zentralen Institution bei der Durchführung und Kontrolle des Privatisierungsprozesses, zu einer Art „Superministerium für Staatseigentum und Privatisierung" (*Major* 1994, S. 114). Statt wie zuvor dem Parlament, wurde sie direkt der Regierung unterstellt und von einem Minister ohne Geschäftsbereich beaufsichtigt. Das Direktorium konnte vom Ministerpräsidenten ernannt und abberufen werden. Ursprünglich waren auch Vertreter der Oppositionsparteien im Direktorium vertreten. Diese wurden aber nach und nach durch Mitglieder der Regierungsparteien, überwiegend des MDF, ersetzt (*Antal-Mokos* 1998,

S. 49). Das Parlament behielt das Recht, über die Verwendung der Privatisierungseinnahmen zu entscheiden (*Frydman et al.* 1993a, S. 128, *Brusis* 1995, S. 63-4).

Den Gesetzen entsprechend hatte die SPA verschiedene Aufgaben wahrzunehmen,
die über die Privatisierung hinausgingen: Die erste war der Schutz des staatlichen
Eigentums. Alle Transaktionen von Vermögen oder Änderungen der Rechtsform staatlicher Unternehmen mußten von der SPA genehmigt werden. Mit der Genehmigung war
in der Regel eine Revision und Bewertung der Unternehmen verbunden. Auf diese
Weise sollte eine kontrollierte Privatisierung ermöglicht und die spontane Privatisierung
sowie das Entstehen verzweigter Eigentumsstrukturen beendet werden. Die zweite
Aufgabe war das Management, oder eher die Verwaltung, der staatseigenen
Unternehmen. Nach der Umwandlung in eine der Rechtsformen des Unternehmens-
gesetzes von 1989 verloren die Selbstverwaltungsorgane des Unternehmens ihre
formalen Kontrollrechte. Die SPA wurde Eigentümerin und Aufsichtsbehörde der
Unternehmen. Die dritte Aufgabe war die sogenannte aktive Privatisierung. Neben der
Kontrolle der Privatisierung durch die Unternehmensleitungen (von unten) sollte die
SPA selbst Privatisierungsprogramme entwickeln und durchführen. Außerdem wurde
die SPA mit der Umsetzung des bereits bestehenden Gesetztes über die Kleine Privatisierung betraut (s.u.) (*Lawrence* 1993, S. 398-9, *Urbán* 1993, S. 110-1, *Frydman et al.*
1993a, S. 128, *Mizsei et al.* 1994, S. 53-4). 80 % der Erlöse aus dem Verkauf von
Unternehmensteilen oder Aktien staatlicher Unternehmen sollten an die Agentur fließen
und das Parlament hatte das Recht, über die weitere Verwendung der Einnahmen zu
bestimmen. Die übrigen 20 % der Erlöse sollten in den Unternehmen verbleiben.

5.2.3. Weitere Regelungen

Kreditprogramme für Privatisierungszwecke

Bereits in den Reformkonzepten von *Kornai* (1989/1990, S. 84-5) und der *Blue
Ribbon Comission* (1990, S. 27) war der Hinweis zu finden, daß um die Beteiligung der
inländischen Bevölkerung an einem verkaufsorientierten Privatisierungsprozeß zu
ermöglichen, spezielle Kreditprogramme geschaffen werden müßten. Dieser Empfehlung wurde ab Anfang 1991 mit der Einrichtung des Privatisierungskreditprogrammes
und des sogenannten Existenzkredits, bekannt als E-Kredit, entsprochen.

Der Privatisierungskredit wurde direkt von der Zentralbank vergeben, während der
E-Kredit bei den Geschäftsbanken beantragt und von der Zentralbank refinanziert
wurde. Beide Programme waren nur für Inländer zugänglich, die zu günstigen Konditionen mit Krediten für Privatisierungszwecke versorgt werden sollten (*OECD* 1991a, S.
116). Interessant am E-Kreditprogramm ist vor allem die buchungstechnische
Behandlung. Der Kredit wird von der Zentralbank refinanziert und stellt somit eine
zusätzliche Geldschöpfung dar. Die Rückzahlung des Kredites wird aber für die Tilgung
öffentlicher Verschuldung bei der Zentralbank verwendet, so daß eine Art Swap
zwischen privater Verschuldung und Staatsverschuldung, der letzten Endes über Geldschöpfung finanziert wird, zustande kommt (*Ludányi* 1996, S. 127-8).

Restitution

Ein Punkt auf der Reformagenda, dem sich das neue Regime nicht entziehen konnte war die Regelung der Restitutionsfrage. Wie in allen ehemals sozialistischen Ländern hatte es auch in Ungarn unter der kommunistischen Herrschaft zahlreiche Enteignungen gegeben. Die Rückerstattung dieses Eigentums war eine populäre Forderung. Die Partei der Kleinlandwirte, die an der Regierungskoalition beteiligt war, hatte die Rückübertragung, insbesondere von landwirtschaftlichem Eigentum, zu ihrem Hauptanliegen gemacht. Diesen Forderungen entgegen standen allerdings das Ziel der schnellen Privatisierung und die wachsenden Haushaltsprobleme. Dadurch wurde sowohl eine langwierige Naturalrestitution als auch eine Entschädigungslösung ausgeschlossen. Erschwert wurde die Situation dadurch, daß das Verfassungsgericht eine Diskriminierung zwischen Land- und anderem Eigentum als unrechtmäßig ausgeschlossen hatte. Eine teilweise Restitution, womit man der Forderung der Kleinlandwirte hätte entsprechen können, war somit ebenfalls unmöglich (*Comisso* 1995, S. 212-15).

Nach langen Debatten, die bis an den Rand des Koalitionsbruchs führten, einigte man sich im Juni 1991 schließlich auf eine Lösung des Problems mit Hilfe sogenannter Kompensationszertifikate. Diese Wertpapiere wurden an die Enteigneten oder deren Erben bis zu einem Höchstbetrag von 5 Millionen Forint pro Person ausgegeben, wobei die Höhe der Entschädigung degressiv zum erlittenen Verlust bemessen wurde. Die Zertifikate können im Privatisierungsprozeß an Stelle von Geld zum Kauf von Land, Gebäuden oder Aktien bestimmter Unternehmen verwendet werden. Die Papiere können gehandelt oder bei der Sozialversicherung in eine lebenslange Rente umgetauscht werden. (*Mihályi* 1993, S. 92-3, *Major* 1994, S. 115-6, *Ludányi* 1996, S. 131-2). Zwar können auch diese Maßnahmen als zusätzliche Geldschöpfung kritisiert werden, dafür konnte die ungarische Regierung aber mehrere Probleme auf einmal lösen: Es konnte moralischen und rechtlichen Verpflichtungen nachgekommen, Rechtssicherheit hergestellt und Teilen der ungarischen Bevölkerung zu einer Möglichkeit der Beteiligung am Privatisierungsprozeß verholfen werden, ohne die öffentlichen Haushalte zusätzlich zu belasten.

Eine Ausnahme von der Regel, keine Naturalrestitution durchzuführen, stellte die Rückgabe von Eigentum an Kirchen und Gebietskörperschaften dar. Die Kirchen waren zum großen Teil zwischen 1945 und 1949 enteignet worden und konnten nun die Restitution beantragen. Im Falle der Gemeinden waren viele Immobilien aus kommunalem Eigentum nach und nach in den großen Topf des zentral verwalteten Staatseigentums gewandert und wurden nun formal zurück übertragen (*Mihályi* 1993). Bei Grundstücken in kommunalem Besitz, auf denen inzwischen staatseigene Betriebe errichtet wurden, haben die Gemeinden Anspruch auf einen bestimmten Teil der Aktien des Unternehmens oder einen Teil der Privatisierungserlöse (*Frydman et al.* 1993a, S. 137).

5.3. Experimente mit Zentralisierung und Dezentralisierung: 1990-92

5.3.1. Ökonomischer und politischer Hintergrund der ersten Privatisierungsphase

Nachdem der institutionelle Rahmen an die neuen Bedingungen angepaßt worden war, konnte die Privatisierung in Ungarn fortgesetzt werden. Verglichen mit Polen, wo die erste Phase der Privatisierung unter dem Zeichen politischer Instabilität gestanden hatte, waren die Bedingungen in Ungarn günstig. Die Regierung verfügte über eine Mehrheit im Parlament und hatte einen Burgfrieden mit der Opposition geschlossen. Regierungswechsel und damit verbundene Änderungen der Privatisierungspolitik standen nicht an. Hinzu kam, daß die Privatisierungsfrage nicht so sehr Bestandteil politischer Kontroversen war wie in anderen Ländern, da die Regierung sie nicht zu ihrem Hauptanliegen gemacht hatte. (*Mihályi* 1994, S. 364). Dieser geringere Stellenwert der Privatisierungspolitik kann neben dem Umstand, daß Grundsatzentscheidungen nicht unbedingt notwendig waren, auch auf die Person und den Regierungsstil des Ministerpräsidenten zurückgeführt werden. Dieser hatte kein ausgeprägtes Interesse und Verständnis für ökonomische Probleme. Gleichzeitig duldete er aber keinen einflußreichen und sachverständigen Reformpolitiker neben sich in der Regierung, sondern verließ sich auf die Empfehlungen schlecht qualifizierter, dafür aber loyaler Berater (*Marer* 1995, S. 491, *Adam* 1995a, S. 999, *Bartlett* 1997). Somit konnte die Privatisierung zunächst weitgehend unbeeinträchtigt von politischen Instabilitäten und frei von übermäßiger Politisierung durch öffentliche Debatten oder Diskussionen innerhalb der Regierung beginnen.

Die ökonomischen Bedingungen waren schwieriger. Auch der Verzicht auf radikale Maßnahmen wie Abwertung der Währung, Durchsetzung einer restriktiven Geld- und Einkommenspolitik sowie die plötzliche Freigabe der Preise (viele Preise waren bereits liberalisiert), ersparten Ungarn keine Transformationsrezession. Der 1990 begonnene Rückgang des Sozialproduktes beschleunigte sich 1991 erheblich und setzte sich auch 1992 weiter fort. Gleiches gilt für die Inflationsrate, die 1991 mit 35 % ihren Höhepunkt erreichte und im folgenden Jahr zwar um 12 % gesenkt werden konnte, aber immer noch über 20 % betrug. Die Arbeitslosigkeit stieg während der ersten zwei Jahre auf über 12 % an (Tabelle 13).

Tabelle 13: Indikatoren der wirtschaftlichen Entwicklung Ungarns (1990-92)

	1990	1991	1992
BIP (reale Veränderung in %)	-3,5	-11,9	-3,1
Konsumentenpreise (jährliche Veränderung in %)	28,9	35,0	23,0
Arbeitslosigkeit (% Erwerbspersonen)	1,9	7,5	12,3

Quelle: *EBRD* (1998)

Wie zu erwarten, schlug sich diese gesamtwirtschaftliche Entwicklung auch in den öffentlichen Haushalten nieder. Die transformationstypische fiskalische Krise wurde dabei noch durch einige ungarische Spezifika verschärft. Bei den Einnahmen kam es durch das rezessionsbedingte Sinken der Unternehmensgewinne, der Einkommen und des Konsums zu hohen Ausfällen. Der Zusammenbruch des Handels mit der Sowjetunion war nicht nur einer der Auslöser der Rezession und damit indirekt für die Einnahmenausfälle verantwortlich, sondern hatte auch eine direkte Wirkung auf den ungarischen Staatshaushalt: Um die preiswerten sowjetischen Ölimporte an das höhere, nahe dem Weltmarktpreis liegende Niveau anzupassen, hatte es in Ungarn einen Einfuhrzoll auf sowjetisches Öl gegeben. Mit dem Wegfall der günstigen Importe entfielen auch diese Zolleinnahmen in Höhe von nahezu 2% des BIP. Weitere Einnahmerückgänge waren aus dem Bankensektor zu verzeichnen. Hier mußte ein großer Teil der besteuerbaren Gewinne zur Kapitalaufstockung und Rücklagenbildung für die wachsenden zweifelhaften Forderungen aufgewendet werden. Dazu kam, daß ab 1991 aufgrund einer Verschärfung der Gesetze viele Unternehmen in Konkurs gehen mußten und während des laufenden Verfahrens keine Steuern mehr zahlten (*OECD* 1993, S. 35-43).

Auf der Ausgabenseite waren es vor allem die hohen Transfers an private Haushalte, über die sozialen Sicherungssysteme, die das Budget belasteten. Das Rentensystem war aufgrund der ungünstigen Altersstruktur und des niedrigen Zugangsalters ohnehin reformbedürftig gewesen (*Marer* 1995). In Ermangelung einer Arbeitslosenversicherung zu Beginn der Transformation hatte nun das Rentensystem und andere soziale Sicherungen, wie Krankengeld und Invaliditätsversicherung, als Auffangbecken des Arbeitsmarktes gedient. Zahlungen des Staates an die privaten Haushalte aus diesen Systemen stiegen insbesondere in der ersten Transformationsphase von 1990-92 um mehr als 2,5 % des BIP an (*IMF* 1996).

Tabelle 14:   Die öffentlichen Haushalte Ungarns (konsolidiert) 1990-92

(Angaben in % BIP)	1990	1991	1992
Einnahmen	57,9	53,9	53,9
Ausgaben	57,0	56,7	60,7
Budgetsaldo	0,9	-3,0	-6,8

Quelle: *IMF* (1996)

Die wachsenden fiskalischen Probleme führten in der ersten Phase der Privatisierung dazu, daß neben das Ziel der Schuldentilgung mit Privatisierungserlösen das Ziel einer Finanzierung der laufenden Defizite durch Einnahmen der Privatisierungsagentur trat (*Brusis* 1995, S. 136-7). Beide Ansprüche zusammen bewirkten einen ständigen starken Druck auf die Verantwortlichen in der Agentur, die Erlöse zu maximieren. Dies beeinflußte die Preispolitik und die Verhandlungsführung, da oft Preise verlangt wurden, zu denen die betreffenden Unternehmen nicht zu verkaufen waren.

5.3.2. *Trial and Error* mit verschiedenen Privatisierungsansätzen

Die Ausstattung der SPA mit weitreichenden Kompetenzen bedeutete nicht, daß nun alle Privatisierungen von oben gesteuert wurden. Weiterhin spielten vom Management initiierte Transaktionen eine wichtige Rolle. Gleichzeitig versuchte die Regierung über die SPA, den Privatisierungsprozeß aktiv zu beeinflussen. Hierzu wurden Privatisierungsprogramme entworfen, die jeweils auf eine Anzahl bestimmter Unternehmen zugeschnitten waren.

Zentralisierte Privatisierungsprogramme

Für das erste Privatisierungsprogramm, das im September 1990 mit großem Aufwand verkündet wurde, waren 20 der größten und bekanntesten Unternehmen ausgesucht worden, die allesamt als betriebswirtschaftlich intakt galten. Die Unternehmen sollten mit Hilfe ausländischer Berater, die in einem Ausschreibungsverfahren bestimmt wurden, durch Verkauf von Aktien an der Börse und Verkauf an strategische Investoren privatisiert werden. Die Zielgruppe waren ausländische Unternehmen. In begrenztem Maße (5-15 % der Aktien) sollten auch Anteile zu vergünstigten Konditionen an die Belegschaften abgegeben werden. Das Programm sollte innerhalb von 18 Monaten abgeschlossen werden, wobei Erlöse zwischen 25 und 60 Milliarden Forint (1,2-1,9 % des BIP im Jahre 1990) erwartet wurden (*Kiss* 1992, S. 1021).

Neben ökonomischen Zielsetzungen war mit diesem Programm auch eine Öffentlichkeitswirkung beabsichtigt. Im Ausland sollte die nachhaltige Verpflichtung der Regierung zu marktwirtschaftlichen Reformen durch den Verkauf bekannter Unternehmen demonstriert und das Interesse von Investoren geweckt werden. Im Inland sollte zusätzlich gezeigt werden, daß die Regierung mit Hilfe der SPA aktiv an der Privatisierung beteiligt und die Phase der spontanen Privatisierung beendet war.

Anfang 1991 wurde das zweite Privatisierungsprogramm gestartet, dessen Ziel die Ordnung der Eigentumsverhältnisse der Unternehmensgruppen war, die während der spontanen Privatisierung entstanden waren. Es sollte zunächst Überprüft werden, welche Aktiva an welche Unternehmen übertragen worden waren. Anschließend sollten die verbliebenen Aktiva der Holding Gesellschaften privatisiert werden. So sollte vermieden werden, daß diese leeren Hüllen in Staatsbesitz längerfristig Verluste anhäuften, die vom Staat gedeckt werden mußten, während die gewinnbringenden Aktiva nicht mehr vom Staat kontrolliert werden konnten (*Lawrence* 1993, S. 399, *Frydman et al.* 1993a, S. 134-5). Beginnend mit 12 dieser Holdings im März 1991 sollten jeden Monat bis zu 15 weitere Unternehmen bis zu einer Gesamtzahl von 80-100 privatisiert werden (*OECD* 1991a, S. 112).

Beide Programme erfüllten ihre Zielsetzungen nicht, wobei der Fehlschlag des ersten Programmes wegen der hohen Erwartungen mit mehr Aufsehen verbunden war als der Mißerfolg des zweiten Programmes, das eher langsam unter- und in anderen Aktivitäten der SPA aufging. Die Gründe für das Scheitern waren vielfältig. Als eine Ursache gelten überzogene Preisvorstellungen seitens der SPA. Diese kamen zum einen durch die Erwartungen zustande, daß die verstärkte Kontrolle des Privatisierungsprozesses sich in erhöhten Staatseinnahmen bemerkbar machen müsse, die dann entweder zur Schuldentilgung oder Finanzierung des Budgetdefizits verwendet werden konnten. Zum anderen waren die Gehälter des SPA-Managements von der Höhe der erzielten Einnahmen abhängig. Die hohen Preisvorstellungen waren meist nicht zu verwirklichen. Während der Unternehmensbewertung im Zuge der Umwandlung in Aktiengesellschaften wurde in vielen Fällen deutlich, daß die meisten Unternehmen in einer weit schlechteren Lage waren als angenommen. Die wirtschaftlichen Probleme wurden noch verschärft durch den Zusammenbruch des RGW und die ungarische Transformationsrezession. Da die Verantwortlichen oft trotzdem an den ursprünglichen Preisvorstellungen festhielten, sprangen viele potentielle Investoren ab.

Als weitere Gründe werden bürokratische und juristische Hindernisse wie fehlende Gesetze und Ausführungsbestimmungen oder ungeklärte Eigentumsverhältnisse genannt. Hinzu kam, daß der gesamte Prozeß sowohl für die Mitarbeiter in der SPA als auch für die Beraterfirmen eine neuartige Aufgabe darstellte die einen zeitaufwendigen Lernprozeß nahezu unausweichlich machte. Am Ende der ersten beiden Privatisierungsprogramme standen lediglich einige marginale Verkäufe von Aktienpaketen und eine Reihe von kommerzialisierten, das heißt in Aktiengesellschaften im Eigentum der SPA umgewandelten Staatsunternehmen und (*Nuti* 1992, S. 197-8, *Frydman et al.* 1993a, S. 133-5, *Fletcher* 1995, S. 59-60).[108]

Trotz des Mißerfolges der ersten beiden Programme wurden im Frühjahr 1991 eine Reihe weiterer zentralisierter Programme, nun meist branchenspezifisch etwa für Weinbaubetriebe, Bauunternehmen und Bürogebäude, gestartet. Diese Programme waren teilweise zwar mäßig erfolgreich, blieben aber immer nur auf wenige kleinere Unternehmen beschränkt. Sie konnten der Privatisierung insgesamt keine echten Impulse geben. (Eine Übersicht der verschiedenen Programme gibt *Mihályi* 1993, S. 99).

Dezentralisierte Privatisierungsprogramme

Neben der Durchführung der zentralisierten Privatisierungsprogramme war es von Anfang an auch die Aufgabe der SPA gewesen, den Prozeß der Privatisierung „von unten" zu überwachen, der weiterhin quantitativ am bedeutendsten blieb. In den meisten Fällen suchte das Management einen Investor und arbeitete mit diesem einen Privatisierungsplan aus, der dann von der SPA genehmigt und überwacht wurde. Ab Januar 1991 wurde zusätzlich die Möglichkeit für Investoren geschaffen, die Privatisierung auch ohne Zustimmung des Managements zu initiieren. Ein Investor, der Interesse an einem bestimmten Unternehmen hatte, konnte die SPA auffordern, den Privatisierungsprozeß einzuleiten und das Unternehmen zum Verkauf auszuschreiben (*OECD* 1991a, S. 111, *Frydman et al.* 1993a, S. 137).

---

[108] Aufgrund dieser Zentralisierung von Eigentumsrechten bei der SPA wird der Effekt der ersten Programme von einigen Ökonomen eher als ein Schritt in Richtung Verstaatlichung als in Richtung Privatisierung bezeichnet (*Voszka* 1993, S. 332-233, *Ludányi* 1996, S. 128).

Aufgrund der schlechten Erfahrungen mit den aktiv von der SPA geleiteten Privatisierungsprogrammen wurde im Sommer 1991 das Selbstprivatisierungsprogramm gestartet. Die zentralisierten Privatisierungsprogramme waren an bürokratischen Hindernissen, Mangel an Informationen und Unerfahrenheit der SPA-Verantwortlichen gescheitert. Dem wollte man nun entgegenwirken, indem Kompetenzen nicht nur auf die Unternehmensebene sondern auch auf externe Berater verlagert wurden. Über 400 kleinere und mittlere Betriebe mit bis zu 350 Mitarbeitern sollten an dem Programm teilnehmen. Die Selbstprivatisierung wurde auf Initiative potentieller Investoren oder des Managements eingeleitet, die in den meisten Fällen zusammen arbeiteten oder identisch waren (*Voszka* 1993). Der Unterschied zu den anderen dezentralen Verfahren war, daß an Stelle der SPA eines von 80 hierfür zugelassenen externen Consulting Unternehmen die Privatisierung durchführte. Dieses führte eine Unternehmensbewertung durch und arbeitete zusammen mit dem Management und dem Investor einen Privatisierungsplan aus, dem die SPA nur noch zustimmen mußte. Der Consultant wurde abhängig vom erzielten Preis bezahlt und konnte zusätzlich einen Geschwindigkeitsbonus erhalten (*Major* 1994, S. 115, *Ludányi* 1996, S. 132).

Kleine Privatisierung

Die Durchführung der Kleinen Privatisierung gehörte ebenfalls zu den Aufgaben der SPA. Wie bei der Privatisierung der großen Unternehmen war auch hier die Erlösmaximierung ein wichtiges Ziel der Agentur. Schon die letzte sozialistische Regierung, die das Programm entworfen hatte, wollte neben einer Verbesserung ihres Images in Richtung einer Reformpartei Einnahmen zur Entlastung des Staatshaushaltes erzielen. Diese Orientierung wurde, gegen das Drängen der Oppositionsparteien auf eine Beschleunigung des Programmes, von der neuen Regierung beibehalten. Neben dem politischen Ziel, die Kontrolle der Privatisierung von oben zu demonstrieren, sollten auch unter dem neuen Regime durch die Veräußerung der Kleinunternehmen möglichst bald hohe Einnahmen erzielt werden (*Earle et al.* 1994, S. 102, 129-30, *Fletcher* 1995, S. 66).

Das Programm sah vor, Einzelhandelsgeschäfte mit weniger als 10 Mitarbeitern und Gaststätten mit weniger als 15 Mitarbeitern, sowie alle Handels- und Dienstleistungsbetriebe, die schon während der Liberalisierung der 80er Jahre von den großen staatlichen Unternehmen an Privatpersonen verpachtet worden waren, im Wege von Auktionen zu verkaufen. Die großen staatlichen Handels- und Dienstleistungsunternehmen wurden aufgefordert, die in Frage kommenden Betriebsstätten der Vermögensagentur zu benennen. Die betreffenden Betriebe gingen dann zuerst vollständig in das Eigentum der SPA über, und wurden anschließend unter der Aufsicht der Agentur einer Revision durch externe Experten unterzogen, auf deren Basis dann das Mindestgebot für die Auktion ermittelt wurde. Ursprünglich war die Regierung davon ausgegangen, daß bis zu 40.000 Unternehmen einbezogen werden konnten. Am Ende wurden nur 10.674 Betriebe im Rahmen des Programms privatisiert, wobei weniger als die Hälfte davon tatsächlich verkauft wurden (*Kiss* 1992, S. 102-1, *Mihályi* 1993, S. 94-5,

Earle et al. 1994, S. 135, *Major* 1994, S. 114). Die Gründe für diesen mäßigen Erfolg lagen sowohl in der Vorbereitung als auch in der Durchführung des Programmes.

Zunächst sah das Gesetz selbst eine ganze Reihe von Ausnahmen vor. So sollten bestimmte kleinere Geschäfte wie Apotheken oder Reisebüros überhaupt nicht, andere nur dann, wenn sie nicht zu einer Kette gehörten in das Programm einbezogen werden. Mit dem Erhalt der Unternehmensketten wurden mehrere Ziele verfolgt: Die Regierung wollte zu Beginn der Privatisierung Konflikte mit den Managern dieser Unternehmensgruppen verhindern, die bei einer Auflösung der großen Handelsunternehmen überflüssig geworden wären. Außerdem wollte man so eine Annäherung an westliche Einzelhandelsstrukturen ermöglichen und später höhere Erlöse erzielen. Daher wurden als Käufer vornehmlich große ausländische Unternehmen ins Auge gefaßt. Die Definitionen dieser Ausnahmen waren relativ weit gefaßt, so daß den Managern der Staatsunternehmen viel diskretionärer Spielraum bei der Auslegung verblieb. Diese wiederum hatten ein Interesse daran, möglichst wenige und nur die unrentablen Einheiten an die SPA abzutreten. Hinzu kam, daß die SPA wegen des großen Umfangs des Programmes kaum überprüfen konnte ob und warum bestimmte Geschäfte von den staatlichen Unternehmen in das Programm eingebracht wurden oder nicht (*Earle et al.* 1994, S. 102, 131).

Als die Privatisierung der schließlich ausgewählten Betriebe beginnen sollte, mußte man feststellen, daß eine große Zahl aus rechtlichen Gründen gar nicht sofort privatisiert werden konnte. Einige Betriebe waren bereits im Prozeß der spontanen Privatisierung in Privateigentum übergegangen oder es bestanden langfristige Pachtverträge mit den Betreibern, die nicht aufgelöst werden konnten. Bei anderen gehörte die Immobilie, auf der das Unternehmen betrieben wurde, nicht dem Unternehmen, sondern einer Gemeinde oder Genossenschaft. In diesen Fällen wurde oft das gesamte Unternehmen an den Besitzer der Immobilie übertragen, oder nur das Inventar und der Mietvertrag verkauft (*Kiss* 1992, S. 1021, *Nuti* 1992, S. 197, *Mihályi* 1993, S. 95-6, *Ludányi* 1996, S. 133-4).

Ein weiteres Problem lag in der Preispolitik der SPA. Um den hohen Erwartungen gerecht zu werden und nicht wegen „Verschleuderung von Staatseigentum" in Verdacht zu geraten, wurden die Preise im Zweifelsfalle eher zu hoch als zu niedrig angesetzt. Da ausländische Investoren zunächst von diesem Programm ausgeschlossen blieben und das ungarische Bankensystem die Inländer noch nicht mit ausreichenden Krediten versorgen konnte, die Kreditprogramme standen erst am Anfang, waren viele Betriebe nicht zu verkaufen und wurden ohne Zahlung eines Preises an Gemeinden übertragen (*Earle et al.* 1994, S. 39-40, *Fletcher* 1995, S. 67-8).

5.3.3. Die Ergebnisse der ungarischen Privatisierung von 1990-92

Die erste Phase der ungarischen Privatisierung unter Transformationsbedingungen hatte deutlich gemacht, daß zentral geplante und koordinierte Privatisierungsprogramme nicht zum Erfolg führen würden. Die Unternehmen, die über Jahrzehnte Schritt für Schritt mehr Autonomie erlangt hatten, ließen sich nicht mehr unter staatliche Kontrolle bringen, um sie dann zu privatisieren. Die impliziten Eigentumsrechte der Manager mußten anerkannt werden, indem diese in den Privatisierungsprozeß eingebunden wurden. Trotz der Bemühungen der SPA wurden die meisten Unternehmen weiterhin unter entscheidender Mitwirkung des Managements privatisiert. Das einzige von oben gestartete Privatisierungsprogramm, das einigermaßen erfolgreich war, war das Selbstprivatisierungsprogramm, das einen expliziten Rückzug des Staates aus der Privatisierung markierte („Privatisierung der Privatisierung").

Eine genaue Darstellung des Privatisierungsprozesses in Zahlen ist schwierig. Bei der statistischen Dokumentation des ungarischen Privatisierungsprozesses fällt auf, daß Angaben über die Anzahl der privatisierten Unternehmen lückenhaft sind und in verschiedenen Statistiken voneinander abweichen. Die Probleme bei dieser Art der Messung des Privatisierungserfolges ergeben sich aus verschiedenen Gründen. Aufgrund der vielen *spin offs*, Neugründungen und wechselseitigen Verflechtungen, die in der Phase der spontanen Privatisierung entstanden waren, war unklar, wie viele staatseigene Unternehmen tatsächlich zu privatisieren waren. Nach *Mihályi* (1997, S. 78) hat es fast zwei Jahre gedauert, bis die Eigentumsverhältnisse im öffentlichen Sektor einigermaßen geklärt waren. Gleichzeitig begann der Privatisierungsprozeß. Viele Unternehmen wurden teilprivatisiert, wobei die Interpretationen, wann ein Unternehmen noch in Staatsbesitz oder schon privatisiert ist, voneinander abweichen. Teilweise werden auch Unternehmen, die zwar in private Rechtsformen überführt wurden (transformiert oder kommerzialisiert), aber noch 100 % in Staatsbesitz sind, als „im Privatisierungsprozeß befindlich" ausgewiesen. Weiterhin ist fraglich, inwieweit Unternehmen, die an Gemeinden übertragen wurden und damit aus dem Portfolio der SPA verschwunden sind, als privatisiert bezeichnet werden können. Die folgenden Zahlen sind daher mit entsprechender Vorsicht zu betrachten (Zum Datenproblem siehe auch *Kiss* 1992, S. 1022, 1025, 1033).

Als Anhaltspunkt für die Zahl der ab 1990 zur Privatisierung anstehenden Unternehmen können die oft zu findenden Angaben von circa 2.200 größeren und mittleren Unternehmen sowie rund 10.000 kleinere Unternehmen, die für das Programm der Kleinen Privatisierung vorgesehen waren, dienen.

Tabelle 15: Stand des ungarischen Privatisierungsprozesses Ende 1992 (größere und mittlere Unternehmen)

Status	Anzahl
Privatisiert (Staatsanteil unter 49 %)	215
Teilprivatisiert (Staatsanteil zwischen 49 und 100 %)	317
In *joint venture* mit ausländischem Partner (gelten als privatisiert)	143
Kommerzialisiert (100 % Staatsbesitz)	172

Quelle: *OECD* (1993), basierend auf SPA Angaben

Detaillierter, und in verschiedenen Darstellungen auch übereinstimmend, sind die Angaben über die erzielten Privatisierungserlöse.[109]

Tabelle 16: Einnahmen aus der ungarischen Privatisierung (1990-92)

	1990	1991	1992
Devisen (Mrd. Forint)[1]	0,5	24,6	41,0
Inländische Währung (Mrd. Forint)	0,1	5,7	22,0
Summe[2]	0,7	30,4	63,0
% BIP	0,03	1,2	2,2
Kompensationszertifikate und E-Kredit[3]	0	6,8	11,3

[1]Wechselkurse siehe Anhang, [2]Abweichungen durch Rundung, [3]Diese Posten werden in der Statistik zwar als Einnahmen der SPA geführt, stellen aber aufgrund der beschriebenen Modalitäten (s. S. 156-7) der jeweiligen Programme keine wirklichen Einnahmen dar.
Quellen: *HSPC, EBRD* (1997),

An diesen Zahlen zeigt sich, daß der Verkauf von Unternehmen viel schwieriger war, als ursprünglich angenommen. Es waren höhere Gesamteinnahmen erwartet worden, die nicht realisiert werden konnten. Die tatsächlich erzielten Preise waren geringer als geplant, viele Unternehmen konnten nicht verkauft werden. Die Unternehmen, die verkauft werden konnten, gingen zum großen Teil an ausländische Investoren. Auch wenn in Ungarn die Angst vor einem „Ausverkauf ans Ausland" nicht so groß war wie in anderen Ländern, so machte sich über die geringe Beteiligung der ungarischen Bevölkerung am Privatisierungsprozeß zunehmend Unmut breit. Die geringen Erlöse und die Dominanz ausländischer Investoren trugen zu einer Neuorientierung der Privatisierungspolitik in der nächsten Phase bei.

5.4. Die Wende zum Verschenken: Mitte 1992-94

Aufgrund des evolutionären Charakters der ungarischen Privatisierung, der in den immer wieder neuen Programmen und Ansätzen zum Ausdruck kommt, ist eine Einteilung in Phasen nicht unproblematisch. Je nachdem, unter welchem Kriterium die Privatisierung betrachtet wird, lassen sich andere Phasen ausmachen. Legt man die verwendeten Methoden zu Grunde und ordnet diese den Polen „Verkaufen" oder „Verschenken" zu, so kann man den Beginn einer zweiten Phase Mitte des Jahres 1992 ansetzen.[110] Ab diesem Zeitpunkt häuften sich Entscheidungen, die eine Abkehr von der

---

[109] Die vergleichsweise gute Dokumentation der Einnahmen der SPA und die Verwendung dieser Größe als Erfolgsindikator unterstreicht noch einmal den Stellenwert, der den Privatisierungserlösen in Ungarn zukam. Auf diese Bedeutung der Einnahmen als Erfolgsindikator weist auch *Mihályi* (1997, S. 90) hin.

[110] In diesem Zeitraum wird auch von anderen Autoren ein Bruch wahrgenommen. So zum Beispiel *Fletcher* (1995, S. 96), *Major* (1994, S. 117) und *Antal-Mokos* (1998, S. 57).

ursprünglichen Ausrichtung auf Erlösmaximierung und Effizienzsteigerung durch Verkauf, hin zu einer im weitesten Sinne an Verteilungszielen orientierten Politik stattfand. Im Folgenden wird der ökonomische und politische Kontext dieses Kurswechsels beschrieben. Anschließend wird die zweite Phase anhand der neuen Institutionen und Methoden charakterisiert.

5.4.1. Politische und ökonomische Rahmenbedingungen

Der politische Hintergrund des Wandels der Privatisierungsstrategie war eine Spätfolge des besonderen Weges des ungarischen Systemwechsels interpretiert werden. Die regierende Koalition war nach einer längeren Auflösungsperiode des sozialistischen Systems durch eine demokratische Wahl an die Macht gelangt. Damit stand sie von Anfang an vor dem Zwang der Rechtfertigung gegenüber den Wählern. Aufgrund des graduellen Überganges war die Bereitschaft innerhalb der Bevölkerung, die Härten radikaler Reformen hinzunehmen, geringer als in anderen Transformationsländern. Dieser Stimmung war die Regierung nachgekommen, indem sie bereits im Wahlkampf eine graduelle Transformationsstrategie angekündigt hatte. Bezüglich Privatisierung und Eigentumsreform war allerdings ein möglichst schneller Übergang zu einem auf Privateigentum basierenden Wirtschaftssystem als Ziel verkündet worden. Zudem hatte das MDF stets eine besondere Betonung auf die Stärkung des Mittelstandes gelegt. Die Kritik, die in der Öffentlichkeit und im Parlament an der Privatisierung vorgebracht wurde, konzentrierte sich ab Mitte 1992 auf eben diese Punkte: Das langsame Tempo und die Dominanz ausländischer Investoren (*Mizsei et al.* 1994, S. 64).

Angesichts der im Frühjahr 1994 anstehenden Wahlen war also bezüglich der Privatisierung dringender Handlungsbedarf gegeben. Dabei mußte es vor allem darum gehen, die Privatisierung zu beschleunigen und dabei verstärkt die inländische Bevölkerung zu berücksichtigen. Wie diese Ziele gleichzeitig erreicht werden konnten, war in der benachbarten Tschechoslowakei demonstriert worden. Hier schien der Erfolg der ersten Phase des tschechischen Voucherprogramms, das im wesentlichen auf der freien Vergabe von Eigentum beruhte, dazu beigetragen zu haben, daß sein Erfinder *Klaus* und seine Partei aus den Parlamentswahlen als Sieger hervorgingen. Daher lag es nahe, ähnliche Elemente auch verstärkt in der ungarischen Privatisierungsstrategie zu berücksichtigen.

Die Lage der ungarischen Wirtschaft für solch eine verteilungsorientierte Privatisierungsstrategie war nicht gerade günstig. Der Rückgang des Sozialproduktes hatte sich 1992 fortgesetzt und war erst 1993 zum Stillstand gekommen. Die Arbeitslosigkeit war noch einmal angestiegen. Betrachtet man allerdings die in dieser Zeit verfolgte wirtschaftspolitische Strategie, so fügt sich der Kurswechsel in der Privatisierungspolitik ins Bild.

Tabelle 17:   Indikatoren der wirtschaftlichen Entwicklung Ungarns (1992-94)

	1992	1993	1994
BIP (Veränderung in %)	-3,1	-0,6	2,9
Konsumentenpreise (jährliche Veränderung in %)	23,0	22,5	18,8
Arbeitslosigkeit (%)	12,3	12,1	10,4
Leistungsbilanz (% BIP)	0,9	-9,0	-9,4

Quelle: *EBRD* (1998)

Auch eine Reihe von Reformen konnte nicht verhindern, daß sich die anhaltende ökonomische Krise per Saldo weiterhin negativ auf die öffentlichen Finanzen auswirkte. Auf der Einnahmeseite hatte eine Verlagerung von der direkten Besteuerung der Unternehmen hin zur Besteuerung von Haushaltseinkommen und Konsum stattgefunden (*Bartlett* 1996). Dadurch war der Staatshaushalt nicht mehr so stark von der Gewinnlage der Unternehmen abhängig. Die weiterhin hohen Ausgaben machten aber hohe Steuersätze erforderlich, die wiederum die Steuerhinterziehung im expandierenden kleingewerblichen Sektor förderten (*Marer* 1995, S. 494).

Bei den Ausgaben konnten erhebliche Subventionskürzungen durchgesetzt werden. Die Subventionen an Haushalte konnten in der Zeit von 1989-1993 halbiert, und die Subventionen an Unternehmen in der gleichen Periode fast vollständig eliminiert werden, so daß 1993 nur noch 3 % der Ausgaben hierauf entfielen (statt 12 % im Jahr 1989) (*OECD* 1993, *Bartlett* 1996, *OECD* 1997). Eine wachsende Belastung stellten die Aufwendungen für Zinszahlungen dar. Nach dem Beginn der Transformation war die Möglichkeit der Monetarisierung von Budgetdefiziten durch die Zentralbank stark eingeschränkt worden. Die Regierung durfte sich nur noch in begrenztem Maße (3 % der Steuereinnahmen) bei der Zentralbank verschulden und mußte das verbleibende Defizit zu Marktzinsen auf dem Kapitalmarkt finanzieren. Dies führte zu einer wachsenden Verschuldung bei inländischen Gläubigern (*Kornai* 1996, S. 271).

Bei der Auslandsverschuldung war es der Zentralbank zwar gelungen, die Struktur der Schulden zu verbessern: Kurzfristige Titel konnten in längerfristige umgeschichtet werden und teure Bankkredite durch Staatsanleihen abgelöst werden (*Meth-Cohn* 1994, S. 15, *Bartlett* 1996, S. 68-9). Trotzdem blieben die hohen Aufwendungen für die Bedienung der Auslandsverschuldung weiterhin eine große Belastung für den öffentlichen Haushalt. Trotz dieser Probleme hatte es kaum Kürzungen bei den Sozialausgaben gegeben, die weiterhin auf hohem Niveau verharrten, obwohl es eine Reihe Ansatzpunkten für mögliche Reformen gegeben hätte (*Kornai* 1996, S. 216-224). Man kann aber davon ausgehen, daß die Regierung gerade in diesem sensiblen Bereich davon Abstand nahm, der Bevölkerung weitere Härten zuzumuten. Diese war durch die tiefe Rezession und die hohe Arbeitslosigkeit ohnehin enttäuscht, so daß weitere Kürzungen ein hohes politisches Risiko bedeuteten (*Bartlett* 1992, S. 76).

Tabelle 18:   Die öffentlichen Haushalte Ungarns (konsolidiert, 1992-94)

(Angaben in %BIP)	1992	1993	1994
Einnahmen	47,0	47,3	45,2
Ausgaben	55,0	54,3	53,0
Davon Sozialtransfers	19,3	19,4	18,8
Budgetsaldo	-8,0	-7,0	-7,8

Quelle: *OECD* (1997)

Vor diesem Hintergrund war nun eine Wendung der Privatisierungspolitik in Richtung der vergünstigten Vergabe an Inländer eine attraktive Option. Die bisherigen Einnahmen waren nur niedrig gewesen, so daß eine Abkehr von der Erlösorientierung keinen allzu großen Verlust bedeutete. Darüber hinaus konnten durch eine stärker verteilungspolitisch orientierte Privatisierung Wahlgeschenke vergeben werden, ohne die öffentlichen Haushalte zusätzlich zu belasten. *Major* (1994, S. 127) macht außerdem darauf aufmerksam, daß durch die Neuregelung der Privatisierung auch eine Verlangsamung des Umstrukturierungsprozesses beabsichtigt wurde, die sich dämpfend auf die Arbeitslosigkeit auswirken sollte. So wollte die Regierung soziale Spannungen abbauen und den Staatshaushalt entlasten.

5.4.2. Institutionelle Neuregelungen

Der Beginn der zweiten Phase der Privatisierung kann an einer Reihe institutioneller Neuerungen festgemacht werden. Nachdem die Regierung 1990 zunächst auf eine umfassende gesetzliche Neuregelung der Privatisierung verzichtet hatte, wurde Mitte 1992 ein Paket von Gesetzen verabschiedet, das die bestehenden Regelungen vereinheitlichte und dem Privatisierungsprozeß eine neue Richtung gab.

Zur Beschleunigung des Kommerzialisierungsprozesses wurde das bisher gültige Gesetz, das die Umwandlung der Rechtsform auf Initiative des Managements vorsah, außer Kraft gesetzt. Statt dessen wurde die zwangsweise Kommerzialisierung innerhalb eines Jahres vorgeschrieben. Dadurch wurde die Eigentümerposition des Staates weiter gestärkt, da mit der Kommerzialisierung die Unternehmensorgane aufgelöst und Kontrollrechte vom Management an die Privatisierungsagentur übergingen (*Voszka* 1994, S. 350). Verbunden mit der Kommerzialisierung war eine Erfassung und Bewertung der Aktiva der Unternehmens, sowie eine Analyse des betrieblichen Umfeldes (*Mihályi* 2000). Somit wurde durch die schnellere Kommerzialisierung zusätzlich die Informationsgrundlage für die Privatisierung verbessert.

Eine weitere wichtige Neuregelung war die Gründung einer staatlichen Holding (HSHC) in Form einer Aktiengesellschaft. Diese sollte für die Verwaltung des auf Dauer beim Staat verbleibenden Eigentums verantwortlich sein. Begründet wurde diese Entscheidung mit der Einsicht, daß auch in etablierten Marktwirtschaften der Staat unternehmerische Aufgaben zu erfüllen habe und es daher sinnvoll sei, die Privatisierungsfunktion und die Eigentümerfunktion institutionell zu trennen (*Ludányi* 1996, S. 134). Dieser Begründung wurde aber weder durch das Portfolio, das der HSHC übertragen wurde noch durch den in offiziellen Dokumenten formulierten Auftrag entsprochen. Von den mehr als 160 Unternehmen, die von der HSHC verwaltet wurden, waren nur einige von dem Typus, der auch in Marktwirtschaften oft in Staatsbesitz zu finden ist. Hierzu gehörten zum Beispiel die ungarische Telekommunikationsgesellschaft und eine Reihe von Energieversorgungsunternehmen. Der größere Teil aber waren Unternehmen aus Sektoren wie Banken, Versicherungen, Landwirtschaft oder Konsumgüterproduktion, in denen die Notwendigkeit für staatliches Eigentum nicht unmittelbar ersichtlich war. So wurden nach der Gründung der Holding deren Aufgaben von der Ausübung der Unternehmenskontrolle über die strategisch wichtigen Staatsunternehmen auf die Restrukturierung und Privatisierung einiger Unternehmen ausgeweitet.

Durch diese zusätzlichen Aufgaben wurde bei den Mitarbeitern ein Interessenkonflikt zwischen Verwaltung und Privatisierung geschaffen, der die Handlungsfähigkeit während der gesamten Lebensdauer der HSHC lähmte und den Privatisierungsprozeß verzögerte (*Petsche* 1996, *Csáki/Macher* 1999). Mit der Gründung der HSHC entstand außerdem ein Konflikt mit der SPA, der bereits mit der Zuweisung von Unternehmen in den Verantwortungsbereich der Holding durch den zuständigen Minister begann. Die Holding bekam die wertvolleren Unternehmen zugesprochen, deren Verwaltung und Privatisierung attraktiver war. Außerdem hatte die SPA den Privatisierungsprozeß bei vielen Unternehmen bereits begonnen, und Investitionen in die Bewertung der Unternehmen oder Verhandlungen mit Investoren getätigt, und war daher nicht interessiert, die Unternehmen nun abzugeben. Diese Konflikte setzten sich in den folgenden zwei Jahren in andauernden Kompetenzstreitigkeiten fort, was die Privatisierung zusätzlich verlangsamte (*Major* 1994, S. 118, 135-6, *Mihályi* 1997, S. 78).

Es stellt sich die Frage, inwieweit die beiden skizzierten Neuregelungen einer gemeinsamen Zielsetzung folgten, scheint doch die zwangsweise Kommerzialisierung eher eine schnellere Privatisierung zu begünstigen, während die dauerhafte Herauslösung einer großen Zahl von Unternehmen aus dem Privatisierungsprozeß und die Vermischung von Kompetenzen in die entgegengesetzte Richtung deutet. *Voszka* (1994) sieht in beiden Maßnahmen eine verdeckte Renationalisierung von Staatseigentum, die den Spielraum der Regierung für verteilungspolitische Maßnahmen erhöhen soll. Die zwangsweise Kommerzialisierung verschafft der Regierung mehr Möglichkeiten, den Privatisierungsprozeß aktiv zu gestalten, da bei der Umwandlung von der Rechtsform des Staatsunternehmens in eine private Rechtsform die Eigentumsrechte des Staates gestärkt werden. Die Unternehmensselbstverwaltung wird aufgelöst und die Kontrollrechte gehen an eine der staatlichen Privatisierungsagenturen über. Zwar war auch zuvor die Kommerzialisierung die Vorbedingung zur Privatisierung. Sie wurde aber meist auf das Bestreben der Manager hin vorgenommen, wenn bereits ein Privatisierungsplan bestand. Die zwangsweise Kommerzialisierung ohne Privatisierung in absehbarer Zeit stärkt den Verteilungsspielraum der Regierung. Diese kann dann zum Beispiel

Leitungspositionen, *Voszka* nennt die Zahl von 20.000 Stellen, neu besetzen, oder bei der nun stärker von oben kontrollierten Privatisierung leichter einzelne Gruppen begünstigen.

Auch die Zusammenfassung einer großen Zahl von Unternehmen in einer einzigen Holding zum dauerhaften Verbleib in Staatseigentum schafft erheblichen Verteilungsspielraum, zum Beispiel durch Vergabe von Posten, Erhalt unrentabler Arbeitsplätze oder Quersubventionierung innerhalb der Holding (*Sárközy* 1996, S. 7). Angesichts des Zeitpunkts der Neuregelung, eineinhalb Jahre vor den Wahlen, ist die Schaffung von mehr Verteilungsspielraum ein naheliegendes Motiv. Diese Sichtweise wird auch durch einen Wechsel bei den Privatisierungsmethoden, der im folgenden untersucht wird, bestätigt.

5.4.3. Neue Privatisierungsverfahren

Bei den Privatisierungsmethoden und -programmen fand ab Mitte 1992 ein Wende dahingehend statt, daß nun nicht mehr der Verkauf an Ausländer zu möglichst hohen Preisen, sondern die auf verschiedene Arten erleichterte Übertragung an die inländische Bevölkerung in den Vordergrund trat. Zwar war die Nutzung von Marktmechanismen und der Grundsatz, daß jeder, der Eigentum vom Staat erhält, dafür etwas zahlen muß, weiterhin von Bedeutung. Es wurden aber nach und nach mehr Elemente einer freien oder vergünstigten Vergabe integriert.

Existenzkredit

Die beiden Kreditprogramme hatten nach ihrer Einführung im Privatisierungsprozeß nur eine untergeordnete Rolle gespielt (Tabelle 16). Der Prozeß der Kreditvergabe war kompliziert und es wurden hohe Sicherheiten gefordert (*Major* 1994). Die Möglichkeit, sich mit geliehenem Geld an der Privatisierung zu beteiligen, wurde von der Bevölkerung auch nach Zinssenkungen nicht angenommen. Die Kreditprogramme wurden bereits als Fehlschlag gehandelt (*Fletcher* 1995, S. 100, *Bartlett* 1997, S. 245). Ab Mitte 1992 kamen Bemühungen in Gang, die Programme zu reformieren, um größeren Teilen der ungarischen Bevölkerung den Zugang zu ermöglichen. Um mehr Transparenz zu schaffen wurden die beiden Programme zusammengelegt. Die Aufnahme von Krediten wurde erleichtert, indem die Ansprüche an die Sicherheiten gesenkt wurden und vom Finanzministerium ein Sicherungsprogramm für die Kredite aufgelegt wurde. Zusätzlich wurden die Tilgungsfristen verlängert und die Zinsen mehrmals gesenkt, so daß diese Ende 1992 7 % betrugen, was ein deutliches Subventionselement darstellt. (*Mizsei et al.* 1994, S. 60, *Fletcher* 1995, S. 100-1).[111] In der Folge stieg die Bedeutung des Kredites für den Erwerb von staatseigenem Vermögen im Verhältnis zum Bargeld stark an (Tabelle 19).

---

[111] Der Marktzins für Kredite mit einjähriger Laufzeit betrug 1992 29 % (*EBRD* 1998).

Employee share ownership

Die in Polen viel diskutierte Idee, daß die Unternehmen den Arbeitern gehören sollten, war in Ungarn nie besonders populär gewesen. Auch wenn die Privatisierungs-strategie der Regierung zunächst nicht konkret formuliert worden war, so war der Idee der Arbeiterselbstverwaltung bereits 1990 eine klare Absage erteilt worden. Dennoch wurden die impliziten Verfügungsrechte der Mitarbeiter der selbstverwalteten Unter-nehmen berücksichtigt, denn das Transformationsgesetz von 1989 sah vor, daß 20 % der Privatisierungserlöse von der SPA an das Unternehmen transferiert werden sollten, um damit die Ausgabe von „Arbeiteraktien" zu finanzieren (*Frydman et al.* 1993a, S. 137-8, *Mihályi* 2000). Auch diese Regelung war zunächst von der *Antall*-Regierung beibehalten worden. Darüber hinaus hatten Mitarbeiter die Möglichkeit, bei Ausschreibungen selbst ein Gebot abzugeben, und erhielten von der SPA teilweise auch dann den Zuschlag, wenn erheblich niedrigere Preise geboten wurden.[112] Mit der Welle von Neuregelungen Mitte 1992 wurde diese bevorzugte Behandlung von Mitarbeitern institutionalisiert. Falls eine Gruppe von Mitarbeitern, der mindestens 25 % der Beleg-schaft angehörte, an einem tender-Verfahren teilnahm, konnte sie automatisch einen Vorteil aus dem Privatisierungsprozeß ziehen. Wenn die Ausschreibung gewonnen wurde, wurden Preisnachlässe, vereinfachte Zahlungsbedingungen wie Ratenzahlungen mit langen Laufzeiten und die Möglichkeit E-Kredite oder Kompensationszertifikate für die Bezahlung zu verwenden, eingeräumt. Gewann ein anderer Bieter die Ausschreibung, konnte die Belegschaft 10-15 % der Anteile zu 10 % des Preises erwerben. Die Regelung ließ viel diskretionären Spielraum, so daß das Ergebnis letzten Endes immer durch Verhandlungen zwischen Mitarbeitern, Management, Investoren und der SPA oder der HSHC zustande kam (*Ludányi* 1996, S. 130, *Mihályi* 2000).

Privatisierungsprogramm für Kleininvestoren

Eine weitere Neuerung bei den Privatisierungsverfahren ließen erste Gerüchte aus Regierungskreisen über die Ausarbeitung eines Voucherprogrammes erwarten, die im Herbst 1992 an die Öffentlichkeit drangen. Nach langen Diskussionen innerhalb des Regierungsapparates und starker Kritik durch eine Reihe von Ökonomen an den ursprünglichen Konzepten wurde im Oktober 1993, ein halbes Jahr vor den Wahlen, ein Privatisierungsprogramm für Kleinanleger verabschiedet. Es sah vor, daß jeder ungarische Bürger gegen eine Gebühr von 1000 Forint (etwa die Hälfte des durch-schnittlichen Monatsgehaltes) ohne die Notwendigkeit weiterer Sicherheiten einen zinslosen Kredit in Höhe von 100.000 Forint erhalten konnte, mit dem er Aktien von Staatsunternehmen erwerben konnte. Die Kreditnehmer sollten bei diesem Programm kein persönliches Risiko eingehen. Die Rückzahlung des Kredites sollte mit Hilfe der Dividenden der erworbenen Aktien geleistet werden. Sollten diese nicht hoch genug sein, hätte die Rückzahlung auch durch Rückgabe der Aktien erfolgen können (*Major* 1994, S. 258-60, *Ludányi* 1996, S. 132-3).

---

[112] Einige Beispiele gibt *Fletcher* (1995, S. 101-2).

Somit zielte das Programm im Grunde genommen auf eine freie Verteilung von Staatseigentum ab, was einen klaren Bruch mit den bis dahin gültigen Grundsätzen der Privatisierung in Ungarn bedeutete. Eine Reihe von ungarischen Ökonomen kritisierte das Programm scharf, da es nach ihrer Ansicht nicht dazu beitragen konnte, die mit der Privatisierung verfolgten Ziele, wie Zuführung neuen Kapitals und Know-Hows, Stärkung der Kontrollstrukturen und Restrukturierung zu erreichen (*Major* 1994, S. 261-3, *Voszka* 1994, S. 257-9).[113] Auch wenn das Programm letzten Endes aufgrund des erfolgten Regierungswechsels nicht umgesetzt wurde, kann die offensichtliche Absicht, Geschenke zu verteilen, sowie der Zeitpunkt der Einführung kurz vor der Wahl, als deutliches Zeichen der politisch motivierten Neuorientierung der ungarischen Privatisierung ab Mitte 1992 gewertet werden (*Mihályi* 1994b, S. 374).

5.4.4. Die Ergebnisse der ungarischen Privatisierung von 1992-94

Die Ergebnisse des Privatisierungsprozesses zwischen 1992 und 1994 (Tabelle 19) spiegeln die erfolgte Wende nicht direkt wieder. 1993 war aus Sicht der Einnahmen zunächst das erfolgreichste Jahr der ungarischen Privatisierung seit ihrem Beginn. Interessant ist allerdings die Zusammensetzung der Einnahmen. Von den 110 Mrd. Forint, die in Devisen eingenommen wurden, stammen nämlich 92 Mrd. aus Verkäufen, die nicht die Privatisierungsagentur SPA, sondern die Holding HSHP getätigt hat. Davon wiederum stammen über 87 Mrd. aus einer einzigen Transaktion, dem Verkauf der ungarischen Telekommunikationsgesellschaft Matáv. Mit Ausnahme dieser Gesellschaft wurden also 1993 nur noch Unternehmen im Wert von 24 Mrd. Forint an das Ausland privatisiert, während die Abgabe von Staatseigentum im Tausch gegen Kompensationzertifikate aus der Restitution und Mitteln aus E-Krediten stark zu nahm. Dieser Trend setzte sich 1994 fort: Die Privatisierung gegen E-Kredite und Kompensationszertifikate stieg um mehr als 100 % an, während der Anteil von Verkäufen gegen Devisen zurückging. Dies ist auf Unsicherheiten bei ausländischen Investoren im Zusammenhang mit dem oben beschriebenen Voucherprogramm zurückgeführt worden. Außerdem haben die unklare Kompetenzverteilung zwischen den beiden Privatisierungsagenturen, eine Reihe von Korruptionsskandalen sowie Unsicherheiten in Zusammenhang mit der Wahl die Investoren verunsichert (*Major* 1994, *Papp* 1994). Später kamen dann der Wahlsieg der Postkommunisten, die abermalige Planung eines neuen Privatisierungsgesetzes sowie die Zuspitzung der Krise um das ungarische Zwillingsdefizit in Leistungsbilanz und Staatshaushalt als weitere Hindernisse hinzu. Die Bedeutung dieser Faktoren für den ungarischen Privatisierungsprozeß wird im nächsten Abschnitt untersucht.

---

[113] Eine Auflistung kritischer Stellungnahmen in ungarischer Sprache findet sich bei *Major* (1994, Fußnote 32).

Tabelle 19:   Einnahmen aus der ungarischen Privatisierung (1992-94)

	1992	1993	1994
Devisen (Mrd. Forint)[1]	41,0	110,7	12,9
Inländische Währung (Mrd. Forint)	22,0	24,2	23,9
Summe	63,0	134,9	36,8
% BIP	2,2	3,7	0,8
Kredit[2]	k. A.	21,3	29,3
Kompensationszertifikate[2]	k. A.	17,3	64,2
Summe Kredit + Kompensation	11,3	38,6	93,5

[1]Wechselkurs siehe Anhang, [2]Diese Posten werden in der Statistik zwar als Einnahmen der SPA geführt, stellen aber aufgrund der beschriebenen Modalitäten (s. o.) der jeweiligen Programme keine wirklichen Einnahmen dar.
Quellen: *SPHC, EBRD* (1997)

5.5.   Die Wiederbelebung der Verkaufsprivatisierung seit Mitte 1995

5.5.1.   Machtwechsel und ökonomische Krise

Der Versuch der vom MDF geführten Regierungskoalition unter Ministerpräsident *Antall* und dessen Nachfolger *Boross*,[114] sich mit der Strategie des makroökonomischen „muddling through" und der Popularisierung der Privatisierung in eine zweite Amtsperiode hinüber zu retten, schlug fehl. Bei den Wahlen im Mai 1994 erhielt die Koalition insgesamt nur 85 der 386 Parlamentssitze. Als Sieger aus den Wahlen ging die Sozialistischen Partei Ungarns, die Nachfolgerin der Kommunistischen Partei, hervor. Sie erhielt 209 Mandate und hätten damit alleine regieren können. Sie entschieden sich aber, mit einer der liberalen Parteien, den eher linksliberalen freien Demokraten, eine Koalition anzustreben, in die diese nach einigem Zögern auch eintraten. Neuer Ministerpräsident wurde der Sozialist *Horn*.

Der neue Finanzminister *Békesi* kündigte ein Stabilisierungspaket an. Das *twin-deficit* in Leistungsbilanz und Staatshaushalt, das die Stabilität der ungarischen Volkswirtschaft seit 1993 zunehmend bedrohte, sollte eingedämmt werden. Ein erster Schritt dazu war die Abwertung des Forints um 8 %. Weiterhin wurden Senkungen und Vereinfachungen von Steuern bei gleichzeitigem strengerem Durchgriff der Finanzverwaltung versprochen. Auch bei den Sozialausgaben sollte gekürzt und reformiert werden (*Hickley* 1994).

---

[114] *Antall* starb im Dezember 1993 und wurde im Amt vom vorherigen Innenminister *Boross* gefolgt.

Die Privatisierungspolitk wurde explizit in das Programm einbezogen. Die Privatisierung unter den Vorgängern wurde als zu politisch, zu undurchsichtig und zu langsam kritisiert. Wichtige Entscheidungen sollten daher revidiert werden. Es war beabsichtigt, die beiden Privatisierungsagenturen zusammenzulegen und durch ein neues Privatisierungsgesetz für mehr Transparenz und höhere Geschwindigkeit zu sorgen. Restbeteiligungen, die der Staat noch in Form von Aktien an teilprivatisierten Unternehmen hielt, sollten an der Börse verkauft werden. Als neue Maxime der Privatisierung wurde der Vorrang von Bargeld vor Bezahlung mit Mitteln aus E-Krediten oder mit Kompensationszertifikaten ausgegeben (*Chesler* 1994, *Hickley* 1994).

Diese Revision der wichtigsten Entscheidungen der zweiten Phase der Privatisierung unter *Antall* und die explizite Verknüpfung des Stabilisierungsprogrammes mit der erneuten Reform der Privatisierung kann als „Wiederentdeckung" der Privatisierung als Geldquelle für den Staatshaushalt bezeichnet werden. Dies galt allerdings nur im Prinzip. Denn ähnlich wie bei der Durchführung der makroökonomischen Stabilisierung wurde auch die Reform der Privatisierung zunächst nicht umgesetzt.

Unstimmigkeiten in der Regierungskoalition, aber auch innerhalb der sozialistischen Partei und die Scheu der Sozialisten, ihre gerade wiedergewonnene Popularität durch ein drastisches Stabilisierungsprogramm aufs Spiel zu setzen, führten dazu, daß entgegen der Ankündigungen in der Wirtschaftspolitik zunächst wenig geändert wurde. Die in Ungarn seit Beginn der Transformation verfolgte Politik von „talking the talk but not walking the walk" wurde fortgesetzt. Es wurden Stabilisierungsmaßnahmen und Reformen angekündigt, aber nicht durchgeführt. Statt dessen wurden weiterhin Kompromisse geschlossen, Konzessionen an Unzufriedene gemacht und es wurde Konflikten aus dem Weg gegangen (*Kornai* 1996, S. 314-7). Das bedeutete, daß die Währung zunächst nicht entschieden genug abgewertet wurde, die Sozialausgaben nicht gekürzt und auch keine Maßnahmen zur Begrenzung des Lohnanstiegs ergriffen wurden. So wuchsen, obwohl sich das Wirtschaftswachstum langsam verfestigte, während des Jahres 1994 die makroökonomischen Spannungen weiter an (Tabelle 20).

Die angekündigte Neuregelung der Privatisierung verzögerte sich ebenfalls. Bald nach der Wahl und der Ankündigung eines Kurswechsels in der Privatisierung wurde unter Mitwirkung der EBRD und der Weltbank mit der Ausarbeitung des neuen Gesetzes begonnen, dessen Entwurf bereits im August vorlag. Bevor er aber zur Abstimmung ins Parlament gelangte, wurde er vier Monate innerhalb der Regierung diskutiert. Verschiedene Ministerien, Vertreter der beiden Privatisierungsinstitutionen, aber auch die unter der sozialistischen Regierung wieder einflußreicheren Gewerkschaften versuchten, den Gesetzentwurf zu ihren Gunsten zu beeinflussen. Die Gewerkschaften wollten vor allem eine Einführung von Arbeitnehmervergünstigungen erreichen, während die Vertreter von SPA und HSHC die Verharrungstendenz von Institutionen unter Beweis stellten, indem sie versuchten, auf den Erhalt des Status quo hinzuwirken. Dieser Abstimmungsprozeß innerhalb der Regierung zog sich bis November des Jahres 1994 hin. Die Debatte im Parlament begann im Januar. Über 400 Änderungsvorschläge schoben die endgültige Verabschiedung immer weiter hinaus (*Mihályi* 1996, S. 212-3, *Sárközy* 1996, S. 8). Zusätzlich wurde die noch unter den alten

Bestimmungen laufende Privatisierung durch direkte politische Eingriffe verzögert. Am aufsehenerregendsten war die Intervention des Ministerpräsidenten in den Verkauf einer Hotelkette im Dezember 1994. Einen Tag nachdem die SPA einen Vertrag mit einem amerikanischen Investor geschlossen hatte, untersagte *Horn* den Verkauf wegen eines zu niedrigen Preises. Daraufhin trat der Leiter der Privatisierungsbehörde im Januar zurück, und wenig später auch Finanzminister *Békesi*, der in der Zwischenzeit in der Regierung die Verantwortung für die Privatisierung übernommen hatte (*Lee* 1995).

Die anhaltende Debatte in Regierung und Parlament, sowie die wachsende direkte politische Beeinflussung des Privatisierungsprozesses bewirkten eine allseitige Verunsicherung. Die Verantwortlichen in den Privatisierungsbehörden mußten neben den üblichen Schwierigkeiten um ihre Positionen fürchten und zudem jederzeit mit der Einmischung von höherer Ebene rechnen. Die Unternehmensleitungen, die immer noch eine treibende Kraft bei der Suche nach Investoren und der Privatisierung waren, wurden vorsichtig, da unklar war, inwieweit das neue Privatisierungsgesetz Insider begünstigen würde. Insbesondere hielten sich aber die Investoren vor dem Hintergrund unklarer gesetzlicher Regelungen, politischer Eingriffe und der makroökonomischen Krise zurück. Zusammengenommen führten diese Faktoren dazu, daß der Privatisierungsprozeß im Jahre 1994 und der ersten Hälfte des Jahres 1995 fast vollständig zum Erliegen kam (Tabelle 21).

5.5.2. *Bokros*-Plan und Erfolge bei der Privatisierung

Der Bokros-Plan

Ein dreiviertel Jahr nach dem Regierungswechsel, im Februar 1995 hatten sich sowohl die innenpolitischen Spannungen, bei denen die Privatisierungspolitik ein wichtiger Faktor war, als auch die makroökonomischen Probleme stark zugespitzt. Es war abzusehen, daß ohne entschiedene Stabilisierungsmaßnahmen das bedrohliche *twin-deficit* während des Jahres noch weiter anwachsen würde. Durch das anhaltend hohe Haushaltsdefizit hatte sich die Zinsbelastung in den letzten Jahren stetig vermehrt, so daß der finanzielle Spielraum immer stärker eingeschränkt worden war. Hinzu kamen die Verpflichtungen aus der weiterhin hohen Auslandsverschuldung. Seit Beginn der Transformation war Ungarn durch ausländische Direktinvestitionen von allen Transformationsländern am stärksten begünstigt worden. Bereits 1994 hatte aber diese wichtige Finanzierungsquelle für das Leistungsbilanzdefizit weniger stark gesprudelt und sie drohte 1995 weiter auszutrocknen. Der IWF drohte damit, keine weiteren Kredite zu vergeben, wenn nicht Reformmaßnahmen ergriffen und das Budgetdefizit unter 5 % des BIP gesenkt würde. Spätestens jetzt wurden andere internationale Kreditgeber und Investoren aufmerksam. Ungarn verlor zunehmend seinen Ruf als „Musterschüler" unter den Transformationsländern. Der Index der Budapester Börse fiel Anfang Februar 1995 auf ein Rekordtief (*Hoen* 1998, S. 87, *Kornai*, 1996, S. 317, *Krecz*, 1995). Dem ungarischen Staat drohte der finanzielle Ruin.

Tabelle 20: Indikatoren der wirtschaftlichen Entwicklung Ungarns (1993-98)

	1993	1994	1995	1996	1997	1998
BIP (jährliche Veränderung in %)	-0,6	2,9	1,5	1,3	4,6	5,1
Konsumentenpreise (jährliche Veränderung in %)	22,5	18,8	28,2	23,6	18,3	14,3
Budgetdefizit (konsolidiert)	-6,7	-8,3	-6,1	-3,1	-4,7	-4,6
Leistungsbilanzsaldo (in % BIP)	-9,0	-9,4	-5,6	-3,7	-2,1	-6,3
Arbeitslosigkeit (% Erwerbspersonen)	12,1	10,4	10,4	10,5	10,4	9,1

Quellen: Budgetdefizite 1993: *IMF* (1996), 1994-97 *IMF* (1998); Alle anderen Daten: *EBRD* (1999)

Vor diesem Hintergrund entschloß sich die *Horn*-Regierung zu einem radikalen Stabilisierungspaket, einer Art verspäteter Schocktherapie. Nach dem neuen Finanzminister, der es Anfang März verkündete und federführend bei der Implementation war, wird es oft als *Bokros*-Plan bezeichnet. Es enthielt im wesentlichen die bereits zuvor angekündigten Reformmaßnahmen, unterschied sich aber dadurch, daß mit der Umsetzung unverzüglich begonnen wurde. Ein wichtiges Element waren eine sofortige Abwertung des Forint um 9 % und weitere Wechselkursanpassungen im Rahmen eines *preannounced crawling peg*-Systems bei gleichzeitiger Einführung von empfindlichen Importzöllen. Weitere Bestandteile waren eine deutliche Kürzung der meisten Haushaltsposten, darunter auch die Ausgaben für Soziales und die Begrenzung des Anstiegs der Nominallöhne im budgetären Sektor und in den verbliebenen Staatsbetrieben. Auf der Einnahmenseite des Budgets sollte vor allem die Steuereintreibung verbessert und der Privatisierungsprozeß entschieden weitergeführt werden. Es wurden bereits für 1995 mindestens 150 Milliarden Forint (2,7 % des BIP) an Privatisierungserlösen zur Verbesserung der Haushaltslage eingeplant.

Auch wenn das Programm nicht in allen Punkten verwirklicht werden konnte,[115] so stellte es doch eine entscheidende Reorientierung der ungarischen Wirtschaftspolitik dar.[116] Der Erfolg zeigte sich in einer unmittelbaren Verringerung der Defizite in Haushalt und Leistungsbilanz und mit einiger Verzögerung ab 1997 auch in zunehmenden Wachstums- und abnehmenden Inflationsraten (Tabelle 20).

Die Wiederbelebung der Privatisierung

Kurz nach Verkündung des Reformprogramms kam auch neuer Schwung in den zum Stillstand gekommenen Privatisierungsprozeß. Im Mai 1995 wurde nach langer Debatte

---

[115] Einige der geplanten Reformen, namentlich bei den Sozialausgaben, wurden vom Verfassungsgericht für unzulässig erklärt.

[116] *Kornai* (1996) sieht in dem Programm den ersten wirklichen Bruch in der ungarischen Wirtschaftspolitik seit 1956.

das neue Privatisierungsgesetz verabschiedet und die beiden Privatisierungsagenturen vereinigt.

Die Aufspaltung der Privatisierungsinstitutionen hatte zu Kompetenzstreitigkeiten, Undurchsichtigkeit und Verlangsamung der Privatisierung beigetragen. In der Folge waren die Erlöse als Einnahmequelle für den Staatshaushalt fast vollständig versiegt. Da es im Sinne der neuen Regierung war, diese Hemmnisse zu überwinden, wurde die Verschmelzung der SPA und der HSHC zur staatlichen Privatisierungs- und Holding Gesellschaft (SPHC) in Form einer Aktiengesellschaft in staatlichem Besitz beschlossen. Diese wurde die neue Eigentümerin der vorher auf die beiden Agenturen aufgeteilten Unternehmen. Die AG wird von einem elfköpfigen Vorstand geleitet und vom Privatisierungsminister kontrolliert, der dem Vorstand gegenüber allerdings nicht weisungsbefugt ist. Das ebenfalls im Mai verabschiedete Privatisierungsgesetz definierte als vorrangige Aufgabe der SPHC explizit die Privatisierung. Die zuvor verfolgte Ansicht, einen größeren Teil der Unternehmen langfristig im Staatsbesitz zu behalten, wurde aufgegeben. Um die Transparenz zu erhöhen wurden verschiedene Informationspflichten und Kontrollbefugnisse für Parlament und Rechnungshof eingerichtet (*Sárközy* 1996, S. 12-5).

Als weitere wichtige Änderung wurden neue Prioritäten bei den Privatisierungsverfahren gesetzt. Der Verkauf gegen Bargeld wurde zur wichtigsten Privatisierungsmethode erklärt. Außer in begründeten Ausnahmen sollen die Transaktionen wettbewerblich, das heißt durch Ausschreibungen, Auktionen oder Tender durchgeführt werden.[117] Die Privatisierung zu Vorzugskonditionen (Kompensationszertifikate, E-Kredite) wurden zwar nicht grundsätzlich abgeschafft, traten aber gegenüber der Privatisierung gegen Bargeld und vor allem Devisen in den Hintergrund. Das Kleininvestoren-Privatisierungsprogramm wurde nicht begonnen.[118]

Die Unternehmen werden durch das Gesetz in verschiedene Gruppen eingeteilt. Von der SPHC gehaltene Minderheitsbeteiligungen müssen den übrigen Gesellschaftern zum Kauf angeboten und bei Ablehnung des Angebotes versteigert werden. Für die anderen Unternehmen gilt, daß diese gemäß einem einfachen aber genau vorgeschriebenen Verfahren ausgeschrieben und auf unterschiedlichem Wege verkauft werden sollen. Für eine Gruppe von kleinen und mittelgroßen Unternehmen (weniger als 500 Beschäftigte)

---

[117] Zwar war das Wettbewerbsgebot auch vorher einer der Pfeiler der ungarischen Privatisierung, es war aber durch großen diskretionären Spielraum der Agenturen und die stärkere Verlagerung hin zu den Privatisierungen zu vergünstigten Konditionen in der letzten Phase der *Antall*-Regierung nach und nach aufgeweicht worden. Daher wurden auch 130-140 Privatisierungen aus den letzten Tagen der alten Regierung nach dem Regierungswechsel einer Revision bezüglich der Einhaltung der Vorschriften und der erzielten Preise unterzogen (*Chesler* 1994). Auch wenn der Vorgang unter Aspekten der Rechtsstaatlichkeit vielleicht angemessen war, so trug er doch zusätzlich zur oben beschriebenen Verunsicherung aller an der Privatisierung beteiligten Akteure bei.

[118] Die prinzipielle Option, ein solches Programm später zu beginnen, wurde allerdings im Gesetz vorgemerkt.

kann das vereinfachte Verfahren angewendet werden. Geht 90 Tage nach Veröffentlichung einer Liste dieser Unternehmen kein Angebot ein, können Angestellte und Manager die sie zu erleichterten Konditionen übernehmen. Eine weitere Gruppe bilden Unternehmen, an denen der Staat längerfristig beteiligt bleiben wird. Diese sind in einer Liste, die Teil des Gesetzes ist, explizit aufgeführt, der genaue Anteil staatlicher Beteiligung ist für jedes Unternehmen vorgeschrieben.

Auch dieses neue Gesetz steht „auf dem Boden der Evolution" (*Sárközy* 1996), es baut also auf den vorhandenen Bestimmungen auf. Einige der Neuerungen unterscheiden es jedoch erheblich von den vorangegangene Regelungen. So wird durch das Gesetz der Privatisierungsprozeß vereinheitlicht, sowohl bei den Bestimmungen als auch bei den Institutionen. Dies führt zu höherer Transparenz der Privatisierung, zu der auch im Gesetz verankerte Rechenschaftspflichten und Kontrollbefugnisse beitragen. Darüber hinaus wurden durch das Gesetz von 1996 klare Prioritäten geschaffen: Die Unternehmen sollen zu einem möglichst hohen Preis verkauft werden. Findet sich nicht schnell genug ein zahlungskräftiger Investor, kommen Insider zum Zuge, auch wenn dies Erlösverzicht bedeutet. *Ludányi* (1996, S. 135) beschreibt die Maxime des neuen Privatisierungsgesetzes als „everything must go". Durch die klare Regelung des Privatisierungsprozesses und die Zuweisung von Verantwortlichkeiten wird der diskretionäre Spielraum minimiert.

5.5.3. Die Ergebnisse der ungarischen Privatisierung seit 1994

Der Zwang zur Stabilisierung des Staatshaushaltes und die Wiederentdeckung der Privatisierung als Einnahmequelle wirkten sich bereits 1995 unmittelbar auf den Privatisierungsprozeß aus. Gemessen an den Einnahmen wurde 1995 zum erfolgreichsten Jahr der ungarischen Privatisierung. Gegen Ende des Jahres wurden eine Reihe bedeutender Unternehmen aus dem Infrastruktur- und Versorgungssektor (Gas- und Stromversorgungsunternehmen sowie die ungarische Telekom) verkauft. Die Einnahmen erreichten 8 % des BIP. Neben diesem direkten Effekt der Entlastung des Staatshaushaltes demonstrierte dieser Erfolg sowohl nach innen als nach außen, daß der angekündigte Kurswechsel bei der Privatisierung tatsächlich vollzogen worden war. Auch in den folgenden Jahren setzte sich der Privatisierungsprozeß in Ungarn relativ zügig fort. Das neue Privatisierungsgesetz hat sich als leistungsfähig erwiesen.

In den Jahren 1996 und 1997 war die Bankenprivatisierung eines der Hauptanliegen. Sie wurde 1997 weitgehend abgeschlossen (*Csáki/Macher* 1999). Auch ein Korruptionsskandal, der zum Austausch der Führung der SPHC führte (*Lee* 1997), und ein abermaliger Regierungswechsel im Frühjahr 1998, als das Amt des Ministerpräsidenten vom Liberalen *Órban* (FIDESZ) übernommen wurde, blieben ohne größere Wirkungen auf den Fortgang der Privatisierung. Ende 1998 waren nur noch wenige zu privatisierende Unternehmen im Portfolio der SPHC verblieben, so daß damit gerechnet wurde, den Prozeß im Laufe des Jahres 1999 weitgehend abzuschließen. Die Tätigkeit SPHC wird sich in Zukunft weitgehend auf das Management und die Verwaltung der dauerhaften größeren Staatsbeteiligungen an 116 Unternehmen und der Ausübung der

Rechte, die mit den „Golden Shares" an weiteren 27 Unternehmen verbunden sind, beschränken (*EBRD* 1998, S. 170).

Tabelle 21: Einnahmen aus der ungarischen Privatisierung (1994-97)

	1994	1995	1996	1997
Devisen (Mrd. Forint)[1]	12,9	411,5	92,7	208,6
Inländische Währung (Mrd. Forint)	23,9	35,4	40,6	118,3
Summe	36,8	445,9	133,3	326,9
% BIP	0,8	8,0	2,0	3,9
Kredit + Kompensationszertifikate	93,5	35,1	43,2	23,5

[1]Wechselkurs siehe Anhang
Quellen: *SPHC, EBRD* (1998)

5.6. Zusammenfassung: Die wechselnde Bedeutung fiskalischer Motive im ungarischen Privatisierungsprozeß

Zieht man die Privatisierungsmethoden als Unterscheidungskriterium heran, dann läßt sich der ungarische Privatisierungsprozeß in drei Phasen unterteilen: Die Anfangsphase mit einer klaren Verkaufsorientierung, die Phase von Mitte 1992 bis Mitte 1995, in der eine Wende zum Verschenken stattfand und der Privatisierungsprozeß insgesamt ins Stocken geriet sowie die Phase seit 1995, in der ein abermaliger Wechsel in Richtung Verkaufen stattfand und neuen Schwung in die Privatisierung kam. Ein auffälliges Merkmal des ersten und dritten Abschnittes ist das klare Bekenntnis zu einer einnahmenorientierten Privatisierung, die auf fiskalische Motive zurückzuführen ist.

In der Phase zu Beginn des Transformationsprozesses hat das Ziel, mit Hilfe möglicher Privatisierungserlöse einen Teil der Auslandsverschuldung zu begleichen, eine wichtige Rolle gespielt. Dieser Weg war bereits unter sozialistischer Herrschaft vorgezeichnet worden, notwendige Institutionen wie das Privatisierungsgesetz und eine Privatisierungsagentur waren bereits vorhanden. Dem nahtlosen Anknüpfen an diese Strategie standen keine politischen Hindernisse und nur geringe eigentumsrechtliche Restriktionen in Form impliziter Verfügungsrechte des amtierenden Managements gegenüber: Der relativ kontinuierliche Übergang vom sozialistischen Einparteienregime zu einer demokratisch legitimierten und marktwirtschaftlichen Reformen verpflichteten Regierung hatte keinen deutlichen Bruch mit der Vergangenheit bewirkt, eine radikale Neuorientierung wurde nicht als notwendig angesehen. Da die wichtigsten demokratischen Institutionen von Beginn an funktionsfähig waren und bei den meisten Parteien Konsens über die notwendige Einnahmenorientierung der Privatisierungsstrategie herrschte, stand der Fortsetzung der von den Sozialisten begonnenen Privatisierungspolitik nichts im Wege. Auf Seiten der einflußreichen Unternehmensleitungen stieß diese Politik ebenfalls nur auf wenig Gegenwehr, da sich zunächst gegenüber der spontanen Privatisierung wenig änderte: Die Manager nahmen eine Mittlerfunktion zwischen alten und neuen Eigentümern ein, die sie zu ihrem eigenen Vorteil nutzen konnten.

Allerdings lastete von Beginn an ein hoher Druck zur Einnahmenerzielung auf der Privatisierungspolitik und der mit der Ausführung betrauten Agentur. Zu der Zielsetzung, Erlöse für die Rückzahlung von Auslandsschulden zu generieren, kam im Zuge der fiskalischen Transformationskrise die weitere Erwartung, der Privatisierungsprozeß könne auch Einnahmen zur Sanierung des Staatshaushaltes einbringen.

Die überhöhten Preisvorstellungen, die aus diesen überzogenen Anforderungen resultierten, bürokratische Hindernisse, Mangel an Informationen und die Unerfahrenheit der SPA-Verantwortlichen sowie das Fehlen wichtiger institutioneller Voraussetzungen für ein umfangreiches Verkaufsprogramm führten dazu, daß die hochgesteckten (fiskalischen) Erwartungen an die ungarische Privatisierung nicht erfüllt werden konnten.

Diese unerfüllten Erwartungen begünstigten den Übergang in die zweite, eher verteilungspolitisch motivierte und am Verschenken oder vergünstigten Transfer von Eigentumsrechten orientierte, Phase der ungarischen Privatisierungspolitik. Da ohnehin nicht die erwünschten Einnahmen aus der Privatisierung erzielt werden konnten, in der Bevölkerung Mißmut über den starken Einfluß ausländischer Investoren geäußert wurde und Wahlen anstanden, wurde der Privatisierungsprozeß und das verbliebene Staatseigentum nun verstärkt als Instrument der Verteilungspolitik genutzt. Um die staatlichen Einflußmöglichkeiten besser nutzen zu können, wurde die Eigentümerposition des Staates zunächst durch Gesetzesänderungen gestärkt. Durch die Gründung einer Staatsholding sollte der staatliche Einfluß in bestimmten Bereichen der Wirtschaft auf Dauer fest geschrieben werden. Bei den Privatisierungsmethoden äußerte sich der Kurswechsel durch eine Reform des Kreditprogrammes, das ein starkes Subventionselement erhielt, die stärkere Einbeziehung und Begünstigung von Arbeitnehmern sowie die Ankündigung und Ausarbeitung des Privatisierungsprogrammes für Kleininvestoren, das im wesentlichen auf die freie Vergabe von Eigentumsrechten abzielte. In der Folge gingen die Erlöse aus der Privatisierung stark zurück.

1995 kam es dann im Rahmen eines breit angelegten makroökonomischen Reformprogramms zu einer abermaligen Wende der ungarischen Privatisierungspolitik. Aufgrund einer bedrohlichen makroökonomischen Schieflage wurden dringend zusätzliche Staatseinnahmen benötigt. Für die Privatisierung bedeutete dies, daß das Programm für Kleininvestoren nicht umgesetzt wurde, bestehende Vergünstigungen für bestimmte Gruppen weitgehend abgeschafft wurden, die Zahl der geplanten langfristigen strategischen Unternehmensbeteiligungen reduziert und die Staatsholding aufgelöst wurde, ein neues Privatisierungsgesetz, das für Transparenz sorgte und den schnellen Verkauf begünstigte, erlassen und die Privatisierung von Infrastrukturunternehmen und natürlichen Monopolen forciert wurde. Als Ergebnis stiegen die Privatisierungseinnahmen wieder an. Heute ist Ungarn eines der Transformationsländer, in denen die Privatisierung am weitesten fortgeschritten ist.

6. Tschechische Republik

Die Privatisierung in der tschechischen Republik gilt als prominentestes Beispiel für den Versuch, die Transformation der Eigentumsordnung durch eine weitreichende kostenlose Übertragung von Eigentumsrechten durch den Staat an seine Bürger vorzunehmen. Dabei wird häufig übersehen, das tatsächlich das Voucherverfahren mit einer weitreichenden Restitution und der Privatisierung durch Standardmethoden kombiniert wurde. Ein Ziel dieses Kapitels ist es, die fiskalischen Auswirkungen einer solchen Strategie zu überprüfen. Aber auch um der Frage nach den Ursachen für die Wahl einer bestimmten Privatisierungsstrategie nachzugehen bietet das tschechische (eigentlich das tschechoslowakische) Beispiel vor dem Hintergrund der in dieser Untersuchung als wesentlich angenommenen Einflußfaktoren eine interessante, mit dem polnischen und dem ungarischen Fall kontrastierende, Konstellation. Anders als in Polen und Ungarn waren die tschechischen Reformer zunächst nicht mit fiskalischen Zwängen konfrontiert. Budgetdefizite konnten von Beginn an vermieden werden, und auch die Auslandsverschuldung stellte kein Probleme dar. Die Verfügungsrechte an den Unternehmen lagen, dem klassischen Modell der zentralen Planung entsprechend, zu Beginn der Transformation weitgehend bei staatlichen Stellen. Darüber hinaus tat sich der ersten tschechischen Regierung ein relativ großer Handlungsspielraum auf, da sie breite Unterstützung durch die Bevölkerung genoß und es zunächst keinerlei ernst zu nehmende Opposition außerhalb der Regierungsparteien gab. Die Untersuchung des tschechischen Privatisierungsprozesses bietet daher die Möglichkeit, zu untersuchen, wie Privatisierungsentscheidungen beeinflußt oder gerade nicht beeinflußt werden, wenn die Entscheidungsträger weder unter dem Druck stehen, dringend Einnahmen erzielen zu müssen noch auf die Interessen von Unternehmensinsidern Rücksicht nehmen müssen oder der Privatisierungsprozeß durch politische Instabilität beeinträchtigt wird.

Abschnitt 6.1. zeichnet die Diskussion um die tschechische (tschechoslowakische) Privatisierungsstrategie nach und zeigt auf, warum es zu einer Kombination aus Restitution, Voucherverfahren und Standardmethoden kam. In 6.2. wird der institutionelle Rahmen der tschechischen Privatisierung beschrieben. 6.3. stellt den Verlauf und die Ergebnisse der Privatisierung bis 1994, dem Jahr in dem das Voucherverfahren abgeschlossen wurde, dar. In 6.4. wird der Fortgang der Privatisierung nach dem Abschluß des Voucherverfahrens analysiert. 6.5. faßt die gewonnenen Erkenntnisse über den Einfluß der unterschiedlichen Faktoren auf die Wahl der tschechischen Privatisierungsstrategie und über die fiskalischen Folgen des Prozesses zusammen.

6.1. Die Entwicklung der tschechischen Privatisierungsstrategie

6.1.1. Erste Schritte der ökonomischen und politischen Transformation

Die erste nicht kommunistische Regierung unter *Čalfa* übernahm überraschend und unvorbereitet die Verantwortung. Die Situation, mit der sich die neuen Machthaber konfrontiert sahen, wird im Vergleich mit anderen Transformationsländern als zwiespältig charakterisiert. Einerseits befand sich die Tschechoslowakei gegenüber Polen und Ungarn im Nachteil, da bis zum Ende des Sozialismus so gut wie keine Reformen vorgenommen worden waren. Die Wirtschaft war stark konzentriert und monopolisiert. Ein privater Sektor war praktisch nicht vorhanden. Der Außenhandel war noch stärker als in den Nachbarländern auf die Sowjetunion ausgerichtet, was eine Verzerrung der Struktur und starke Abhängigkeit bewirkte. Andererseits wird es als Vorteil für die Implementierung der Transformations- und speziell der Privatisierungsstrategie gesehen, daß der Verzicht auf Reformen unter dem autoritären Regime das Entstehen von Interessengruppen und die Übernahme impliziter Eigentumsrechte durch Beschäftigte oder Manager weitgehend verhindert hatte. Gleichzeitig war die makroökonomische Situation stabil. Die wirtschaftliche Entwicklung hatte zwar in den letzten Jahren stagniert, aber es gab keine dramatischen Versorgungsengpässe, nur eine moderate Inflation, ein geringes Budgetdefizit und keine außenwirtschaftlichen Ungleichgewichte (Tabelle 22).[119]

Tabelle 22: Wirtschaftliche Situation der Tschechoslowakei (1989/90)

	1989	1990
BIP (reale Veränderung in %)	1,4	-0,4
Arbeitslosigkeit (% Erwerbspersonen)	0	0,8
Konsumentenpreise (jährliche Veränderung in %)	2,3	10,8
Budgetsaldo (konsolidiert) (% BIP)[a]	-2,8	-0,4
Leistungsbilanzsaldo (% BIP)	(0,8)	-3,9

Quellen: [a] *IMF* (1996), Alle übrigen Daten *EBRD* (1996)

Neben dem Rückstand bei den tatsächlich durchgeführten Reformen war die Situation in der Tschechoslowakei auch dadurch gekennzeichnet, daß eine Diskussion über Reformstrategien in der Zeit der „Normalisierung" nur sehr begrenzt möglich war. Nach der Übernahme der Regierungsgeschäfte durch die Opposition wurde dann zwar schnell die Einführung von Demokratie und Marktwirtschaft als Ziel verkündet (*Adam* 1995b, S. 193, *Keilhofer* 1995, S. 28), die Vorstellungen über das angestrebte Wirtschaftssystem konnten aber nicht konkretisiert werden. Ein populäres wirtschaftspolitisches Leitbild war zunächst das Modell der sozialistischen Marktwirtschaft, wie es 1968 während des Prager Frühlings verfolgt worden war (*Osers* 1990, *Frydman et al.* 1997, S. 88).

Aufgrund der relativ stabilen ökonomischen Situation sahen sich die neuen Machthaber nicht zum sofortigen Handeln gezwungen. Sie beließen es zunächst dabei, sich für

---

[119] Zur Einschätzung der Ausgangslage in der Tschechoslowakei siehe auch: *Begg* (1991, S. 246-8), *Charap* (1991, S. 35-6, 38), *Hoen* (1998, S. 48-9), Hrnčíř (1992, S. 151-2), *Kaiser* (1995, S. 507-8), *OECD* (1991b, S. 12-14).

eine Marktwirtschaft auszusprechen, ohne ein konkretes Transformationsprogramm vorzulegen. Tiefgreifende ökonomische Reformmaßnahmen sollten erst nach den für Juni 1990 angesetzten Parlamentswahlen stattfinden, da sich die *Čalfa*-Regierung nicht als ausreichend legitimiert ansah. Die Regierung war sehr heterogen zusammen gesetzt. Sie bestand überwiegend aus Mitgliedern der oppositionellen Sammlungsbewegungen „Bürgerforum" (OF) im tschechischen Landesteil und dem slowakischen Pendant „Bürger gegen Gewalt"(VPN), in denen ein breites Spektrum politischer Ansichten vertreten war, sowie einigen ehemaligen Kommunisten.

Die wirtschaftspolitischen Schlüsselpositionen waren von Ökonomen besetzt, die dem Prager Institut für Wirtschaftsprognosen entstammten. *Komárek*, der ehemalige Leiter des Instituts, wurde als Vizepremier mit der Ausarbeitung eines ökonomischen Reformplans betraut. Bereits in seinen ersten Vorschlägen sprach er sich für eine schrittweise, gradualistische, in der Tschechoslowakei auch als „strukturpolitisch" bezeichnete, Vorgehensweise aus. *Klaus* wurde zum Finanzminister ernannt und ein weiterer ehemaliger Mitarbeiter des Instituts wurde Leiter der staatlichen Plan- kommission. Zwar hatten *Komárek* und *Klaus* lange im selben Institut geforscht, hinsichtlich der notwendigen Reformen waren sie jedoch von Grund auf verschiedener Auffassung (*Myant* 1993, S. 168, *Kosta* 1994, *Adam* 1995b, S. 109-11).

Klaus verstand sich von Anfang an als liberaler Reformer. Er berief sich bei seinen Vorschlägen gerne auf *Milton Friedman* und *von Hayek* und bezeichnete *Thatcher* als sein politisches Vorbild. Sein Ziel war die schnelle Einführung einer Marktwirtschaft „ohne Attribute". Das wichtigste Anliegen war die Vermeidung von Inflation, die, entsprechend dem monetaristischen Dogma, von Anfang an mittels restriktiver Geld- und Fiskalpolitik bekämpft werden sollte (*Myant* 1993, S. 172). Obwohl die Budget- defizite auch in der letzten Phase der sozialistischen Herrschaft, anders als in Polen und Ungarn, in der Tschechoslowakei nur wenig angestiegen waren, avancierte der ausge- glichene Staatshaushalt zu einer fixen Idee der *Klausschen* Wirtschaftspolitik. Der Ende November 1989 verabschiedete Haushalt für 1990 wurde noch einmal revidiert. Durch Ausgabenkürzungen für innere Sicherheit und Verteidigung sowie Streichung von Subventionen konnte das zuvor geplante niedrige Defizit weiter verringert werden, so daß am Ende ein nahezu ausgeglichener Staatshaushalt für 1990 stand (Tabelle 22)(*Charap/Dyba* 1991, S. 39, *OECD* 1991b, S. 34-5, *Myant* 1993, S. 172-3). Weitere, bereits vor den Wahlen in Angriff genommene Reformen waren die Aussetzung des zentralen Plans, die Freigabe einiger Konsumgüterpreise, eine erste Währungs- abwertung und die Liberalisierung des Marktzugangs für private Kleinunternehmer (*Charap/Dyba* 1991, S. 39, *Kosta* 1994, S. 155-6).

Komárek hingegen sprach sich explizit gegen eine schnelle und umfassende Liberali- sierung der Wirtschaft aus, da er fürchtete, daß dies zu einem Zusammenbruch der Wirtschaft, zu hoher Arbeitslosigkeit und zu hohen sozialen Kosten führen würde (*Myant* 1993, S. 170, *Mejstřík/Burger* 1994 139, *Adam* 1995b, S. 209-11). Der von ihm propagierte Gradualismus hatte bis zum Frühjahr 1990 viele Anhänger (*Osers* 1990). Dann wandelte sich allerdings die Stimmung. Meinungsumfragen zeigten, daß die Bevölkerung schnell eindeutige Maßnahmen erwartete, und dafür auch bereit war, die

Härten einschneidender Reformen auf sich zu nehmen (*Myant* 1993, S. 171). Es war inzwischen deutlich geworden, wie rückständig die tschechoslowakische Volkswirtschaft im Vergleich zu westeuropäischen Ländern war. Zugleich richtete sich das internationale Augenmerk vermehrt auf die Reformmaßnahmen in den Nachbarländern. Ungarn galt ohnehin als Reformvorreiter und Polen hatte mit der Implementierung des *Balcerowicz*-Plans die Ernsthaftigkeit der Reformbereitschaft demonstriert. Dieses Fortschritte wurden durch zunehmende ausländische Direktinvestitionen und Verhandlungen über Schuldenstreichung „belohnt" (s.o.). Es wurde die Gefahr gesehen, daß die Tschechoslowakei den Anschluß an die wirtschaftliche Entwicklung in den Nachbarländern verlieren könnte.

Vor diesem Hintergrund verlor *Komárek* und der von ihm propagierte Reformkurs die Unterstützung des Premierministers und der anderen Regierungsmitglieder. Er wurde im April 1990 abgesetzt. Die Federführung für den Reformprozeß ging auf das Finanzministerium über. Hier erarbeitete *Klaus* ein Reformprogramm, das als moderatere Form der polnischen Schocktherapie bezeichnet werden kann. Der Entwurf wurde der Regierung im Mai vorgelegt und diente bereits als Basis für den Wahlkampf (*Hrnčíř* 1992, S. 166, *Adam* 1995b, S. 196). Hinsichtlich der Privatisierung erfolgte in dieser Vorlage noch keine Festlegung auf eine bestimmte Strategie. Die Entscheidung sollte nach den Wahlen im Juni 1990 getroffen werden.

Aus diesen Wahlen gingen die ehemals oppositionellen Sammlungsbewegungen OF und VPN sowohl in den beiden Teilrepubliken als auch auf föderaler Ebene als klare Sieger hervor. *Klaus* blieb Finanzminister der Föderation. Der Wahlsieg wurde als Zustimmung zum vorgelegten Reformprogramm gewertet. Die Stellung des Finanzministeriums als Schaltzentrale für die ökonomische Reform wurde weiter verstärkt. Darüber hinaus wurden das Wirtschaftsministerium und das Ministerium für ökonomische Reformen mit liberalen Reformern besetzt (*Stokes* 1993, S. 199-0, *Frydman et al.* 1997, S. 88).

Im Parlament begann nun eine kontroverse Diskussion über den Reformplan. Dabei wurde aber von keiner Seite ein konsistenter Gegenentwurf präsentiert, so daß *Klaus* sich in den meisten Positionen durchsetzen konnte (*Myant* 1993, S. 175, *Kosta* 1994). Im September 1990 wurde das „Szenario für Ökonomische Reformen" verabschiedet, mit der Umsetzung wurde am 1. Januar 1991 begonnen. Die Reform der Eigentumsverhältnisse spielt im „Szenario" eine Schlüsselrolle. Die Regierung bekannte sich eindeutig zum Privateigentum als Grundlage der angestrebten Marktwirtschaft. Kleine und mittlere Unternehmen sollten versteigert werden, ein Restitutionsprogramm sollte ehemalige Eigentümer entschädigen und die großen Betriebe sollten in Aktiengesellschaften umgewandelt (kommerzialisiert) und anschließend privatisiert werden. Die Festlegung auf eine Privatisierungsstrategie für die Große Privatisierung sollte allerdings erst in den bis Ende 1990 zu verabschiedenden Gesetzen vorgenommen werden. Weitere zentrale Punkte des „Szenarios" waren eine restriktive Geld- und Fiskalpolitik, die ein ausgeglichenes Budget vorschrieb, eine restriktive Lohnpolitik, die umfassende Freigabe der Preise, die Herstellung begrenzter Währungskonvertibilität und die weitgehende Liberalisierung des Außenhandels.[120]

6.1.2. Die Diskussion über die Privatisierungsstrategie

Auch in der Tschechoslowakei hatte nach dem Abtritt der Sozialisten, als die Privatisierung zu einer wirtschaftspolitischen Option geworden war, eine intensive Diskussion über verschiedene Privatisierungsmethoden eingesetzt (*Kotrba/Svejnar* 1994, S. 160). Diese Debatte wurde aber weniger emotional und kontrovers als in Polen und Ungarn geführt und war auch zeitlich begrenzt. Mit der Verabschiedung der Privatisierungs- und Restitutionsgesetze wurde ein breiter Konsens in dieser Frage hergestellt.

Die diskutierten Strategien standen jeweils in engem Zusammenhang mit einem Gesamtentwurf für den Verlauf des Transformationsprozesses. *Komárek* propagierte auch bezüglich der Privatisierung einen gradualistischen Ansatz. Die Unternehmen sollten kommerzialisiert und demonopolisiert werden, aber im Staatsbesitz verbleiben. Zwar sollte die zentrale Planung beseitigt werden, dem Staat aber weitgehende Eingriffsrechte vorbehalten bleiben: „Der Markt reguliert die Betriebe und der Staat reguliert den Markt" (*Komarek*, zitiert nach *Osers* 1990, S. 110). Die Privatisierung sollte im wesentlichen „von unten" erfolgen, indem neuen Privatunternehmen der Marktzugang ermöglicht und ausländische Investitionen begünstigt werden sollten (*Myant* 1993, S. 170, *Stokes*, 1993, S. 199, *Mejstřik/Burger* 1994, S. 139, *Adam* 1995b, S. 209-11).

Noch unter dem Einfluß *Komareks* wurden im April 1990 eine Novelle des existierenden Gesetztes über die Staatsunternehmen sowie ein Gesetz über Aktiengesellschaften verabschiedet. Das Gesetz über die Staatsunternehmen bündelte die Eigentumsrechte bei den Regierungen auf föderaler und nationaler Ebene. Zwar hatten diese auch im Rahmen der zentralen Planung die wichtigsten Eigentumsrechte ausgeübt, die formalen Besitzer waren aber die Branchenministerien oder kommunale Körperschaften gewesen. Die neue Regelung ermöglichte es der Regierung, auch nach Ende der zentralen Planung, über die Unternehmen zu entscheiden. (*Mertlík* 1996, S. 93-4). Das AG-Gesetz schuf den rechtlichen Rahmen für die spätere Kommerzialisierung (Umwandlung in Aktiengesellschaften) der Staatsunternehmen (*Keilhofer* 1995, S. 144-5).

Klaus hatte zunächst die Frage der Inflationsbekämpfung in den Vordergrund gestellt. Ab dem Frühjahr 1990 begann er die Privatisierung stärker zu thematisieren, wobei er sich von Beginn an deutlich für die Vouchermethode aussprach (*Myant* 1993). Das Konzept war bereits 1989 von *Svejnar* (1989) für die Tschechoslowakei vorgeschlagen worden und wurde zu diesem Zeitpunkt auch in Polen diskutiert (s.o.). *Klaus*

---

[120] Zu den Inhalten des Szenarios siehe auch *Adam* (1995b, S. 96-7), *Charap* (1991), *Mertlík* (1995b, S. 218-21), *Myant* (1993, S. 177-9), *Stepanek* (1995, S. 6- 8).

betonte vor allem zwei Aspekte: Geschwindigkeit und Gerechtigkeit.[121] Ein hohes Tempo, ein wichtiger Punkt der gesamten *Klausschen* Transformationsstrategie, sollte dazu beitragen, die wirtschaftlichen und sozialen Kosten der Transformation so gering wie möglich zu halten, schnell den *point of no return* zu überschreiten und dem Ausland Entschlossenheit zu demonstrieren (*Myant* 1993, S. 175).

Speziell die schnelle Privatisierung mit Hilfe der Vouchermethode, sollte dazu führen, daß die Eigentumsordnung, als ein Kernelement der Wirtschaftsordnung möglichst früh und von Grund auf transformiert wurde. Die kostenlose Verteilung sollte einen langwierigen Bewertungsprozeß auf der Grundlage unzureichender Informationen vermeiden und den niedrigen Sparguthaben der Bevölkerung Rechnung tragen. Dabei sollte allerdings nicht auf die Effizienz von Wettbewerb und Marktprozessen verzichtet werden. Die Voucher sollten in Form von „Investitionspunkten" an die Bevölkerung ausgegeben werden. Jeder Teilnehmer sollte seine Zahlungsbereitschaft für die von ihm gewünschten Unternehmensanteile durch die Zahl der Investitionspunkte, die er für einen Anteil zu zahlen bereit war, zum Ausdruck bringen. In einem iterativen Prozeß sollten dann in mehreren Runden Angebot und Nachfrage zum Ausgleich gebracht werden. Als gerecht wurde die Vouchermethode angesehen, weil sich die gesamte Bevölkerung beteiligen konnte und so Chancengleichheit gewährleistet wurde.

Darüber hinaus wurde durch diese Art der Privatisierung die Einführung eines „Volkskapitalismus" angestrebt. Die tschechoslowakische Bevölkerung sollte zu Kleinaktionären werden, die sich aktiv auf den Aktienmärkten engagierten. Die so angestoßene Entwicklung des Kapitalmarktes sollte Entmonopolisierung und die Restrukturierung schneller und effizienter herbeiführen, als es durch staatliche Sanierungsmaßnahmen oder den fallweisen Verkauf möglich gewesen wäre. (*Mejstřik/Burger* 1994, S. 153, *Buchtlíková* 1996, S. 75-6). Weiterhin schien die Massenprivatisierung geeignet, um die internationale Aufmerksamkeit verstärkt auf die Tschechoslowakei zu lenken und ausländisches Kapital anzuziehen. Durch die Umsetzung eines innovativen Konzepts wollte man auch ein Signal geben und die Tschechoslowakei in die Gruppe der Reformvorreiter unter den Transformationsländern einreihen. (*Keilhofer* 1995, S. 144).

Allerdings konnte sich *Klaus* auch nach dem Abtreten *Komáreks* und der Schwächung des gradualistischen Flügels mit der von ihm präferierten Privatisierungsstrategie nicht in allen Punkten sofort durchsetzten. Die von verschiedenen Seiten vorgebrachte Kritik entzündete sich an den bereits aufgezeigten Problemen der Massenprivatisierung, nämlich der Frage nach der Effizienz der Unternehmenskontrolle bei weit verstreutem Eigentum und das Ausbleiben von *Know-how* und Kapitalzufluß bei der Gratisvergabe der Eigentumsrechte an die inländische Bevölkerung. Außerdem wurden immer wieder die vermuteten hohen sozialen Kosten in Form von massiv auftretender Arbeitslosigkeit genannt. Auch der ideologische Impetus, mit dem *Klaus* für

---

[121] „Die Voucher Privatisierung ist die schnellste, durchgreifendste und gerechteste Methode der Befreiung der tschechoslowakischen Wirtschaft von der Macht der Ministerialbürokratie."(*Klaus*, zitiert nach *Keilhofer* 1995, S. 128).

das Voucherverfahren eintrat, und das teilweise als naive gewertete Vertrauen in den Marktmechanismus stießen bei einer Reihe tschechischer Ökonomen auf Ablehnung (*Mertlík* 1995b, S. 225-7).

Bereits im Vorfeld der Juni-Wahlen, als *Klaus* den ersten Entwurf für das tschechische Reformprogramm erarbeitete, stieß er mit seinem Privatisierungskonzept auf den Widerstand einer Gruppe von Kritikern innerhalb der tschechischen Regierung, die eine schrittweise Privatisierung mit Hilfe von Standardmethoden befürworteten (*Charap/Dyba* 1991, S. 39, *Myant* 1993). Auch in der parlamentarischen Diskussion um das „Szenario" nach der Wahl konnte sich *Klaus* zwar mit den von ihm vorgeschlagenen makroökonomischen Reformen schnell durchsetzen; nicht jedoch bei der Privatisierung. Zur Kritik aus Regierungskreisen kamen einige kritische „Expertengutachten" von tschechischen Forschungsinstituten, die dem Parlament die Entscheidung über das Reformprogramm erleichtern sollten. Auch hier wurde ein Ansatz befürwortet, der zunächst die Kommerzialisierung und erst später den schrittweisen Verkauf der Unternehmen vorsah (*Myant* 1993, S. 169-75, *Kotrba/Svejnar* 1994). Die endgültige Methode für die Große Privatisierung wurde daher im verabschiedeten Reformplan weiter offen gelassen. Die Vouchermethode wurde aber prinzipiell als eine von mehreren möglichen Varianten aufgeführt. Die endgültige Verabschiedung eines Privatisierungsgesetzes wurde für Ende 1990 vorgesehen.

Am schnellsten erfolgte eine Einigung in der Restitutionsfrage. Zunächst hatten die liberalen Reformer eine Restitution zwar abgelehnt, da sie eine Verzögerung des Transformationsprozesses durch unsichere eigentumsrechtliche Situation fürchteten (*Earle et al.* 1994, S. 53). Das schnelle Umschwenken in dieser Frage wird von einigen Autoren (*Earle et al.* 1994, *Appel* 1995, *Keilhofer* 1995, S. 132-3) mit dem besonderen moralischen Anspruch der „samtenen" Revolution erklärt. Das Streben nach Freiheit, Demokratie und Gerechtigkeit war beim Umsturz des sozialistischen Regimes in der Tschechoslowakei die wichtigste Triebkraft. An erster Stelle hatte man sich eines unrechtmäßigen Regimes entledigen wollen, die Verbesserung der wirtschaftlichen Verhältnisse war zunächst zweitrangig. Wollte die neue Regierung nicht ihre Legitimation verlieren, mußte sie der populären Forderung nach einer Rehabilitation der Opfer des Kommunismus auch in Bezug auf die Wiederherstellung der alten Eigentumsrechte nachkommen. Dies galt um so mehr, da bei der Argumentation für die Voucherprivatisierung gerade der Faktor „Gerechtigkeit" immer wieder als Vorteil betont wurde. Vor diesem gesellschaftlichen Hintergrund mußten Restitutionskritiker einlenken, so daß umfassende Gesetze bereits im Oktober 1990 und im Februar 1991 verabschiedet werden konnten.

Die Debatte um die Frage, ob einer schnellen Massenprivatisierung oder einem gradualistischen Vorgehen mit langfristigem Staatsengagement in den Unternehmen der Vorzug gegeben werden sollte, wurde noch während der Arbeit an den eigentlichen Privatisierungsgesetzen fortgeführt. Als zusätzliche Schwierigkeit wurden nun auch Forderungen nach einer Bevorzugung von Unternehmensinsidern laut (*East/Pontin* 1997, S. 47-8.). Besonders in der Debatte um die kleine Privatisierung spielte dieser Punkt eine wichtige Rolle. Eine Koalition aus Managern von Handelsbetrieben und

Bürokraten aus dem Handelsministerium machte sich für eine langsame Privatisierung der großen staatlichen Handelsketten stark, bei der die Unternehmen zuerst kommerzialisiert und anschließend zu Sonderkonditionen an die Insider verkauft werden sollten. Besonderes Gewicht erhielten diese Forderungen dadurch, daß sie von Präsident *Havel* unterstützt wurden. Wie bereits dargestellt, gab es aber in der Tschechoslowakei, anders als in Polen oder Ungarn, keine Tradition der Unternehmensselbstverwaltung und daher auch keine gesellschaftliche Strömung, die diese Vorschläge unterstützte. Im Gegenteil: Die Öffentlichkeit wandte sich während der Debatte um die Kleine Privatisierung im Sommer 1990 massiv gegen die Insiderprivatisierung, so daß das Parlament im Herbst 1990 ein Gesetz, das weitgehende Chancengleichheit gewährleisten sollte, beschloß (zu den Details s.u.). Dieser Verzicht auf die Gewährung von Insiderprivilegien bei der Kleinen Privatisierung, gilt als Vorentscheidung für die Große Privatisierung, bei der ebenfalls auf die Begünstigung von Interessengruppen verzichtet wurde (*Earle et al.* 1994, S. 46-9).

Im Laufe der Debatte um das Privatisierungsgesetz wurde das ursprüngliche Voucherkonzept in einigen Punkten modifiziert. Zum einen sollten die Voucher nicht wie zunächst vorgesehen gratis verteilt werden, sondern mußten gegen eine Gebühr von 1000 Kronen, was in etwa 25 % des durchschnittlichen Monatslohns entsprach, erworben werden. Zum zweiten wurden alternative Methoden, wie Kommerzialisierung mit anschließendem Verkauf an einzelne Investoren oder über die Börse, zugelassen. Dies wird von einigen Autoren als Zugeständnis der Voucherbefürworter gegenüber den Gradualisten gesehen (*Mládek* 1993, S. 130, *Myant* 1993, S. 234-5, 228). Es muß allerdings berücksichtigt werden, daß die Entscheidung darüber, welche Methode im einzelnen Fall angewendet werden sollte, erst im Anschluß an ein wettbewerbliches Verfahrens im Privatisierungsministerium getroffen wurde.[122] Dadurch blieb der Prozeß prinzipiell offen, die Zulassung weiterer Privatisierungsmethoden im Gesetz bedeutete keinerlei Vorentscheidung (*Frydman et al.* 1997, S. 89). Außerdem wurde durch den Wettbewerb bei der Auswahl der Privatisierungsmethode die Effizienz des gesamten Privatisierungsverfahrens tendenziell erhöht, was durchaus im Sinne der liberalen Reformer lag. Darüber hinaus dürfte die Tatsache, daß das bereits im August 1990 gegründete Privatisierungsministerium mit dem zur Gruppe um *Klaus* zählenden *Ježek* besetzt war, das Einlenken in der Frage der Privatisierungsmethoden erleichtert haben.

6.1.3. Die (nicht vorhandenen) Restriktionen der Privatisierungsentscheidung

Viele der Argumente der tschechischen Privatisierungsdiskussion für oder wider eine bestimmte Strategie haben auch in Polen und Ungarn eine Rolle gespielt. So zum Beispiel die Faktoren Geschwindigkeit, Gerechtigkeit oder die Nutzung von Marktmechanismen, um eine möglichst effiziente Allokation der Verfügungsrechte herbeizuführen. Anders als in Polen und Ungarn sind die fiskalischen Vor- und Nachteile unterschiedlicher Privatisierungsmethoden während der Diskussion um die tschechischen

---

[122] Zu den Details der Großen Privatisierung s. u.

Privatisierungsgesetze nicht berücksichtigt worden. Wenn in Tschechien für eine Verkaufsstrategie argumentiert wurde, beruhten die Argumente auf Effizienzerwägungen (*Turek* 1994, S. 269-70), oder dem Argument, daß nur durch einen Verkauf ans Ausland Mittel für notwendige Investitionen bereitgestellt werden könnten (*Myant* 1993). Der Aspekt der zusätzlichen Einnahmen für die öffentlichen Haushalte tauchte in der Argumentation nicht auf.

Diese Vernachlässigung möglicher fiskalischer Implikationen der Privatisierung hängt eng mit der makroökonomischen Situation in der Tschechoslowakei zu Beginn der Transformation zusammen. Weder die Auslandsverschuldung, deren Rückzahlung in Ungarn die Debatte in Richtung „Verkaufen" gelenkt hatte, noch eine akute Schieflage des Staatshaushaltes, zu dessen Sanierung die Privatisierungserlöse in Polen verwendet werden sollten, stellten in der Tschechoslowakei ein Problem dar. Wie in 3 dargestellt wurde, hatte die Zurückhaltung der Tschechoslowakei bei der Auslandsverschuldung dazu geführt, daß die Pro-Kopf-Verschuldung nur ein Viertel des polnischen und weniger als ein Siebtel des ungarischen Wertes betrug. Unter Berücksichtigung der Forderungen gegenüber der Sowjetunion und einer Reihe von Entwicklungsländern ergab sich für die Tschechoslowakei sogar eine Nettogläubiger Position. Doch auch nach Abschreibung dieser uneinbringlichen Forderungen, wurde die Verschuldungssituation nicht als problematisch eingeschätzt (*OECD* 1991b, S. 28-9). Von dieser Seite ergaben sich also keine Restriktionen für die Privatisierungspolitik. Ähnliches trifft auf den Staatshaushalt zu. Die tschechoslowakische Finanzpolitik galt schon zu Zeiten der sozialistischen Herrschaft als konservativ. Anders als etwa in Ungarn oder Polen konnte ein ausgeglichener Staatshaushalt meist ohne größere Anstrengungen erreicht werden (*OECD* 1991b, S. 34-5). Nach der Wende hatte *Klaus* den bereits laufenden Haushalt für 1990 einer Revision unterziehen können (s.o.). So konnte schon im ersten Jahr der nicht kommunistischen Herrschaft, trotz der bereits einsetzenden Transformationsrezession, die monetaristische Forderung nach einem ausgeglichenen Staatshaushalt tatsächlich erfüllt werden.

Somit stellten weder die Staatsverschuldung noch die öffentlichen Haushalte ein Problem für die Entscheidungsträger dar, auf dessen Lösung sie die Privatisierungsstrategie hin ausrichten mußten. Im Katalog potentiell miteinander in Konflikt stehender Privatisierungsziele (*Süß* 1997a), war das fiskalische Ziel in der Tschechoslowakei nicht existent. Dies wurde auch dadurch deutlich gemacht, daß in den tschechischen Privatisierungsgesetzen explizit festgehalten wurde, daß etwaige Einnahmen aus der Privatisierung nicht für allgemeine Haushaltszwecke verwendet werden dürfen, sondern nur für den Ausgleich von Erblasten des kommunistischen Systems (*OECD* 1996b, S. 75). Die Schlußfolgerung muß also lauten, daß fiskalische Erwägungen bei der Festlegung der Privatisierungsstrategie keine Rolle gespielt haben.[123]

---

[123] Zu einer ähnlichen Einschätzung gelangen auch *Appel* (1995, S. 26), *Capek* (1994, 248-9), *Keilhofer* (1995, S. 144) und *OECD* (1991b, S. 56).

Auch die Existenz impliziter Eigentumsrechte, die auf die polnischen und ungarischen Privatisierungsentscheidungen erheblichen Einfluß hatte, stellte im tschechischen Fall keine Restriktion für die Entscheidungsträger dar. Wie in Kapitel 3 dargestellt wird, war das klassische System der zentralen Planung in der Tschechoslowakei bis Ende 1989 weitgehend erhalten geblieben. Es gab also weder gesetzlich fixierte noch anderweitig gewachsene Besitzansprüche der Arbeitnehmer auf die Unternehmen, in denen sie beschäftigt waren. Selbst wenn es solche Ansprüche gegeben hätte, wären sie nur schwer durchzusetzen gewesen, da die Arbeiter, anders als in Polen, nicht über eine einflußreiche Interessenvertretung verfügten. Die existierenden Gewerkschaften waren aufgrund der vorangegangenen bedingungslosen Treue zum Regime weitgehend diskreditiert (*Lagemann et al.* 1994, 219). Sie befanden sich zur Zeit der Verabschiedung der Privatisierungsprogramme in einer Phase der Neuordnung und konnten von daher keinen entscheidenden Einfluß ausüben (*Bruszt* 1992, 64). Später unterstützten die neu geordneten tschechischen Gewerkschaften zum großen Teil den Reformkurs der Regierung und damit auch die Privatisierungspolitik, da sie bestrebt waren, sich möglichst deutlich von der kommunistischen Vergangenheit zu distanzieren und es der Regierung gleichzeitig gelungen war, sie durch tripartistische Gremien aktiv in die Reformpolitik einzubinden (*Myant* 1993). Somit wurde von Seiten der Arbeitnehmer kein nennenswerter Druck auf die Reformer ausgeübt.

Auch die Unternehmensleitungen konnten zunächst wenig Einfluß ausüben. Viele der Manager der Staatsunternehmen waren unmittelbar nach dem Abtritt der sozialistischen Regierung wegen ihrer engen Verknüpfung mit dem alten Regime ihrer Posten enthoben worden (*Myant* 1993, S. 168-7). Eine Reihe von Branchenministerien, die zuvor eine wichtige Funktion bei der Vertretung der Interessen der Unternehmensleitungen gegenüber dem Staat gespielt hatten, waren ebenfalls bereits zu Beginn der Transformation aufgelöst worden. Dies hatte die Eigentumsrechte des Staates an den Unternehmen noch verstärkt (*Capek/Buchtliková* 1994, S. 249, *Mertlík* 1996, S. 93-94). Darüber hinaus wurden die Insider über ihre tatsächlichen Einflußmöglichkeiten im Privatisierungsprozeß im Unklaren gelassen. Das Gesetz sah die aktive Beteiligung des Managements bei der Ausarbeitung von Privatisierungsvorschlägen vor, so daß ein gewisses Maß an Einflußnahme ermöglicht wurde. Dies war allerdings nicht unbegrenzt möglich, da von Outsidern ebenfalls Privatisierungspläne eingereicht werden konnten. *Frydman et al.* (1997, S. 89) gehen davon aus, daß die Unternehmensleitungen nicht gegen das Privatisierungskonzept der Regierung opponierten, weil sie sicher waren, das vorgesehene Verfahren zu ihrem Vorteil nutzen zu können.

Die Wahl des innovativen und vergleichsweise radikalen Privatisierungsansatzes in der Tschechoslowakei wurde auch durch die Art des Systemwechsels begünstigt. Der Bruch mit dem alten System wurde schneller und deutlicher vollzogen als in Polen und Ungarn. Es gab keine Reformtradition, weder politisch noch institutionell, an welche die Reformer anknüpfen konnten oder wollten. Gleichzeitig hatte der schnelle Wechsel, der die oppositionellen Sammlungsbewegungen an die Macht gebracht hatte, dazu geführt, daß das politische Parteiensystem wenig ausdifferenziert war. Mit Ausnahme der bei weiten Bevölkerungskreisen diskreditierten Kommunistischen Partei gab es keine Opposition.

Vor diesem ökonomischen, politischen und institutionellen Hintergrund, von dem nahezu keine Restriktionen ausgingen, verwundert es wenig, daß ein Privatisierungsplan, der den schnellst möglichen Übergang zur Marktwirtschaft mit einer breit angelegten Redistribution von Eigentumsrechten verband, schnell zu allseitiger Akzeptanz gelangte.

6.2. Der institutionelle Rahmen der tschechischen Privatisierung

6.2.1. Die Verteilung der Kompetenzen

In den tschechoslowakischen und später den tschechischen Privatisierungsprozeß waren eine Vielzahl von Institutionen mit unterschiedlichen Aufgaben und Entscheidungskompetenzen eingebunden. Wichtigen Institutionen waren das Finanzministerium auf Ebene der Föderation und die Privatisierungsministerien auf der Ebene der beiden Teilrepubliken. Hinzu kamen drei nationale Vermögensfonds, einer auf Bundesebene und jeweils einer für den tschechischen (Fond národního majetku České republiky, FNM) und den slowakischen Landesteil.

Die Ministerien waren für die Bewertung und Genehmigung von Privatisierungsprojekten zuständig, den Vermögensfonds oblag es, die eigentliche Eigentumsübertragung zu organisieren und die Erlöse zu verwalten. Nach der Genehmigung eines Projekts ging das Eigentum an den Unternehmen auf die Fonds über. Diese waren als rechtlich selbständige Einheiten organisiert, die vom Parlament und den Privatisierungsministerien kontrolliert wurden. Das Finanzministerium war zuständig für die Privatisierungsprojekte für föderale Unternehmen sowie die Organisation und Kontrolle des Voucherverfahrens. Die sogenannten Gründungsorgane, in der Regel Branchenministerien und kommunale Behörden, nahmen eine vermittelnde Rolle ein. Ihnen kam die Aufgabe zu, verschiedene Vorschläge für Privatisierungsprojekte für einzelne Unternehmen zu sammeln, diese mit einer eigenen Stellungnahme zu versehen und an die Privatisierungsministerien weiterzuleiten.

Die Kleine Privatisierung wurde auf lokaler Ebene organisiert und durchgeführt. Hierzu wurden 75 Privatisierungskommissionen durch die Privatisierungsminister ernannt, die für die Organisation und Kontrolle des Verfahrens zuständig waren.

6.2.2. Die rechtlichen Regelungen

Große Privatisierung[124]

Das Gesetz über die Große Privatisierung wurde im Februar 1991 verabschiedet und trat im April in Kraft. Das Voucherverfahren war nur eine von insgesamt fünf möglichen Privatisierungsmethoden. Es war die ausschließliche Anwendung oder eine Kombination folgender Privatisierungsmethoden möglich:

- Privatisierung von Unternehmensanteilen im Tausch gegen Voucher

- Freie Übertragung an Gemeinden

- Freie Übertragung an Institutionen aus dem Bereich des Sozialwesens

- Direkter Verkauf, Ausschreibung, oder Auktion von Unternehmen oder Unternehmensteilen als betriebliche Einheiten

- Direkter Verkauf, Ausschreibung oder Auktion von Aktienpaketen

Alle Staatsunternehmen sollten in zwei zeitlich aufeinanderfolgenden Wellen privatisiert werden. Eine Ausnahme bildeten strategische Unternehmen, die auf einer speziellen Liste aufgeführt wurden. Die Unternehmen wurden vom Finanzministerium und den Privatisierungsministerien entsprechend der Reihenfolge des Eingangs und der Bearbeitung von Privatisierungsvorschlägen einer der beiden Privatisierungswellen zugeteilt.

In der Regel wurden die Privatisierungsprojekte von den Unternehmensleitungen ausgearbeitet, von den Gründungsorganen mit einer Stellungnahme versehen und dann an das zuständige Privatisierungsministerium zur Genehmigung weitergeleitet. Im Falle eines Direktverkaufs ins Ausland mußte die Regierung zustimmen. In den Vorschlägen mußten die wichtigsten betriebswirtschaftlichen Daten (Zahl der Arbeitnehmer, Löhne, Kapitalstock, Umsatz, Kosten und Außenhandelsinformationen), eine Skizze möglicher zukünftiger Entwicklungschancen der Unternehmen sowie der Zeitplan und die anzuwendende Methode der Privatisierung enthalten sein. Privatisierungsprojekte konnten das gesamte Unternehmen betreffen oder sich auf einzelne Teile beziehen. Eine Kombination verschiedener Privatisierungsmethoden war zulässig, wobei im Regelfall mindestens 30 % und im Höchstfall 97 % für das Voucherverfahren vorzusehen waren. 3 % des Grundkapitals waren für etwaige Restitutionsansprüche zurückzuhalten.

Neben den Unternehmensleitungen konnte jeder andere (in- oder ausländische) Interessent ein alternatives Privatisierungsprojekt ausarbeiten und diesen Vorschlag bei den zuständigen Gründungsorganen einreichen. Diese Projekte wurden ebenfalls mit einer Stellungnahme versehen und an die Privatisierungsministerien weitergereicht. Für die Ausarbeitung der Konkurrenzprojekte waren den Interessenten sowohl die notwen-

---

[124] Die Darstellung basiert auf *Frydman et al.* (1993a, S. 79-82), *Keilhofer* (1995, S. 141-151) und *Kotrba/Svejnar* (1994, S. 163-5).

digen Informationen über die Unternehmen als auch die Vorschläge der Unternehmensleitungen zur Verfügung zu stellen.

Für die Einreichung von Vorschlägen wurden für beide Wellen knappe Fristen gesetzt. Vorschläge für die 1. Welle mußten bis Ende Oktober 1991 und für die zweite
Welle bis zum Ende Mai 1992 bei den Gründungsorganen eingereicht werden. Die Vorschläge waren innerhalb eines Monats mit einer Empfehlung zu versehen und an die
Privatisierungsbehörden weiter zu leiten. Nachdem ein Projekt durch die zuständigen
Ministerien genehmigt worden war, sollte die eigentliche Privatisierung in zwei Schritten vollzogen werden: Zunächst sollte das Unternehmen rechtlich aufgelöst und an die
jeweiligen Vermögensfonds übertragen werden. Mit der Übertragung des Eigentums an
die Fonds wurden die Unternehmen aus dem Staatshaushalt herausgelöst. Die Regierung
sollte nicht länger direkten Einfluß auf die Unternehmensfinanzen haben. Die Vermögen
der Fonds und deren Einnahmen und Ausgaben sollten unabhängig von den öffentlichen
Haushalten verwaltet werden. In einem zweiten Schritt wurde dann das genehmigte
Privatisierungsprojekt durchgeführt. Dabei gingen auch alle bestehenden Verbindlich-
keiten und Ansprüche auf den neuen Eigentümer über.

Kleine Privatisierung

Das Gesetz über die Kleine Privatisierung wurde am 25. Oktober 1990 verabschiedet
und trat am 1. Dezember des selben Jahres in Kraft. Eine formale Größen- oder Wertbe-
schränkung für die einzubeziehenden Unternehmen bestand nicht. Es war lediglich
vorgesehen, daß der zu privatisierende Betrieb ohne weitere Vorbereitungen als selb-
ständiges Unternehmen weitergeführt werden konnte, was insbesondere hieß, daß die
Verschuldungs- und Eigentumssituation eindeutig sein mußte. Dies traf hauptsächlich
auf kleinere Handels-, Dienstleistungs- und Handwerksbetriebe zu. Diese Unternehmen
sollten, auf lokaler Ebene in Standardauktionen versteigert werden, die von den 75
lokalen Privatisierungskommissionen organisiert wurden. In einer ersten Runde waren nur
tschechische Staatsbürger zugelassen. Das Anfangsgebot orientierte sich am Buchwert.
War der erste Auktionsversuch nicht erfolgreich, wurde eine zweite Runde organisiert,
bei der dann auch Ausländer zugelassen wurden (*Keilhofer* 1995, S. 138-9, *Mertlik*
1995a, S. 127-9).

Restitution

Die Restitution wurde im Gesetz über „Die Minderung von Ungerechtigkeiten in
Zusammenhang mit Eigentum" (Kleine Restitution) vom Oktober 1990 und in einem
Gesetz von Februar 1991 über „Außergerichtliche Rehabilitationen" (Große Restitution)
geregelt. Ein weiteres Gesetz regelte die Restitution im Agrarsektor.[125] Das Gesetz über
die Kleine Restitution regelte die Rückübertragung von Eigentum, das aufgrund der
Verfolgung von politischen Vergehen oder in der Zeit von 1955-59 ohne ausreichende

---

[125] Die vorliegende Darstellung basiert im wesentlichen auf *Earle et al.* (1994, S. 54). Dort findet sich auch eine detaillierte Übersicht der relevanten Vorschriften für die Restitution.

rechtliche Grundlage enteignet worden war. In dem Gesetz über die Große Restitution wurden alle Gesetze und Verwaltungsvorschriften aus der Zeit vom 25.2.1948 - 1.1.1990 widerrufen, welche die Änderung von Eigentumsrechten beinhalteten.

Restitutionsansprüche konnten nur für ehemals persönliches Eigentum angemeldet werden, das nach der Kommunistischen Machtübernahme von 1948 enteignet worden war.[126] Ansprüche konnten nur ehemalige Besitzer oder deren Erben geltend machen, wenn sie tschechoslowakische Staatsbürger waren. Es galt die Regel „Rückgabe vor Entschädigung", finanzielle Kompensation sollte nur in Ausnahmefällen gewährt werden. Ansprüche auf Basis der beiden Gesetze konnten nur innerhalb eines halben Jahres geltend gemacht werden, um nicht den Privatisierungsprozeß zu verzögern. Die Gesetze sahen die direkte Regelung der Restitutionsansprüche zwischen dem Anspruchsberechtigten und dem Nutzer vor. Nur wenn sich die Beteiligten nicht einigen konnten, wurde der Fall von einem Gericht entschieden.

6.3. Die Privatisierung als Baustein des tschechischen Reformprozesses: 1991-94

Auch in der Tschechoslowakei setzte, nachdem erste Reformmaßnahmen eingeleitet worden waren, eine tiefe Rezession ein. Gleichzeitig vollzogen sich Änderungen im politischen System. Die politischen Veränderungen und die Auswirkungen der ökonomischen Reformen werden nun skizziert, um anschließend zu untersuchen, wie vor diesem Hintergrund der Privatisierungsprozeß verlief.

6.3.1. Die Entwicklung der ökonomischen und politischen Rahmenbedingungen

Veränderung der politischen Rahmenbedingungen

Die Veränderungen des politischen Umfelds hingen zum einen mit der Ausdifferenzierung eines pluralistischen Parteiensystems zusammen, zum anderen rührten sie von der Auflösung der Föderation zwischen der Tschechischen und der Slowakischen Republik her. Die Beweggründe für die Auflösung der Tschechoslowakei werden als komplexes Zusammenwirken historischer, geographischer, politischer und ökonomischer Faktoren beschrieben. Bereits seit der Staatsgründung (1918) hatte es Spannungen zwischen der weniger entwickelten Slowakei und dem hochindustrialisierten tschechischen Landesteil gegeben. Die Slowaken hatten sich in dem Staatsgefüge nie gleichberechtigt gefühlt. In der kommunistischen Ära konnten diese Spannungen unterdrückt werden. Durch die forcierte Industrialisierung der Slowakei hatte die Bevölkerung unter ökonomischen Gesichtspunkten vom Sozialismus profitiert. Nach Beginn der Transformation hatten die Slowaken unter dem Reformkurs, der hauptsächlich von Tschechen entworfen und implementiert wurde, stärker zu leiden als die Bevölkerung der

---

[126] Die Beschränkung der Restitution auf nach 1948 enteignetes Eigentum schloß durch Deutsche enteignetes Eigentum von Juden ebenso aus, wie Ansprüche von Ungarn und Deutschen, die nach 1945 das Land verlassen mußten.

tschechischen Teilrepublik. Dies wird darauf zurückgeführt, daß die Wirtschaftsstruktur der Slowakei von hoch konzentrierter Schwer- und Waffenindustrie dominiert wurde, die auf die wegbrechenden Märkte im sozialistischen Lager ausgerichtet und gleichzeitig besonders hart von den Folgen von Restrukturierung und Privatisierung betroffen wurde (*Adam* 1995b, S. 203). Dieses Ungleichgewicht äußerte sich vor allem in der Arbeitslosigkeit, die in Tschechien Ende 1991 bei moderaten 4 % lag, sich in der Slowakei aber bereits der Marke von 11 % näherte (*OECD* 1991b, S. 22, *Kaiser* 1995, S.508-9).

Nach dem Ende des Sozialismus konnten die latenten Spannungen offen artikuliert werden. In der Slowakei erstarkten nationalistische Strömungen und es kam zu einer Reihe von Konflikten zwischen den Teilrepubliken, vor allem über Verfassungsfragen und das Tempo der ökonomischen Reform, insbesondere der Privatisierung. Nachdem mehrere Versuche, Kompromisse zu finden, gescheitert waren, verabschiedete das tschechoslowakische Parlament im November 1992 ein Gesetz über die Auflösung der Föderation zum Ende des Jahres 1992 (*East/Pontin* 1997, S. 82-3).

Eine weitere Änderung der politischen Rahmenbedingungen ergab sich durch die Entstehung mehrerer Parteien, die sich inhaltlich voneinander abzugrenzen begannen. Bereits vor den Wahlen vom Juni 1990 hatten die Tschechen begonnen, ihre neuen politischen Freiheiten zu nutzen, so daß viele neue Parteien entstanden waren, die aber aufgrund mangelnden Rückhalts in der Bevölkerung und der Existenz einer 5 % Hürde bei den Wahlen ohne Bedeutung blieben. Die dominierende Kraft in Tschechien blieb zunächst die Sammlungsbewegung „Bürgerforum".[127] Bald nach den ersten Wahlen begann *Klaus* die Neuordnung des Bürgerforums zu betreiben. Er hatte erkannt, daß mit einer so heterogen zusammengesetzten Bewegung, deren Machtbasis ein breiter gesellschaftlicher Konsens war, die von ihm angestrebte „Marktwirtschaft ohne Attribute" nicht zu realisieren war. Er forderte daher ein klares Bekenntnis zu seinem Reformprogramm, eine umfassende antikommunistische „Säuberung" der Gesellschaft und die Umwandlung des Bürgerforums in eine organisierte Partei. Hierüber kam es zum Zerwürfnis mit dem Präsidenten *Havel*, der die bisherige Struktur der Bewegung beibehalten und die Transformation mit möglichst breitem gesellschaftlichen Konsens bewältigen wollte. Im Frühjahr 1991 folgte die Teilung des Bürgerforums. Die Anhänger *Klaus'* bildeten die Bürgerlich Demokratische Partei (ODS), die von *Havel* schlossen sich zur Bürgerbewegung (OH) zusammen. Eine Fraktion, die ähnliche Reformziele wie die ODS verfolgte, allerdings gegenüber der kommunistischen Vergangenheit und sozialpolitischen Fragestellungen einen pragmatischeren Kurs verfolgte, gründete die Bürgerlich Demokratische Allianz (ODA), eine Gruppe von „Gradualisten" um *Komárek* trat zur neu gegründeten Sozialdemokratischen Partei (CSSD) über (*Myant* 1993, S. 206-7, *Meaney* 1995, S. 295, *East/Pontin* 1997, S. 106-7).

Daß diese Veränderungen im Machtgefüge nicht, wie in Polen, zu einer Verzögerung der Privatisierung geführt haben, hat mehrere Gründe. Zunächst hat sich die Sezession

---

[127] Zu den Wahlergebnissen von 1990 siehe *East* (1997, S. 93).

der Slowakei auf den Fortgang der ökonomischen Reformen in der Tschechischen Republik eher positiv ausgewirkt. Die Fassung politischer Entschlüsse war durch den Wegfall der föderativen Ebene erleichtert worden, zugleich hatte man sich der eher zu gradualistischem Vorgehen neigenden slowakischen Führung entledigen können. Hierdurch wurden die tschechischen Reformer gestärkt. Während in der Slowakei nach der Trennung die zweite Welle der Massenprivatisierung nicht mehr durchgeführt wurde, blieb die Große Privatisierung in Tschechien von den Vorgängen unbeeinträchtigt und wurde wie geplant fortgesetzt (*Keilhofer* 1995, S. 178-81).

Die Neuordnung des Parteiensystems blieb ebenfalls ohne Auswirkungen auf den Fortgang der Privatisierung. Die Privatisierungsgesetze waren, nicht zuletzt wegen Zulassung weiterer Methoden neben der Voucherprivatisierung, von einer breiten Mehrheit im Parlament mitgetragen worden und wurden daher auch nach dem Zerfall des Bürgerforums nicht in Frage gestellt. Außerdem war bereits mit der Verabschiedung der Gesetze ein enger Zeitplan aufgestellt worden, so daß eine Automatik in Gang gesetzt wurde, die, anders als in Polen, zunächst keine weiteren parlamentarischen Entscheidungen erforderlich machte. Als besonders wichtiger Faktor kam in Tschechien hinzu, daß die Privatisierung auf große Zustimmung in der Bevölkerung stieß.[128] Insofern war *Klaus'* Plan, mit Hilfe des Voucherverfahrens eine breite Schicht von Reformanhängern zu schaffen, aufgegangen. Wie oben erläutert, war dies aber nur aufgrund der günstigen fiskalischen Ausgangslage und der starken Stellung des Staates als Eigentümer zu Beginn des Transformationsprozesses möglich. Da es der tschechischen Führung gelang, die schlimmsten Folgen der ökonomischen Reformen abzufedern (s.u.) und *Klaus* es verstand, die positiven Aspekte der Transformation mit seiner Person in Verbindung zu bringen, während von den politischen Gegnern kein konsistenter Gegenentwurf präsentiert werden konnte, konnte die ODS auch in den bereits 1992 wieder abgehaltenen Wahlen die Mehrheit erringen, so daß politische Kontinuität gewährleistet blieb.

Die Entwicklung des ökonomischen Umfelds

Ab dem ersten Januar 1991 wurde begonnen, die im September 1990 beschlossenen weitreichenden Liberalisierungs- und Stabilisierungsmaßnahmen umzusetzen. Die wichtigsten Eckpunkte waren: Freigabe von zunächst 85 %, später über 90 % aller Preise, umfassende Kürzung von Subventionen, Liberalisierung des Außenhandels, Vereinheitlichung des Wechselkurses bei gleichzeitiger Abwertung und Bindung der Tschechoslowakischen Krone an einen Korb westlicher Währungen sowie die

---

[128] Die Unterschiede in der öffentlichen Haltung zur Privatisierung werden von *Stokes* (1993, S. 199) wie folgt beschrieben: „In Poland privatisation was perceived as something to be resisted, a threat imposed by Warsaw intellectuals. Many Poles associated private enterprise with shifty operators at the top and Ukrainian peasants selling underwear from a camping cot on the streets at the bottom. In Czechoslovakia the feeling was different. Almost every active citizen was involved in the privatisation process, figuring what to do with his or her vouchers."

Beschränkung möglicher Lohnzuwächse unterhalb des Inflationsniveaus durch Deckelung und extreme Lohnzuwachsbesteuerung (Steuersatz bis zu 750 %). Weitere Stabilisierung sollte durch eine restriktive Geldpolitik und einen ausgeglichenen Staatshaushalt erreicht werden.

Wie zu erwarten hatten diese Maßnahmen tiefgreifende Auswirkungen auf die tschechoslowakische Wirtschaft. Trotz der Stabilisierungsbemühungen konnte der Anstieg der Inflation nicht verhindert werden. Das Sozialprodukt ging stark zurück, während die Arbeitslosigkeit anstieg. Im Vergleich zu Polen verlief die durch die „Schocktherapie" ausgelöste Anpassungskrise jedoch weniger dramatisch. Ab 1993 konnten wieder positive Wachstumsraten verzeichnet werden. Insbesondere das niedrige Niveau der Arbeitslosigkeit[129] dürfte dazu beigetragen haben, daß die tschechischen Reformer nicht die Unterstützung der Bevölkerung verloren und somit auch der eingeschlagene Weg der Privatisierung von der Öffentlichkeit kaum in Frage gestellte wurde.

Tabelle 23: Indikatoren der wirtschaftlichen Entwicklung Tschechiens (1991-94)

	1991	1992	1993	1994
BIP (reale Veränderung in %)	-11,5	-3,3	0,6	3,2
Arbeitslosigkeit (% Erwerbspersonen)	4,1	2,6	3,5	3,2
Konsumentenpreise (jährliche Veränderung in %)	56,6	11,1	20,8	10,0
Leistungsbilanzsaldo (% BIP)	1,2	-1,0	0,3	-0,1

Quelle: *EBRD* (1998)

Genau wie in anderen Transformationsländern spiegelten sich die Folgen der Rezession auch im tschechischen Staatshaushalt wieder. Im Gegensatz zu dem meisten anderen Ländern konnte diese Krise aber bewältigt werden, ohne große Budgetdefizite zu hinterlassen.

---

[129] Als Gründe für die vergleichsweise niedrige Arbeitslosigkeit werden eine Reihe von Faktoren wie die erfolgte starke Senkung der Reallöhne, aktive Arbeitsmarktpolitik, neue Beschäftigungsmöglichkeiten im schnell wachsenden Tourismus und im angrenzenden westlichen Ausland, niedrige Arbeitslosenunterstützung sowie eine verzögerte Restrukturierung in den Unternehmen, genannt. Siehe hierzu zum Beispiel *Frydman et al.* (1997, S. 63-67), *OECD* (1994a, S. 13-15).

Tabelle 24: Die öffentlichen Haushalte der Tschechoslowakei und der Tschechischen Republik (1990-94)[a]

(Angaben in % BIP)	1990	1991	1992	1993	1994
Einnahmen	61,1	55,0	48,3	50,4	51,2
Ausgaben	61,5	57,1	47,5	49,4	50,7
Budgetsaldo	-0,4	-2,1	+1,2	+1,0	+0,5

[a]1990, 1991 Tschechoslowakei, danach Tschechische Republik
Quelle: *IMF* (1996)

Es war ein wichtiges Anliegen der tschechoslowakischen Reformpolitik, Budgetdefizite möglichst zu vermeiden. Die Balance des Staatshaushaltes zu erhalten wurde in den Jahren 1991 und 1992 außer durch die Transformationsrezession auch durch die Spannungen innerhalb der Föderation erschwert. Es kam zu einem gewissen Kontrollverlust, da die föderalen Institutionen an Einfluß verloren und die Zuständigkeiten für einzelne Bereiche der Haushaltspolitik nicht mehr eindeutig waren (*OECD* 1994a, S. 30). Nach dem Wegfall der föderativen Ebene war es für die tschechischen Reformer einfacher, eine restriktive Fiskalpolitik durchzusetzen. Weiterer fiskalischer Spielraum entstand in Tschechien dadurch, daß nach der Trennung auch Transfers in den Slowakischen Landesteil entfielen, denn die tschechische Teilrepublik war im Finanzausgleich der Föderation stets Nettozahler gewesen (*OECD* 1994a, S. 53-6, *Kubin/Tûma* 1997, S. 129).

Nach der Freigabe der Preise zu Beginn des Jahres 1991 entwickelte sich die Einnahmenseite, ähnlich wie es in Polen zu beobachten war, zunächst sehr günstig. Die Zahl der Steuersätze für die Unternehmensbesteuerung war Anfang 1991 von 1.500 auf vier (0, 12, 22 und 32 %) reduziert worden, dennoch blieb die Gewinnbesteuerung die wichtigste Einnahmequelle des Staatshaushaltes. Aufgrund der nominalen Aufwertung von Lagerbeständen, der Monopolsituation, in der sich die meisten Unternehmen noch befanden, und dem Rückgang der Reallöhne konnten viele Unternehmen hohe Gewinne realisieren, was zu entsprechend hohen Haushaltszuflüssen aus der Gewinnbesteuerung führte. Zur Jahresmitte war ein Budgetüberschuß von 6 % zu verzeichnen. Dann allerdings bleiben die Steuereinnahmen rezessionsbedingt hinter den Erwartungen zurück. Gleichzeitig beschloß die Regierung, um die schlimmsten Folgen der nun deutlich spürbaren Rezession abzumildern, zusätzliche Investitionen und Sozialausgaben, so daß, trotz Subventionsabbau von über 16 % auf unter 8 % des BIP, am Ende des Jahres die Haushalte der Teilrepubliken und der Föderation jeweils geringe Defizite zu verzeichnen hatten (*Keilhofer* 1995, S. 383-4, *Adam* 1995b, S. 199-200).[130] 1992 gingen die Staatseinnahmen durch die anhaltende Rezession weiter zurück. Gleichzeitig gelang es der Regierung aber, durch weitere Kürzungen von Ausgaben, insbesondere im

---

[130] Zum Umfang der einzelnen Einnahme- und Ausgabekategorien siehe *IMF* (1996).

Sozialbereich und wiederum bei den Subventionen, auf Kurs zu bleiben und die gesteckten Ziele zu erreichen (*OECD* 1994a, S. 30-32).

Da die Haushaltsziele auch unter Rezessionsbedingungen erreicht und einschneidende Sparmaßnahmen durchgesetzt werden konnten, stellten die Reformer den von ihnen gewählten Privatisierungsansatz zu keinem Zeitpunkt in Frage. Im Gegenteil, *Klaus* bekräftigte im August 1991, als die Rezession dem Tiefpunkt zustrebte, noch einmal, daß die Regierung mit der Privatisierung explizit keine fiskalischen Ziele verfolgte.[131] Die Beibehaltung dieses Standpunktes wurde dadurch erleichtert, daß die Voucherprivatisierung in der Bevölkerung sehr positiv aufgenommen wurde. Außerdem gab es außerhalb der Regierung keine Akteure, wie etwa andere Parteien oder Gewerkschaften, von denen andere Forderungen artikuliert wurden.

Mit dem Ende der Rezession hatte sich auch die Besteuerungsgrundlage stabilisiert und die Situation bei den Einnahmen verbessert. Durch Einführung einer Mehrwert- und einer Einkommenssteuer wurde das Steuersystem grundlegend reformiert. Im Anschluß an diese Reformen fielen die Steuereinnahmen 1993 höher als erwartet aus (*Kubin/Tůma* 1997, S. 134). Allerdings stiegen ab 1993 auch die Ausgaben wieder an. Während die Sozialausgaben bei 14 % des BIP stagnierten und die Subventionen auf unter 4 % zurückgefahren werden konnten, war insbesondere bei den Personal und Sachausgaben ein Anstieg zu verzeichnen. Daß in den Jahren 1993 und 1994 dennoch ein Budgetüberschuß erzielt werden konnte, hängt auch mit dem unerwartet positiven Verlauf der Privatisierung zusammen. Wie im folgenden gezeigt wird, sind trotz der großzügigen Restitution und des umfassenden Voucher Programmes in Tschechien nicht unbeträchtliche Einnahmen aus der Privatisierung geflossen. Im Gegensatz zu Polen und Ungarn war ursprünglich eine strikte Trennung zwischen dem Budget des FNM und dem Staatshaushalt vorgesehen. 1993 und insbesondere 1994 konnte dies jedoch nicht aufrechterhalten werden. 1994 flossen 18,3 Mrd. Tschechische Kronen, nahezu 5 % der gesamten Staatseinnahmen und 1993 weitere 4,8 Mrd. Tschechische Kronen aus dem FNM in den Staatshaushalt (*OECD* 1996b, S. 28). Im Gegenzug wurden allerdings auch transformationstypische Staatsausgaben, wie die Übernahme von Schulden staatseigener Betriebe oder die Rekapitalisierung des Bankensystems, für deren Deckung die Privatisierungserlöse ursprünglich vorgesehen waren, teilweise direkt aus dem Staatshaushalt finanziert (*Kubin/Tůma* 1997, S. 138-9).

6.3.2. Der Verlauf der tschechischen Privatisierung 1991-94

Restitution

Die tschechische Restitution gilt - neben der ostdeutschen - als das umfangreichste Programm dieser Art in den Transformationsländern (*Earle et al.* 1994, S. 57, *Mládek* 1993, S. 126). Die Festlegung auf den Grundsatz „Rückgabe vor Entschädigung" erwies

---

[131] „The governments effort is not aimed at yielding the maximum financial results, but at passing the units to the correct hands..." (*Klaus* zitiert nach *Turek* 1994, S. 266).

sich dabei, wie in Ostdeutschland auch, als problematisch. Der Fortgang der Privatisierung wurde durch Unsicherheiten in einigen Fällen verzögert. Auch die Restitution selbst geriet zeitweise ins Stocken, da die Klärung der Eigentumsrechte und deren Rückübertragung durch fehlende Grundbücher und konkurrierende Ansprüche erschwert wurde (*Earle et al.* 1994, S. 58, *Keilhofer* 1995, S. 137).

Diese prinzipiellen Nachteile einer Naturalrestitution konnten durch die Ausgestaltung der Restitutionsgesetze teilweise kompensiert werden. Die kurzen Meldefristen für Ansprüche und die dezentrale Abwicklung der Rückübertragung zwischen Eigentümer und Besitzer führten schnell zu Ergebnissen, die einen positiven Einfluß auf den gesamten Privatisierungsprozeß hatten. Die Restitution wurde von der Bevölkerung als erster Schritt der Wiederherstellung einer rechtsstaatlichen, auf Privateigentum beruhenden bürgerlichen Gesellschaft wahrgenommen. Es wurde bereits am Anfang des Privatisierungsprozesses eine Gruppe neuer Eigentümer von Immobilien und Kleinunternehmen geschaffen, die weitere Reformen unterstützten. Zusätzlich wirkte sich die Restitution förderlich auf den gesamten Privatisierungsprozeß aus, da nun bereits private Vermögenswerte bestanden, die als Sicherheiten bei der Aufnahme von Krediten für weitere Privatisierungstransaktionen dienten (*Earle et al.* 1994, *Kotrba/Svejnar* 1994, S. 154).

Aufgrund der knappen Fristen für die Anmeldung von Ansprüchen und der unbürokratischen Regelungen konnte der Prozeß im wesentlichen bis Ende 1992 abgeschlossen werden. Über das Ausmaß der rückübertragenen Vermögenswerte existieren wegen der bilateralen Regelungen keine genauen Angaben. *Mejstřik* (1997b, S. 55) erwähnt über 100.000 abgewickelte Rückübertragungen, *Earle et al.* (1994, S. 57) gehen ebenfalls von 100.000 Objekten aus, von denen etwa 20.000 Unternehmen gewesen sind. *Keilhofer* (1995, S. 134) nennt die Zahl von 70.000 vorrangig kleingewerblichen Objekten. Offiziellen Angaben zu Folge, waren 10-25 % aller Kleinbetriebe und Wohnungen von der Restitution betroffen (*Kotrba/Svejnar* 1994, S. 154).

Kleine Privatisierung

Die erste Auktion innerhalb der Kleinen Privatisierung fand im Januar 1991 in Prag statt. In den Jahren 1991 und 1992 wurden im Rahmen dieses Prozesses in der Tschechischen Republik circa 22.200 Unternehmen privatisiert. In diesen ersten beiden Jahren verlief die Kleine Privatisierung am dynamischsten, es wurde mit Abstand der größte Teil der Privatisierungen abgewickelt. Als die Große Privatisierung begann, war die Kleine Privatisierung bereits weitgehend abgeschlossen (*Ceska* 1994, S. 1, *Kotrba/Svejnar* 1994, S. 157).

1991 wurden 15.291 Unternehmen verkauft, und dabei Einnahmen von 16,7 Mrd. Kronen (2,3 % des BIP) erzielt. 1992 wurden weitere 6.411 Unternehmen für insgesamt 13,6 Mrd. Kronen (1,9 % des BIP) privatisiert. 1993, als der Prozeß nahezu abgeschlossen war, wurden nur noch 640 kleinere Betriebe für 0,8 Mrd. Kronen in Privateigentum überführt (*Kubin/Tůma* 1997, 138, *Mládek* 1997, S. 51). Der überwiegende Teil der Unternehmen wurde versteigert. Einige Betriebe wurden direkt an bereits vorhandene Pächter verkauft, die unter bestimmten Umständen ein Vorkaufsrecht geltend machen konnten. In den meisten Fällen übertraf der endgültige Verkaufspreis das Anfangsgebot bei weitem, teilweise wurden unrealistisch hohe Preise für relativ kleine Unternehmen geboten (*Mládek* 1993, S. 129, 1997, S. 52).

Diese überhöhten Preise lieferten Anlaß zu Kritik. Es wurde der Verdacht geäußert, daß in solchen Fällen tschechische Käufer lediglich als Strohmänner für ausländische Investoren fungierten, die illegal erworbenes Geld auf diese Weise anlegten, oder daß Mitglieder der ehemaligen Nomenklatura die Hauptnutznießer der Kleinen Privatisierung waren (*Mertlík* 1995a, S. 106). Ein weiterer Kritikpunkt war, daß viele Unternehmen nicht mit den dazugehörigen Immobilien privatisiert wurden. Land und Gebäude wurden lediglich langfristig an die neuen Eigentümer verpachtet, so daß wesentliche Vermögenswerte in öffentlichem Besitz blieben (*Kotrba/Svejnar* 1994, S 158). Dieses Vorgehen ist allerdings nicht unbedingt negativ zu bewerten. Es bestand so die Möglichkeit, einerseits schnell neue Eigentümer einzusetzen und den Privatisierungsprozeß voran zu bringen und dabei andererseits der beschränkten Verfügbarkeit liquider Mittel gerecht zu werden. Aus fiskalischer Sicht hielt sich der Staat auf diese Weise die Möglichkeit offen, später durch die Privatisierung der Immobilien weitere Erlöse zu erzielen.

In Tschechien wurde der Prozeß Ende 1993 als abgeschlossen erklärt. Insgesamt waren 24.359 Unternehmen veräußert worden. Diejenigen Unternehmen, die eigentlich für die Kleine Privatisierung vorgesehen waren, aber noch nicht verkauft worden waren, wurden in das Programm der Großen Privatisierung übernommen (*Mertlík* 1995a, S. 105).

Genau wie die Restitution wurde die Kleine Privatisierung in Tschechien, trotz der aufgeführten Kritikpunkte, insgesamt positiv aufgenommen. Durch die Privatisierungen im Einzelhandel und im Handwerk wurden viele Tschechen zu Eigentümern und Unternehmern während sich gleichzeitig die Versorgung mit Konsumgütern schnell verbesserte. Trotz Rezession ließ dies die politische Unterstützung für die Transformation wachsen und verlieh dem Prozeß die gewünschte Dynamik (*Kotrba/Svejnar* 1994, S. 158-60, *Mládek* 1997, S. 53).

Vorbereitung der Massenprivatisierung: Ausarbeitung und Bewertung der Projekte

Nachdem das Gesetz über die Große Privatisierung im April 1991 verabschiedet worden war, wurde im Juni 1991 von der Regierung eine Liste der zu privatisierenden Unternehmen veröffentlicht. Die Unternehmen wurden in folgende Kategorien eingeteilt: Unternehmen die in der ersten oder zweiten Welle der Massenprivatisierung privatisiert werden sollten, Unternehmen die später (innerhalb von fünf Jahren) privatisiert werden sollten, Unternehmen, die liquidiert werden sollten. Insgesamt waren in der tschechischen Republik 4.400 Unternehmen für die beiden Wellen der Großen Privatisierung vorgesehen. Der Zeitplan sah vor, daß die Privatisierungsprojekte für die erste Welle bis Ende Oktober 1991 in den Unternehmen ausgearbeitet, von den Gründungsorganen kommentiert und an die Privatisierungsministerien weitergereicht werden mußten. Für die Projekte von Outsidern wurde die Frist bis Januar 1992 verlängert. Die

Privatisierungsprojekte für die Unternehmen der zweiten Welle sollten bis Juli 1992 bei den Privatisierungsministerien vorliegen (*Kotrba/Svejnar* 1994, S. 165, *Keilhofer* 1995, S. 148).

Die dezentrale Ausarbeitung der Privatisierungsvorschläge in den Unternehmen erwies sich als adäquate Vorgehensweise, um den Prozeß offen und flexibel zu gestalten. Bald nach Beginn der Arbeiten setzte eine intensive Diskussion zwischen Unternehmensinsidern und den verschiedenen beteiligten Regierungsstellen um die jeweils besten Privatisierungsmethoden ein. Die Unternehmensleitungen waren gezwungen, zwischen der von ihnen bevorzugten Option und der mutmaßlichen Präferenz des Privatisierungsministeriums abzuwägen. Das Ergebnis war eine große Spannweite bei der Kombination unterschiedlicher Methoden in den Vorschlägen. Drei Elemente können jedoch in den meisten Privatisierungsvorschlägen ausgemacht werden: Das erste war der Versuch, die vorhandenen Unternehmensstrukturen möglichst zu erhalten. Das zweite war eine Präferenz für die Einbindung ausländischer Investoren. Das dritte Element bestand in der Berücksichtigung des Voucherverfahrens, da die politische Präferenz für dieses Verfahren immer wieder betont worden war und sich die Unternehmensleitungen bessere Chancen ausrechneten, wenn ein Teil des Unternehmens für dieses Verfahren vorgesehen wurde (*Myant* 1993, S. 236-7, *Kotrba/Svejnar* 1994, S. 68-9).

Der Bewertungs- und Auswahlprozeß gestaltete sich für die Exekutive überraschend schwierig. Die Fristen zur Prüfung der Vorschläge waren knapp, die Personalausstattung unzureichend (*Myant* 1993, S. 239, *Meaney* 1995, S. 293). Außerdem gab es keine objektiven Kriterien, anhand derer die Projekte bewertet werden konnten. Die Informationsgrundlage, auf der die Administration entscheiden mußte, war oft dünn und die Qualität der in den Vorschlägen enthaltenen Daten war kaum zu überprüfen. Eine unerwartet hohe Zahl von konkurrierenden Vorschlägen vervielfachte den Arbeitsaufwand. Im Durchschnitt kamen auf ein Unternehmen vier konkurrierende Privatisierungsprojekte, unter denen nach der Bewertung im Privatisierungsministerium eine Auswahl getroffen werden mußte (*Mejstřik/Burger* 1994, S. 152-6). Da der ursprüngliche Zeitplan unter diesen Umständen nicht einzuhalten war, wurde trotz starker Bedenken *Klaus'*, der vor den Wahlen im Juni unbedingt Erfolge bei der Privatisierung erzielen wollte, die Frist für die Auswahl der Privatisierungsprojekte noch einmal bis ins späte Frühjahr 1992 hinein verlängert (*Myant* 1993, S. 239).[132]

Der Verlauf der Massenprivatisierung: Das Voucherverfahren und alternative Methoden

Seit Ende 1991 konnte jeder erwachsene tschechoslowakische Staatsbürger für 1000 Tschechoslowakische Kronen ein Voucherheft mit jeweils 1.000 Investitionspunkten erwerben. Um die Jahreswende zeichnete sich ab, daß sich nur 25 % der Berechtigten an

---

[132] Eine komplette Übersicht des zeitlichen Ablaufs der Privatisierung findet sich bei *Kotrba/Svejnar* (1994, S. 171).

dem Prozeß beteiligen würden, was weit hinter den Erwartungen der Initiatoren zurückblieb. Diese Situation änderte sich schnell durch eine Werbekampagne mehrerer Investitionsfonds. Ziel dieser Fonds, die mehr oder weniger spontan entstanden und zunächst rechtlich kaum reguliert waren, war es, möglichst viele Investitionspunkte zu sammeln, um so Eigentumsrechte zu bündeln und ein rentables Portfolio aufzubauen. Durch hohe Renditeversprechen und Rückkaufgarantien machten die Fonds die Massenprivatisierung so attraktiv, daß sich am Ende 75 % aller Berechtigten für die Teilnahme an der ersten Welle registrieren ließen und Voucher erwarben (*Myant* 1993, S. 240-1, *Kotrba/Svejnar* 1994, S. 174).

Mitte Mai 1992 wurde in der Tschechoslowakei die Liste der Unternehmen veröffentlicht, von denen in der ersten Welle der Voucherprivatisierung Anteile erhältlich sein sollten. Die Liste enthielt insgesamt 1.492 Unternehmen, von denen 943 Eigentum der tschechischen Teilrepublik und 62 Eigentum der Föderation waren (*Mejstřik et al.* 1997, S. 65). Gleichzeitig begann die erste Runde des simulierten Marktprozesses, in dem Investitionsfonds und Einzelpersonen ihre Zahlungsbereitschaft für die gewünschten Anteile in Form von Investitionspunkten mitteilen mußten. In fünf Runden, die jeweils drei Wochen dauerten, wurden durch Anpassung der Preise auf der Angebotsseite und die Abgabe neuer Gebote auf der Nachfrageseite ein markträumender Preis (in Investitionspunkten) für die meisten angebotenen Unternehmensanteile ermittelt. Als das Verfahren im Dezember 1992 beendet wurde waren 92 % der Anteile mit einem Buchwert von 212,5 Mrd. Tschechoslowakischen Kronen plaziert und fast 100 % aller Voucher verwendet worden (*Kotrba/Svejnar* 1994, S. 174-5).

Die zweite Welle der Voucherprivatisierung begann in der tschechischen Republik im März 1994. Sie war gemessen an der Anzahl der beteiligten Unternehmen (861) und dem Buchwert (etwa 150 Mrd. Kčs) kleiner als die erste Welle. Dies tat der Popularität des Voucherverfahrens keinen Abbruch, so daß sich insgesamt 85 % der berechtigten Tschechen beteiligten. Als die letzte Runde im Dezember 1994 abgeschlossen wurde, waren über 99 % aller Voucher verwendet und über 96 % der angebotenen Aktien privatisiert worden.

Die Vouchermethode im Vergleich zu den alternativen (Standard-) Methoden

Parallel zu den beiden Wellen der Voucherprivatisierung hatte die Privatisierung mit Hilfe der sogenannten Standardmethoden Auktion, Ausschreibung und Direktverkauf begonnen, da die meisten genehmigten Projekte eine Kombination verschiedener Privatisierungsmethoden vorsahen. Von der Anzahl der Transaktionen her dominierte bei den genehmigten Projekten der direkte Verkauf. Dies betraf überwiegend kleine und mittelgroße Unternehmen. Etwa jedes vierte bis Ende 1994 genehmigte Projekt sah die Vergabe von Anteilen gegen Voucher vor. Da diese Projekte sich überwiegend auf Großunternehmen bezogen, auf die rund. 80 % der in die Große Privatisierung einbezogenen Buchwerte entfiel, war der Wert des im Voucherverfahren privatisierten Vermögens relativ hoch. *Mejstřik* (1997c, S. 61) schätzt, daß circa 37 % des wertmäßigen Volumens der Großen Privatisierung gegen Voucher getauscht wurden.

Im Gegensatz zum zentral organisierten und mit Hilfe von elektronischer Datenverarbeitung abgewickelten Voucherprogramm mußten die Privatisierungen mit Standardmethoden vom FNM jeweils einzeln organisiert und durchgeführt werden, was natürlich entsprechend zeitaufwendig war. Die Privatisierungsaktivitäten des FNM erstreckten sich daher über das Ende der zweiten Welle der Voucherprivatisierung hinaus (*Mejstřík* 1997c, S. 60-61, *Mejstřík* 1997d, S. 11-12).

6.3.3. Die Ergebnisse der tschechischen Privatisierung 1991-94

Während die Angaben zur Kleinen Privatisierung und zur Restitution leicht zu interpretieren sind, ist es selbst für Insider aus einer Reihe von Gründen äußerst schwierig, das Voranschreiten der Großen Privatisierung in Tschechien durch die Anzahl der privatisierten Unternehmen auszudrücken.[133] Erstens sind die Angaben über die Anzahl der Unternehmen in der Ausgangssituation uneinheitlich. Dies hängt zum einen mit der Auflösung der Föderation zusammen, da die Privatisierung zunächst gemeinsam begonnenen wurde und später die Vermögenswerte aufgeteilt wurden, zum anderen haben sich die einzelnen Programme teilweise überschnitten, so daß einzelne Unternehmen sowohl im Programm der Kleinen Privatisierung als auch in der Großen Privatisierung auftauchen konnten, oder Unternehmen, die in der ersten Welle der Voucherprivatisierung nicht privatisiert werden konnten, in die zweite Welle übernommen wurden. Zweitens hat sich wegen der Vielzahl von Privatisierungsprojekten, die für verschiedene Teilbereiche von Unternehmen unterschiedliche Privatisierungsmethoden vorsahen, während des Privatisierungsprozesses die Zahl der noch zu privatisierenden Unternehmen laufend geändert. Gleichzeitig konnten mehrere Projekte für ein Unternehmen genehmigt werden, wenn sie sich auf verschiedene Teilbereiche bezogen. Drittens wurden in der tschechischen Republik Unternehmen bereits dann als privatisiert bezeichnet, wenn sie kommerzialisiert, also in Aktiengesellschaften umgewandelt und an den FNM übertragen worden waren, ohne daß ein Eigentumstransfer in private Hand stattgefunden hätte (Borish/Noel 1996, S. 66). Tabelle 25 ermöglicht einen Überblick über die Zahl der genehmigten Projekte und der daraus resultierenden Transaktionen.[134]

---

[133] Vergleiche zum Beispiel die Angaben von *Mejstřík* (1997c, S. 60) und *Buchtíková* (1996, S. 94)

[134] Die große Zahl der Transaktionen resultiert aus dem erwähnten Umstand, daß für Teile eines Unternehmens unterschiedliche Privatisierungsverfahren vorgesehen werden konnten.

Tabelle 25: Stand des tschechischen Privatisierungsprozesses (Große Privatisierung) Ende 1994

Genehmigte Privatisierungstransaktionen	Anzahl
Öffentliche Auktion	2000
Ausschreibung	1117
Direkter Verkauf	10.024
Kommerzialisierung (Davon Teilnahme am Voucherverfahren)	1870 (1619)
Unentgeltlicher Transfer an Gemeinden, soziale Einrichtungen	4380
Summe Transaktionen	19391
Anzahl genehmigter Projekte	6737
Anzahl einbezogener Unternehmen	3278

Quelle: Tschechisches Privatisierungsministerium, eigene Berechnungen

Die Kleine Privatisierung und die Restitution waren bereits 1993 weitgehend abgeschlossen worden s.o.). Im Rahmen der Großen Privatisierung waren bis Ende 1994 über 26.000 Privatisierungsprojekte eingereicht worden, aus denen die in Tabelle 25 aufgeführten 6.737 genehmigten Projekte hervorgingen. Nach dem Abschluß der zweiten Welle des Voucherverfahrens standen noch über 5.000 Privatisierungsprojekte für mehrere hundert Unternehmen zur Entscheidung an, wobei es sich aber überwiegend um kleinere Unternehmen handelte (*Mejstřík* 1994c).

Bis 1995 flossen die tschechischen Privatisierungseinnahmen im wesentlichen aus drei Quellen: Den Unternehmensverkäufen im Rahmen der Kleinen Privatisierung, den Einnahmen aus dem Verkauf der Voucherhefte[135] und den Privatisierungen durch Standardmethoden, also Verkauf, Ausschreibung und Auktionen während der Großen Privatisierung. In der Zeit von 1991-1994 wurden insgesamt folgende Einnahmen erzielt:

Tabelle 26: Einnahmen aus der tschechischen Privatisierung (1991-94)

Jahr	1991	1992	1993	1994
Einnahmen (Mrd. Kč)	18,5	38,4	25,9	30,6
% BIP	2,6	4,9	2,8	2,9

Quelle: Jahresberichte des *FNM*, *BMWi* (1997)

---

[135] Die Einnahmen aus dem Voucherverkauf (7,6 Mrd. Tschechische Kronen) wurden zunächst separat verbucht, und 1995, nach Abschluß der beiden Wellen der Voucherprivatisierung, an den Fond transferiert. Daher werden sie hier als Privatisierungseinnahmen für das Jahr 1995 erfaßt (siehe Tabelle 29).

Neben den oben bereits erwähnten Übertragungen an den Staatshaushalt wurde ein großer Teil der Privatisierungseinnahmen für die Lösung des Problems der „schlechten Kredite", unter dem der Unternehmenssektor litt, und damit zusammenhängend für die Rekapitalisierung des Bankensystems verwendet (*OECD* 1996b, S. 29, *Horcicova* 1997).

6.4. Fortsetzung der Privatisierung mit Standardmethoden nach 1994

6.4.1. Verteilung der Eigentumsrechte nach der Voucherprivatisierung

Nach Abschluß der verschiedenen Privatisierungsprogramme in der Tschechischen Republik war eine vielschichtige und relativ undurchsichtige eigentumsrechtliche Situation entstanden. Die meisten kleineren und mittelgroßen Unternehmen waren im Rahmen der Restitution und der Kleinen Privatisierung in Privateigentum überführt worden. In den Prozeß der Voucherprivatisierung waren, je nach Schätzung und Bezugsgröße, 30 bis 50 % des staatlichen Unternehmensbesitzes einbezogen worden.[136] Der größte Teil der im Tausch gegen Voucher privatisierten Unternehmensanteile wurde von Investitionsfonds kontrolliert, die wiederum zum großen Teil von den noch überwiegend in Staatsbesitz verbliebenen Banken aufgelegt worden waren. Wegen dieser, auch nach Abschluß der Voucherprivatisierung fortgesetzten, indirekten staatlichen Beteiligung über Banken und Investitionsfonds an vielen großen Unternehmen ist die tschechische Privatisierung im Nachhinein häufig kritisiert worden (*Mertlik* 1995a). Insbesondere wurden die so entstandenen *corporate governance* Strukturen als ein Hindernis für die schnelle Restrukturierung tschechischer Unternehmen gesehen, da die größtenteils in Staatsbesitz verbliebenen Banken durch die von ihnen kontrollierten Fonds Eigentümer- und Kreditgeberfunktionen gleichzeitig ausübten, das Marktgeschehen auf den unterentwickelten und weitgehend unzureichend regulierten Kapitalmärkten beherrschten und darüber hinaus unter politischem Einfluß standen (*OECD* 1996b, *Kapoor* 1997, *OECD* 1998b). Die niedrige Arbeitslosigkeit und die geringe Zahl an Insolvenzen, zwei wichtige innenpolitische Stabilitätsgaranten, können rückblickend auch als Indikatoren für die hinausgezögerte Restrukturierung vieler tschechischer Unternehmen interpretiert werden.

Durch den FNM blieb der Staat nach der Voucherprivatisierung auch direkt weiterhin der größte Eigentümer von Unternehmen in der Tschechischen Republik. Das Portfolio des FNM bestand aus zwei unterschiedlichen Gruppen von Unternehmensanteilen: Restanteile von Unternehmen, die in den beiden Runden der Voucherprivatisierung keine Abnehmer gefunden hatten, oder für die andere Privatisierungsmethoden vorgesehen waren, deren Umsetzung noch Zeit benötigte, sowie Anteile an „strategischen" Unternehmen, die vorläufig explizit von der Großen Privatisierung aus-

---

[136] Die *OECD* (1996b) schätzt, daß 1994 circa 30 % des Outputs der tschechischen Volkswirtschaft in voucherprivatisierten Unternehmen produziert wurde, die *Weltbank* (1996) schätzt, daß 50 % (Buchwert) der tschechischen Staatsunternehmen per Voucher privatisiert wurden.

genommen worden waren.[137] Die Restbeteiligungen aus der Großen Privatisierung sollten bis spätestens 1997 aufgelöst werden, während die als strategisch eingestuften Unternehmen prinzipiell zwar ebenfalls privatisiert werden sollten, allerdings ohne daß hierfür konkrete Zeitpläne vorgelegt wurden. Der nach der zweiten Welle der Großen Privatisierung in Staatseigentum verbliebene Anteil wird wertmäßig auf etwa 40 % des ursprünglich zur Privatisierung anstehenden Eigentums geschätzt (*World Bank* 1996).

6.4.2. Die Entwicklung der politischen und ökonomischen Situation nach 1994

Von der innenpolitischen Situation in der Tschechischen Republik gingen zunächst keine Störungen auf den Fortgang des Transformationsprozesses im allgemeinen und der Privatisierung im besonderen aus. Nach der Trennung von der Slowakei, der Verabschiedung einer neuen Verfassung, die für stabile institutionelle Rahmenbedingungen im politischen Bereich sorgte, den gewonnenen Wahlen von 1992 und der durch die breite Beteiligung der Bevölkerung an den verschiedenen Privatisierungsprogrammen gewonnenen Popularität befand sich zunächst die ODS-dominierte Regierung um *Klaus* weiterhin in einer Position der Stärke.

Tabelle 27:   Indikatoren der wirtschaftlichen Entwicklung Tschechiens (1995-97)

	1995	1996	1997
BIP (reale Veränderung in %)	6,4	3,8	0,3
Arbeitslosigkeit (% Erwerbspersonen)	2.9	3,5	5,2
Konsumentenpreise (jährliche Veränderung in %)	9,1	8,8	8,5
Leistungsbilanzsaldo (% BIP)	-2,6	-7,4	-6,1

Quelle: *EBRD* (1999)

Die positiven ökonomischen und politischen Rahmenbedingungen wurden allerdings nicht in allen Bereichen konsequent zur Fortsetzung der begonnenen Reformen genutzt. Sowohl bei den Bemühungen zur weiteren Konsolidierung des Haushalts als auch bei der Weiterentwicklung des institutionellen Rahmens für die privatisierten Unternehmen und die Kapitalmärkte wurden Versäumnisse gemacht. Nach den Wahlen vom Mai 1996 konnte die von *Klaus* geführte Regierungskoalition sich nur noch als Minderheitsregierung an der Macht halten und auch die Position der ODS innerhalb der Koalition wurde durch das Wahlergebnis geschwächt. Die fragile Situation mündete im Herbst 1997 in einer Regierungskrise, der eine Übergangsregierung und vorgezogene Neuwahlen im Frühjahr 1998, die ebenfalls keine klare Mehrheit hervorbrachten, folgten. Anschließend wurde die Tschechische Republik von einer auf einen

---

[137] Insgesamt wurden 56 Unternehmen aus verschiedenen Branchen wie Elektrizitäts- und Gasversorger, Banken, Infrastrukturunternehmen sowie Betriebe der Montanindustrie zunächst als strategisch eingestuft.

sogenannten Oppositionsvertrag gestützten sozialdemokratischen Minderheitsregierung geführt.

Tabelle 28: Die Entwicklung der öffentlichen Haushalte in der Tschechischen Republik (1995-97)

(Angaben in % BIP)	1995	1996	1997
Einnahmen	43,8	42,7	40,7
Ausgaben	45,7	43,9	42,8
Budgetsaldo	-2,1	-1,2	-2,1

Quelle: *IMF* (1998)

Parallel zur innenpolitischen Lage entwickelte sich die ökonomische Situation. Nach dem Abschluß der Voucherprivatisierung bot sich zunächst ein überwiegend positives Bild. Der 1993 begonnene Wachstumstrend hielt an, die Arbeitslosigkeit blieb vergleichsweise niedrig und die Inflationsrate sank weiter. Die Tschechische Republik galt als Musterbeispiel für eine erfolgreiche Transformation. Für die Jahre ab 1995 wurden jährliche Wachstumsraten von über 5 % prognostiziert (*BMWi* 1996, S. 16, *OECD* 1996b, S. 24).[138] Dies spiegelte sich auch in den öffentlichen Haushalten wieder. Im Anschluß an die Trennung von der Slowakei traten zunächst einmalige *windfall gains* in Form entfallender Transferzahlungen auf. Weitere Kürzungen der Ausgaben sowie hohe, teilweise überplanmäßige Einnahmen führten bis 1994 jeweils zu Haushaltsüberschüssen (Tabelle 24,*OECD* 1996b, S. 31-3). Ab 1995 konnte das von der tschechischen Regierung weiterhin verfolgte Ziel eines ausgeglichenen Staatshaushalts nicht mehr realisiert werden (Tabelle 24, *OECD* 1998b, S. 38-9). Allerdings blieben die Defizite mit Werten um 2 % vergleichsweise gering.

Im Frühjahr 1997 geriet die Tschechische Republik in eine Währungskrise, von deren Auswirkungen sich die Volkswirtschaft in der Folge nur zögerlich erholte (*OECD* 1998b, S. 13-28).

6.4.3. Die Ergebnisse der Privatisierung nach 1994

Nach Abschluß der Voucherprivatisierung wurde der Privatisierungsprozeß wie vorgesehen mit Hilfe der sogenannten Standardmethoden - Auktionen, Ausschreibungen und Direktverkäufen - fortgesetzt. Das Privatisierungsministerium wurde 1996 aufgelöst und die noch verbliebenen Aufgaben, insbesondere die Entscheidung über die anzuwendenden Privatisierungsmethoden, wurden seitdem im Finanzministerium

---

[138] Die Tschechische Republik wurde 1995 als erstes Transformationsland in die OECD aufgenommen und erhielt von *Standard & Poors* das Rating „A". Sowohl die tschechische Regierung als auch die OECD hielten den Transformationsprozeß im Wesentlichen für abgeschlossen: „....it can indeed be said, that transition is complete." (*OECD* 1996b, S. 99).

gefällt. Das am häufigsten angewendete Standardverfahren war der Direktverkauf von Unternehmensanteilen an einzelne Investoren, aber auch Auktionen und Privatisierungen im Anschluß an öffentliche Anschreibungen spielten weiterhin eine wichtige Rolle (Tabelle 29).

Tabelle 29: Anzahl der abgeschlossenen Privatisierungsprojekte in Tschechien (1995-98)

	1995	1996	1997	1998
Auktion	189	176	155	67
Ausschreibung	88	343	296	100
Direkter Verkauf	1252	1372	722	436
Restitution, Gratistransfers	689	610	453	286
Summe	2218	2501	1626	889

Quelle: Jahresberichte des FNM

Bis Ende 1998 gelang es dem FNM, nahezu alle Projekte, welche die Privatisierung von Restbeteiligungen an nicht als strategisch eingestuften Unternehmen vorsahen, umzusetzen. Zusätzlich wurde die Zahl der strategischen Unternehmensbeteiligungen von ursprünglich 56 auf 40 reduziert (*FNM-Jahresbericht* 1998). Aufgrund der oben beschriebenen Struktur der Eigentumsverhältnisse spielen unter den strategischen Beteiligungen des tschechischen Staates die Banken eine besondere Rolle. Gerade in diesem Bereich kam es aufgrund der schwierigen wirtschaftlichen und politischen Situation seit 1996 immer wieder zu Verzögerungen bei der Privatisierung. Auch wenn 1998 und 1999 einige größere Projekte im Bereich der Bankenprivatisierung erfolgreich abgeschlossen werden konnten, blieb der Staatsbesitz in diesem Sektor zunächst weiterhin beträchtlich. Die weitere Bankenprivatisierung gilt daher als wichtigstes Element des Fortgangs des tschechischen Privatisierungsprozesses (*EBRD* 1999, S. 210-1, *OECD*, 1998b, S. 67-9, *o.V.* 1999).

Tabelle 30: Einnahmen aus der tschechischen Privatisierung (1995-98)

Jahr	1995	1996	1997	1998
Einnahmen (Mrd. Kč)	33,5 (incl. 7.6 Mrd. aus dem Voucherverkauf)	24.5	12,5	14,1
% BIP	2,5	1,6	0,8	0,8

Quelle: Jahresberichte des *FNM, BMWi* (1999)

Der ansonsten relativ stetige weitere Verlauf der Privatisierung nach dem Abschluß der beiden Voucherrunden äußerte sich auch in den Privatisierungserlösen, die entsprechend dem sinkenden Privatisierungspotential und -volumen zwar zurückgingen, aber selbst 1997, auf dem Höhepunkt der Währungskrise, noch nahezu 1 % des BIP erreichten (Tabelle 30). Nachdem der FNM in der Anfangsphase der Privatisierung, insbesondere in den Jahren 1992/93, teilweise bis zu 45 % seiner Forderungen aus Privatisierungstransaktionen nicht hatte einbringen können, konnten in den Folgejahren durch verbesserte Vertragsgestaltungen und Einschaltung von Investmentbanken und Unternehmensberatungen die Ausfälle deutlich reduziert werden (*FNM Jahresbericht* 1998, *Mejstřik* 1997c, S. 62).

6.5. Zusammenfassung: Die nicht intendierten fiskalischen Effekte der tschechischen Privatisierung

Die in der Tschechoslowakei und später in der Tschechischen Republik verfolgte Privatisierungsstrategie zeichnet sich insbesondere durch folgende Merkmale aus: Zunächst ist die große Bedeutung, die dem freien Transfer von Eigentumsrechten durch Restitution und Voucherprivatisierung zukam, zu nennen. Je nach Schätzungen wurden 30-50 % des Staatseigentums im Tausch gegen Voucher privatisiert, das Restitutions-programm gilt als das weitreichendste in ganz Mittel- und Osteuropa. Eine weitere Besonderheit der tschechischen Privatisierungsstrategie ist deren Kontinuität. Während es in anderen Ländern zu deutlichen Brüchen und Neuorientierungen oder zu lang-wierigen Verzögerungen bei der Privatisierung kam, wurde die tschechische Privatisie-rungsstrategie nach einer intensiven, aber relativ kurzen Diskussion verabschiedet und dann ohne große Verzögerungen Zug um Zug umgesetzt. Auch die Trennung von der Slowakei und die ökonomische und innenpolitische Krise, in welche die tschechische Republik nach 1996 geriet, hatte, abgesehen von der Verzögerung bei der Banken-privatisierung, kaum Auswirkungen auf den Fortgang des Privatisierungsprogrammes.

Warum der Gratisvergabe an breite Bevölkerungskreise gegenüber dem Verkaufen oder der vergünstigten Vergabe an Insider ein so großer Raum eingeräumt werden konnte, wurde in 6.1.3. analysiert: Es gab weder fiskalische noch eigentumsrechtliche Restriktionen, welche die Regierung zu einer anderen Strategie gedrängt hätten. Weder war man auf Einnahmen zur Begrenzung von Haushaltsdefiziten oder zur Rückzahlung von Auslandschulden angewiesen noch mußte man sich den Interessen von Unterneh-mensinsidern beugen, da diese nicht vorhanden, beziehungsweise nicht organisiert waren. Somit konnten sich die Vorstellungen der Regierung, die sowohl auf einem reformtaktischen Kalkül als auch auf dem Glauben an die Leistungsfähigkeit von Märkten beruhten, weitgehend ungehindert durchsetzten.

Daß es später nicht zu Änderungen der Privatisierungsstrategie kam, liegt zum gro-ßen Teil daran, daß das Kalkül, durch die Einbeziehung großer Bevölkerungsgruppen in die Eigentumsreform eine breite Unterstützung für die Fortsetzung der Reformen zu generieren, aufgegangen ist. Das aufgrund der günstigen Ausgangslage gewählte Privatisierungsverfahren stieß auf große Zustimmung, es gab wenig Druck eine Ände-rung der Privatisierungsstrategie vorzunehmen. Hierzu trug auch das *sequencing* der einzelnen Teilbereiche der Privatisierung und die Kombination unterschiedlicher Methoden bei. Die Restitution und die Kleine Privatisierung, die technisch relativ einfach durchzuführen waren, wurden schnell in Angriff genommen, so daß bereits vor Beginn der Großen Privatisierung, deren Vorbereitung langwieriger war, die ersten positiven Auswirkungen der Privatisierung spürbar wurden. Daß dann auch die Große Privatisierung auf die Zustimmung der Bevölkerung stieß, hat entscheidend dazu beigetragen, daß die Regierung für eine weitere Amtsperiode gewählt wurde und Ihren Reformkurs fortsetzen konnte. Als circa zwei Jahre nach Abschluß der Voucherprivatisierung die tschechische Währungskrise ausbrach, und Privatisierungseinnahmen eine willkommene Geldquelle gewesen wären, war die Privatisierung zum großen Teil bereits abgeschlossen und die noch in Staatsbesitz verbliebenen Unternehmensanteile sollten ohnehin mit Hilfe von Standardmethoden verkauft werden, so daß die grundsätzliche Privatisierungsstrategie nicht mehr zur Debatte stand.

Aus fiskalischer Sicht hat sich die Kombination der unterschiedlichen Privatisierungsmethoden und deren zeitliche Staffelung in den Programmen der Restitution und der Kleinen Privatisierung sowie den beiden Wellen des Voucherverfahrens und der anschließenden Fortsetzung der Großen Privatisierung mit Hilfe von Standardmethoden als relativ erfolgreich erwiesen.[139] Obwohl es nicht das ursprüngliche Ziel der Regierung war, mit Hilfe der Privatisierung Einnahmen für den Staatshaushalt zu erzielen, hat der Rückgriff auf Gelder des FNM in mehreren Jahren dazu beigetragen, Budgetdefizite zu begrenzen, wichtige Reformvorhaben zu finanzieren und so den tschechischen Transformationsprozeß insgesamt zu unterstützten.

Bei all diesen Vorzügen der tschechischen Privatisierungsstrategie darf natürlich nicht übersehen werden, daß der gewählte Ansatz auch gewichtige Nachteile hatte. Zu nennen ist hier insbesondere das im Anschluß an die Voucherprivatisierung entstandene System der Unternehmenskontrolle, in dem die noch immer staatlich kontrollierten Großbanken eine entscheidende Rolle spielen. Auch aus fiskalischer Sicht ist das entstandene System interessant, denn die Vermischung der Rolle der politisch beeinflußten Banken als Eigentümer und Gläubiger zahlreicher Unternehmen ergänzt durch eine mangelnde Regulierung der Kapitalmärkte und eine unzureichende Konkursgesetzgebung hat zum wiederholten Male erhebliche staatliche Transfers an den Bankensektor erforderlich gemacht (*Horcicova* 1997, *o.V.* 1999). Eine nähere Untersuchung dieser Zusammenhänge würde allerdings den Rahmen dieser Arbeit sprengen.

---

[139] Zu einer genauen Analyse der Ursachen für die unerwartet hohen Einnahmen aus der tschechischen Privatisierung siehe Kapitel 7.

7. Vergleich der Ergebnisse: Das Erlösparadoxon

In den vorangegangenen Kapiteln wurde untersucht, welche Rolle fiskalische Faktoren auf die Wahl und Änderung der Privatisierungsstrategien hatten. Dabei wurde davon ausgegangen, daß die Entscheidungsträger bei der Wahl einer Privatisierungsstrategie auch fiskalische Ziele berücksichtigt haben (Polen und Ungarn) oder daß eine bestimmte Strategie gewählt wurde, weil aufgrund der günstigen Haushaltslage auf zusätzliche Einnahmen verzichtet werden konnte (Tschechoslowakei). Im 2. Kapitel wurde herausgearbeitet, daß die Privatisierungsprozesse innerhalb der Transformation aufgrund des Umfangs und der institutionellen Rahmenbedingungen nur bedingt mit Privatisierungen in westlichen Marktwirtschaften verglichen werden können. Die im Vorfeld der Privatisierungsentscheidungen in den Transformationsländern angestellten Annahmen und Einschätzungen über die fiskalischen Auswirkungen der verschiedenen Privatisierungsmethoden mußten aber, mangels anderweitiger Orientierungspunkte, zum großen Teil auf diesen nicht unmittelbar übertragbaren Privatisierungserfahrungen in westlichen Marktwirtschaften beruhen.

Da nun Ergebnisse der Privatisierungsprozesse in den Transformationsländern vorliegen, können die angewendeten Privatisierungsstrategien auf ihre tatsächlichen fiskalischen Auswirkungen hin überprüft werden. Die Tatsache, daß in den drei dargestellten Fällen sehr unterschiedliche Strategien zur Anwendung gekommen sind, bietet die Möglichkeit, durch einen Vergleich Rückschlüsse auf die Relevanz verschiedener Faktoren zu ziehen. In Abschnitt 7.1. werden die Ergebnisse der Privatisierungen in den drei untersuchten Ländern einander gegenüber gestellt und darauf hin untersucht, inwieweit sie in Folge der angewendeten Privatisierungsstrategien zu erwarten waren. In 7.2. werden verschiedene Erklärungsansätze für diesen empirischen Befund dargestellt, die in 7.3. auf ihre Erklärungskraft hin untersucht werden. 7.4. faßt die Ergebnisse des Kapitels zusammen.

7.1. Vergleich der Privatisierungserlöse

7.1.1. Gegenüberstellung der Ergebnisse

Die Darstellung der Privatisierungsprozesse in den einzelnen Ländern hat Unterschiede, insbesondere hinsichtlich der angestrebten Ziele, der gewählten Methoden, des institutionellen Setups sowie der ökonomischen und politischen Rahmenbedingungen der Privatisierung offenbart. Es sind aber auch eine Reihe von Gemeinsamkeiten erkennbar: Etwa die große Bedeutung der Privatisierung innerhalb der jeweiligen Gesamtentwürfe der Transformationsprogramme, die wechselseitige Abhängigkeit zwischen den Verläufen der Privatisierungsprozesse und den ökonomischen und politischen Rahmenbedingungen und die, wenn auch teilweise durch Blockaden und Kurswechsel verzögerten, in allen drei Ländern erkennbaren Fortschritte bei der Transformation der Eigentumsordnung. Interessant ist nun die Frage, wie sich diese Unterschiede und Gemeinsamkeiten auf die Ergebnisse der Privatisierung gemessen in

Erlösen ausgewirkt haben. Eine Gegenüberstellung der in der Zeit von 1991 bis 1996 erzielten Erlöse führt zu überraschenden Einsichten (Abbildung 4).

Abbildung 4: Privatisierungserlöse in Polen, Ungarn und der Tschechischen Republik (1991-96)

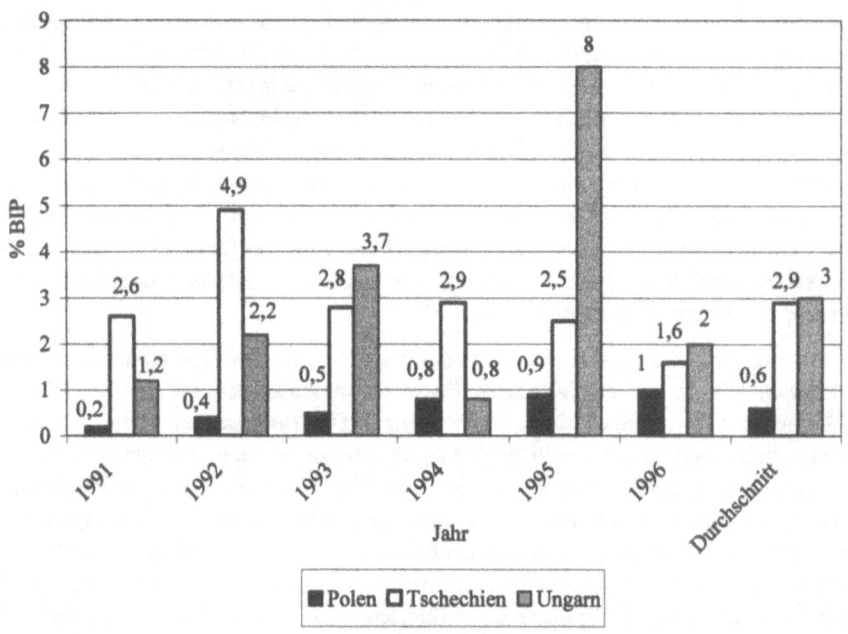

Quellen: Siehe entsprechende Tabellen in den Kapiteln 4, 5 und 6.

Die Privatisierungserlöse in Polen waren in jedem Jahr deutlich niedriger als in Ungarn und Tschechien. Es ist jedoch ein stetiger, wenn auch nur leichter Aufwärtstrend zu beobachten. In Ungarn ist kein eindeutiger Trend festzumachen, die Höhe der Erlöse schwankt von Jahr zu Jahr. Mit 8 % im Jahre 1995 hat Ungarn aber das mit Abstand beste Ergebnis für ein Jahr erzielen können. In Tschechien sind die Erlöse in jedem Jahr deutlich höher als in Polen und in 3 von 6 Jahren deutlich höher als in Ungarn. Insgesamt unterliegen die erzielten Ergebnisse im Zeitablauf, mit Ausnahme von 1992, nur geringen Schwankungen. Im Durchschnitt liegen die von 1991 bis 1996 erzielten Privatisierungserlöse in Tschechien und Ungarn nahe bei 3 % des BIP, während die polnischen Ergebnisse deutlich darunter liegen.

7.1.2. Die Höhe der Erlöse

Vor dem Hintergrund, daß die Privatisierung in allen drei Ländern ein Hauptziel der Transformation war, in allen drei Ländern entschiedene Maßnahmen zur Umsetzung erfolgt sind und beachtliche Erfolge in Bezug auf die Zahl der Privatisierungen erzielt wurden, fällt zunächst auf, daß die Erlöse in ihrer absoluten Höhe in allen drei Ländern eher niedrig ausgefallen sind. So wurde die Höhe der Budgetdefizite in Ungarn nur 1995 und in Polen in keinem Jahr von den Einnahmen aus der Privatisierung erreicht. Die These, daß durch forcierte Privatisierung einer großen Anzahl von Unternehmen innerhalb eines kurzen Zeitraums keine nennenswerten Erlöse erzielt werden können (*Sinn/Sinn* 1993, S. 134-57), scheint hier ihre Bestätigung zu finden. Wie gezeigt wurde, haben diese Erfahrungen auch die in Ungarn und Polen stattgefundenen Kurswechsel bei der Privatisierungspolitik beeinflußt. Allerdings wurden dabei gänzlich unterschiedliche Richtungen eingeschlagen: In Ungarn sollte das neue Privatisierungsgesetz die Verkaufsprivatisierung effizienter gestalten und endlich zu den erwünschten Einnahmen führen. In Polen stellte die Implementierung des Massenprivatisierungsgesetzes eine bewußte Abkehr vom Ziel der einnahmenorientierten Privatisierung dar.

7.1.3. Das „Erlösparadoxon"

Neben der absoluten Höhe der erzielten Privatisierungseinnahmen offenbart die direkte Gegenüberstellung der Länderdaten ein interessantes Phänomen: In Tschechien wurde ein unerwartet hohes Ergebnis erzielt. Dieser Umstand kann aus mehreren Gründen als „Paradoxon" bezeichnet werden.

Tschechiens makroökonomische Ausgangslage mit geringer Auslandsverschuldung, ausgeglichenem Budget und niedriger Inflation galt als günstig. In dieser komfortablen Situation waren die Reformer auf die Privatisierungserlöse nicht angewiesen. Bei der Entwicklung und Implementierung der Privatisierungsstrategie wurde daher explizit auf die Verfolgung fiskalischer Ziele verzichtet. Diese Intention wurde auch durch die zunächst vorgesehene strikte Trennung der Budgets der Nationalen Vermögensfonds vom Staatshaushalt bekräftigt. Etwaige Erlöse aus der Privatisierung sollten ausdrücklich nicht für Haushaltszwecke verwendet werden. Die Privatisierungsbürokratie stand somit nicht unter dem ständigen Druck, Einnahmen für den Staatshaushalt erzielen zu müssen. Die Trennung der Budgets wurde erst *ex post* aufgehoben, als bereits Einnahmen erzielt worden waren. Prägend für die tschechische Privatisierung war das oben beschriebene Voucherverfahren. Eine Methode, deren wichtigstes Merkmal ist, daß große Teile öffentlichen Vermögens gegen eine nominale Gebühr an die Bevölkerung übertragen werden und so keine Privatisierungseinnahmen realisiert werden können.

In Polen und Ungarn war die makroökonomische Ausgangslage wesentlich ungünstiger. Privatisierungserlöse wurden als eine willkommene Entlastung der öffentlichen Haushalte betrachtet. Neben corporate governance Argumenten hatte man sich daher auch mit Blick auf mögliche Einnahmen für den Primat des Verkaufs in der Privatisierung entschieden.

Neben der umfassenden Voucherprivatisierung wurde in Tschechien eine breit angelegte Naturalrestitution durchgeführt. Dieses Restitutionsprogramm gilt neben dem ostdeutschen als das umfangreichste in Mittelosteuropa. Diese Methode bedeutet den bewußten Verzicht auf Einnahmen, da Eigentum frei übertragen wird. Zugleich können durch etwaige Restitutionsansprüche negative Erwartungen bei potentiellen Investoren geweckt werden, welche die Zahlungsbereitschaft für durch Verkäufe zu privatisierende Unternehmen senkt.

Das Paradoxon besteht also darin, daß in dem Land, in dem man am wenigsten auf die Einnahmen angewiesen war und daher die verfolgte Politik und insbesondere die verwendeten Privatisierungsverfahren am wenigsten auf Erlösmaximierung ausgerichtet war, die besten Ergebnisse erzielt werden konnten. Andersherum bedeutet dies, daß in den Ländern, in denen das fiskalische Ziel der Privatisierung sowohl ökonomisch als auch politisch eine bedeutendere Rolle gespielt hat, der Privatisierungsverlauf nicht die gewünschten Ergebnisse herbeigeführt hat.

7.2. Auf der Suche nach Erklärungen

Die Frage lautet nun, wie dieser scheinbare Widerspruch aus ökonomischer Sicht erklärt werden kann. Dazu werden in diesem Abschnitt einige theoretische Überlegungen angestellt, die dann in 7.3. auf ihre Erklärungskraft hin überprüft werden.

Um die unterschiedliche Höhe der Erlöse näher zu untersuchen, muß bei den verschiedenen Faktoren, die Einfluß auf die Erlöse haben, angesetzt werden. Der Preis, der für ein Gut - in diesem Falle ein öffentliches Unternehmen - bezahlt wird, hängt von Angebot und Nachfrage sowie den institutionellen und organisatorischen Rahmenbedingungen, unter denen Käufer und Verkäufer zusammentreffen, ab. Diese grundsätzliche Überlegung dient als Leitfaden für das weitere Vorgehen.

7.2.1. Angebotsseitige Faktoren

Erklärungsversuch 1: Unterschiedliche Ausgangslagen

Ein wichtiger angebotsseitiger Einflußfaktor ist das Ausmaß des zur Privatisierung anstehenden Teils der Volkswirtschaft. Je größer das Privatisierungsvolumen ist, desto höhere Erlöse können erwartet werden. Bei den hier betrachteten Wirtschaftssystemen handelt es sich, wie in Kapitel 3 gezeigt wurde, nicht um idealtypische Zentralverwaltungswirtschaften in dem Sinne, daß alle Verfügungsrechte beim Staat lagen, sondern um Mischsysteme mit unterschiedlich großen privaten Sektoren und verschiedenen Eigentumsformen innerhalb des öffentlichen Sektors. Entsprechend könnten unterschiedlich hohe Privatisierungserlöse das Resultat dieser differierenden Ausgangslagen sein.

Ebenso wie die Größe des zur Privatisierung anstehenden Kapitalstocks hat die Qualität des Kapitalstocks einen Einfluß auf die Höhe der erzielbaren Erlöse. Je moderner und wettbewerbsfähiger die Produktionsanlagen sind, desto höhere Erlöse können erwartet werden.

Erklärungsversuch 2: Unterschiede im Stand des Privatisierungsprozesses

Neben der Ausgangslage könnte auch der jeweils erreichte Stand der Privatisierung die unterschiedlich hohen Erlöse erklären. Wie aus der Darstellung der Privatisierungsverläufe in den betrachteten Ländern hervorgeht, wurden recht unterschiedliche Strategien und Methoden zur Lösung des Privatisierungsproblems gewählt. Diese waren mit jeweils spezifischen ökonomischen und politischen Schwierigkeiten verbunden, die in den einzelnen Ländern zum Teil immer wieder Stockungen und Blockaden des Prozesses bewirkt haben. Hinzu kommt, daß die Programme zu verschiedenen Zeitpunkten begonnen wurden, was ebenfalls ein Grund für den unterschiedlichen Stand der Privatisierungen im jeweiligen Moment der Betrachtung sein könnte. Die Differenzen in den Erlösen könnten also durch verschieden schnelles Voranschreiten auf dem Privatisierungspfad und einen daraus resultierenden unterschiedlichen Stand der Eigentumsreformen erklärt werden.

Erklärungsversuch 3: Das Absorptionsproblem

Wurde in den vorangegangenen Erklärungsversuchen die Argumentation verfolgt, daß um so höhere Erlöse erzielt werden können, je mehr verkauft werden kann oder bereits verkauft worden ist, könnte auch ein genau entgegengesetzter Zusammenhang bestehen: Je mehr Unternehmen privatisiert werden sollen, desto stärker sinken die Preise. *Sinn/Sinn* (1993, S. 140-57) argumentieren, daß „...das Gesetz der Nachfrage auch am Markt für Unternehmen gilt" und nennen drei Gründe dafür, daß ein massives Angebot an Unternehmen einen Preisverfall auslöst:

- Portfolioeffekt: Es gibt nur eine begrenzte Zahl von Käufern, die bereit sind, die Risiken, die mit dem Engagement in einem ehemaligen Staatsunternehmen verbunden sind, auf sich zu nehmen. Je mehr Unternehmen verkauft werden, desto risikoscheuere Investoren müssen gewonnen werden. Mit steigender Risikoaversion der Käufer steigen deren internen Kalkulationszinssätze, was dazu führt, daß die Risikoabschläge steigen und die Zahlungsbereitschaft sinkt.

- Mikroökonomische Kreditbegrenzung: Um den Erwerb eines Unternehmens mit Hilfe eines Kredites zu finanzieren, ist in der Regel eine gewisser Eigenkapitalanteil aufzubringen. Da die Gesamtsumme an Eigenkapital in den betrachteten Länder erstens niedrig und zweitens begrenzt ist, kann nur eine limitiertes Volumen an Krediten von den Banken zum Erwerb von Unternehmen zur Verfügung gestellt werden. Je mehr Unternehmen privatisiert werden sollen, desto geringer wird der Betrag, der für ein einzelnes Unternehmen bezahlt werden kann.

- Makroökonomische Kreditbegrenzung: Die vorhandenen Bestände an Unternehmen können nicht innerhalb kurzer Zeit verkauft werden, da nicht genügend liquide Mittel in der Volkswirtschaft vorhanden sind. Die zur Privatisierung vorgesehen Vermögensbestände sind über lange Jahre hinweg akkumuliert worden. Ein Verkauf gegen Bargeld bedeutet einen Tausch dieser Bestände gegen eine Stromgröße. Die erzielbaren Erlöse können daher aus kreislauftheoretischer Sicht nur sehr gering ausfallen.

Diese Argumente wurden ursprünglich aufgeführt, um die geringe Höhe der Erlöse, die bei der ostdeutschen Privatisierung durch die Treuhandanstalt erzielt werden konnten, zu erklären. Es können aber auch interessante Einsichten zur Lösung des hier vorliegenden Problems, nämlich der Erklärung der bestehenden Unterschiede und der Auflösung des Erlösparadoxons, gewonnen werden. Die Überlegungen scheinen in besonderem Maße für relativ geschlossene Volkswirtschaften zu gelten. Wenn aber ausländischen Investoren die Möglichkeit eingeräumt wird, sich am Privatisierungsprozeß zu beteiligen, dann werden alle drei genannten Einschränkungen entschärft. Je offener das angewandte Privatisierungsverfahren für internationale Interessenten ist, desto größer ist der Pool risikobereiter Unternehmer, die zu einem Engagement bereit sind, und desto eher werden die internationalen Kapitalmärkte dazu in der Lage sein, die mikro- und die makroökonomische Kreditbeschränkung zu überwinden. Folglich werden die erzielbaren Erlöse um so höher ausfallen, je besser die Rahmenbedingungen für ein internationales Engagement sind. Unterschiede in der Höhe der Erlöse wären dann zu einem Teil aus dem Grad der Offenheit der Privatisierungsprozesse erklärbar.

Eine weitere Einschränkung der obigen Argumentation ergibt sich aus den Spezifika des Treuhandprivatisierungsverfahrens. So war es ein vorrangiges Ziel der Treuhandanstalt, den Privatisierungsprozeß so schnell und umfassend wie möglich zu beenden. Sobald die Geschwindigkeit in der Hierarchie der Privatisierungsziele weiter nach hinten gerückt wird, werden Möglichkeiten der Dosierung und zeitlichen Staffelung des Angebots eröffnet, die zu einem besseren Ergebnis bei den Erlösen führen können. So könnte zum Beispiel pro Jahr nur eine bestimmte Anzahl von Unternehmen privatisiert werden oder größere Unternehmen könnten in mehreren Schritten, etwa durch Verkauf einzelner Betriebsstätten oder mehrerer Aktienpakete, privatisiert werden.

Festzuhalten ist, daß Differenzen in der Höhe der Erlöse durch unterschiedlichen Umgang mit dem Absorptionsproblem entstehen können. Die Schwierigkeit kann entschärft werden, indem der Kreis möglicher Neueigentümer ausgeweitet oder der Privatisierungsprozeß verlangsamt wird und Unternehmensbeteiligungen für einen längeren Zeitraum im Staatsbesitz zurückbehalten werden.

7.2.2. Nachfrageseitige Faktoren

Erklärungsversuch 4: Unterschiedliche Bewertungen durch die Nachfrager

Die unterschiedliche Höhe der Privatisierungserlöse in den betrachteten Ländern könnte auf differierende Werte, die den Unternehmen von den Käufern beigemessen wurden, zurückzuführen sein: Je höher der Wert der zu privatisierenden Unternehmen ist, desto höhere Erlöse können erzielt werden. Allerdings ist es sehr problematisch, den Wert der Unternehmen zu bestimmen. Schon unter herkömmlichen Bedingungen sind mit der Unternehmensbewertung eine Vielzahl von Schwierigkeiten verbunden, die unter den speziellen Transformationsbedingungen an Intensität noch zunehmen (*Ulrich* 1995, S. 2). Vergangenheitsbezogene Daten der Finanzbuchhaltung wie Bilanzen oder Einnahmen-Ausgabenrechnungen, die unter marktwirtschaftlichen Bedingungen

wenigstens einen groben Anhaltspunkt liefern können, sind in den Transformationsländern ungeeignet, das Bewertungsproblem zu lösen. Die verwendeten Preise spiegeln
in der Regel keine Knappheiten wider, da sie im Sozialismus aufgrund von politischen
Präferenzen geleiteten Allokationsentscheidungen zustande gekommen sind. Die
Abschreibung der Buchwerte wurde häufig nicht oder nur extrem konservativ vorgenommen (*Bornstein* 1994, S. 238).

Gebräuchliche Verfahren, die sich heute in der betriebswirtschaftlichen Praxis bei der
Unternehmensbewertung für Verkaufszwecke durchgesetzt haben, orientieren sich am
Ertragswertprinzip. Der Ertragswert entspricht dem Barwert künftiger Einnahmen- und
Erlösüberschüsse. Ebenso wie die Verwendung vergangenheitsbezogener Daten ist auch
die Prognose zukünftiger Entwicklungen unter Transformationsbedingungen, die durch
eine schnelle Änderung des gesamten betriebswirtschaftlich relevanten Datenkranzes
(Preise, Absatz- und Beschaffungsmärkte, Konkurrenten, rechtliche Rahmenbedingungen...) gekennzeichnet sind, mit großen Schwierigkeiten verbunden. Das sehr
hohe Maß an Unsicherheit läßt auch diese Bewertungsmethode fragwürdig erscheinen
(*Ulrich* 1995, S. 2). Da das Ertragswertverfahren aber von allen Bewertungskonzepten
am ehesten einer Bewertung durch den Markt entspricht, und zugleich auch die Obergrenze der Zahlungsbereitschaft eines Investors darstellt, soll das Konzept an dieser
Stelle etwas näher betrachtet werden. Um den Ertragswert zu ermitteln, müssen:

- die zukünftigen Erlöse und Kosten so genau wie möglich prognostiziert und

- mit einem Zinssatz abdiskontiert werden.

Der Diskontsatz stellt in diesem Zusammenhang das geringere Problem dar.
Theoretisch sollte ein investorspezifischer interner Kapitalisierungszinsfuß, welcher die
beste Alternativverzinsung widerspiegelt, zur Anwendung kommen (*Helbling* 1995, S.
399). Als praktischen Anhaltspunkt empfiehlt die EBRD die Verzinsung einer relativ
risikofreien Alternativanlage, wie etwa von US-Staatsschuldtiteln, als Referenzgröße zu
wählen (*EBRD* 1995, S. 78).

Wesentlich schwieriger gestaltet sich die Prognose zukünftiger Erlöse und Kosten.
Ausgangspunkt bei der Ermittlung des Ertragswertes ist die „genaue Untersuchung der
Marktlage der Unternehmung" (*Mellerowicz* 1956). Hierzu sind die allgemeine wirtschaftliche Lage, die Lage der betreffenden Branche und der entsprechende Betrieb
genau zu analysieren (*Wöhe* 1986, S. 710).

Da es sich hier um eine Analyse der Verkaufserlöse auf gesamtwirtschaftlicher Ebene
handelt, können lediglich Einflußfaktoren auf der Makroebene, das heißt Indikatoren der
gesamtwirtschaftlichen Lage untersucht werden. Eine eingehende Analyse von
Einflußfaktoren auf die Unternehmenswerte auf der Mikro- oder Mesoebene kann zwar
im Einzelfall zur Erklärung der Privatisierungserlöse beitragen, soll und kann im
Rahmen dieser Untersuchung allerdings nicht geleistet werden.[140]

---

[140] Eine Studie von Einflußfaktoren auf Privatisierungserlöse auf Unternehmens- und Branchen-
ebene findet sich bei *López-de-Silanes* (1997). So konnte zum Beispiel ein signifikanter Ein-

Gesamtwirtschaftliche Indikatoren, die Einfluß auf die Höhe der erwarteten Gewinne und somit auf die Ertragswerte der Unternehmen als Obergrenze der Zahlungsbereitschaft haben, sind die Lohnkosten, die Wechselkurse, Konjunktur- und Wachstumsdaten, sowie der Zugang zu anderen Märkten. Ferner werden die Erwartungen um so höher sein, je geringer die Investitionsrisiken in dem entsprechenden Land eingeschätzt werden.[141] Die Risikoeinschätzungen wiederum hängen entscheidend vom bisherigen Verlauf der Reformen (Geschwindigkeit, Konstanz, Entschlossenheit) und deren Stand zum Investitionszeitpunkt ab (*EBRD* 1995, S. 78). Denn je nachhaltiger und unumkehrbarer die Reformen eingeschätzt werden, desto höher sind die Gewinnerwartungen und die sich daraus ergebende Zahlungsbereitschaft.

7.2.3. Institutionelle Rahmenbedingungen

Erklärungsversuch 5: Bedeutung des „Institutional Designs"

Der Preis ist das Ergebnis von Angebot und Nachfrage. Welche angebots- und nachfrageseitigen Faktoren Einfluß auf die Erlöse haben könnten wurde in den beiden vorangegangenen Abschnitten untersucht. In einer Welt unvollkommener Märkte mit positiven Transaktionskosten sind allerdings auch die institutionellen und organisatorischen Bedingungen der Privatisierung zu berücksichtigen, denn die endgültige Preisfindung ergibt sich auch bei Unternehmensverkäufen als Folge der Markt- und Machtverhältnisse im betreffenden Fall (*Helbling* 1995, S. 53). Wie die obige Skizze der Privatisierungsverläufe gezeigt hat, wurde die Privatisierung in den drei betrachteten Ländern bisher jeweils unterschiedlich organisiert und durchgeführt. Daher ist an dieser Stelle die Frage zu beantworten, welches institutionelle Design sich positiv auf erzielbare Erlöse auswirkt.

Prinzipiell gilt, daß der Erlös dann hoch sein wird, wenn der Nachfrager mit der höchsten Zahlungsbereitschaft zum Zuge kommt und zugleich Anlaß besteht, daß diese auch offenbart wird. Anreize und Möglichkeiten für die Nachfrager, Informationen zurückzuhalten, ihre tatsächliche Wertschätzung zu verbergen und so ohne Zahlung des entsprechenden Preises Eigentümer zu werden, sollten ausgeschlossen werden. Weiterhin gilt, daß die Zahlungsbereitschaft mit der Qualität und Quantität der Informationen, welche die Nachfrager über die Unternehmen besitzen, steigen wird. Je bessere Informationen verfügbar sind, desto realistischer können die Chancen der zu

---

fluß der Stärke von Gewerkschaften oder des Regulierungsgrades in einzelnen Branchen auf erzielte Privatisierungserlöse nachgewiesen werden. Gesamtwirtschaftliche Umstände werden in dieser Studie allerdings nicht berücksichtigt. Da es sich um eine Ein-Land-Untersuchung (Mexiko) handelt, wirken diese Faktoren auf alle Unternehmen gleichermaßen und können somit keine Erklärungskraft für unterschiedlich hohe Erlöse haben.

[141] Verschiedene Möglichkeiten zur Berücksichtigung des Risikos bei der Ertragswertermittlung (Abschläge auf prognostizierte Gewinne oder den ermittelten Barwert, Zuschläge auf den Kalkulationszinsfuß, oder Modifikation der Ertragswertformel) werden bei *Helbling* (1995, S. 87) beschrieben.

privatisierenden Unternehmen eingeschätzt werden und desto geringere Risikoabschläge müssen bei der Ermittlung der Ertragswerte vorgenommen werden.

Theoretisch läßt sich gut begründen, daß eine wettbewerbliche Organisation des Privatisierungsverfahrens am besten dazu geeignet ist, diese Anforderungen zu erfüllen. Zunächst einmal ist der Wettbewerb ein geeignetes Verfahren um Informationen, die auf viele Individuen verteilt sind, nutzbar zu machen (*Hayek* 1937, *Hayek* 1969). Im Falle der Privatisierung dürften besonders zwei Arten von Information von Bedeutung sein:

- Kenntnisse über das zu privatisierende Unternehmen und seine Mikroumwelt. Gemeint sind zum Beispiel Informationen über den Zustand des Kapitalstocks, interne Arbeitsabläufe, Einsparungspotentiale oder wichtige Zuliefer- und Absatzkanäle. Solches Wissen dürfte typischerweise für Unternehmensinsider wie Manager und Arbeiter der Staatsbetriebe verfügbar sein.[142]

- Expertenwissen, das nicht unbedingt an einzelne Unternehmen gebunden ist. Hierunter fällt zum Beispiel das Beherrschen moderner Managementmethoden, Kenntnisse über globale Märkte und die Wettbewerbssituation in bestimmten Branchen oder die Möglichkeit, sich Zugang zu externen Finanzierungsquellen zu verschaffen. Über diese Art von Wissen verfügen die Unternehmensinsider in den ehemals sozialistischen Ländern nur in begrenztem Umfang. Es dürfte am ehesten bei Outsidern, wie international erfahrenen Managern oder ausländischen Investoren, zu finden sein.

Ein Spezifikum der Privatisierungen in Transformationsländern ist, daß nicht nur die Nachfrager über sehr unvollkommene Informationen verfügen, sondern auch die Anbieter, also die Privatisierungsbehörden oder Ministerien, nur ungefähre Vorstellungen vom Wert „ihrer" Unternehmen haben. Daher muß auch bei diesen zentralen Institutionen ein Interesse daran bestehen, daß die dezentral vorhandenen Informationen möglichst umfassend in den Bewertungsprozeß einfließen. Um ein breites Spektrum an Informationen im Privatisierungsprozeß nutzbar zu machen, sollte der Kreis der Beteiligten so groß wie möglich sein.

In einem wettbewerblich organisierten Privatisierungsverfahren werden die Akteure versuchen, die ihnen zugänglichen Informationen zu nutzen um den Wert, den eine Unternehmung für sie hat, zu ermitteln. Da die Nachfrager damit rechnen müssen von anderen Interessenten überboten zu werden, bestehen Anreize, diese Wertschätzung auch zu offenbaren. Der Anbieter kann die möglichen Erlöse noch erhöhen, indem der Privatisierungsprozeß iterativ gestaltet wird. In diesem Falle erhalten die Nachfrager die Möglichkeit, ihre Wertschätzung aufgrund von Informationen, die sie den Geboten ihrer Konkurrenten entnehmen, zu korrigieren (*Schmidt/Schnitzer* 1997, S. 13-16). Festzuhalten bleibt, daß durch den „Wettbewerb als Entdeckungsverfahren" zwei Probleme der Privatisierung gelöst werden können: Weitverstreute Informationen werden nutzbar gemacht und die Nachfrager erhalten Anreize, ihre wahren Präferenzen zu offenbaren.

---

[142] *Hayek* hat diese Art von Wissen „the knowledge of the particular circumstances of time and place" genannt, über das „the man on the spot" verfügt (1945, S. 521, 524).

Ein weiteres Element des institutionellen Designs, das sich positiv auf Privatisierungserlöse auswirkt, ist die Transparenz des Verfahrens. Je verständlicher die Regeln gestaltet sind und je einfacher der Zugang zum Verfahren ist, desto mehr Beteiligung ist zu erwarten. Eine hohe Transparenz sorgt auch dafür, daß Korruption verhindert wird und niemand durch Umgehung der Regeln oder ohne Zahlung des entsprechenden Preises neuer Eigentümer werden kann. Privatisierungserlöse können somit auch ein Indikator für die Entpolitisierung des Verfahrens sein.

Es gilt also, daß die erzielbaren Privatisierungserlöse tendenziell hoch sein werden, wenn möglichst viele Nachfrager in einem einfach und transparent gestalteten wettbewerblichen Verfahren um die Unternehmen konkurrieren.

7.3. Auflösung des Paradoxons - Die Reichweite der Erklärungsversuche

7.3.1. Angebotsseitige Faktoren

Erklärungsversuch 1: Der Einfluß unterschiedlicher Ausgangslagen

In Erklärungsversuch 1 wurde die Hypothese aufgestellt, daß die unterschiedliche Höhe der Privatisierungserlöse aus den verschiedenen Anteilen des Staatssektors in der Ausgangslage resultiert. Betrachtet man die Anteile des öffentlichen und privaten Sektors in den 3 Ländern kurz vor und unmittelbar nach Beginn des Transformationsprozesses (Tabelle 31), scheint sich die Vermutung zu bestätigen. Nach beiden Schätzungen war in der Ausgangslage der Staatssektor und somit das Privatisierungspotential in Tschechien größer als in den beiden anderen Ländern. Dies könnte die unterschiedlichen Erlöse zu einem Teil erklären. Dieser Erklärungsversuch muß jedoch durch zwei Einwände eingeschränkt werden.

Tabelle 31: Anteil des Staatssektors am BIP in Polen, Ungarn und der Tschechoslowakei (1988, 1990)

	Polen	Ungarn	ČSSR/ ČSR
1990[a]	72,5	81,0	94,0
1988[b]	81,2	92,9	99,3

Quellen:[a] *World Bank* (1996: 15); [b] *Kornai* (1992)

Erstens wurde die private Produktion in Polen und Ungarn zu einem großen Teil im landwirtschaftlichen und kleingewerblichen Sektor (Handel, Handwerk, Dienstleistungen) erbracht. Gerade diese Sektoren sind wenig kapitalintensiv, so daß durch ein Aufholen bei der Privatisierung in diesem Bereich (Kleine Privatisierung) nicht die relativ hohen Erlöse, die in der Tschechischen Republik im Rahmen der Großen Privatisierung erzielt worden sind, erklärt werden können. Gerade im kleingewerblichen Bereich wurde in Tschechien eine umfangreiche Naturalrestitution durchgeführt. Durch diese Privatisierungsmethode können naturgemäß keine Erlöse erzielt werden.

Es fällt jedoch auf, daß in Tschechien trotz der Naturalrestitution durch die Kleine Privatisierung immer noch höhere Einnahmen erzielt wurden als in Ungarn: In Tschechien wurden 1991 2,3 % des BIP und 1992 1,8 % des BIP durch die Kleine Privatisierung erlöst, in Ungarn 1991 und 1992 nur jeweils 0,2 % (für Polen liegen keine Zahlen vor, s.o.). Diese Unterschiede könnten zum Teil in der unterschiedlichen Ausgangssituation ihre Ursache haben. Um präzisere Aussagen machen zu können, müßten allerdings auch die Art der Betriebe[143], der Umfang der in die Kleine Privatisierung einbezogenen Betriebe[144] und der genaue Auktionsmodus einbezogen werden.

Ebenso wie über die Größe des zu Beginn der Privatisierung in Staatsbesitz befindlichen Kapitalstocks keine genauen Aussagen gemacht werden können, gibt es nur völlig unzureichende Informationen über die Qualität der Anlagen. So findet sich zum Beispiel im über 600-seitigen Bericht des Joint Economic Committee des US-Kongresses über Wachstumsbedingungen in Osteuropa nur jeweils 1 Satz zur Einschätzung der jeweiligen Kapitalstöcke, aus denen wenig zur Klärung der vorliegenden Frage entnommen werden kann.[145]

Erklärungsversuch 2: Der Einfluß von Unterschieden beim Stand der Privatisierungsprozesse

Die zweite Hypothese lautete, daß die Differenz in der Höhe der Erlöse durch das unterschiedliche Ausmaß bereits realisierter Privatisierungen erklärt werden kann. Geht man nach der Anzahl der privatisierten Unternehmen, trifft diese Erklärung zu. In Tschechien waren nach Angaben der Weltbank Ende 1995 noch 10 % der Unternehmen in öffentlicher Hand, in Ungarn 22 % und in Polen 54 % (*World Bank* 1996, S. 53). Für die Höhe der Erlöse spielt allerdings nicht die *Anzahl*, sondern der *Wert* der privatisierten Unternehmen eine Rolle. Wie oben bereits erläutert, ist der Wert von Unternehmen in Transformationswirtschaften allerdings nur schwer zu ermitteln. Einigermaßen aussagefähige Unternehmenswerte können eigentlich nur am Markt, das heißt durch den Verkauf der Unternehmung, ermittelt werden. Gerade diese Methode

---

[143] Wie bereits angedeutet wurden Unternehmen, die zu Ketten gehörten, in Ungarn von der Kleinen Privatisierung ausgenommen.

[144] Rein zahlenmäßig (22.400 Unternehmen in Tschechien vs. 7.640 in Ungarn bis Ende 1992) läßt sich der relativ große Unterschied allerdings nicht erklären.

[145] Die Einschätzungen lauten (*Hardt* 1986, eigene Übersetzung): *Polen*: Alternde Fabriken, neuen Industriekomplexen, begonnen im Boom der 70'er, mangelt es an Ersatzteilen, viele neuere Fabriken sind unvollständig. *Ungarn*: Modernisierung der Landwirtschaft und einiger industrieller Sektoren macht einige Unternehmen auf dem Weltmarkt wettbewerbsfähig, zum Beispiel Ikarus Busse. *Tschechoslowakei*: Stand der Technik der Industrieanlagen - früher führend gemessen am Weltstandard - veraltet zunehmend, überholt und nicht wettbewerbsfähig.

scheidet natürlich aus, wenn Eigentumsrechte nahezu frei verteilt werden oder die Unternehmen noch in Staatsbesitz sind.

Trotz dieser Schwierigkeiten wurde der Wert der sich 1996 noch in Staatsbesitz befindlichen Unternehmen in Ungarn und Tschechien auf etwa 40 % des ehemaligen Staatssektors geschätzt (Abbildung 5), die Zahlen für Polen beziehen sich auf die Anzahl der Unternehmen.

Abbildung 5: Verbliebener Staatsanteil in Polen, Ungarn und der Tschechischen Republik (1995, Angaben in % der privatisierbaren Unternehmen)

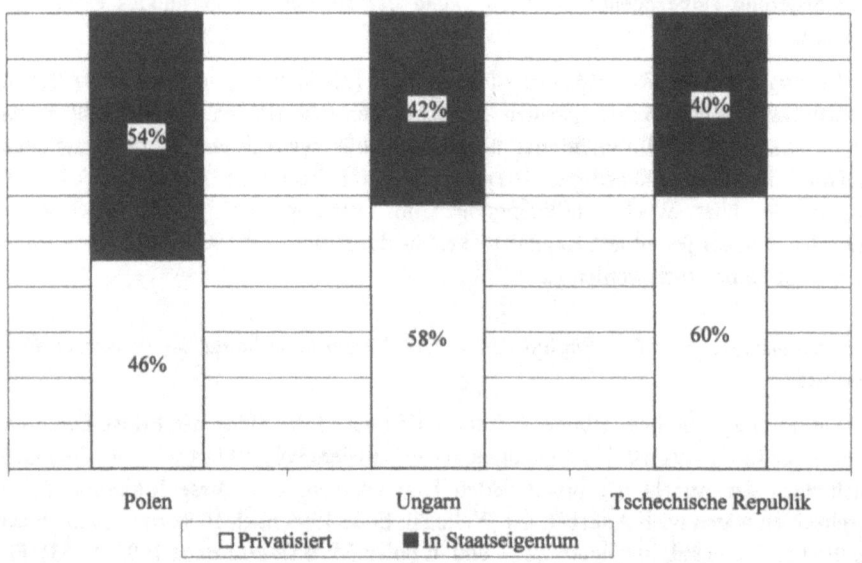

Quelle: *World Bank* (1996)

Betrachtet man diese Angaben vor dem Hintergrund der unterschiedlichen Privatisierungsstrategien (in Ungarn wurden wesentlich mehr Unternehmen verkauft als in Tschechien), können die guten tschechischen Ergebnisse nicht durch Unterschiede im Umfang der privatisierten Vermögenswerte erklärt werden. Dies gilt insbesondere für den Vergleich zwischen Ungarn und Tschechien. Die niedrigen Erlöse in Polen hingegen könnten zu einem Teil auf den vergleichsweise hohen Anteil der noch in Staatsbesitz befindlichen Unternehmen erklärt werden. Hier muß allerdings berücksichtigt werden, daß die in Abbildung 5 präsentierten Daten aufgrund der unterschiedlichen Bezugsbasis (Buchwert in Ungarn und Tschechien vs. Anzahl der Unternehmen in Polen) nur bedingt vergleichbar sind.

Erklärungsversuch 3: Der Einfluß des Absorptionsproblems

Im dritten Erklärungsversuch wurde die Hypothese, aufgestellt, daß die Privatisierungserlöse um so höher sind, je mehr potentielle Nachfrager, insbesondere ausländische, die Möglichkeit haben, sich am Privatisierungsprozeß zu beteiligen, und je stärker die negativen Wirkungen eines massiven Angebots an Unternehmen durch zeitliche Streckung oder die Möglichkeit des stückweisen Unternehmenserwerbs abgemildert werden.

Die Bedeutung ausländischer Investoren für die Erzielung von Privatisierungserlösen in den Transformationsländern wurde frühzeitig erkannt (*Inotai* 1992, S. 173). In allen Transformationsländern bestanden allerdings Ressentiments gegen eine zu starke ausländische Beteiligung. Der „Ausverkauf der Volkswirtschaft" wurde als eine reale Gefahr aufgefaßt. Auch wenn sich Osteuropa in diesem Aspekt nicht allzu sehr von anderen Teilen der Welt unterscheidet, so waren diese Ängste zusätzlich von der massiven „antiimperialistischen" und „antikapitalistischen" Propaganda der letzten Jahrzehnte genährt und verstärkt worden (*Winiecki* 1996). Wenn Unterschiede im Grad dieser Aversion bestanden oder die vorhandenen Ängste in einem Land schneller abgebaut wurden als in anderen, könnten daraus eine unterschiedlich starke Beteiligung ausländischer Investoren und somit Unterschiede in den Erlösen resultieren. Tatsächlich waren die Reformer in allen drei Ländern bemüht, ausländische Interessenten in den Privatisierungsprozeß einzubinden, was allerdings in verschiedenem Ausmaß gelungen ist.

In Polen waren die Bedingungen für ausländische Beteiligung im betrachteten Zeitraum am ungünstigsten. Zwar hatten Ausländer von Anfang an die Möglichkeit, sich an der Kapitalprivatisierung zu beteiligen und dabei entweder Portfolio-Investitionen zu tätigen oder Mehrheiten zu erwerben, zur Gründung bestimmter *joint ventures*, bei der Beteiligung an öffentliche Unternehmen und zum Kauf von Land bedurfte es allerdings einer Genehmigung der Regierung. Unreguliertes ausländisches Engagement war nur bei privaten Unternehmen möglich, die keine Immobilien besaßen oder diese vom Staat leasten. Steuervergünstigungen für Ausländer wurden nur in Ausnahmefällen gewährt.

In Ungarn und Tschechien waren die Bedingungen für ausländische Beteiligung an der Privatisierung ungleich günstiger: In Ungarn wurde und wird, wie in kaum einem anderen Transformationsland, verstärkt auf ausländische Investoren gesetzt. Ausländer können zu 100 % Eigentümer zu privatisierender Unternehmen einschließlich der zugehörigen Immobilien werden. Es gibt weitreichende Gesetzgebungen zum Schutze ausländischer Investitionen und zur Repatriierung von Gewinnen. Außerdem gab es eine Reihe großzügiger Steuervergünstigungen. Als Folge wurden bisher viele Unternehmen an Ausländer gegen ausländische Währung verkauft.

In Tschechien waren Ausländer zwar von der Kleinen Privatisierung ausgeschlossen, konnten aber in der Großen Privatisierung wie jeder andere Interessent Vorschläge für Privatisierungsprojekte einreichen. Zum Erwerb von Immobilien durch Ausländer bedarf es lediglich einer Eintragung in das tschechische Unternehmensregister. Investitionen können in jeder Größe und Branche ohne eine Genehmigung getätigt werden. Bis Mitte 1993 gab es Steuervergünstigungen für Ausländer (*Borish/Noel* 1996, S. 61).

Diese Betrachtung der Investitionsbedingungen trägt dazu bei, das schlechte Abschneiden Polens bei den Privatisierungserlösen zu begründen. Sie ist allerdings nicht geeignet, den deutlichen Vorsprung der tschechischen Republik vor Ungarn in den ersten Jahren zu erklären.

Zieht man die Direktinvestitionen als Indikator für das Engagement ausländischer Investoren in den Transformationsländern heran, kann die Vermutung, die guten Ergebnisse in Tschechien seien das Resultat verstärkten ausländischen Engagements, ebenfalls nicht bestätigt werden: Bei den kumulierten Direktinvestitionen pro Kopf für den Zeitraum 1989-96 führt Ungarn mit Abstand (1288 US $) vor Polen (128 $) und der Tschechischen Republik (118 $)(*EBRD* 1997, S. 12).[146] Eine Reihenfolge, die sich in keiner Weise in den erzielten Erlösen wiederfindet.

Neben einer Ausweitung des Kreises potentieller Neueigentümer wurde als zweite Möglichkeit, den Preisverfall in Folge des massiven Angebots an Unternehmen abzumildern, eine zeitliche Staffelung und gezielte Dosierung der Privatisierung genannt. Wie erwähnt, stand zum Beispiel in Ostdeutschland das Ziel „Geschwindigkeit" ganz vorne im Anforderungskatalog an die Privatisierungspolitik. Man war bereit, dafür einen hohen Preis - in Form von Erlösverzicht - zu zahlen und konnte sich dies aufgrund der Bereitschaft und Fähigkeit zu massiven Finanztransfers aus den alten Bundesländern auch leisten. In Polen, Ungarn und Tschechien hingegen, war die Situation anders. Es gab keinen finanziellen Rückhalt, der den ostdeutschen Transformationsprozeß zu einem Sonderfall gemacht hat. Die Reformer waren auf eigene Kräfte bei der Privatisierung und der Konsolidierung der öffentlichen Finanzen angewiesen. Daher haben, wie oben gezeigt wurde, insbesondere in Polen und Ungarn die möglichen Erlöse bei den Privatisierungsentscheidungen ein wesentlich größeres Gewicht erhalten. Es hätte also naheliegen können, den Privatisierungsprozeß bewußt zu verzögern, indem das Angebot zeitlich gestreckt wird und größere Unternehmen in kleinen Tranchen verkauft wurden.

Wie ebenfalls gezeigt wurde, verlief die Privatisierung insbesondere in Polen und Ungarn ohnehin langsamer als geplant. Politisch-institutionelle Blockaden, sowie macht- und verteilungspolitische Erwägungen hatten immer wieder Verzögerungen bei der Umsetzung von Privatisierungsprogrammen zur Folge. Es stellt sich daher die Frage, ob diese überwiegend aufgrund politischer Motive und Restriktionen entstandene Verzögerung des Privatisierungsprozesses bezüglich der Erlöse nicht eher konträre Wirkungen hatte. Dies ist insbesondere dann zu erwarten, wenn durch die politische Situation Unsicherheit bei den potentiellen neuen Besitzern ausgelöst wurde und Möglichkeiten der außermarktlichen Einflußnahme eröffnet wurden. In diesem Fall

---

[146] Angaben über die Höhe von Direktinvestitionen aus unterschiedlichen Quellen weichen oft voneinander ab. Zum Vergleich siehe zum Beispiel *Hunya* (1997, S. 287). Zu möglichen Erklärungen der Abweichungen siehe *Deutsche Bundesbank* (1997, S. 79).

könnten die Erlöse am Ende niedriger bleiben, als sie bei einer forcierten Privatisierung ausgefallen wären.

Dies trifft vor allem für den polnischen Fall zu. Hier wurden durch verschiedene Methoden, wie Privatisierung durch Liquidation oder den Verkauf über die Börse, gute Möglichkeiten zur gestaffelten Veräußerung von Unternehmen geschaffen. Dies hätte eine planvolle Verlangsamung und die Beteiligung einer Vielzahl kleinerer Anleger prinzipiell ermöglicht. Zugleich war aber der gesamte Privatisierungsprozeß von Beginn an Gegenstand politischer Auseinandersetzungen, deren Intensität stetig zunahm, während die öffentliche Unterstützung für die Privatisierung ständig nachließ. Im Zuge dieser Auseinandersetzungen konnten die Angestellten der Unternehmen die impliziten Eigentumsrechte, die sie bereits zu Beginn des Prozesses innehatten, sogar noch ausbauen (*Rapacki* 1995, 69-70). Erst durch ein Abrücken von den verkaufsorientierten Verfahren und der Hinwendung zur nahezu freien Verteilung des Eigentums durch das Programm der Massenprivatisierung konnte der Prozeß wieder neu belebt werden. Die durch starke Politisierung und den wachsenden Einfluß von Interessengruppen, insbesondere der Angestellten der Staatsunternehmen, bewirkte Verschleppung des Verfahrens hat in Polen nicht zu einer echten Lösung des Absorbtionsproblems geführt; die Erlöse blieben niedrig.

In Ungarn zeigt sich ein anderes Bild. Wie die gesamte Reformstrategie kann auch die Privatisierung als gradualistisches Vorgehen charakterisiert werden. Einzelfallentscheidungen, bei denen das Erlösmotiv oft eine bedeutende Rolle gespielt hat, haben dominiert. Allerdings war auch die ungarische Privatisierung stets ein Politikum. Wie oben dargestellt worden ist, wurden bestimmte Sektoren als strategisch eingestuft und die zugehörigen Betriebe wurden nicht privatisiert. Es existierte eine Zeit lang eine staatliche Holding, deren vorrangige Aufgabe nicht die Privatisierung, sondern die Leitung der ihr anvertrauten Unternehmen war. In anderen Fällen wurden Betriebe nur teilweise privatisiert, um dem Staat langfristig Mitspracherechte („golden shares") zu gewährleisten, oder die Privatisierung wurde ganz verschoben, weil die erzielbaren Erlöse als zu niedrig eingeschätzt wurden. Insbesondere kam es im Vorfeld des neuen Privatisierungsgesetzes zu einer starken Verlangsamung der Privatisierung. Die nach der Verabschiedung des Gesetzes stark angestiegenen Erlöse können allerdings nicht auf diese zeitliche Streckung des Angebots zurückgeführt werden. Wie oben erwähnt handelte es sich bei den Unternehmen um besondere Stücke des „Tafelsilbers", für die zu jedem Zeitpunkt ohnehin eine hohe Nachfrage bestanden haben dürfte (*Major* 1994, S. 116).

In Tschechien war das Geschwindigkeitsziel von besonderer Bedeutung. Aufgrund der vermeintlich schlechteren Ausgangssituation mit dem größten Staatssektor in der betrachteten Ländergruppe, war man bestrebt, den Privatisierungsprozeß so schnell wie möglich voranzutreiben, auch um ein Zurückbleiben gegenüber den Nachbarn zu verhindern. In den beiden Wellen der Massenprivatisierung wurden innerhalb relativ kurzer Zeit mehr als 3.000 Unternehmen privatisiert. Dabei wurde allerdings nur rund die Hälfte der Unternehmen mit Hilfe der Vouchermethode kostenlos an die Bürger verteilt. Der Verkauf von Unternehmen hat bereits in der Kleinen Privatisierung eine große

Rolle gespielt. Die Auktion von Unternehmen war hier die wichtigste Privatisierungsmethode. Im Rahmen der Großen Privatisierung wurde für viele Unternehmen eine Kombination unterschiedlicher Privatisierungsmethoden gewählt. Dabei hatte der teilweise Verkauf von Unternehmen eine wichtige Rolle gespielt. Dies hat dazu geführt, daß auch nach Abschluß der zweiten Welle der Voucherprivatisierung der Staat durch den FNM Anteilseigner bei über 200 Aktiengesellschaften blieb und somit der größte Aktionär der tschechischen Republik war (*OECD* 1994a, S. 100). Nach Abschluß der zweiten Privatisierungswelle wurde der Verkauf die wichtigste Privatisierungsmethode (*Mejstřik* 1994c, S. 8, *Borish/Noel* 1996, S. 66). Das Management des FNM schien es zudem zunächst zu verstehen, die Entwicklung des Kapitalmarktes zu seinen Gunsten zu beeinflussen und durch einen gestückelten Verkauf der verbliebenen Anteile weitere Einnahmen zu generieren. So wurden 1996, über ein Jahr nach Abschluß der 2. Privatisierungswelle, noch Erlöse in Höhe von nahezu 2 % des BIP durch Anteilsverkäufe erzielt (*OECD* 1994a, S. 100, *OECD* 1996b).

Durch die Privatisierungsergebnisse der tschechischen Republik wird die These, daß eine absichtliche zeitliche Staffelung des Angebots und die Privatisierung von Unternehmen in kleineren Einheiten sich positiv auf die erzielbaren Privatisierungserlöse auswirkt, gestützt. Darüber hinaus stützen die tschechischen Ergebnisse aber auch eindrucksvoll die von *Schmidt* (1997) und *Schmidt/Schnitzer* (1997) aufgestellte Hypothese, daß eine freie Verteilung größerer Anteile des Staatsvermögens nicht unbedingt mit Erlösverzicht verbunden sein muß. Durch die angewandte Privatisierungsstrategie konnte sowohl die politische Unterstützung der Bevölkerung als auch das Vertrauen des Auslands gewonnen werden, so daß für den Teil der Unternehmen, die verkauft wurden, höhere Erlöse erzielt werden konnten.

Insgesamt führt die vergleichende Betrachtung der Privatisierungsverläufe zu dem Ergebnis, daß das oben herausgearbeitete Argument eines Überangebots nur eine eingeschränkte Relevanz für die Erklärung des Erlösparadoxons hat. In Polen, wo die Bedingungen für ausländisches Engagement am schlechtesten waren, wurden auch die geringsten Erlöse aus der Privatisierung erzielt. Allerdings lag Polen bei den ausländischen Direktinvestitionen noch vor Tschechien, welches vergleichsweise hohe Privatisierungserlöse zu verzeichnen hatte. Für die zeitliche Verzögerung des Privatisierungsprozesses gilt, daß dies eine positive Wirkung auf die Erlöse hat, wenn bewußt einige Anteile vom Staat zurückbehalten und diese nach und nach verkauft werden, wie es in Tschechien der Fall ist. Dagegen wirkt sich die Verlangsamung der Privatisierung negativ auf die möglichen Einnahmen aus, wenn sie Folge politischer Querelen ist.

7.3.2. Nachfrageseitige Faktoren

Erklärungsversuch 4: Der Einfluß unterschiedlicher Bewertung durch die Nachfrager

In Erklärungsversuch 4 wurde die Bedeutung gesamtwirtschaftlicher und politischer Faktoren für die Bewertung von Unternehmen durch potentielle Käufer herausgearbeitet: Je günstiger die gesamtwirtschaftliche Lage und die politische Stabilität durch den Investor eingeschätzt wird, desto besser werden seine Ertragserwartungen sein und desto höher wird seine Zahlungsbereitschaft sein. Wie Tabelle 32 zeigt, haben sich die Bedingungen für Investitionen im betrachteten Zeitraum in den Ländern sehr unterschiedlich entwickelt. Am günstigsten waren die Bedingungen im polnischen Fall. Polen konnte als erstes Land der Gruppe die Transformationskrise überwinden und bereits 1992 wieder positive Wachstumsraten schreiben. Steigende Wachstumsraten ließen für die Zukunft eine wachsende Nachfrage erwarten. Die zwar hohen aber stetig sinkenden Inflationsraten trugen zu einer Stabilisierung der Erwartungen bei. Die Kostenseite entwickelte sich ebenfalls günstig. Sinkende Lohnstückkosten und steigende Arbeitsproduktivität versprachen Wettbewerbsvorteile.

Ungarn und Tschechien, die deutlich besser bei den Erlösen abgeschnitten haben, zeigten lediglich bei der Inflationsbekämpfung ein besseres Bild als Polen. Positive Wachstumsraten konnten erst wieder ab 1994 geschrieben werden, wobei Tschechien die Talsohle der Transformationsrezession eher durchschritt als Ungarn. Das gute Abschneiden Tschechiens bei den Privatisierungserlösen läßt sich auch nicht durch die Kennziffern Arbeitsproduktivität und Lohnstückkosten erklären. Ständig steigende Lohnstückkosten und bis 1993 eine sinkende Arbeitsproduktivität sind keine Größen, die Erwartungen auf hohe Gewinne rechtfertigen. In Ungarn ist ein umgekehrter Trend mit steigender Produktivität und ab 1993 sinkenden Lohnstückkosten zu beobachten.

Die Analyse dieser Makrodaten, die von jedem Investor bei der Ermittlung zukünftiger Gewinnaussichten zur Bildung von Ertragserwartungen berücksichtigt werden dürften, ergibt kein eindeutiges Bild. Es können also keine weiteren Schlüsse für die Auflösung des Paradoxons gewonnen werden; im Gegenteil, die paradoxe Situation tritt eher noch klarer hervor: In Polen, dem Land, in dem die betrachteten ökonomischen Indikatoren auf die günstigste Ertragslage hinwiesen, wurden die niedrigsten Erlöse erzielt, in Tschechien und Ungarn hingegen, wo sich die Rahmendaten schlechter entwickelt haben, konnten höhere Erlöse erzielt werden.

Tabelle 32: Ausgewählte gesamtwirtschaftliche Indikatoren in Polen, Ungarn und Tschechien (1991-95)

Jahr	1991	1992	1993	1994	1995
Wachstum[a] (Reale Änderung des BIP gegenüber Vorjahr in %)					
Polen	-7,0	2,6	3,8	5,2	7,0
Tschechien	-11,5	-3,3	0,6	3,2	6,4
Ungarn	-11,9	-3,1	-0,6	-2,9	1,5
Inflationsrate[a] (Konsumgüter)					
Polen	70,3	43,0	35,3	32,2	27,8
Tschechien	56,6	11,1	20,8	10,0	9,1
Ungarn	35,0	23,0	22,5	18,8	28,2
Lohnstückkosten[b147] (% Änderung gegenüber Vorjahr in US$)					
Polen	66,5	-8,7	-8,8	-7,3	15,1
Tschechien	-14,8	32,8	25,8	13,2	6,9
Ungarn	29,4	7,6	-9,6	-1,0	-8,7
Arbeitsproduktivität[b] (% Änderung gegenüber Vorjahr)					
Polen	-11,9	17,1	14,5	19,2	9,6
Tschechien	-16,6	-7,6	-3,5	4,0	20,5
Ungarn	-17,9	10,7	18,5	7,3	11,2

Quellen : [a] *EBRD* (1998), [b] *EBRD* (1996)

Zu berücksichtigen ist aber, daß bei der Ermittlung der Ertragswerte von den Investoren nicht nur die Chancen in Form möglicher zukünftiger Gewinne, sondern auch Risiken berücksichtigt werden. Während der Transformation, die ja den gleichzeitigen Wandel im ökonomischen und im politischen System bedeutet, spielt das politische Risiko eine besondere Rolle. Dieses dürfte in Polen, mit der relativ hohen politischen Instabilität zu Beginn der Transformationsphase, die in den häufigen Regierungswechseln und den Auseinandersetzungen zwischen Präsident und Parlament

---

[147] Da die hier die Änderungsraten der Lohnstückkosten in US $ angegeben sind, müssen die Daten auch vor dem Hintergrund von Wechselkursschwankungen (siehe Tabelle 35) betrachtet werden.

zum Ausdruck kam, als besonders hoch eingeschätzt worden sein. Hinzu kommt, daß die Privatisierung ein hoch politisches Thema von hohem allgemeinem Interesse war, und die wechselnden Machthabern immer wieder unterschiedliche Akzente setzten. Ein weiterer Punkt, der sich negativ auf die Ertragserwartungen potentieller Investoren ausgewirkt haben dürfte, ist der starke Einfluß der Beschäftigten in den polnischen Betrieben und deren starke Lobby im Parlament. Eine solche Verdünnung von Eigentumsrechten wirkt sich negativ auf die Gewinnaussichten potentieller Investoren aus und äußert sich daher in Preisabschlägen.

In Ungarn war die Situation anders. Auch wenn es hier eine Reihe von politischen Auseinandersetzungen um die Privatisierung gegeben hat, wurde der grundsätzliche Kurs von keiner Seite in Frage gestellt. Bereits in der Zeit vor der eigentlichen Wende hatte Ungarn sich als das offenste und am ehesten zu Reformen bereite Land gezeigt. Die Erfahrung, die Manager vieler Unternehmen bereits im marktwirtschaftlichen Bereich gesammelt hatten, und der relativ starke Einfluß dieser Gruppe im Privatisierungsprozeß einzelner Unternehmen dürften ebenfalls dazu beigetragen haben, daß das Risiko von Rückschlägen geringer eingeschätzt wurde.

Allerdings blieb auch die ungarische Privatisierung nicht frei von macht- und verteilungspolitisch motivierten Kurswechseln. So kam es vor und nach dem Regierungswechsel von 1994 zu einem Rückgang der Privatisierungsaktivität und der erzielten Erlöse. Die neue Regierung hatte aber die Fortführung der Privatisierung glaubhaft versichert und begann bald nach dem Antritt mit der Implementierung von Maßnahmen zur Reform des Prozesses (Ausarbeitung von Plänen zur Privatisierung von Unternehmen aus dem Infrastrukturbereich, neues Privatisierungsgesetz, Verschmelzung der Agenturen). Daher sollten die niedrigen Erlöse von 1994 nicht als Resultat gesunkener Ertragserwartungen und höherer Risikoeinschätzung, sondern als Ergebnis einer Verlangsamung, die mit der Umsetzung der angestrebten Neuorientierung zusammenhängt, interpretiert werden (*Mihályi* 1996, S. 209-214).

In Tschechien hat sich die Stabilität im politischen Bereich besonders günstig ausgewirkt. Da man bestrebt war, den Reformrückstand gegenüber den Nachbarn aufzuholen, wurden marktwirtschaftliche Reformen besonders vehement vorangetrieben. Wie gezeigt wurde, war die Geschwindigkeit des gesamten Reformprozesses und insbesondere der Privatisierung eines der wichtigsten Elemente der tschechischen Transformationsstrategie. Auch wenn es im Zuge der Massenprivatisierung eine Reihe von Modifikationen am Verfahren gegeben hat, so kann die Privatisierungspolitik doch als „aus einem Guß" bezeichnet werden. Positiv auf die Erwartungen dürfte sich auch das politische Bekenntnis zur unbedingten Garantie von Eigentumsrechten ausgewirkt haben. Dieses wurde zunächst durch die Implementation des umfassenden Restitutionsprogramms abgelegt. Die zügige Durchführung dieses Programms verhinderte, anders als zum Beispiel in Ostdeutschland, größere Erlöseinbußen. Eine weitere Selbstbindung der Regierung, die Investoren vor einer Umkehr im Privatisierungsprozeß schützte, wurde durch die breite Beteiligung der Bevölkerung an der Massenprivatisierung vorgenommen. Dadurch, daß breite Bevölkerungskreise zu Beteiligten des Privatisierungsprozesses gemacht wurden, wurde die neue Eigentumsordnung dauerhaft in der Gesellschaft verankert.

Wenn die Ertragserwartungen von Investoren einen Einfluß auf im Transformationsprozeß erzielbare Privatisierungserlöse haben, dann hat die Betrachtung in diesem Abschnitt gezeigt, daß diese eher von der Einschätzung politischer Risiken als von harten ökonomischen Daten beeinflußt werden. In dieser Weise leistet der 4. Erklärungsversuch einen Beitrag zur Auflösung des Erlösparadoxons.

7.3.3. Institutionelle Rahmenbedingungen

Erklärungsversuch 5: Der Einfluß institutioneller Faktoren

Im fünften Erklärungsversuch wurde die Hypothese aufgestellt, daß die Privatisierungserlöse dann hoch sein werden, wenn es durch das institutionelle Design des Privatisierungsverfahrens gewährleistet ist, daß die auf viele Individuen verteilten Informationen genutzt werden können. Gleichzeitig ist es wichtig, daß die aufgrund dieser Informationen gewonnenen Wertschätzungen gegenüber der Privatisierungsbehörde auch offenbart werden und als Entscheidungsgrundlage dienen. Eigentumsrechte dürfen nicht durch außermarktliche Verfahren alloziiert werden, wenn Erlösmaximierung ein Ziel ist. Ein wettbewerblich organisiertes Verfahren scheint diese Bedingungen im besonderen Maße zu erfüllen.

In der tschechischen Republik wurde ein solches Verfahren angewendet. Jeder Interessent hatte die Möglichkeit, ein Privatisierungsprojekt für ein Unternehmen auszuarbeiten und einzureichen (Zum Grad der Offenheit siehe: *Kotrba/Svejnar* 1994, S. 168). Dadurch wurden für alle Beteiligten Anreize geschaffen, ihr Wissen über das Unternehmen sowie ihre zukünftigen Erwartungen und Pläne in einen Privatisierungsvorschlag zu übersetzen. Unternehmensinsider mußten mit der Möglichkeit rechnen, daß bei Ausarbeitung eines Vorschlags, der eigene Interessen zu stark berücksichtigte, ein anderer Plan zum Zuge kam. Auch Andere Interessenten, zum Beispiel ausländische Investoren, erhielten durch das Verfahren Anreize, ihre wahre Zahlungsbereitschaft, die von den zukünftigen Ertragserwartungen abhängt, zu offenbaren. Sonst hätte die Gefahr bestanden, daß ein anderes Projekt den Zuschlag erhielt.

Diese Organisation des Privatisierungsverfahrens führte also dazu, daß alle Interessenten relevantes Wissen durch ihr vorgeschlagenes Privatisierungsprojekt offenbarten. So konnte, innerhalb des vorgegebenen Rahmens, die beste Verwertungsmöglichkeit für ein Unternehmen im *von Hayekschen* Sinne „entdeckt" werden (*Hayek* 1969). Von der Möglichkeit, konkurrierende Projekte einzureichen, wurde rege Gebrauch gemacht (s.o.). Die Tatsache, daß in den meisten Fällen der vom Management ausgearbeitete Vorschlag zum Zuge kam, könnte ein Indiz für die Leistungsfähigkeit des Verfahrens zur Extraktion von Insiderwissen sein, wenn es sich tatsächlich immer um die besseren Vorschläge gehandelt hat. Es könnte aber auch Ausdruck einer (politisch motivierten) Bevorzugung der Manager und Belegschaften sein. Einer zu starken

Berücksichtigung von Insiderinteressen wurde allerdings auch durch das Zusammenwirken von zentralen und dezentralen Elementen im Privatisierungsprozeß vorgebeugt. In die tschechische Privatisierung waren eine Vielzahl von Institutionen eingebunden. Dabei waren die Aufgaben und Befugnisse klar verteilt. Die Gründungsministerien und Unternehmensleitungen hatten die Privatisierungsvorschläge auszuarbeiten, das Privatisierungsministerium erteilte die Genehmigungen und die Nationalen Vermögensfonds übernahmen die organisatorischen Aspekte und die Verwaltung der Einnahmen. Auf diese Weise wurde ein System von *checks and balances"* geschaffen, das Interessenkonflikte vermeiden und den Mißbrauch von Verfügungsrechten verhindern konnte (*Keilhofer* 1995, S. 131).

Durch die Ausarbeitung der Privatisierungsvorschläge auf dezentraler Ebene (in den Unternehmen und Branchenministerien), konnte man das Wissen, das bei den Unternehmensinsidern vorhanden war, bei der Bewertung der Objekte nutzbar machen. Entschieden wurde über die Zustimmung oder Ablehnung eines Vorschlags allerdings auf zentraler Ebene (im Privatisierungsministerium), die Beschäftigten und Unternehmensleitungen hatten kein Mitspracherecht.

Der Verzicht auf ein solches wettbewerbliches Verfahren hat in Ungarn dazu geführt, daß die Erlöse trotz Vorherrschens der Verkaufsmethode nicht höher waren. In vielen Fällen hat der Verhandlungsprozeß der SPA mit einzelnen Investoren eine „Erlösverfallspirale" in Gang gesetzt. *Schmidt/Schnitzer* (1997) haben gezeigt, daß eine Verhandlungslösung bei der Privatisierung generell niedrigere Erlöse als ein wettbewerbliches Bietverfahren erwarten läßt. Wenn die Privatisierungsagentur nicht glaubhaft versichern kann, daß sie entweder zum von ihr geforderten Preis oder gar nicht verkauft, werden Anreize für den Nachfrager geboten, immer neue Verhandlungsrunden zu initiieren und den Preis weiter zu senken. Aber auch wenn man annimmt, daß die potentiellen Käufer in Ungarn sich nicht strategisch verhalten haben und ihre tatsächliche Zahlungsbereitschaft offenbart haben, mußten im Zuge des Verhandlungsprozesses die erzielbaren Erlöse sinken: Aufgrund mangelnder Informationen über den Wert der Unternehmung und mit dem von der Politik immer wieder eingeforderten Ziel der Erlösmaximierung orientierten sich die ungarischen Privatisierungsagenturen bei ihren Preisvorstellungen zunächst an den Buchwerten, was zu überhöhten Forderungen führte. Gab es trotzdem Interessenten für das Unternehmen, waren diese in der Regel nicht bereit, diese hohen Preise zu zahlen. Ein langwieriger Verhandlungsprozeß begann. Im Zuge dieser Prozesse verloren die Unternehmen oft weiter an Wert für den potentiellen Käufer, weil das Management nicht hinreichend kontrolliert werden konnte, notwendige Restrukturierungen ausblieben und wertvolle Unternehmensbestanteile verkauft werden mußten, um eine Insolvenz zu verhindern. Dieser Wertverlust hatte dann eine weitere Reduktion der Zahlungsbereitschaft des Käufers zur Folge, was zu weiteren Verhandlungen mit der SPA führte, selbst wenn diese schon von ihrer ursprüngliche Preisvorstellung abgerückt war (*Major* 1994, S. 128-30).

Auch das im tschechischen Fall positive Zusammenwirken zentraler und dezentraler Elemente lag im ungarischen Fall nicht vor. Der Prozeß vollzog sich in verschiedenen Phasen, in denen sich Tendenzen der Zentralisierung und Dezentralisierung abwechselten. Nach der Phase der spontanen Privatisierungen zog der Staat mit Gründung der Privatisierungsagentur die Eigentumsrechte an den vorher mit weitreichendem Handlungsspielraum ausgestatteten Unternehmen wieder an sich (*Petsche* 1996, S. 73-74). Mit dieser Übertragung von Handlungsrechten an eine zentrale Agentur war auch ein Verzicht auf das unternehmensspezifische Wissen der Insider verbunden. Die Initiative ging nun hauptsächlich von der SPA aus. Die Zentralisierung und die damit verbundene Bürokratisierung dürften entscheidend zum Scheitern der ersten zentral verordneten Privatisierungsprogramme beigetragen haben. (*Mizsei et al.* 1994, S. 51, *Petsche* 1996, S. 75). Als Folge dieses Fehlschlags wurde das Privatisierungsverfahren wieder aufgelockert („Selbstprivatisierung", Employee Share Ownership Programme), und somit Anreize für die Insider gesetzt, ihr Wissen aktiv in den Privatisierungsprozeß einzubringen.

In Polen gelang es dem Staat bis zum Beginn der Massenprivatisierung weder wettbewerbliche Elemente einzuführen noch sich entscheidende Kompetenzen bei der Privatisierung zu sichern und so nennenswerte Privatisierungserlöse zu realisieren. Insider konnten ihre in sozialistischer Zeit erworbenen impliziten Eigentumsrechte weitgehend in die neue Zeit hinüberretten. Bei allen Privatisierungsmaßnahmen mußten weitreichende Zugeständnisse an die Belegschaften und Manager gemacht werden. Diese vielen Mitspracherechte der Beschäftigten bei der Einleitung der Privatisierung, der Entscheidung über ein Projekt sowie die Beteiligung am Eigentum nach der Privatisierung stellen ein starkes dezentrales Element dar (*Heinrich* 1994, S. 63-4). Geht man davon aus, daß die Insider weniger an der Maximierung des Erlöses, dafür aber an der Maximierung von Löhnen und der Erhaltung ihrer Arbeitsplätze interessiert sind, wird klar, daß der Staat sein Interesse an höheren Erlösen bei solch weitgehenden Rechten der Belegschaft nicht durchsetzen konnte. Die starke Berücksichtigung der Belegschaftsinteressen hat also in Polen einen deutlich negativen Einfluß auf die Privatisierungseinnahmen gehabt.

7.4. Zusammenfassung: Bestimmungsfaktoren der Höhe von Privatisierungserlösen während der Transformation

Ziel dieses Kapitels war es, die Ergebnisse der Privatisierungsprozesse in Polen, Ungarn und der Tschechischen Republik, gemessen in den erzielten Einnahmen aus der Privatisierung, miteinander zu vergleichen und Faktoren herauszuarbeiten, von denen die Höhe der Privatisierungserlöse bestimmt wird. Der Vergleich der Erlöse hat das zunächst überraschende Ergebnis hervorgebracht, daß in der Tschechischen Republik im Untersuchungszeitraum vergleichsweise hohe Einnahmen getätigt werden konnten. Überraschend ist dieses Ergebnis, weil in der Tschechischen Republik aufgrund der günstigen Ausgangslage ein Privatisierungsansatz gewählt worden war, der sich explizit nicht am Ziel der Erlösmaximierung orientierte, wohingegen die polnischen und insbesondere die ungarischen Privatisierungsentscheidungen mit Hinblick auf die Situation der öffentlichen Haushalte und die Auslandsverschuldung teilweise unter sehr engen fiskalischen Restriktionen gefällt worden waren.

Die Untersuchung der Bestimmungsgründe für dieses Ergebnis hat gezeigt, daß vor allem institutionelle Faktoren und die politischen Rahmenbedingungen eine Rolle gespielt haben. Als besonders wichtig haben sich die Konstanz und Berechenbarkeit der Wirtschaftspolitik und die Einführung wettbewerblicher Elemente in den Privatisierungsprozeß erwiesen.

8. Ursachen für Wahl und Wandel von Privatisierungsstrategien

Nachdem im vorangegangenen Kapitel untersucht wurde, welche Auswirkungen die unterschiedlichen Privatisierungsstrategien und deren Umsetzung unter jeweils differierenden Rahmenbedingungen auf die öffentlichen Haushalte der betroffenen Länder hatten, soll nun der Rolle der öffentlichen Finanzen als „Element des Ursachenkomplexes" (*Schumpeter*) für die Wahl und die spätere Änderung einer bestimmten Privatisierungsstrategie nachgegangen werden. Auf der Suche nach den Gründen, warum in den einzelnen Ländern so unterschiedliche Ansätze verfolgt wurden, wurde in Kapitel 2 die Arbeitshypothese aufgestellt, daß die Entscheidung für eine bestimmte Privatisierungsstrategie von fiskalischen Zwängen und Zielen der Regierung abhängt: Je dringender der Einnahmenbedarf, desto eher wird sich eine Regierung für eine verkaufsorientierte Vorgehensweise entscheiden. Als weitere relevante Restriktionen für die Privatisierungsentscheidung wurden die politische Situation, die als Ergebnis des jeweils spezifischen Beginns der Transformationsphase entstanden ist, und die Verteilung der Eigentumsrechte in der Ausgangslage herausgestellt.

Die präsentierten Fallstudien haben gezeigt, daß mit Hilfe dieser drei Variablen der Verlauf der jeweiligen Privatisierungsprozesse für die einzelnen Länder plausibel erklärt werden kann. Im folgenden wird der Versuch unternommen, durch eine vergleichende Betrachtung der Einzelfälle zu einer Verallgemeinerung der gewonnenen Erkenntnisse zu gelangen.

8.1. Die Bedeutung fiskalischer Motive

Die in der Arbeitshypothese aufgestellte Vermutung über den Einfluß fiskalischer Faktoren auf die Privatisierungsentscheidung wird durch die drei Fallstudien bestätigt. Zwei der drei Länder, Polen und Ungarn, hatten zu Beginn des Transformationsprozesses mit massiven Problemen im Bereich der öffentlichen Finanzen zu kämpfen, woraus ein hoher Einnahmenbedarf resultierte. Beide Länder waren mit einem Berg von Auslandsschulden konfrontiert. In Polen kam als weiteres Problem der aus dem Ruder gelaufene Staatshaushalt und die eng damit in Zusammenhang stehende Hyperinflation hinzu (Tabelle 4). Wie zu erwarten, spielte der Verkauf von Unternehmen eine wichtige Rolle in den Privatisierungsstrategien Ungarns und Polens, auf die man sich zu Beginn der Transformationsphase zunächst festlegte.

Am deutlichsten wird der Einfluß fiskalischer Motive in Ungarn. Hier wurde der Weg der Verkaufsprivatisierung aufgrund der hohen Auslandsverschuldung, die man unbedingt zurückzahlen wollte, und des daraus resultierenden öffentlichen Einnahmenbedarfs von nahezu allen Parteien als der einzig mögliche angesehen. Über Vouchermodelle wurde nicht diskutiert und die Regelung der Restitution konnte erst nach intensiven politischen Auseinandersetzungen beschlossen werden. Während der beginnenden Privatisierung lastete ein ständiger Druck auf der Privatisierungsagentur, möglichst hohe Einnahmen zu erzielen. Der Erfolg einzelner Privatisierungsprogramme und der Fortschritt des Privatisierungsprozesses insgesamt wurden immer wieder am Kriterium der erzielten Erlöse aus dem Verkauf von Staatsunternehmen gemessen, was die Bedeutung des Einnahmenziels für die Privatisierungspolitik zusätzlich unterstreicht.

Auch in Polen wurde die Entstehung des Privatisierungsgesetzes durch die prekäre Lage des Staatshaushalts und die drohende Zahlungsunfähigkeit des Landes entscheidend beeinflußt. In Polen, wo man im Gegensatz zu Ungarn bei der Auslandsverschuldung eine Verhandlungslösung anstrebte, wurde während der Debatte um das polnische Privatisierungsgesetz vor allem die kurzfristig stabilisierende Wirkung, die man sich von den Privatisierungserlösen als zusätzliche Einnahmen zur Finanzierung des laufenden Haushalts erwartete, betont. Obwohl die Massenprivatisierung quasi in Polen erfunden wurde und diese auch innerhalb der Regierung einflußreiche Fürsprecher hatte, und obwohl die für eine Insiderprivatisierung eintretenden Arbeitnehmer sowohl in den Betrieben als auch im Parlament über nennenswerten Einfluß verfügten, wurde dem Verkauf von Unternehmen zunächst die höchste Priorität eingeräumt. Dies wird aus dem Verlauf der Debatte um das Privatisierungsgesetz und durch das letzten Endes verabschiedete Gesetz selbst deutlich. Die Regelungen zur Kapitalprivatisierung stehen im Gesetz an erster Stelle, sind am detailliertesten ausgestaltet und nehmen den größten Raum ein.

Die Betrachtung des tschechoslowakischen/tschechischen Falls bestätigt ebenfalls die These vom Einfluß der Lage der öffentlichen Haushalte auf die Herausbildung von Privatisierungsstrategien in den Transformationsländern. Dieser Fall macht deutlich, daß es bei Abwesenheit fiskalischer Restriktionen für die Entscheidungsträger durchaus attraktiv wird, den Schwerpunkt der Privatisierungspolitik auf nicht verkaufsorientierte Methoden zu legen. Zu Beginn der Transformation stellten in der Tschechoslowakei weder die Auslandsverschuldung noch hohe Budgetdefizite ein dringendes wirtschaftspolitisches Problem dar. Wie es im Einklang mit der formulierten Arbeitshypothese zu erwarten ist, hat daher der Verkauf von Unternehmen zunächst nur eine nachgeordnete Rolle gespielt, während der entgeltlosen Übertragung von Verfügungsrechten durch Restitution und dem breit angelegten Voucherprogramm, an dem sich der größte Teil der Bevölkerung beteiligte, Priorität eingeräumt wurde. Die anfängliche Irrelevanz fiskalischer Motive für die tschechische Privatisierungspolitik kommt nicht nur durch Wahl der Privatisierungsmethoden sondern auch durch dementsprechende Äußerungen der tschechischen Reformer und in den rechtlichen Regelungen der Privatisierung zum Ausdruck. Etwaige Privatisierungseinnahmen sollten explizit nicht für Haushaltszwecke verwendet werden. Die strikte Trennung des Privatisierungsfonds vom Staatshaushalt wurde gesetzlich festgeschrieben.

Die Fallstudien deuten darauf hin, daß der Einfluß fiskalischer Zielsetzungen für die anfängliche Festlegung einer Privatisierungsstrategie von großer Bedeutung ist, der spätere Verlauf des Privatisierungsprozesses allerdings stärker von anderen Faktoren abhängt. Sowohl in Polen als auch in Ungarn konnten durch die Privatisierung zunächst nicht die gewünschten Einnahmen erzielt werden. Die Gründe für das Verfehlen der ursprünglichen Zielsetzung wurden in Kapitel 7 herausgearbeitet. Es zeigt sich, daß die beiden anderen Faktoren, von denen ein Einfluß auf die Privatisierungsentscheidungen vermutet wurde, die Verteilung der Verfügungsrechte und die innenpolitische

Konstellation, die Höhe der Privatisierungseinnahmen entscheidend beeinflußt haben. Das Ausbleiben der erhofften Einnahmen aus dem Privatisierungsprozeß hat in Polen und Ungarn das spätere Abweichen von der zunächst gewählten Privatisierungsstrategie begünstigt. Ursächlich für die Änderung der verfolgten Politik war aber nicht, wie es auf Basis der Arbeitshypothese zu vermuten wäre, eine Lockerung der fiskalischen Restriktionen. In beiden Ländern wurde das ursprüngliche Ziel, zusätzliche Staatseinnahmen durch die Verkaufsprivatisierung zu erzielen, in einer zweiten Phase der Privatisierung nicht mehr konsequent weiterverfolgt, *obwohl* die Lage der öffentlichen Haushalte weiterhin äußerst angespannt blieb und daher weiterhin hoher Einnahmenbedarf bestand. Der Grund hierfür war im wesentlichen die jeweilige politische Konstellation, deren Einfluß auf Wahl und Wandel der Privatisierungsstrategie im folgenden Abschnitt 8.2. untersucht wird.

Für den Beginn einer dritten Phase der Privatisierungspolitik, in die Polen und Ungarn inzwischen eingetreten sind, waren fiskalische Motive von unterschiedlich starker Bedeutung. Am deutlichsten war der Einfluß in Ungarn. Die dort beobachtbare Renaissance der Verkaufsprivatisierung hatte explizit die Sanierung des Staatshaushaltes zum Ziel. Das über mehrere Jahre bestehende und ständig anwachsende *twin-deficit* in Leistungsbilanz und Staatshaushalt hatte die ungarische Volkswirtschaft in eine so tiefe Krise geführt, daß ein umfassendes Maßnahmenpaket, das auch den Abbau des Budgetdefizits mit Hilfe von Privatisierungseinnahmen vorsah, als einzig möglicher Ausweg erschien. Erst vor diesem Hintergrund konnte das ursprüngliche Ziel, die Privatisierung staatseigener Unternehmen im Rahmen des Transformationsprozesses mit der Sanierung der öffentlichen Finanzen zu verbinden, erreicht werden. Es muß allerdings angemerkt werden, daß hierbei eine Akzentverschiebung stattgefunden hat. Während es zu Beginn der Transformation Ziel war, die Auslandsverschuldung zu reduzieren und somit indirekt und langfristig zu einer Entlastung des Budgets beizutragen, war nun die Finanzierung laufender Defizite in den Mittelpunkt des wirtschaftspolitischen Interesses gerückt.

In Polen ist der Beginn der dritten Phase der Privatisierungspolitik nicht direkt auf fiskalische Ursachen zurückzuführen. Im Zuge der politischen Konsolidierung und des ökonomischen Aufschwungs konnten die Reform und die Sanierung der öffentlichen Finanzen im wesentlichen ohne Zuhilfenahme von Privatisierungseinnahmen durchgeführt werden. Da der Privatisierungsprozeß während der zweiten Phase aufgrund der politischen Blockade aber nur langsam vorangekommen ist, verfügte Polen zu Beginn der dritten Phase noch über ein vergleichsweise großes Privatisierungspotential (siehe Abbildung 5). Da nun, unter stabileren politischen und ökonomischen Rahmenbedingungen, die Realisierung von Privatisierungserlösen eher möglich schien, worauf der langsam, aber kontinuierlich ansteigende Anteil der Einnahmen am BIP hindeutet (siehe Tabellen 8 und 12), erhielten die fiskalischen Ziele der Privatisierung wieder neues Gewicht. Ein deutliches Beispiel hierfür ist die Diskussion um eine mögliche Kopplung des Privatisierungsprozesses mit der Rentenreform (*Gesell et al.* 1999). Bemerkenswert ist, daß in Polen bei dieser neuerlichen Diskussion um die fiskalischen Effekte der Privatisierung ebenfalls eine Akzentverschiebung stattgefunden hat, allerdings entgegengesetzt zu der in Ungarn beobachteten Tendenz. Es geht nicht mehr, wie noch zu Beginn der Transformation, um eine kurzfristige Haushaltssanierung mit Hilfe von Privatisierungserlösen, sondern um die Finanzierung eines komplexen Reformvorhabens und die dadurch mögliche langfristige Entlastung des Staatshaushalts.

In der Tschechischen Republik hat kein deutlicher Bruch in der Privatisierungsstrategie stattgefunden. Die ursprünglich geplante Konzeption wurde relativ konsequent umgesetzt; die Frage nach dem Einfluß fiskalischer Motive der Entscheidungsträger auf den Wechsel der Privatisierungsstrategie erübrigt sich daher. Bemerkenswert ist allerdings, daß die als nicht intendierter Nebeneffekt des tschechischen Privatisierungsprogrammes entstandenen Privatisierungseinnahmen zeitweise einen nicht unwichtigen Beitrag zur Finanzierung des tschechischen Staatshaushaltes geleistet haben und somit zur Verstetigung des Reformprozesses beigetragen und das Festhalten an dem einmal gewählten Privatisierungsansatz erleichtert haben.

Zusammenfassend kann festgestellt werden, daß der Einfluß fiskalischer Zwänge am Beginn des Privatisierungsprozesses am stärksten wirkt und sich in einer Bevorzugung bestimmter Privatisierungsmethoden bemerkbar macht, die dann auch durch Gesetze oder Schaffung entsprechender Privatisierungsbehörden institutionalisiert wird. Später können andere Einflüsse zu einem Abweichen von der ursprünglich gewählten Strategie oder zu Verzögerungen bei der Umsetzung führen. Die Fallstudien zeigen aber, daß die zu Beginn des Transformationsprozesses getroffenen Entscheidungen langfristig nachwirken. In keinem Land wurden die anfänglich bevorzugten Privatisierungsmethoden gänzlich verworfen. Die bestehenden Verfahren wurden schrittweise um neue Methoden ergänzt. Eine Änderung der politischen und ökonomischen Rahmenbedingungen kann dann relativ schnell zu einer neuerlichen Verschiebung des Schwerpunktes zurück in Richtung der ursprünglichen Konzeption führen. Dies war 1995 in Ungarn zu beobachten und auch für Polen lassen sich Anzeichen für die neuerlich wachsende Bedeutung der Verkaufsmethode finden.

8.2. Der Einfluß der politischen Konstellation als Folge des *path of extrication*

Die bisherige Analyse hat gezeigt, daß die fiskalischen Restriktionen, denen die Entscheidungsträger unterliegen, gewichtigen Einfluß auf die anfängliche Wahl einer Privatisierungsstrategie haben. Im weiteren Verlauf der Privatisierungsprozesse in den hier untersuchten Transformationsländern trat das Ziel der Generierung von Einnahmen aus der Privatisierung zunächst in den Hintergrund und gewann nur in Ungarn als Folge einer tiefgreifenden ökonomischen Krise später wieder so viel Bedeutung, daß eine Änderung der verfolgten Privatisierungspolitik bewirkt wurde.

Die Tatsache, daß in Polen und Ungarn trotz der weiterhin hohen Budgetdefizite und der hohen Auslandsverschuldung und dem daraus resultierenden Einnahmenbedarf zeitweise nicht konsequent an der verkaufs- und somit erlösorientierten Privatisierungsstrategie festgehalten wurde, ist zunächst nicht mit dem vermuteten Einfluß fiskalischer Zwänge für die Entwicklung von Privatisierungsstrategien kompatibel. Mit Hilfe fiskalischer Restriktionen allein kann der Verlauf der Privatisierungsprozesse also nicht erklärt werden.

In den Fallstudien wurde bereits die Bedeutung der jeweiligen politischen Rahmenbedingungen deutlich hervorgehoben. Dabei wurde davon ausgegangen, daß diese im Transformationsprozeß der einzelnen Länder nicht als zufällig, sondern als Ergebnis des jeweiligen Übergangs vom sozialistischen System in die Transformationsphase zu betrachten sind. Tatsächlich kann dieser Faktor erklären, warum in Polen und Ungarn trotz erheblicher Schieflagen der öffentlichen Haushalte und den davon ausgehenden Problemen nicht an der anfänglich favorisierten Verkaufsstrategie festgehalten wurde.

Wie oben gezeigt, hatte die Blockade der polnischen Privatisierungspolitik in der Zeit bis 1994 ihren Ursprung im wesentlichen in den politischen Institutionen Parlament und Präsidentenamt, wie sie als Folge des Kompromisses zwischen den Sozialisten und der in der *Solidarność* organisierten Opposition zu Beginn des Transformationsprozesses entstanden waren. Durch diesen spezifischen Weg des Übergangs, der relativ unerwartet die erste Reformregierung an die Macht brachte, tat sich zunächst ein *window of opportunity* auf, das die Verabschiedung des Privatisierungsgesetzes mit der darin enthaltenen Verkaufspräferenz ermöglichte. Der unerwartet schnelle Abtritt der sozialistischen Herrscher hatte allerdings auch dazu geführt, daß die durch den Kompromiß entstandenen demokratischen Institutionen noch nicht voll funktionsfähig und mit Schwächen behaftet waren, was dann in der zweiten Phase der polnischen Privatisierung die politische Blockade des Privatisierungsprozesses zur Folge hatte. Im polnischen Fall kann *Starks path of extrication* Hypothese also herangezogen werden, um zu erklären, warum trotz anhaltender fiskalischer Probleme die vom Gesetz her mögliche Verkaufspolitik nicht konsequent durchgesetzt werden konnte.

Auch in Ungarn können die Besonderheiten des Übergangs und deren Folgen für das politische System erklären, warum trotz anhaltender fiskalischer Probleme in der zweiten Phase der Privatisierung die oben beschriebene Wende zum Verschenken stattgefunden hat. Der graduelle Übergang von der letzten sozialistischen zur ersten demokratisch legitimierten Regierung bewirkte, daß der Beginn der Transformation in Ungarn nicht wie in den anderen Ländern als Bruch mit der Vergangenheit aufgefaßt wurde. Im Vergleich zu Polen und der Tschechischen Republik zeichnete sich die politische Situation in Ungarn von Anfang an durch eine gewisse Normalität aus. Auch die Wirtschaftspolitik war von Kontinuität geprägt. Eine erste Folge dieser Kontinuität war, daß die bereits unter den Sozialisten entworfene Privatisierungsstrategie in ihren Grundzügen übernommen wurde. Aufgrund der angespannten Situation bei der Auslandsverschuldung bot sich hierzu auch keine Alternative. Eine weitere Folge dieser Kontinuität war allerdings, daß sich auch bei der Umsetzung wirtschaftspolitischer Programme überkommene Muster durchsetzten. Dringend notwendige Maßnahmen wurden aus Rücksichtnahme auf möglicherweise unpopuläre Folgen nicht konsequent umgesetzt. Dies galt auch für die Privatisierungspolitik, der zwar die Generierung von Staatseinnahmen als ein wichtiges Ziel vorgegeben wurde, das dann aber nicht konsequent verfolgt wurde. Eine klare Leitlinie wurde nicht formuliert und der Erfolg wurde in immer wieder wechselnden Ansätzen gesucht. Nachdem auf diesem Wege nicht die erhofften Einnahmen generiert werden konnten, trat das fiskalische Ziel zunächst in den Hintergrund und mußte einer aus Sicht eines an kurzfristiger Popularität interessierten Politikers attraktiveren verteilungsorientierten Strategie weichen.

Auch in der Tschechoslowakei ist die Wahl der Privatisierungsstrategie durch die besondere Art des Übergangs beeinflußt worden. Als Folge der Absetzung der sozialistischen Regierung im Zuge der tschechoslowakischen Revolution hatten die neuen Machthaber hier einen besonders großen Spielraum. Anders als in Polen, wo die Ausgestaltung wichtiger Institutionen bereits durch den Kompromiß zwischen der alten und der neuen Regierung vorgegeben wurde und anders als in Ungarn, wo sich der Übergang durch Kontinuität in vielen Bereichen auszeichnete, hatten die tschechoslowakischen Reformer die Möglichkeit einer weitreichenden Neugestaltung, die, in Abwesenheit anderer Restriktionen, zur Umsetzung einer innovativen Privatisierungspolitik genutzt werden konnte.

Die Gegenüberstellung der Fallstudien zeigt, daß der jeweils unterschiedliche Beginn der Transformationsphase und die sich daraus ergebenden politischen Konstellationen bei der Suche nach einer Erklärung für die Unterschiede in den Privatisierungsprozessen berücksichtigt werden müssen. In allen drei Ländern wurde der Entscheidungsspielraum bei der Wahl und die Möglichkeit zur Umsetzung der jeweiligen Privatisierungsstrategie von diesem Faktor unverkennbar beeinflußt. Der Vergleich der drei unterschiedlichen Verläufe des Systemwechsels - schrittweiser Übergang mit Abwahl der Sozialisten in Ungarn, Kompromiß in Polen, Revolution in der Tschechoslowakei - legt die Schlußfolgerung nahe, daß der Handlungsspielraum der Reformer um so größer ist, je abrupter der Übergang im politischen System erfolgt. Für Polen und Ungarn, wo mit Hilfe der fiskalischen Variable allein bestimmte Aspekte der Privatisierungspolitik nicht gedeutet werden konnten, verbessert die Heranziehung dieser Variation des *path of extrication*-Arguments die Erklärung, und auch im tschechischen Fall fügt sie sich ins Bild.

8.3. Die Wirkung impliziter Eigentumsrechte

Wie in Kapitel 3 herausgearbeitet wurde, gab es bei der Verteilung der Eigentumsrechte zu Beginn der Transformation große Unterschiede zwischen den drei untersuchten Ländern. In der Tschechoslowakei wurden die Eigentumsrechte im wesentlichen von der staatlichen Planungsbürokratie ausgeübt, während es in Polen und Ungarn im Zuge von Reformversuchen zu einer Diffusion von Eigentumsrechten gekommen war. In Polen übten die Arbeitnehmer wichtige Mitbestimmungsrechte aus, in Ungarn hatten die Unternehmensleitungen relativ großen Einfluß. Die Fallstudien haben gezeigt, wie sehr diese unterschiedlich verteilten impliziten Eigentumsrechte an den „staatseigenen" Unternehmen die Privatisierungspolitik in den jeweiligen Ländern beeinflußt haben. Ebenso wie die im vorigen Abschnitt diskutierten politischen Restriktionen hat die Existenz dieser Eigentumsrechte bewirkt, daß sich die fiskalischen Zielsetzungen der Reformer nicht immer durchsetzen ließen.

Der Vergleich zwischen Polen und Ungarn zeigt, daß zwei Wirkungsmechanismen dieser impliziten Eigentumsrechte unterschieden werden können: Die Einflußnahme auf die grundsätzlichen Privatisierungsentscheidungen einerseits und die Möglichkeit, einzelne Transaktionen innerhalb des Privatisierungsprozesses zum Vorteil der Inhaber dieser Eigentumsrechte auszugestalten andererseits.

In Polen gelang es den Belegschaften der Staatsunternehmen, ihre Eigentumsrechte zu sichern, indem sie Einfluß auf die Privatisierungspolitik ausübten, und so auf die Ausgestaltung der gesetzlichen Regelungen zu ihren Gunsten hinwirken konnten. Während des Privatisierungsprozesses profitierten die Mitarbeiter der einzelnen Unternehmen von diesen grundsätzlichen Entscheidungen, indem sie die informellen Besitzansprüche zu vergünstigten Konditionen in formelle Eigentumsrechte umwandeln konnten. Diese direkte Möglichkeit der Einflußnahme wurde den polnischen Insidern durch ihre starke politische Vertretung ermöglicht und steht somit in direktem Zusammenhang mit dem spezifischen Weg des Übergangs vom sozialistischen System zu Demokratie und Marktwirtschaft.

In Ungarn hingegen verfügte die Gruppe von Insidern, die sich bereits unter dem sozialistischen Regime Eigentumsrechte hatte sichern können, das Management der Staatsunternehmen, über keine direkte politische Repräsentation. Die grundsätzlichen Privatisierungsentscheidungen konnten daher nicht in dem Maße beeinflußt werden wie in Polen. Andererseits kann davon ausgegangen werden, daß die Form von Expertenwissen, die während des Privatisierungsprozesses zum eigenen Vorteil verwendet werden kann, eher bei den Unternehmensleitungen angesiedelt ist als bei den Belegschaften. Da die politischen Entscheidungsträger in Ungarn bei der Privatisierung auf dieses Expertenwissen angewiesen waren, kam den Unternehmensleitungen eine wichtige Schlüsselposition zwischen alten und neuen Eigentümern zu. Diese Position konnten die Manager der Staatsunternehmen bei der Anbahnung und Abwicklung der einzelnen Privatisierungstransaktionen häufig für sich ausnutzen, indem sie selbst Eigentümer der Unternehmen wurden oder auf andere Weise von der Privatisierung profitierten.

Über die Bedeutung der Verteilung der Eigentumsrechte zu Beginn der Transformation für die Wahl der Privatisierungsstrategie und den Verlauf des Privatisierungsprozesses können also zwei Schlüsse gezogen werden: Die Existenz impliziter Eigentumsrechte wird sich nur dann auf die grundsätzlichen Privatisierungsentscheidungen auswirken, wenn die jeweiligen stakeholder über eine starke politische Repräsentation verfügen. Der Verlauf des Privatisierungsprozesses kann entweder aufgrund von Einflußmöglichkeiten, die durch diese grundsätzlichen Regelungen geschaffen wurden (Polen) oder durch Expertenwissen, das eng mit den impliziten Eigentumsrechten verbunden ist, beeinflußt werden (Ungarn).

8.4. Die Interdependenz der Einflußfaktoren

Sowohl die Fallstudien als auch die vergleichende Betrachtung in diesem Kapitel haben deutlich gemacht, daß zwischen den drei zur Erklärung der unterschiedlichen

Privatisierungsverläufe herangezogenen Faktoren ein hohes Maß an Interdependenz besteht. So war zum Beispiel in Polen die Verteilung der Eigentumsrechte am Ausgangspunkt der Transformation eng verknüpft mit der politischen Situation zu diesem Zeitpunkt. Beide Faktoren bewirkten, daß der polnische Privatisierungsprozeß nur langsam vorankam. In Tschechien hat die Interdependenz der Faktoren einen Selbstverstärkungsmechanismus in Gang gesetzt: Die Abwesenheit von Restriktionen zu Beginn der Transformation begünstigte die Wahl einer stark auf dem nahezu freien Transfer von Eigentumsrechten beruhenden Privatisierungsstrategie. Die dadurch begründete Popularität der Regierung führte schnell zu einer politischen Stabilisierung, was die Fortsetzung der einmal gewählten Strategie ermöglichte. In Polen und Ungarn waren sowohl die Verteilung der Eigentumsrechte als auch die bedrohliche Auslandsverschuldung Folgen früherer Reformversuche.

Die bisherige Analyse hat gezeigt, daß mit Hilfe der drei hier betrachteten Variablen die abweichenden Privatisierungsverläufe relativ gut erklärt werden können. Insbesondere aus den Faktoren „fiskalische Zwänge" und „Verteilung der Eigentumsrechte zu Beginn der Transformation" lassen sich gewisse Regelmäßigkeiten ableiten. Auch wenn der Einfluß der drei Faktoren auf den Verlauf der Privatisierungsprozesse in den hier untersuchten Transformationsländern unbestreitbar ist, bleibt es aufgrund der oben beschriebenen Interdependenz der Erklärungsfaktoren und der Komplexität der zu erklärenden Prozesse letzten Endes schwierig, zu eindeutigen Aussagen über Kausalitäten zu kommen.

8.5. Schlußbemerkung

Ziel dieser Arbeit war es, den Zusammenhang zwischen den öffentlichen Finanzen und der Privatisierung in Transformationsländern zu untersuchen. Dabei standen zwei Fragen im Mittelpunkt: Wie hat sich die Privatisierung im Transformationsprozeß auf die öffentlichen Finanzen ausgewirkt und welche Rolle haben fiskalische Motive als Ursache für die Privatisierung in den Transformationsländern gespielt?

Als theoretischer Ausgangspunkt dienten Ansätze der Theorie der Verfügungsrechte und der Ordnungstheorie sowie Untersuchungen zur politischen Ökonomie der Privatisierung in Industrie- und Entwicklungsländern, wo fiskalische Motive stets ein wichtiger Faktor für Privatisierungsentscheidungen waren. Auf Basis dieser Ansätze wurde für die Transformationsländer abgeleitet, daß dort die entscheidende Frage der Privatisierungspolitik nicht lautet *ob*, sondern *wie* privatisiert werden soll und kann. Die unterschiedlichen Möglichkeiten bewegen sich zwischen den Polen „Verkaufen" und „Verschenken". Je nachdem wie die Antwort auf die Frage lautet, ist mit unterschiedlichen Auswirkungen auf die öffentlichen Finanzen zu rechnen. Analog zu den Industrie- und Entwicklungsländern wurden fiskalische Motive der Entscheidungsträger als wesentlicher Faktor für die Wahl der Privatisierungsstrategie angesehen. Als zentrale Hypothese wurde formuliert, daß, je höher der staatliche Einnahmenbedarf aufgrund von Budgetdefiziten oder Auslandsverschuldung ist, desto eher werden Privatisierungsstrategien, in denen der Verkauf von Eigentumsrechten im Vordergrund steht, implementiert werden. Als weitere Restriktionen der Privatisierungsentscheidung wurden eigentumsrechtliche und politische Restriktionen eingeführt.

Die Untersuchung der Privatisierungsprozesse in Polen, Ungarn und der Tschechischen Republik hat gezeigt, daß fiskalische Zwänge tatsächlich ein wichtiger Faktor für die Wahl von Privatisierungsstrategien in Transformationsländern sind. Es wurde allerdings auch deutlich, daß diese Zwänge eben nur ein Faktor sind und daß der tatsächliche Verlauf der Privatisierungsprozesse sich aus dem Zusammenwirken aller drei betrachteten Faktoren ergibt.

Der Vergleich der Ergebnisse der Privatisierungsprozesse hat gezeigt, daß die tatsächlichen Folgen einer bestimmten Privatisierungsstrategie für die öffentlichen Haushalte durchaus im Widerspruch zu den erwarteten oder intendierten Effekten stehen können. So gelang es in Tschechien, trotz einer umfangreichen Restitution und des breit angelegten Voucherprogramms, vergleichsweise hohe Privatisierungserlöse zu erzielen, während in Polen und zunächst auch in Ungarn die verkaufsorientierten Strategien nicht zu den erwünschten Einnahmen führten. Als wichtige Faktoren für die Höhe von Privatisierungserlösen wurden das Ausmaß an Wettbewerb innerhalb des Privatisierungsprozesses sowie die Stabilität des politischen Umfelds herausgearbeitet.

Neben diesen konkreten Ergebnissen hat die Arbeit auch deutlich gemacht, daß die Privatisierung ein mindestens ebenso geeigneter Angriffspunkt zur Untersuchung des sozialen Getriebes ist, wie es *Schumpeter* von den öffentlichen Finanzen behauptet. Es gibt wohl kaum einen Aspekt der Transformation von Wirtschaftssystemen, der die Gesellschaften in den betreffenden Ländern tiefer umgewälzt hat, als die Transformation der Eigentumsordnung.

Anhang

Tabelle 33: Auslandsverschuldung in Polen, Ungarn und der ČSSR/ČR
(in Mrd. US $, Jahresende)

Jahr	Polen	Ungarn	ČSSR/ČR	Polen	Ungarn	ČSSR/ČR
1971	0,8	0,8	0,2	k. A.	k. A.	k. A.
1972	1,2	1,1	0,2	k. A.	k. A.	k. A.
1973	2,2	1,1	0,3	k. A.	k. A.	k. A.
1974	4,1	1,5	0,6	k. A.	k. A.	k. A.
1975	4,1	1,5	0,6	k. A.	k. A.	k. A.
1976	10,7	2,9	1,4	k. A.	k. A.	k. A.
1977	13,5	4,5	2,1	k. A.	k. A.	k. A.
1978	16,9	6,5	2,5	k. A.	k. A.	k. A.
1979	20,2	7,1	3,0	k. A.	k. A.	k. A.
1980	23,6	5,9	3,7	299	118	81
1981	24,7	5,9	3,4	427	120	84
1982	25,7	5,0	3,3	489	102	79
1983	25,3	4,9	2,8	428	99	66
1984	24,1	4,6	2,0	385	93	49
1985	28,6	9,3	1,9	474	210	48
1986	31,8	12,9	3,0	489	287	67
1987	35,3	15,8	4,0	465	297	81
1988	34,1	15,6	4,2	431	274	80
1989	36,5	19,5	5,8	k. A.	k. A.	k. A.
1990	44,0	20,2	4,0	361	231	57
1991	44,8	18,7	7,0	312	157	86
1992	43,1	17,1	7,0	267	124	62
1993	36,5	17,9	5,8	273	157	32
1994	34,1	21,8	6,1	187	200	31
1995	29,2	19,7	3,3	121	136	24
1996	22,9	17,9	8,8	78	102	28
1997	18,2	16,0	10,7	57	70	33

Quellen: Auslandsverschuldung: 1971-85: *Zloch-Christy* (1987), 1986-88: *Zloch-Christy* (1991), 1990-97: *UNECE* (1990-1997), Nettoverschuldung/Exportquote: 1980-88: *Zloch-Christy* (1991), 1990-1997: *UNECE* (1990-1997)

Tabelle 34: Nettoauslandsverschuldung pro Kopf in Polen, Ungarn und der ČSSR (ab 1993 ČR) in US $

Jahr	Polen	Ungarn	ČSSR/ČR
1971	24	77	14
1972	36	106	14
1973	66	106	21
1974	121	143	41
1975	120	142	40
1976	310	274	94
1977	388	420	140
1978	483	607	166
1979	572	664	197
1980	661	551	241
1981	686	551	222
1982	706	467	214
1983	689	438	181
1984	650	429	129
1985	760	877	122
1986	846	1217	192
1987	934	1491	256
1988	900	1472	269
1989	961	1875	371
1990	1155	1942	256
1991	1170	1816	488
1992	1122	1660	448
1993	948	1738	563
1994	883	2137	592
1995	756	1931	320
1996	593	1755	846
1997	470	1584	1038

Quellen: Verschuldungsdaten siehe Tabelle 33, Einwohnerzahlen Polen Ungarn: WIIW-Online Datenbank, Einwohnerzahlen ČSSR/ČR: Statistisches Bundesamt

Tabelle 35: Wechselkurse (Ende des Jahres)

	1989	1990	1991	1992	1993	1994	1995	1996	1997	1998
Forint/US $	62,5	61,5	75,6	84,0	100,7	110,7	139,5	164,9	203,5	219
Kč/US $	14,3	28	27,8	28,9	29,8	28,2	26,7	27,3	34,7	30
Złoty/US $	0,65	0,95	1,10	1,58	2,13	2,44	2,47	2,88	3,52	3,49

Quelle: *EBRD* (1995, 1999)

Literatur

Abromeit, H. (1988), British Privatisation Policy, in: Parliamentary Affairs 41 (1), S. 68-85.

Adam, J. (1989), Economic Reforms in the Soviet Union and Eastern Europe since the 1960s, Basingstoke, Macmillan.

Adam, J. (1995a), The Transition to a Market Economy in Hungary, in: Europe-Asia Studies 47 (6), S. 989-1006.

Adam, J. (1995b), Transition to a Market Economy in the former Czechoslovakia, in: *J. Hausner, B. Jessop* und *K. Nielsen* (Hrsg.), Strategic Choice and Path-Dependency in Post-Socialism, Aldershot, Edward Elgar, S. 193-217.

Aharoni, Y. (1988), The United Kingdom: Transforming Attitudes, in: *R. Vernon* (Hrsg.), The Promise of Privatization, New York, Council on Foreign Relations, S. 23-56.

Alchian, A. A. (1977), Some Economics of Property Rights, in: *A. A. Alchian* (Hrsg.), Economic Forces at Work: Selected Works by Armen A. Alchian, Indianapolis, Liberty Press, S. 127-149.

Alchian, A. A. und *H. Demsetz* (1973), The Property Rights Paradigm, in: Journal of Economic History 33 (1), S. 16-27.

Alt, J. E. und *A. Alesina* (1996), Political Economy: An Overview, in: *R. E. Goodin* und *H.-D. Klingemann* (Hrsg.), A New Handbook of Political Science, New York, Oxford University Press, S. 645-674.

Alt, J. E. und *K. A. Shepsle* (1990), Editors' Introduction, in: *J. E. Alt* und *K. A. Shepsle* (Hrsg.), Perspectives on Positive Political Economy, Cambridge, Cambridge University Press, S. 1-5.

Antal-Mokos, Z. (1998), Privatisation, Politics and Economic Performance in Hungary, Cambridge, Cambridge University Press.

Antczak, M. (1996), Income from the Privatization of State Enterprises in Poland, Hungary and the Czech Republic in 1991-1994, CASE Studies & Analyses 80, Warschau, Center for Social & Economic Research Foundation (CASE).

Appel, H. (1995), Justice and the Reformulation of Property Rights in the Czech Republic, in: East European Politics and Societies 9 (1), S. 22-40.

Ash, T. G. (1990), The Magic Lantern: The Revolution of '89 Witnessed in Warsaw, Budapest, Berlin, and Prague, New York, Random House.

Autorenkollektiv (1981), Sozialistische Finanzwirtschaft, Berlin, Die Wirtschaft.

Baer, W. (1996), Changing Paradigms: Changing Interpretation of the Public Sector in Latin America's Economies, in: Public Choice 88 (3-4), S. 365-379.

Balcerowicz, L. (1989), Polish Economic Reform, 1981-1988: An Overview, in: *UNECE* (Hrsg.), Economic Reforms in the European Centrally Planned Economies, New York, United Nations, S. 42-50.

Balcerowicz, L. (1994), Poland, in: *J. Williamson* (Hrsg.), The Political Economy of Policy Reform, Washington D. C., Institute for International Economics, S. 153-177.

Balcerowicz, L. (1995), The Various Roads to a Private Economy, in: *W. Quaisser, R. Woodward* und *B. Błaszczyk* (Hrsg.), Privatization in Poland and East Germany: A Comparison, München, Osteuropa-Institut München, S. 35-49.

Balcerowicz, L., B. Błaszczyk und *M. Dąbrowski* (1997), The Polish Way to the Market Economy 1989-1995, in: *W. T. Woo, S. Parker* und *J. D. Sachs* (Hrsg.), Economies in Transition: Comparing Asia and Europe, Cambridge (MA), MIT Press, S. 131-160.

Barany, Z. (1995), Hungary, in: *Z. Barany* und *I. Volgyes* (Hrsg.), The Legacies of Communism in Eastern Europe, Baltimore, John Hopkins University Press, S. 177-197.

Barbone, L. und *D. Marchetti* (1995), Transition and the Fiscal Crisis in Central Europe, in: Economics of Transition 3 (1), S. 59-74.

Bartlett, D. (1992), The Political Economy of Privatization: Property Reform and Democracy in Hungary, in: East European Politics and Societies 6 (1), S. 73-118.

Bartlett, D. L. (1996), Democracy, Institutional Change and Stabilisation Policy in Hungary, in: Europe-Asia Studies 48 (1), S. 47-83.

Bartlett, D. (1997), The Political Economy of Dual Transformations: Market Reform and Democratization in Hungary, Ann Arbor, The University of Michigan Press.

Begg, D. (1991), Economic Reform in Czechoslovakia: Should we believe in Santa Klaus?, in: Economic Policy 13, S. 245-286.

Beksiak, J. (1989), Role and Function of the Enterprise in Poland, in: *UNECE* (Hrsg.), Economic Reforms in the European Centrally Planned Economies, New York, United Nations, S. 117-122.

Bender, D. (1988), Entwicklungspolitik, in: *D. Bender* und *H. Berg* (Hrsg.), Vahlens Kompendium der Wirtschaftstheorie und Wirtschaftspolitik, Band II, München, Vahlen, S. 495-537.

Berend, I. T. (1990), The Hungarian Economic Reforms, Cambridge, Cambridge University Press.

Berg, A. (1994), The Logistics of Privatization in Poland, in: *O. J. Blanchard, K. A. Froot* und *J. D. Sachs* (Hrsg.), The Transition in Eastern Europe, Chicago, University of Chicago Press, S. 165-186.

Berglöf, E. und *G. Roland* (1998), Soft Budget Constraints and Banking in Transition Economies, in: Journal of Comparative Economics 26 (1), S. 18-40.

Beyer, J. und *J. Wielgohs* (1998), Path Dependency Approaches and National Differences in Post-Socialist Institution Building: The Case of Large Privatization Policies, Paper presented at the 10th international Conference on Socio-Economics: „Challenges for the Future: Structural Changes and Transformations in Contemporary Societies", July 1998, Vienna.

Bienen, H. und *J. Waterbury* (1989), The Political Economy of Privatization in Developing Countries, in: World Development 17 (5), S. 617-632.

Bingen, D., C. Zbigniew und *H. Machowski* (1996), Polen, in: *W. Weidenfeld* (Hrsg.), Mittel- und Osteuropa auf dem Weg in die Europäische Union, Gütersloh, Verlag Bertelsmann Stiftung, S. 121-142.

Biro, G. (1990), Privatisierung in Ungarn, in: Südosteuropa 39 (11-12), S. 673-685.

Bishop, M. R. und *J. Kay* (1992), Privatization in Western Economies, in: *H. Siebert* (Hrsg.), Privatization, Tübingen, Mohr, S. 193-209.

Blanchard, O. und *R. Layard* (1992), How to Privatize, in: *H. Siebert* (Hrsg.), The Transformation of Socialist Economies, Tübingen, Mohr, S. 27-43.

Blankart, C. B. (1994), Öffentliche Finanzen in der Demokratie, München, Vahlen.

Błaszczyk, B. (1991), Die Kommerzialisierung von Staatsunternehmen und ihr Bezug zur Privatisierung: Ein Resümée der polnischen Diskussion, in: *G. Gutmann, K. C. Thalheim* und *W. Wöhlke* (Hrsg.), Transformation der Eigentumsordnung im östlichen Mitteleuropa, Marburg, Johann-Gottfried-Herder-Institut, S. 103-114.

Błaszczyk, B. (1994), The Progress of Privatization in Poland, in: Moct-Most 4 (2), S. 187-211.

Błaszczyk, B. (1995), Various Approaches to Privatization in Poland, their Implementation and the remaining Privatization Potential, in: *W. Quaisser, R. Woodward* und *B. Błaszczyk* (Hrsg.), Privatization in Poland and East Germany: A Comparison, München, Osteuropa-Institut München, S. 73-110.

Błaszczyk, B. (1996), Privatization and Ownership Transformation in Poland, in: *B. Błaszczyk* und *R. Woodward* (Hrsg.), Privatization in Post-Communist Countries, Warsaw, Center for Social and Economic Research, S. 177-206.

Błaszczyk, B. (1997), Privatization in Poland: Accomplishments, Delays and Things to Do, in: (Hrsg.), Economic Scenarios for Poland, Warsaw, CASE - Centre for Social and Economic Research, S. 43-70.

Błaszczyk, B. und *M. Dąbrowski* (1994), The Privatization Process in Poland, in: *Y. Akyüz, D. J. Kotte, A. Köves* und *L. Szamuely* (Hrsg.), Privatization in the Transition Process: Recent Experience in Eastern Europe, Genf, UNCTAD und Kopint-Datorg, S. 85-117.

Blazyca, G. und *R. Rapacki* (1996), Continuity and Change in Polish Economic Policy: The Impact of the 1993 Election, in: Europe-Asia Studies 48 (1), S. 85-100.

Blue Ribbon Commission (1990), Hungary: In Transformation to Freedom and Prosperity, Indianapolis, Hudson Institute.

BMWi, (Hrsg.) (1996), Wirtschaftslage und Reformprozesse in Mittel- und Osteuropa, Bonn, Bundesministerium für Wirtschaft (BMWi).

BMWi, (Hrsg.) (1997), Wirtschaftslage und Reformprozesse in Mittel- und Osteuropa, Bonn, Bundesministerium für Wirtschaft (BMWi).

BMWi, (Hrsg.) (1999), Wirtschaftslage und Reformprozesse in Mittel- und Osteuropa, Bonn, Bundesministerium für Wirtschaft (BMWi).

Bolton, P. und *G. Roland* (1992), Privatization in Central and Eastern Europe, in: Economic Policy 15, S. 275-303.

Bönker, F. (1997), Why Public Choice has been so silent on the East European Transitions, Some Tentative Speculations, Mimeo, Frankfurt (Oder), Frankfurter Institut für Transformationsstudien.

Bönker, F. (2000), The Political Economy of Fiscal Reform in Eastern Europe: A Comparative Study of Hungary, Poland and the Czech Republic, Cheltenham, Edward Elgar.

Borck, R. (1996), Erhöhen Privatisierungserlöse das Staatsvermögen?, in: Staatswissenschaften und Staatspraxis 7 (4), S. 491-503.

Borish, M. und *M. Noel* (1996), Private Sector Development During Transition, World Bank Discussion Papers 318, Washington D. C., World Bank.

Bornstein, M. (1994), Privatization in Central and Eastern Europe: Techniques, Policy Options and Economic Consequences, in: *L. Csaba* (Hrsg.), Privatization, Liberalization and

Destruction: Recreating the Market in Central and Eastern Europe, Aldershot, Dartmouth, S. 233-258.

Bornstein, M. (1997), Non-Standard Methods in the Privatization Strategies of the Czech Republic, Hungary and Poland, in: Economics of Transition 5 (2), S. 323-338.

Bortolotti, B., M. Fantini, D. Siniscalco und *V. Serena* (1998), Privatisations and Institutions: A Cross-Country Analysis, Mimeo, Turin, Fondatione Eni Enrico Mattei.

Bös, D. (1991), Privatization, Oxford, Oxford University Press.

Boycko, M., A. Shleifer und *R. W. Vishny* (1996), A Theory of Privatization, in: The Economic Journal 106 (1), S. 309-319.

Bratkowski, A. (1995), Macroeconomic Performance, in: *A. Bratkowski* (Hrsg.), Fiscal Policy in Poland under Transition, Warschau, Center for Social and Economic Research (CASE), S. 17-28.

Brusis, M. (1995), Systemtransformation als Entscheidungsprozeß: Eine Politikfeldanalyse zur Privatisierung in Ungarn, Berlin, Berliner Debatte.

Bruszt, L. (1992), Transformative Politics: Social Costs and Social Peace in East Central Europe, in: East European Politics and Societies 6 (1), S. 55-71.

Bruszt, L. und *D. Stark* (1992), Remaking the Political Field in Hungary: From the Politics of Confrontation to the Politics of Competition, in: *I. Banac* (Hrsg.), Eastern Europe in Revolution, Ithaca, Cornell University Press, S. 13-56.

Buchtlíková, A. (1996), Privatization in the Czech Republic, in: B. *Błaszczyk* und *R. Woodward* (Hrsg.), Privatization in Post-Communist Countries, Warschau, Center for Social and Economic Research (CASE), S. 75-102.

Buck, H. (1969b), Technik der Wirtschaftslenkung in kommunistischen Staaten, Coburg, Verlagsanstalt Neue Presse.

Caldwell, B. (1997), Hayek and Socialism, in: Journal of Economic Literature 35 (4), S. 1856-1890.

Campbell, J. L. (1995), Reflections on the Fiscal Crisis in Post Communist States, in: *J. Hausner, B. Jessop* und *K. Nielsen* (Hrsg.), Strategic Choice and Path-Dependency in Post Socialism, Aldershot, Edward Elgar, S. 84-112.

Campos, E. J. und *H. S. Esfahani* (1996), Why and when Do Governments initiate Public Enterprise Reform?, in: The World Bank Economic Review 10 (3), S. 451-85.

Capek, A. und *A. Buchtlíková* (1994), Privatization in the Czech Repuplic: Privatization Strategies and Priorities, in: *Y. Akyüz, D. J. Kotte, A. Köves* und *L. Szamuely* (Hrsg.), Privatization in the Transition Process: Recent Experience in Eastern Europe, Genf, UNCTAD und Kopint-Datorg, S. 247-264.

Ceska, R. (1994), Results of Privatization through 1993: Part 1, in: Privatization Newsletter of the Czech Republic and Slovakia (20), 1-8.

Chand, S. K. und *H. R. Lorie* (1992), Fiscal Policy, in: *V. Tanzi* (Hrsg.), Fiscal Policies in Economies in Transition, Washington D. C., International Monetary Fund, S. 11-35.

Charap, J. und *K. Dyba* (1991), Economic Transformation in Czechoslovakia, in: Osteuropa Wirtschaft 36 (1), S. 35-47.

Chavance, B. (1994), The Transformation of Communist Systems: Economic Reform since the 1950s, Boulder, Westview.

Chesler, C. (1994), Hungarian Privatization: Under Scrutiny, in: Business Central Europe 2 (15), S. 16-18.

Chesler, C. (1994), Little Compensation, in: Business Central Europe 2 (15), S. 63.

Clarke, T. (1993), The Political Economy of the UK Privatization Programme: A Blueprint for other Countries?, in: *T. Clarke* und *C. Pitelis* (Hrsg.), The Political Economy of Privatization, London, Routledge, S. 205-233.

Clarke, T. und *C. Pitelis* (1993), The Political Economy of Privatization, in: *T. Clarke* und *C. Pitelis* (Hrsg.), The Political Economy of Privatization, London, Routledge, S. 1-28.

Collier, D. (1993), The Comparative Method, in: *A. W. Finifter* (Hrsg.), Political Science: The State of the Discipline II, Washington D. C., APSA, S. 106-119.

Comisso, E. (1995), Legacies of the Past or new Institutions?: The Struggle over Restitution in Hungary, in: Comparative Political Studies 28 (2), S. 200-238.

Crane, K. (1991), Institutional Legacies and the Economic, Social, and Political Environment for Transition in Hungary and Poland, in: American Economic Review, AEA Papers and Proceeedings 82 (2), S. 318-322.

Csaba, L. (1995), Hungary and the IMF: The Experience of a Cordial Discord, in: Journal of Comparative Economics 20 (2), S. 211-234.

Csaba, L. (1998), Mitteleuropa auf dem Weg zum EU-Beitritt, in: *H.-J. Wagener* und *H. Fritz* (Hrsg.), Im Osten was Neues. Bonn, Dietz, S. 44-67.

Csáki, G. und *Á. Macher* (1999), The ten Years of Hungarian Privatization (1988-1997), Budapest, SPHC.

Dąbrowski, M. (1992), Interventionist Pressures on a Policy Maker during the Transition to Economic Freedom (Personal Experience), in: Communist Economies and Economic Transformation 4 (1), S. 59-73.

Dallago, B. (1994), Comments on Papers on Hungarian Privatization, in: *Y. Akyüz, D. J. Kotte, A. Köves* und *L. Szamuely* (Hrsg.), Privatization in the Transition Process: Recent Experience in Eastern Europe, Genf, UNCTAD und Kopint-Datorg, S. 391-402.

Delhaes, K. v. (1992), Privatisierung in Polen: Konzeptionen und Realität, in: *H. Leipold* (Hrsg.), Privatisierungskonzepte im Systemwandel, Marburg, Forschungsstelle zum Vergleich Wirtschaftlicher Lenkungssysteme, S. 39-76.

Demsetz, H. (1967), Towards a Theory of Property Rights, in: American Economic Review, Papers and Proceedings 57 (2), S. 347-359.

Deutsche Bundesbank (1997), Monatsbericht Mai 1997, Frankfurt am Main, Deutsche Bundesbank.

Dobek, M. (1993), The Political Logic of Privatization: Lessons from Great Britain and Poland, Westport (Connecticut), Praeger.

Dunleavy, P. (1986), Explaining the Privatization Boom: Public Choice versus Radical Approaches, in: Public Administration 64 (1), S. 13-34.

Earle, J. S., R. Frydman, A. Rapaczynski und *J. Turkewitz* (1994), Small Privatization, Budapest, Central European University Press.

East, R. und *J. Pontin* (1997), Revolution and Change in Central and Eastern Europe, London, Pinter.

EBRD (1994-99), Transition Report (verschiedene Jahrgänge), London, European Bank for Reconstruction and Development (EBRD).

Ellman, M. (1979), Socialist Planning, Cambridge, Cambridge University Press.

Estrin, S. und *R. Stone* (1996), A Taxonomy of Mass Privatization, in: Transition 7 (11-12), S. 6-7.

Eucken, W. (1952/1990), Grundsätze der Wirtschaftspolitik, Tübingen, Mohr.

Fink, G. (1984), Auslandsverschuldung und interne Anpassungsprozesse: Das Beispiel Osteuropas, in: *U. E. Simonis* (Hrsg.), Externe Verschuldung - interne Anpassung: Entwicklungsländer in der Finanzkrise, Berlin, Duncker & Humblott, S. 227-256.

Fletcher, C. E. (1995), Privatization and the Rebirth of Capital Markets in Hungary, Jefferson (NC), London, McFarland.

Frydman, R. und *A. Rapaczynski* (1994), Privatization in Eastern Europe: Is the State Withering Away?, Budapest, London, New York, Central European University Press.

Frydman, R., A. Rapaczynski und *J. S. Earle* (1993a), The Privatization Process in Central Europe, London, Central European University Press.

Frydman, R., A. Rapaczynski und *J. S. Earle* (1993b), The Privatization Process in Russia, Ukraine and the Baltic States, Budapest, CEU Press.

Frydman, R., A. Rapaczynski und *J. Turkewitz* (1997), Transition to a Private Property Regime in the Czech Republic and Hungary, in: *W. T. Woo, S. Parker* und *J. D. Sachs* (Hrsg.), Economies in Transition: Comparing Asia and Europe, Cambridge (MA), London, MIT Press, S. 41-101.

Furubotn, E. und *S. Pejovich* (1972), Property Rights and Economic Theory: A Survey of recent Literature, in: Journal of Economic Literature 10 (4), S. 1137-1162.

Gamble, A. (1988), The free Economy and the strong State: The Politics of Thatcherism, Houndmills, Macmillan.

Gesell, R. und *T. Jost* (1998), The Polish State Enterprise System - An Impediment to Transformation?, in: *W. Jurek* (Hrsg.), From Plan to Market - Selected Problems of the Transition: Proceedings of Łagów 1997, Poznań, Akademia Ekonomiczna w Poznaniu, S. 39-60.

Gesell, R., K. Müller und *D. Süß* (1999), Social Security Reform and Privatization in Poland: Parallel Projects or Integrated Agenda?, in: Osteuropa Wirtschaft 49 (4), S. 428-450.

Gibson, J. G. und *P. A. Watt* (1989), Privatisation versus Poll Tax: A Public Choice Analysis of the Popularity of two Thatcher Flagships, in: Environment and Planning: Government and Policy 7, S. 341-351.

Giersch, H. (1997), Privatization at the End of the Century, Heidelberg, Springer.

Gomulka, S. und *J. Rostowski* (1984), The Reformed Polish Economic System 1982-1983, in: Soviet Studies 36 (3), S. 386-405.

Gomulka, S. und *P. Jasiński* (1994), Privatization in Poland 1989-1993: Policies, Methods and Results, Opera Minora 6, Warschau, Polska Akademia Nauk: Instytut Nauk Ekonomicznych.

Groenewegen, P. (1987), Political Economy and Economics, in: *J. Eatwell, M. Milgate* und *P. Newman* (Hrsg.), The New Palgrave, London, Macmillan, S. 904-7.

Gross, J. T. (1992), Poland: From Civil Society to Political Nation, in: *I. Banac* (Hrsg.), Eastern Europe in Revolution, Ithaca, Cornell University Press, S. 56-71.

Hardt, J. P. (1986), Highlights, in: JEC (Hrsg.), East European Economies: Slow Growth in the 1980's, Selected Papers submitted to the Joint Economic Committee (JEC) of the Congress of the United States, Washington D. C., U.S. Government Printing Office: VII-XIX.

Hartwig, K.-H. und *I. Wellesen* (1991), Reformen der staatlichen Finanzwirtschaft: Zu den neuen Funktionen staatlicher Haushaltspolitik, in: *K.-H. Hartwig* und *H. J. Thieme* (Hrsg.), Transformationsprozesse in sozialistischen Wirtschaftssystemen: Ursachen, Konzepte, Instrumente, Berlin, Springer, S. 331-355.

Hayek, F. A. v. (1935), The present State of the Debate, in: *F. A. v. Hayek* (Hrsg.), Collectivist Economic Planning, London, Routledge & Kegan Paul, S. 201-243.

Hayek, F. A. v. (1937), Economics and Knowledge, in: Economica 17 (1), S. 33-54.

Hayek, F. A. v. (1945), The Use of Knowledge in Society, in: American Economic Review 35 (4), S. 519-530.

Hayek, F. A. v. (1969), Der Wettbewerb als Entdeckungsverfahren, in: *F. A. v. Hayek* (Hrsg.), Freiburger Studien, Tübingen, J. C. B. Mohr (Paul Siebeck), 249-265.

Heinrich, R. P. (1994), Privatisierung in ehemaligen Planwirtschaften: Eine positive Theorie, in: *Bieszcz-Kaiser* (Hrsg.), Transformation - Privatisierung - Akteure: Wandel von Eigentum und Arbeit in Mittel- und Osteuropa, München, Hampp, S. 44-72.

Heinrich, R. P. (1997), Privatization in Estonia and Hungary: Selling out, in: *H. Giersch* (Hrsg.), Privatization at the End of the Century, Berlin, Springer, S. 235-258.

Helbling, C. (1995), Unternehmensbewertung und Steuern, Düsseldorf, IDW-Verlag.

Helm, D. (1992), The Economic Borders of the State, Oxford, Oxford University Press.

Hermann-Pillath, C. (1997), Ökonomische Transformationstheorie: Quo vadis?, in: BIOst (Hrsg.), Der Osten Europas im Prozeß der Differenzierung: Fortschritte und Mißerfolge der Transformation, Carl Hanser, S. 203-214.

Hickley, C. (1994), Not Populist but Popular, in: Business Central Europe 2 (14), S. 16-18.

Hishow, O. (1997), Öffentliche Verschuldung in osteuropäischen Transformationsländern: Ursachen, Folgeprobleme, Lösungsversuche, Berichte des BIOst 49/1997, Köln, Bundesinstitut für ostwissenschaftliche und internationale Studien (BIOst).

Hlaváček, J. und *M. Mejstřík* (1997), The inintial Economic Environment for Privatization, in: *M. Mejstřík* (Hrsg.), The Privatization Process in East-Central Europe: Evolutionary Process of Czech Privatizations, Dordrecht, Kluwer, S. 1-32.

Hoen, H. W. (1998), The Transformation of Economic Systems in Central Europe, Cheltenham, Edward Elgar.

Holmström, B. R. und *J. Tirole* (1989), The Theory of the Firm, in: *R. Schmalensee* und *R. D. Willig* (Hrsg.), Handbook of Industrial Organization, Amsterdam, North Holland, S. 61-133.

Holzer, J. (1996), Polen, in: *W. Weidenfeld* (Hrsg.), Demokratie und Marktwirtschaft in Osteuropa, Bonn, Bundeszentrale für Politische Bildung, S. 133-145.

Hood, C. (1994), Explaining Economic Policy Reversals, Buckingham, Open University Press.

Horcicova (1997), The Old Bad Loans Problem: The Czech Experience, in: Eastern European Economics 35 (2), S. 29-40.

Hrnčíř, M. (1992), The Transition to a Market Economy: Lessons from the Experience of the CSFR, in: *M. Keren* und *G. Ofer* (Hrsg.), Trials of Transition: Economic Reform in the Former Communist Bloc, Boulder, Westview, S. 151-172.

Hunya, G. (1997), Large Privatization, Restructuring and Foreign Direct Investment, in: *S. Zecchini* (Hrsg.), Lessons from the Economic Transition: Central and Eastern Europe in the 1990´s, Dordrecht, Kluwer Academic Publishers, S. 275-299.

Ikenberry, G. J. (1990), The international Spread of Privatization Policies: Inducements, Learning and „Policy Bandwagoning", in: *E. N. Suleiman* und *J. Waterbury* (Hrsg.), The Political Economy of Public Sector Reform and Privatization, Boulder, Westview.

IMF (1996), World Economic Outlook May 1996, Washington D. C., International Monetary Fund.

IMF (1998), World Economic Outlook May 1998, Washington D. C., International Monetary Fund.

IMF-Staff (1995), Eastern Europe: Factors underlying the weakening Performance of Tax Revenues, in: Economic Systems 19 (2), S. 101-124.

Inotai, A. (1992), Experience with Privatization in East Central Europe, in: *H. Siebert* (Hrsg.), Privatization, Tübingen, J. C. B. Mohr (Paul Siebeck), 163-181.

Jasiński, P. (1997), Privatization in the United Kingdom and Poland: The Model and its Transformation, in: *H. Giersch* (Hrsg.), Privatization at the End of the Century, Berlin, Springer, S. 147-173.

Jermakovicz, W. (1996), Models of Mass Privatization, in: *B. Błaszczyk* und *R. Woodward* (Hrsg.), Privatization in Post-Communist Countries, Warschau, Center for Social and Economic Research (CASE), 7-36.

Jones, L. P., *I. Vogelsang* und *P. Tandon* (1991), Public Enterprise Divestiture, in: *G. M. Meier* (Hrsg.), Politics and Policy Making in Developing Countries: Perspectives on the New Political Economy, San Francisco, International Centre for Economic Growth, S. 199-226.

Judt, T. R. (1992), Metamorphosis: The Democratic Revolution in Czechoslovakia, in: *I. Banac* (Hrsg.), Eastern Europe in Revolution, Ithaca, Cornell University Press, S. 96-116.

Kacir, K. (1989), The Enterprise in the New Economic Mechanism of Czechoslovakia, in: *UNECE* (Hrsg.), Economic Reforms in the European Centrally Planned Economies, New York, United Nations, S. 93-102.

Kaiser, P. J. (1995), The Czech Republic: An Assesment of the Transition, in: *J. P. Hardt* und *R. F. Kaufmann* (Hrsg.), East-Central European Economies in Transition: Papers submitted to the Joint Economic Committee of the Congress of the United States, Armonk (NY), Sharpe, S. 506-517.

Kapoor, M. (1997), Hands Off, in: Buisiness Central Europe 5 (31), S. 11-13.

Kawalec, S. (1989), Privatization of the Polish Economy, in: Communist Economies 1 (3), S. 241-256.

Keilhofer, F. K. (1995), Wirtschaftliche Transformation in der Tschechischen Republik und in der Slowakischen Republik, Stuttgart, Gustav Fischer Verlag.

Kikeri, S., *J. Nellis* und *M. Shirley* (1992), Privatization - The Lessons of Experience, Washington D. C., World Bank.

Kiss, Y. (1992), Privtization in Hungary: Two Years Later, in: Soviet Studies 44 (6), S. 1015-1038.

Kiwit, D. (1996), Path-Dependence in Technological and Institutional Change - Some Criticisms and Suggestions, in: Journal des Economistes des Etudes Humaines 7 (1), S. 69-93.

Kloten, N. (1989), Zur Transformation von Wirtschaftsordnungen, in: ORDO 40, S. 99-127.

Klusoň, V. (1991), Entwicklung, Stand und Perspektiven der Formen des Produktionsmitteleigentums in der ČSFR, in: *G. Gutmann, K. C. Thalheim* und *W. Wöhlke* (Hrsg.), Transformation der Eigentumsrechte im östlichen Mitteleuropa, Marburg, J. G. Herder-Institut, S. 59-69.

Kondratowicz, A. und *M. Okolski* (1993), The Polish Economy on the Eve of the Solidarity Take-Over, in: *H. Kierzkowski, M. Okolski* und *S. Wellisz* (Hrsg.), Stabilization and Structural Adjustment in Poland, London, Routledge, S. 7-28.

Korbonski, A. (1995), Poland, in: *Z. Barany* und *I. Volgyes* (Hrsg.), The Legacies of Communism in Eastern Europe, Baltimore, John Hopkins University Press, S. 138-151.

Kornai, J. (1986), The Hungarian Reform Process, in: Journal of Economic Literature 24 (4), S. 1687-1737.

Kornai, J. (1986), The Soft Budget Constraint, in: Kyklos 39, S. 3-30.

Kornai, J. (1989/1990), The Road to a Free Economy, New York, Norton.

Kornai, J. (1992), The Postsocialist Transition and the State: Reflections in the Light of Hungarian Fiscal Problems, in: American Economic Review 82 (2), AEA Papers and Proceedings, S. 1-21.

Kornai, J. (1992), The Socialist System, Princeton (NJ), Princeton University Press.

Kornai, J. (1996), Unterwegs, Marburg, Metropolis.

Kornai, J. (1998), The Place of the Soft Budget Constraint Syndrome in Economic Theory, in: Journal of Comparative Economics 26 (1), S. 11-17.

Kost, M. (1994), Analyse der Industrieprivatisierung in Polen, Ungarn und der CSFR, Frankfurt am Main, Peter Lang.

Kosta, J. (1994), Die Transformation des Wirtschaftssystems in der Tschechoslowakei, in: *C. Hermann-Pillath, O. Schlecht* und *H. F. Wünsche* (Hrsg.), Marktwirtschaft als Aufgabe: Wirtschaft und Gesellschaft im Übergang vom Plan zum Markt, Stuttgart, Gustav Fischer Verlag, S. 153-180.

Kotrba, J. und *J. Svejnar* (1994), Rapid and Multifaceted Privatization: Experience of the Czech and Slovak Republics, in: Moct-Most 4 (2), S. 147-185.

Krecz, T. (1995), Hungarian Politics: Musical Chairs: in: Business Central Europe 3 (19), S. 14.

Krüsselberg, H.-G. (1983), Property Rights: Theorie und Wohlfahrtsökonomik, in: *A. Schüller* (Hrsg.), Property Rights und ökonomische Theorie, München, Vahlen, S. 45-77.

Kubin, J. und *Z. Tůma* (1997), Fiscal Impact of Privatization and Fiscal Policy, in: *M. Mejstřík* (Hrsg.), The Privatization Process in East-Central Europe, Norwell (MA), Kluwer, S. 125-144.

Lagemann, B., W. Friedrich, R. Döhrn, A. Brüstle, N. Heyl, M. Puxi und *F. Welter* (1994), Aufbau mittelständischer Strukturen in Polen, Ungarn, der Tschechischen Republik und der Slowakischen Republik, Untersuchungen des Rheinisch-Westfälisches Instituts für Wirtschaftsforschung (RWI), Essen, RWI.

Lal, D. (1987), The Political Economy of Economic Liberalization, in: The World Bank Economic Review 1 (2), S. 273-299.

Lavoie, D. (1985), Rivalry and Central Planning, Cambridge, Cambridge University Press.

Lawrence, P. (1993), Selling off the State: Privatization in Hungary, in: *T. Clarke* und *C. Pitelis* (Hrsg.), The Political Economy of Privatization, London, Routledge, S. 391-409.

Lee, S. (1995), Dashed Hopes, in: Business Central Europe 3 (18), S. 15-16.

Lee, S. (1997), Hungary's Privatization Capers: Horn blows his own, in: Buisiness Central Europe 5 (37), S. 20-22.

Leipold, H. (1983), Der Einfluß von Property Rights auf hierarchische und marktliche Transaktionen in sozialistischen Wirtschaftssystemen, in: *A. Schüller* (Hrsg.), Property Rights und ökonomische Theorie, München, Vahlen.

Leipold, H. (1993), Alternative Privatisierungs- und Sanierungsmethoden in Mittel- und Osteuropa, in: *H. J. Thieme* (Hrsg.), Privatisierungsstrategien im Systemvergleich, Berlin, Duncker und Humblot, S. 13-40.

Lewandowski, J. (1994), The Political Struggle over Mass Privatisation in Poland, Economic Transformation 46, Danzig, Danziger Institut für Marktwirtschaft.

Lewandowski, J. (1995), An Overview of the Polish Privatization Process, in: *G. Blazyca* und *J. M. Dąbrowski* (Hrsg.), Monitoring Economic Transition: The Polish Case, Aldershot, Avebury, S. 86-101.

Lewandowski, J. und *J. Szomburg* (1989), Property Reform as a Basis for Social and Economic Reform, in: Communist Economies 1 (3), S. 257-269.

Li, D. D. und *L. Minsong* (1998), Causes of the Soft Budget Constraint: Evidence on three Explanations, in: Journal of Comparative Economics 28 (1), S. 104-116.

Lipton, D. und *J. Sachs* (1990a), Creating a Market Economy in Eastern Europe: The Case of Poland, in: Brookings Papers on Economic Activity (1), S. 75-147.

Lipton, D. und *J. Sachs* (1990b), Privatization in Eastern Europe: The Case of Poland, in: Brookings Papers on Economic Activity (2), S. 293-341.

López-de-Silanes, F. (1997), What Factors determine Auction Prices in Privatization?, in: Quarterly Journal of Economics 112 (4), S. 965-1025.

López-de-Silanes, F., A. Shleifer und *R. W. Vishny* (1997), Privatization in the United States, in: RAND Journal of Economics 28 (3), S. 447-471.

Lowitzsch, J. (1993), Wege zur Privatisierung in Polen, Berlin, Berlin Verlag Arno Spitz.

Ludányi, A. (1996), A brief Overview of Hungarian Privatization (1990-1996), in: *B. Błaszczyk* und *R. Woodward* (Hrsg.), Privatization in Post-Communist Countries, Warschau, Center for Social and Economic Research (CASE), S. 123-152.

Major, I. (1994), The Constraints on Privatization in Hungary: Insufficient Demand or Inelastic Supply?, in: Moct-Most 4 (2), S. 107-145.

Major, I. (1994), From Credit Vouchers to the Small Investors Share-Purchase Program, in: Acta Oeconomica 44 (3-4), S. 253-266.

Mansoor, A. M. (1993), Budgetary Impact of Privatization, in: *M. I. Blejer* und *A. Cheasty* (Hrsg.), How to Measure the Fiscal Deficit, Washington D. C., IMF, S. 345-362.

Marer, P. (1986), Economic Policies and Systems in Eastern Europe and Yugoslavia: Commonalities and Differences, in: *JEC* (Hrsg.), East European Economies: Slow Growth in the 1980's, Selected Papers submitted to the Joint Economic Committee (JEC) of the Congress of the United States, Washington D. C., US Government Printing Office, S. 595-633.

Marer, P. (1995), Hungary During 1988-1994: A Political Economy Assesment, in: J. P. Hardt und R. F. *Kaufman* (Hrsg.), East European Economies in Transition, Papers submitted to the Joint Economic Committee of the Congress of the United States, Armonk, Sharpe, S. 480-505.

Maskin, E. S. (1992), Auctions and Privatization, in: *H. Siebert* (Hrsg.), Privatization, Tübingen, Mohr, S. 115-136.

Mayer, C. und *T. Jenkinson* (1988), The Privatization Process in France and the UK, in: European Economic Review 32, S. 482-490.

Mayer, C. P. und *S. A. Meadowcroft* (1985), Selling Public Assets: Techniques and Financial Implications, in: Fiscal Studies 6, S. 42-56.

Mazur, M., T. Dolegowski, J. Suchnicki und *I. Mitroczuk* (1994), Privatization in Poland, in: *D. A. Rondinelli* (Hrsg.), Privatization and Economic Reform in Central Europe, Westport, Connecticut, Quorum Books, S. 175-208.

McAuley, A. (1993), The Political Economy of Privatisation, in: *L. Somogyi* (Hrsg.), The Political Economy of the Transition Process in Eastern Europe, Aldershot, Edward Elgar, S. 189-207.

Meaney, C. S. (1995), Foreign Experts, Capitalists, and Competing Agendas, in: Comparative Political Studies 28 (2), S. 275-305.

Mejstřík, M. (1994), Second Wave of Voucher Privatization is over, in: The Privatization Newsletter of the Czech Republic and Slovakia (29), S. 1-8.

Mejstřík, M. (1997a), Privatization in the Czech Republic and Russia: The Voucher Model, in: *H. Giersch* (Hrsg.), Privatization at the End of the Century, Berlin, Springer, S. 199-233.

Mejstřík, M. (1997b), Case by Case or Mass Privatization, in: *M. Mejstřík* (Hrsg.), The Privatization Process in East-Central Europe: Evolutionary Process of Czech Privatizations, Dordrecht, Kluwer, S. 55-63.

Mejstřík, M. (1997c), Large Privatization: Theory and Practice, in: *M. Mejstřík* (Hrsg.), The Privatization Process in East-Central Europe, Dordrecht, Kluwer, S. 55-124.

Mejstřík, M. (1997d), Experiences and Results of Privatization and Transition: The Czech Republic, Mimeo, Prag, Karls-Universität.

Mejstřík, M. und *J. Burger* (1994), Privatization in Practice: Czechoslovakia's Experience from 1989 to Mid 1992, in: *D. A. Rondinelli* (Hrsg.), Privatization and Economic Reform in Central Europe, Westport, Connecticut, Quorum Books, S. 135-157.

Mejstřík, M., R. Laštovička und *A. Marcinčin* (1997), Voucher Privatization, Ownership Structures, and Emerging Capital Market in the Czech Republic, in: *M. Mejstřík* (Hrsg.), The Privatization Process in East-Central Europe: Evolutionary Process of Czech Privatizations, Dordrecht, Kluwer, S. 64- 92.

Mellerowicz, K. (1956), Der Wert der Unternehmung als Ganzes, Essen, Giradet.

Merkel, W. (1998), Regierungssystem und Gewaltenteilung in Osteuropa, in: *H.-J. Wagener* und *H. Fritz* (Hrsg.), Im Osten was Neues, Bonn, Dietz, S. 143-171.

Mertlík, P. (1995a), Czech Privatization: From Public Ownership to Public Ownership in Five Years?, in: Prague Economic Papers (4), S. 321-336.

Mertlík, P. (1995b), Transformation of the Czech and Slovak Economies 1990-92: Design, Problems, Costs, in: *J. Hausner, B. Jessop* und *K. Nielsen* (Hrsg.), Strategic Choice and Path-Dependency in Post-Socialism, Aldershot, Edward Elgar, S. 218-229.

Mertlík, P. (1996), Czech Industry: Organizational Structure, Privatization and their Consequences for its Performance, in: EMERGO 3 (1), S. 92-104.

Meth-Cohn, D. (1994), Leveraged Transformation, in: Business Central Europe 2 (12), S. 15-18.

Meyer, W. (1983), Entwicklung und Bedeutung des Property Rights Ansatzes in der National-ökonomie, in: *A. Schüller* (Hrsg.), Property Rights und ökonomische Theorie, München, Vahlen, S. 1-44.

Mihályi, P. (1993), Hungary: A unique Approach to Privatisation: Past, Present, and Future, in: I. *P. Székely* und *D. M. G. Newbery* (Hrsg.), Hungary: An Economy in Transition, Cambridge, Cambridge University Press, S. 84-117.

Mihályi, P. (1994a), Common Patterns and Particularities in Privatisation: A Progress Report on the Transition Economies, in: Acta Oeconomica 48 (1-2), S. 27-62.

Mihályi, P. (1994b), Privatization in Hungary: An Overview, in: *Y. Akyüz, D. J. Kotte, A. Köves* und *L. Szamuely* (Hrsg.), Privatization in the Transition Process: Recent Experience in Eastern Europe, Genf, UNCTAD und Kopint-Datorg.

Mihályi, P. (1996), Privatisation in Hungary: Now comes the „Hard Core", in: Communist Economies and Economic Transformation 8 (2), S. 205-217.

Mihályi, P. (1997), On the quantitative Aspects of Hungarian Privatization, in: Comparative Economic Studies 39 (2), S. 72-93.

Mihályi, P. (2000), Corporate Governance during and after Privatisation: The Lessons from Hungary, in: *E. Rosenbaum, F. Bönker* und *H.-J. Wagener* (Hrsg.), Privatization, Corporate Governance and the Emergence of Markets, Basingstoke, Macmillan, S. 139-54.

Mises, L. v. (1920), Die Wirtschaftsrechnung im sozialistischen Gemeinwesen, in: Archiv für Sozialwissenschaft und Sozialpolitik 47, S. 86-121.

Mises, L. v. (1981/1935/1922), Die Gemeinwirtschaft: Untersuchungen über den Sozialismus, München, Philosophia.

Mizsei, K. (1992), Privatization in Eastern Europe: A comparative Study of Poland and Hungary, in: Soviet Studies 44 (2), S. 283-296.

Mizsei, K., M. Mora und *G. Csaki* (1994), Experiences with Privatization in Hungary: The early Transition Period, in: *D. A. Rondinelli* (Hrsg.), Privatization and Economic Reform in Central Europe, Westport (Conn), Quorum Books, S. 41-67.

Mládek, J. (1993), The different Paths of Privatization: Czechoslovakia 1990-92, in: *J. S. Earle, R. Frydman* und *A. Rapaczynski* (Hrsg.), Privatization in the Transition to a Market Economy, London, Pinter, S. 121-146.

Mládek, J. (1997), Initialization of Privatization through Restitution and Small Privatization, in: *M. Mejstřík* (Hrsg.), The Privatization Process in East-Central Europe: Evolutionary Process of Czech Privatizations, Dordrecht, Kluwer, S. 45-54.

Mohlek, P. (1992), Diskussion über polnischen Solidarpakt, in: Wirtschaft und Recht in Osteuropa (9), S. 305.

Mohlek, P. (1996), Privatisierung von Staatsunternehmen in Polen, in: Osteuropa Recht 42 (4), S. 312-346.

Mohlek, P. (1997a), Die Privatisierung von Staatsunternehmen in Polen, Berlin, Berlin Verlag Arno Spitz.

Mohlek, P. (1997b), Einführungsbemerkungen zum neuen polnischen Privatisierungrecht vom 30.8. 1996, in: Wirtschaftsrecht der osteuropäischen Staaten, 45. Lieferung (März 1997), S. 1-32.

Móra, M. (1991), The (Pseudo-) Privatization of State-Owned Enterprises: Changes in Organizational and Proprietary Forms 1987-1990, in: Acta Oeconomica 43 (1-2), S. 37-58.

Mueller, D. (1989), Public Choice II, Cambridge (NY), Cambridge University Press.

Myant, M. (1993), Transforming Socialist Economies, Aldershot, Edward Elgar.

Nellis, J. (1999), Time to rethink Privatization in Transition Economies?, International Finance Corporation Discussion Paper 38, Washington D. C., World Bank.

Newbery, D. M. (1991), Reform in Hungary: Sequencing and Privatisation, in: European Economic Review 35, S. 571-580.

Newbery, D. M. (1997), The Budgetary Impact of Privatization, in: *M. I. Blejer* und *T. Ter-Minassian* (Hrsg.), Fiscal Policy and Economic Reform, London, New York, Routledge, S. 9-31.

Nielsen, K., B. Jessop und *J. Hausner* (1995), Institutional Change in Post-Socialism, in: *J. Hausner, B. Jessop* und *K. Nielsen* (Hrsg.), Strategic Choice and Path-Dependency in Post Socialism, Aldershot, Edward Elgar.

Nuti, D. M. (1992), Privatization in Hungary, in: *M. Keren* und *G. Ofer* (Hrsg.), Trials of Transition: Economic Reform in the former Communist Bloc, Boulder, Westview, S. 193-202.

o.V. (1999), Der Banken langer Abschied vom Sozialismus: Tschechiens Geldinstitute im Zentrum eines Malaise, in: Neue Zürcher Zeitung 29./30. Mai 1999, S. 12.

Oblath, G. (1993), Hungary's Foreign Debt: Controversies and Macroeconomic Problems, in: *I. P. Székely* und *D. M. G. Newbery* (Hrsg.), Hungary: An Economy in Transition, Cambridge, Cambridge University Press, S. 193-223.

OECD (1991a), Economic Surveys: Hungary, Paris, OECD.

OECD (1991b), Economic Surveys: Czech and Slovak Federal Republic, Paris, OECD.

OECD (1992), Wirtschaftsberichte: Polen, Paris, OECD.

OECD (1993), Economic Surveys: Hungary, Paris, OECD.

OECD (1994a), Economic Surveys: The Czech and Slovak Republics, Paris, OECD.

OECD (1994b), Economic Surveys: Poland, Paris, OECD.

OECD (1996a), Economic Surveys: Poland, Paris, OECD.

OECD (1996b), Economic Surveys: Czech Republic, Paris, OECD.

OECD (1997), Economic Surveys: Hungary, Paris, OECD.

OECD (1998a), Economic Surveys: Poland, Paris, OECD.

OECD (1998b), Economic Surveys: Czech Republic, Paris, OECD.

Olson, M. (1965), The Logic of Collective Action, Cambridge, Harvard University Press.

Olszewski, D., G. Pruban, M. Pawlica, P. Nojszewki und *S. Miroslawa* (1993), Chronology of Economic and Political Events 1989-91, in: *H. Kierzkowski, M. Okolski* und *S. Wellisz* (Hrsg.), Stabilization and Structural Adjustment in Poland, London, Routledge, S. 255-291.

Osers, J. (1990), Die programmatischen Vorstellungen des Prager Demokratisierungsprozesses von 1989, in: Osteuropa Wirtschaft 35 (2), S. 105-116.

Papp, B. (1994), Political Yo-Yo, in: Business Central Europe 2 (10), S. 22.

Pejovich, S. (1995), Economic Analysis of Institutions and Systems, Dordrecht, Kluwer.

Pejovich, S. (1998), Economic Analysis of Institutions and Systems, Dordrecht, Kluwer.

Peters, M. (1995), Die Warschauer und die Budapester Börse im Vergleich, in: WiSt 24 (7), S. 369-71.

Petsche, A. (1996), Privatisierung in Ungarn: Entwicklung, Stand und Perspektiven, in: Recht in Ost und West 40 (3), S. 69-80.

Picot, A. und *T. Kaulmann* (1985), Industrielle Großunternehmen in Staatseigentum aus verfügungsrechtlicher Sicht: Theoretische Aussagen und empirischer Befund, in: Schmalenbachs Zeitschrift für betriebswirtschaftliche Forschung 11, S. 956-979.

Posner, M. V. (1987), Nationalization, in: *J. Eatwell, M. Milgate* und *P. Newman* (Hrsg.), The New Palgrave, Basingstoke, Macmillan, S. 594-597.

Rapacki, R. (1995), Privatization in Poland, in: Comparative Economic Studies 37 (1), S. 57-75.

Richter, R. und *E. Furubotn* (1996), Neue Institutionenökonomik, Tübingen, Mohr.

Riecke, W. (1993), Managing Foreign Debt and Monetary Policy During Transformation, in: *I. P. Székely* und *D. M. G. Newbery* (Hrsg.), Hungary: An Economy in Transition, Cambridge, Cambridge University Press, S. 224-230.

Röpke, J. (1983), Handlungsrechte und wirtschaftliche Entwicklung, in: *A. Schüller* (Hrsg.), Property Rights und ökonomische Theorie, München, Vahlen, S. 111-144.

Rosenbaum, E., F. Bönker und *H.-J. Wagener* (2000), Privatization, Corporate Governance and the Emergence of Markets, Basingstoke, Macmillan.

Sárközy, T. (1996), Grundzüge des neuen ungarischen Privatisierungsgesetzes, in: Osteuropa Recht 42 (1), S. 1-17.

Sartori, G. (1991), Comparing and Miscomparing, in: Journal of Theoretical Politics 3 (3), S. 243-257.

Schaffer, M. E. (1998), Do Firms in Transition Economies have Soft Budget Constraints?, in: Journal of Comparative Economics 28 (1), S. 80-103.

Schmidt, K. M. (1997), The Political Economy of Mass Privatization and the Risk of Expropriation, CEPR Discussion Paper 1542, London, Centre for Economic Policy Research (CEPR).

Schmidt, K. M. und *M. Schnitzer* (1997), Methods of Privatization: Auctions, Bargaining and Giveaways, in: *H. Giersch* (Hrsg.), Privatization at the End of the Century, Berlin, Springer, S. 97-133.

Schönfelder, B. (1991), An Optimal Taxation Approach to Privatization, in: Communist Economies and Economic Transformation 3 (3), S. 299.

Schüller, A. (1982), Die Verschuldungskrise Polens als Ordnungsproblem, in: ORDO 33, S. 3-38.

Schüller, A. (1992), Ansätze einer Theorie der Transformation, in: ORDO 43, S. 35-63.

Schüller, A. und *H.-G. Krüsselberg* (1992), Grundbegriffe zur Ordnungstheorie und Politischen Ökonomik, Arbeitsberichte zum Systemvergleich, Marburg, Forschungsstelle zum Vergleich Wirtschaftlicher Lenkungssysteme.

Schumpeter, J. A. (1918/1953), Die Krise des Steuerstaates, in: *J. A. Schumpeter* (Hrsg.), Aufsätze zur Soziologie, Tübingen, Mohr, S. 1-71.

Siegmund, U. (1997), Warum Privatisierung?, Kieler Arbeitspapiere 785, Kiel, Institut für Weltwirtschaft.

Simpson, P. (1996), Ministerial Reshuffle: Peasants Revolt, in: Business Central Europe 4 (36), S. 23.

Sinn, G. und *H.-W. Sinn* (1993), Kaltstart, München, C. H. Beck.

Smith, A. (1776/1789/1978), Der Wohlstand der Nationen, München, Deutscher Taschenbuch Verlag.

Somogyi, L. und *A. Török* (1993), Property Rights, Competition Policy, and Privatisation in the Transition from Socialism to Market Economy, in: *L. Somogyi* (Hrsg.), Political Economy of the Transition, Aldershot, Edward Elgar, S. 208-226.

Stark, D. (1992), Path Dependence and Privatization Strategies in East Central Europe, in: East European Politics and Societies 6 (1), S. 54.

Stark, D. (1998), The Privatization Debate: From Plan to Market or from Plan to Clan?, in: *D. Stark* und *L. Bruszt*: Postsocialist Pathways, Cambridge, Cambridge University Press, S. 51-79.

Stark, D. und *L. Bruszt* (1998), Postsocialist Pathways: Transforming Politics and Property in East Central Europe, Cambridge, Cambridge University Press.

Stepanek, P., M. Horcicova, V. Karmenickova, V. Uldrichova und *D. Vaskova* (1995), Fiscal Policy in the Czech Republic under Transition, CASE Studies and Analyses 51, Warschau, Centre for Social and Economic Research (CASE).

Stiglitz, J. E. (1989), The Economic Role of the State, in: *A. Heertje* (Hrsg.), The Economic Role of the State, Oxford, Basil Blackwell, S. 9-85.

Stiglitz, J. E. (1994), Wither Socialism?, Cambridge (MA), MIT Press.

Stokes, G. (1993), The Walls Came Tumbling Down: The Collapse of Communism in Eastern Europe, New York, Oxford University Press.

Süß, D. (1997a), Conflicting Aims of Privatization, in: *M. Sławińska* (Hrsg.), From Plan to Market, Poznań, Akademia Ekonomiczna w Poznaniu, S. 97-108.

Süß, D. (1997b), Privatisierung in Polen, der Tschechischen Republik und Ungarn: Das Erlösparadoxon und seine Auflösung, FIT Discussion Papers 15/97, Frankfurt (Oder), Frankfurter Institut für Transformationsstudien.

Süß, D. (1998), Fiscal Effects of Privatization: A Comparative Study of Poland, the Czech Republic and Hungary, in: Economic Systems 22 (3), S. 305-309.

Süß, D. (2000), Fiscal Aspects of Privatization: The Paradox of Privatization Revenues, in: *E. Rosenbaum, F. Bönker* und *H.-J. Wagener* (Hrsg.), Privatization, Corporate Governance and the Emergence of Markets, Basingstoke, Macmillan.

Svejnar, J. (1989), A Framework for the Economic Transformation of Czechoslovakia, in: PlanEcon Report 5 (52).

Swaan, W. und *M. Lissowska* (1992), Economic Reforms and the Evolution of Enterprise Behaviour in Hungary and Poland During the 1980s, Leuven Institute for Central and East European Studies Working Paper 4/1992, Leuven, Leuven Institute for Central and East European Studies.

Szomburg, J. (1993), The Decision-Making Structure of Polish Privatization, in: *J. S. Earle, R. Frydman* und *A. Rapaczynski* (Hrsg.), Privatization in the Transition to a Market Economy, London, Pinter, S. 75-107.

Szomburg, J. (1995), The Political Constraints on Polish Privatization, in: *G. Blazyca* und *J. M. Dąbrowski* (Hrsg.), Monitoring Economic Transition, Aldershot, Avebury, S. 75-85.

Tamowicz, P. (1993), Small Privatization in Poland: An Inside View, in: *J. S. Earle, R. Frydman* und *A. Rapaczynski* (Hrsg.), Privatization in the Transition to a Market Economy, London, Pinter, S. 171-183.

Tardos, M. (1989), The Blueprint of Economic Reforms in Hungary, in: *UNECE* (Hrsg.), Reforms in the European Centrally Planned Economies, New York, United Nations, S. 38.

Teichova, A. (1988), Wirtschaftsgeschichte der Tschechoslowakei, Wien, Böhlau.

Tomlinson, J. (1990), Hayek and the Market, London, Pluto Press.

Turek, O. (1994), Interconnection between Macroeconomic Policies and Privatization: The Case of the Czech Republic, in: *Y. Akyüz, D. J. Kotte, A. Köves* und *L. Szamuely* (Hrsg.), Privatization in the Transition Process: Recent Experience in Eastern Europe, Genf, UNCTAD und Kopint-Datorg, S. 265-277.

Tycner, J. (1996), Fragen voller Rätsel: Die Polen sollen über den Kurs bei der Privatisierung abstimmen, in: DIE ZEIT 16, Februar 1996.

Ulrich, R. (1995), Das Ungewißheitsproblem bei Unternehmensbewertungen in den neuen Bundesländern, München, VVF.

UNECE (1990-1997), Economic Bulletin for Europe (verschiedene Jahrgänge) New York, United Nations.

Urbán, L. (1993), The Role and Impact of the Legislature in Hungary's Privatization, in: *J. S. Earle, R. Frydman* und *A. Rapaczynski* (Hrsg.), Privatization in the Transformation to a Market Economy, London, Pinter, S. 108-120.

Valenta, F. (1989), Framework of Economic Reform in Czechoslovakia, in: *UNECE* (Hrsg.), Economic Reforms in the European Centrally Planned Economies, New York, United Nations, S. 20-27.

Van Brabant, J. M. (1994), The Hobbled Transition: Mined Privatization Paths in the East, in: *Y. Akyüz, D. J. Kotte, A. Köves* und *L. Szamuely* (Hrsg.), Privatization in the Transition Process: Recent Experience in Eastern Europe, Genf, UNCTAD und Kopint-Datorg, S. 61-82.

Vernon, R. (1981), Introduction, in: *R. Vernon* und *Y. Aharoni* (Hrsg.), State Owned Enterprise in the Western Economies, New York, St. Martin's Press, S. 7-22.

Vernon, R. (1988), Introduction: The Promise and the Challenge, in: *R. Vernon* (Hrsg.), The Promise of Privatization, New York, Council on Foreign Relations, S. 1-22.

Vernon, R. und *Y. Aharoni,* (Hrsg.) (1981), State-Owned Enterprise in the Western Economies, New York, St. Martin's Press.

Vickers, J. und *G. Yarrow* (1988), Privatization: An Economic Analysis, Cambridge (MA), London, MIT Press.

Vining, A. R. und *A. E. Boardman* (1992), Ownership versus Competition: Efficiency in Public Enterprise, in: Public Choice 73 (2), S. 205-239.

Viola, M. R. (1996), Reputationsbildung und Auslandskapital: Entwicklung der Transformationsländer Ungarn und Polen, Wiesbaden, Gabler.

Voszka, É. (1993), Escaping from the State - Escaping to the State: Managerial Motivation and Strategies in Changing the Ownership Structure in Hungary, in: *L. Somogyi* (Hrsg.), Political Economy of the Transition, Aldershot, Edward Elgar.

Voszka, É. (1993), Spontaneous Privatization in Hungary, in: *J. S. Earle, R. Frydman* und *A. Rapaczynski* (Hrsg.), Privatization in the Transformation to a Market Economy, London, Pinter, S. 89-107.

Voszka, É. (1993), Variations on the Theme of Self-Privatization, in: Acta Oeconomica 45 (3-4), S. 301-318.

Voszka, É. (1994), From Renationalisation to Redistribution?, in: *Y. Akyüz, D. J. Kotte, A. Köves* und *L. Szamuely* (Hrsg.), Privatization in the Transition Process: Recent Experience in Eastern Europe, Genf, UNCTAD und Kopint-Datorg.

Wagener, H.-J. (1979), Zur Analyse von Wirtschaftssystemen, Berlin, Springer.

Wagener, H.-J. (1996), Privateigentum und Unternehmenskontrolle in Transformationswirtschaften, in: *D. Cassel* (Hrsg.), Institutionelle Probleme der Systemtransformation, Berlin, Duncker & Humblot, S. 165-188.

Wagener, H.-J. (1997), Transformation als historisches Phänomen, in: Jahrbuch für Wirtschaftsgeschichte 2, S. 179-91.

Wagner, A. (1894), Grundlegung der politischen Ökonomie, Zweiter Teil: Volkswirtschaft und Recht, besonders Vermögensrecht, Leipzig, Winter.

Waterbury, J. (1993), Exposed to innumerable Delusions, Cambridge (NY), Cambridge University Press.

Wellisz, S., M. Iwanek und *M. Bednarski* (1993), Privatization, in: *H. Kierzkowski, M. Okolski* und *S. Wellisz* (Hrsg.), Stabilization and Structural Adjustment in Poland, London, Routledge, S. 171-187.

Winiecki, J. (1992), The Political Economy of Privatization, in: *H. Siebert* (Hrsg.), Privatization, Tübingen, Mohr, S. 71-90.

Winiecki, J. (1996), Foreign Investment in Eastern Europe: Expectations, Trends, Policies, FIT Discussion Papers 3/96, Frankfurt (Oder), Frankfurter Institut für Transformationsstudien.

Winters, L. A. und *R. Portes* (1993), Foreign Debt and Monetary Policy: Discussion, in: *I. P. Székely* und *D. M. G. Newbery* (Hrsg.), Hungary: An Economy in Transition, Cambridge, Cambridge University Press, S. 231-235.

Wöhe, G. (1986), Einführung in die Allgemeine Betriebswirtschaftslehre, München, Vahlen.

Wolchik, S. L. (1995), The Czech Republic and Slovakia, in: *Z. Barany* und *I. Volgyes* (Hrsg.), The Legacies of Communism in Eastern Europe, Baltimore, John Hopkins University Press, S. 152-176.

Woodward, R. (1995), Management-Employee Buyouts in Poland and the former GDR: A Comparison, in: *W. Quaisser, R. Woodward* und *B. Błaszczyk* (Hrsg.), Privatization in

Poland and East Germany: A Comparison, München, Osteuropa-Institut München, S. 329-340.

World Bank (1996), From Plan to Market, Oxford, World Bank.

Wright, V. (1994), Industrial Privatization in Western Europe: Pressures, Problems and Paradoxes, in: *V. Wright* (Hrsg.), Privatization in Western Europe, London, Pinter Publishers, S. 1-43.

Zank, N. S. (1991), Perspectives on Privatization in LDCs: Encouraging Economic Growth and Efficiency, in: *A. F. Ott* und *K. Hartley* (Hrsg.), Privatization and Economic Efficiency: A Comparative Analysis of Developed and Developing Countries, Aldershot, Edward Elgar, S. 163-183.

Ziemer, K. (1993), Probleme des politischen Systemwechsels der Republik Polen: Eine Zwischenbilanz nach drei Jahren, in: Jahrbuch für Politik 3 (1), S. 93-123.

Ziener, M. (1996), Die Grenzen der Verschuldung: Zahlungskrise und Reformen in Polen, Frankfurt (Main), Lang.

Zimmermann, H. und *K.-D. Henke* (1990), Einführung in die Finanzwissenschaft, München, Vahlen.

Zloch-Christy, I. (1987), Debt Problems of Eastern Europe, Cambridge, Cambridge University Press.

Zloch-Christy, I. (1991), East-West Financial Relations, Cambridge, Cambridge University Press.

Schriften zu Ordnungsfragen der Wirtschaft

Lucius&Lucius Verlags-GmbH, Stuttgart, ISSN 1432-9220

(bis Band 51: „Schriften zum Vergleich von Wirtschaftsordnungen")

Herausgegeben von
Gernot Gutmann, Hannelore Hamel, Helmut Leipold, Alfred Schüller, H. Jörg Thieme

unter Mitwirkung von
Dieter Cassel, Hans-Günter Krüsselberg, Karl-Hans Hartwig, Ulrich Wagner

Band 67: *Dietrich v. Delhaes-Guenther, Karl-Hans Hartwig* und *Uwe Vollmer* (Hg.)
Monetäre Institutionenökonomik, 2001 (in Vorbereitung).

Band 66: *Dirck Süß*
Privatisierung und öffentliche Finanzen: Zur Politischen Ökonomie der
Transformation, 2001, 236 S., 62 DM, ISBN 3-8282-0193-8.

Band 65: *Yvonne Kollmeier*
Soziale Mindeststandards in der Europäischen Union im Spannungsfeld
von Ökonomie und Politik, 2001, 158 S., 58 DM, ISBN 3-8282-0179-2.

Band 64: *Helmut Leipold* und *Ingo Pies (Hg.)*
Ordnungstheorie und Ordnungspolitik: Konzeptionen und Entwick-
lungsperspektiven, 2000, 456 S., 78 DM, ISBN 3-8282-0145-8.

Band 63: *Bertram Wiest*
Systemtransformation als evolutorischer Prozeß: Wirkungen des Handels auf den Produktionsaufbau am Beispiel der Baltischen Staaten, 2000,
266 S., 64 DM, ISBN 3-8282-0144-X.

Band 62: *Rebecca Strätling*
**Die Aktiengesellschaft in Großbritannien im Wandel der Wirtschafts-
politik:** Ein Beitrag zur Pfadabhängigkeit der Unternehmensordnung, 2000,
270 S., 58 DM, ISBN 3-8282-0128-8.

Band 61: *Carsten Schittek*
Ordnungsstrukturen im europäischen Integrationsprozeß: Ihre Entwicklung bis zum Vertrag von Maastricht, 1999, 409 S., 74 DM, ISBN
3-8282-0108-3.

Band 60: *Peter Engelhard* und *Heiko Geue* (Hg.)
          Theorie der Ordnungen: Lehren für das 21. Jahrhundert, 1999, 369 S.,
          69 DM, ISBN 3-8282-0107-5.

Band 59: *Thomas Brockmeier*
          Wettbewerb und Unternehmertum in der Systemtransformation: Das
          Problem des institutionellen Interregnums im Prozeß des Wandels von
          Wirtschaftssystemen, 1999, 434 S., 74 DM, ISBN 3-8282-0097-4.

Band 58: *Karl-Hans Hartwig* und *H. Jörg Thieme* (Hg.)
          Finanzmärkte: Funktionsweise, Integrationseffekte und ordnungspolitische
          Konsequenzen, 1999, 556 S., 79 DM, ISBN 3-8282-0094-X.

Band 57: *Dieter Cassel* (Hg.)
          50 Jahre Soziale Marktwirtschaft: Ordnungstheoretische Grundlagen,
          Realisierungsprobleme und Zukunftsperspektiven einer wirtschaftspoliti-
          schen Konzeption, 1998, 782 S., 94 DM, ISBN 3-8282-0057-5.

Band 56: *Hans-Günter Krüsselberg*
          Ethik, Vermögen und Familie: Quellen des Wohlstands in einer men-
          schenwürdigen Ordnung, 1997, 341 S., 68 DM, ISBN 3-8282-0055-9.

Band 55: *Heiko Geue*
          Evolutionäre Institutionenökonomik: Ein Beitrag aus der Sicht der öster-
          reichischen Schule, 1997, 324 S., 68 DM, ISBN 3-8282-0050-8.

Band 54: *Andreas Knorr*
          Umweltschutz, nachhaltige Entwicklung und Freihandel,
          1997, 180 S., 49 DM, ISBN 3-8282-0035-4.

Band 53: *Spiridon Paraskewopoulos* (Hg.)
          Wirtschaftsordnung und wirtschaftliche Entwicklung,
          1997, 516 S., 79 DM, ISBN 3-8282-0034-6.

Band 52: *Karl von Delhaes* und *Ulrich Fehl* (Hg.)
          Dimensionen des Wettbewerbs: Seine Rolle in der Entstehung und Aus-
          gestaltung von Wirtschaftsordnungen, 1997, 564 S., 84 DM, ISBN 3-8282-
          0033-8.

Band 51: *Franz X. Keilhofer*
          **Wirtschaftliche Tranformation in der Tschechischen Republik und in
          der Slowakischen Republik,** 1995, 603 S., 89 DM, ISBN 3-8282-5398-9.

Band 50: *Dirk Wentzel*
          Geldordnung und Systemtransformation: Ein Beitrag zur ökonomischen
          Theorie der Geldverfassung, 1995, 245 S., 49 DM, ISBN 3-8282-5397-0.

Studien zur Ordnungsökonomik

Lucius&Lucius Verlags-GmbH, Stuttgart

(bis Nr. 21: „Arbeitsberichte zum Systemvergleich")

Herausgegeben von **Alfred Schüller**

Die *Forschungsstelle zum Vergleich wirtschaftlicher Lenkungssysteme der Philipps-Universität Marburg* hat seit 1982 in ihren „Arbeitsberichten zum Systemvergleich" aktuelle ordnungstheoretische und ordnungspolitische Forschungsergebnisse veröffentlicht. Seit 1994 werden diese Arbeitsberichte von der neu gegründeten *Marburger Gesellschaft für Ordnungsfragen der Wirtschaft e.V. (MGOW)* herausgegeben.

Ab Heft 22 erscheint die Reihe unter dem Titel „Studien zur Ordnungsökonomik" im Verlag Lucius & Lucius, Stuttgart.

Lieferbare Titel:

Studie 26 · *Thomas Döring* und *Dieter Stahl*, **Institutionenökonomische Aspkete der Neuordnung des bundesstaatlichen Finanzausgleichs:** Anmerkungen zum Urteil des Bundesverfassungsgerichts über ein „Maßstäbegesetz" für den Länderfinanzausgleich, 2000, 47 S., 28,00 DM, ISBN 3-8282-0157-1.

Studie 25 · *Gerrit Fey*, **Unternehmenskontrolle und Kapitalmarkt:** Die Aktienrechtsreformen von 1965 und 1998 im Vergleich, 2000, 83 S., 29,50 DM, ISBN 3-8282-0140-7.

Studie 24 · *Ludger Wößmann*, **Dynamische Raumwirtschaftstheorie und EU-Regionalpolitik:** Zur Ordnungsbedingtheit räumlichen Wirtschaftens, 1999, 105 S., 29,80 DM, ISBN 3-8282-0124-5.

Studie 23 · *Ralf L. Weber* †, **Währungs- und Finanzkrisen: Lehren für Mittel- und Osteuropa?** 1999, 42 S., 28,-- DM, ISBN 3-8282-0112-1.

Studie 22 · *Alfred Schüller / Christian Watrin*, **Wirtschaftliche Systemforschung und Ordnungspolitik:** 40 Jahre Forschungsstelle zum Vergleich wirtschaftlicher Lenkungssysteme der Philipps-Universität Marburg, 54 S., 19,80 DM, ISBN 3-8282-0111-3.

 Lucius & Lucius, Stuttgart

Arbeitsberichte zum Systemvergleich

Die Arbeitsberichte Nr. 1 – 21 sind zum Teil vergriffen.
Folgende Titel sind noch lieferbar:

Nr. 21: *Alfred Schüller* (Hg.), **Kapitalmarktentwicklung und Wirtschaftsordnung**, Juli 1997, ISBN 3-930834-04-9, 91 S., 24,80 DM.

Nr. 20: *Sandra Hartig*, **Die westeuropäische Zahlungsunion: Ein Vorbild für Osteuropa?**, Mai 1996, ISBN 3-930834-03-0, 76 S., 17,60 DM.

Nr. 19: *Reinhard Peterhoff* (Hg.), **Privatwirtschaftliche Initiativen im russischen Transformationsprozeß**, Nov. 1995, ISBN 3-930834-02-2, 120 S., 24,80 DM.

Nr. 18: *Helmut Leipold* (Hg.), **Ordnungsprobleme Europas**: Die EU zwischen Vertiefung und Erweiterung, 1994, ISBN 3-930834-01-4, 151 S., 19,80 DM.

Nr. 17: *Helmut Leipold* (Hg.), **Ordnungsprobleme der Entwicklungsländer**: Das Beispiel Schwarzafrika, Juli 1994, ISBN 3-930834-00-6, 37 S., 9,20 DM.

Nr. 14: *Hannelore Hamel* (Hg.), **Soziale Marktwirtschaft**: Zum Verständnis ihrer Ordnungs- und Funktionsprinzipien, April 1990, ISBN 3-923647-13-1, 57 S., 7,60 DM.

Nr. 11: **Ordnungstheorie: Methodologische und institutionentheoretische Entwicklungstendenzen**, mit Beiträgen von *K.-H. Hartwig, C. Herrmann-Pillath, H. Leipold, A. Schüller, H. J. Thieme*, Sept. 1987, ISBN 3-923647-10-7, 168 S., 12,80 DM.

Nr. 10: *Hannelore Hamel / Helmut Leipold*, **Wirtschaftsreformen in der DDR**: Ursachen und Wirkungen, Jan. 1987, ISBN 3-923647-09-3, 43 S., 7,40 DM.

Nr. 7: *Alfred Schüller / Hans-Günter Krüsselberg* (Hg.), **Grundbegriffe der Ordnungstheorie und Politischen Ökonomik**, 4. Aufl., April 1998, ISBN 3-923647-05-0, 172 S., 15,40 DM.

Nr. 7rus: **Grundlagen der Marktwirtschaft**: Verständnis und Konzeptionen, in russischer Sprache, Sept. 1993, ISBN 3-923647-16-6, 130 S., 18,50 DM.

zu beziehen über:

 Marburger Gesellschaft
für Ordnungsfragen
der Wirtschaft e.V.

Barfüßertor 2 · D-35037 Marburg
Tel.: (06421) 28 3928 · 28 3196 · Fax (06421) 28 8974
E-mail: welsch@wiwi.uni-marburg.de

Zeitfracht Medien GmbH
Ferdinand-Jühlke-Straße 7
99095 Erfurt, Deutschland
produktsicherheit@kolibri360.de